유럽의 죽음

유럽의 죽음

다문화의 대륙인가? 사라지는 세계인가?

더글러스 머리 지음 | 유강은 옮김

THE STRANGE DEATH OF EUROPE
by DOUGLAS MURRAY

이 책은 실로 꿰매어 제본하는 정통적인 사철 방식으로 만들어졌습니다.
사철 방식으로 제본된 책은 오랫동안 보관해도 손상되지 않습니다.

머리말

지금 유럽은 자살하는 중이다. 아니면 적어도 그 지도자들은 자살을 선택했다. 유럽인들이 이 결정을 따르기로 선택할지는 당연히 또 다른 문제다.

유럽이 자살하는 중이라는 나의 말은 유럽연합 집행위원회 법규의 부담이 너무 커졌다거나 유럽 인권 보호 조약이 특정 집단의 요구를 충족시킬 만큼 충분한 성과를 올렸다는 의미는 아니다. 내가 말하고자 하는 것은 우리가 유럽이라고 알고 있는 문명이 자살을 감행하는 중이며, 영국이나 다른 어떤 서유럽 나라도 이 운명을 피할 수 없다는 것이다. 왜냐하면 우리 모두 똑같은 증상과 질병으로 고통받는 것처럼 보이기 때문이다. 그 결과 현재 살고 있는 대다수 사람들의 수명이 끝날 때쯤이면 유럽은 지금의 유럽이 아니게 될 것이고, 유럽의 민족들은 우리가 고향이라고 불렀던 세계 속 유일한 자리를 잃어버릴 것이다.

유럽이 사망했다는 선언은 우리 역사에서 언제나 등장했던 주제이고, 잊을 만하면 우리의 죽음을 예상하는 선언이 없이는 유럽은 유럽이 아니라고 지적하는 이도 있을 것이다. 하지만 어떤 예상들은 다른 것보다 더욱 설득력이 있고 시의적절했다. 『어제의 세계*Die Welt von Gestern*』(1942)에서 슈테판 츠바이크는 제2차 세계 대전이 발발한 시기의 유럽 대륙에 관해 이렇게 말했다. 〈유럽은 이미 착란 상태에 빠져 스스로 사망 선고를 내린 것 같았다. 서구 문명의 요람이자 만신전인 우리의 신성한 고향 유럽이.〉

그때에도 츠바이크에게 그나마 희망을 준 것은 그가 결국 도망쳐 간 남미 나라들에서 자기 문화의 후손들을 보았다는 사실이다. 아르헨티나와 브라질에서 그는 어떻게 한 문화가 다른 땅으로 옮겨 갈 수 있는지, 그리하여 그 문화에 생명을 준 나무는 비록 죽었어도 여전히 〈새로운 꽃과 새로운 열매〉가 자라날 수 있는지를 목격했다. 당시 유럽은 이미 스스로를 완전히 파괴해 버렸지만, 츠바이크는 〈우리 앞의 세대들이 한 일이 결코 완전히 사라진 것은 아니라는〉 사실에 위안을 느꼈다.[1]

오늘날, 주로 츠바이크가 묘사한 재앙 때문에 유럽이라는 나무는 마침내 사라졌다. 현재 유럽은 스스로 재생산하거나 자신을 지키기 위해 싸우거나 심지어 논쟁에서 자기편을 들려는 욕망조차 거의 없다. 권력자들은 유럽의 사람들과 문화가 세계에서 사라지더라도 별문제가 되지 않으리라고 믿게 된 것 같다. 어떤 이들은 최근에 스웨덴 보수당의 총리 프레드리크 라인펠트Fredrik Reinfeldt가 말한 것처럼, 좋은 것들은 전부 외부에서 오는 반면 〈미개한 것들〉은 죄다 스웨덴 같은 나라들에서 오기 때문에 (베르톨트 브레히트가 1953년 시 「해법」에서 쓴 것처럼) 이제 민족을 해체하고 새로 구성하기로 결심한 게 분명하다.

오늘날의 질병을 낳은 원인은 딱 한 가지가 아니다. 유대교 - 기독교 문화, 고대 그리스인과 로마인, 계몽주의 시대에 이루어진 여러 발견의 지류들에서 생겨난 문화가 완전히 무너져 버린 것은 아니다. 하지만 두 가지 연속되는 사건이 동시에 일어나고 이제 거의 회복이 불가능해진 탓에 연극의 마지막 장이 열렸다.

첫째 사건은 유럽으로 밀려드는 사람들의 대규모 이동이다. 제2차 세계 대전 이후 서유럽 국가들이 노동력 부족 때문에 이주자들을 받아들이면서 이 과정이 시작되었다. 유럽은 금세 이민에 중독되었고 이주 흐름을 막고 싶어도 막을 수 없었다. 그 결과 한때 존재했던 유럽 — 유럽 민족들의 고향 — 은 점차 세계 전체의 고향이 되었다. 한때 유럽이었던 곳들은 점점 다른 어떤 곳이 되었다. 그리하여 파키스탄 이민자들이 거주하는 곳은 모든 면에서 파키스탄과 비슷해졌다. 최근 유럽에 온 사람들과 그 자녀들은 고향의 음식을 먹고, 조국의 언어로 말하며, 고국의 종교를 믿기 때문이다. 북유럽의 쌀쌀하고 비가 많이 내리는 도시의 거리들은 파키스탄의 산기슭이나 아라비아반도의 모래 폭풍에 어울리는 옷차림들로 가득하다. 몇몇 전문가들은 능글맞은 웃음을 숨기지 않은 채 〈제국의 역습〉을 운운했다. 유럽 국가들은 제국의 옷을 벗어던졌건만 이 새로운 식민지들은 분명 영원할 것만 같았다.

유럽인들은 줄곧 이런 현실이 가능한 척 가장하는 법을 찾았다. 가령 이민은 정상적인 것이라고 주장하는 식이었다. 또는 처음 세대에서는 통합이 힘들지 몰라도 2세나 3세, 그다음 세대에서는 쉬워질 것이라고 주장했다. 또는 이민자들이 통합되든 안 되든 별로 중요하지 않다고도 주장했다. 그동안 우리는 이민자 통합이 영영 어려울지 모른다는 더 큰 가능성을 떨쳐냈다. 최근의 이민 위기를 가속화한 것이 바로 이런 결론이다.

그리하여 연속되는 두 번째 사건으로 넘어간다. 수백만 명의 사람들이 유럽으로 이주한다 할지라도(우연히든 아니든) 그와 동시에 유럽이 자신의 신념과 전통, 정당성에 대한 믿음을 잃지 않는다면 이런 대규모 이주가 그처럼 최종적인 경고가 되지는 않을 것이다. 무수히 많은 요인들이 이런 상황이 전개되는 데 기여했지만, 그중 한 가지는 서유럽 사람들이 스페인 철학자 미겔 데 우나무노Miguel de Unamuno가 말한 그 유명한 〈생의 비극적 의미〉를 상실하게 된 것이다. 서유럽인들은 츠바이크와 그의 세대가 그토록 고통스럽게 배운 교훈, 즉 당신이 사랑하는 모든 것, 심지어 역사상 가장 위대하고 세련된 문명조차 거기에 어울리지 않는 사람들에 의해 깡그리 쓸려 나갈 수 있다는 사실을 잊어버렸다. 그냥 간단히 무시하는 것 이외에 이 같은 생의 비극적 의미를 회피하는 몇 안 되는 방법 중 하나는 인간 진보의 물결을 믿으면서 생의 의미를 밀어내는 것이다. 이런 방책이 당분간 가장 인기가 있을 것이다.

하지만 우리는 언제나 우리 스스로 만들어 낸 끔찍한 의심을 회피하며 때로는 의심에 빠지기도 한다. 유럽은 오늘날 세계의 다른 어떤 대륙이나 문화보다도 과거에 대한 죄책감에 깊이 짓눌려 있다. 이처럼 겉으로 드러나는 자기 불신과 나란히 똑같은 죄책감이 내향적인 형태로 존재한다. 왜냐하면 또한 유럽에는 실존적인 권태, 그리고 어쩌면 유럽은 이제 이야기가 바닥이 났고 새로운 이야기를 시작해야 한다고 느끼는 문제가 있기 때문이다. 대규모 이민 유입 — 유럽 인구의 많은 부분이 다른 사람들로 대체되는 현상 — 은 유럽의 새로운 이야기를 상상한 한 가지 방식이다. 아마 우리는 잠시 쉬는 것만큼 한 번 변화를 주는 것도 좋다고 생각한 것 같다. 이런 실존적인 문명의 권태는 현대 유럽에서 독특한 현상이 아니지만, 새로운 사회가 들어오기 시작하는 바로 그 순간 한 사회가 기력이 다했다고 느낀다는 사실은 거대하고 획기적인 변화로 이어질 수밖에 없다.

이런 문제들을 논의할 수 있었더라면 일정한 해법이 가능했을지 모른다. 하지만 이민 위기가 최고조에 달한 2015년에도 그런 발언과 생각은 제약을 받았다. 2015년 9월, 위기가 정점에 달했을 때 독일의 메르켈 총리는 페이스북 최고 경영자 마크 저커버그에게 유럽 시민들이 페이스북에 자신의 이민 정책에 대한 비판 글을 올리는 것을 어떻게 막을지 다음과 같이 물었다. 〈이런 문제를 검토하고 있습니까?〉 저커버그는 검토 중이라면서 안심시켰다.[2] 사실 비판과 사고와 토론에는 아무 제한이 없어야 했다. 지금 와서 돌아보면, 우리는 나라 자체를 전 세계에 열어 놓으면서도 우리의 토론에는 얼마나 제한을 두었는지 놀랍기만 하다. 1천 년 전 제노바와 피렌체의 사람들은 지금처럼 서로 섞여 있지 않았지만, 오늘날 한눈에 보아도 모두 같은 이탈리아인이며 종족적 차이는 시간이 흐르면서 커지기보다는 줄어드는 경향이 있었다. 우리는 향후 어느 단계에 이르면, 제노바와 피렌체의 사람들이 지금 이탈리아로 녹아든 것처럼 에리트레아인과 아프가니스탄인 역시 유럽 안에서 하나로 섞일 것이라고 생각하는 듯 보인다. 에리트레아와 아프가니스탄 출신 사람들은 피부색이 다를 수 있고 종족적 기원이 한결 먼 곳에 있겠지만, 유럽은 여전히 유럽일 테고 유럽 사람들은 볼테르와 성 바울, 단테와 괴테와 바흐의 정신 속에서 계속 뒤섞이리라.

많은 대중적 망상이 흔히 그러하듯, 여기에도 무언가가 존재한다. 유럽의 본성은 언제나 변화해 왔고 ─ 베네치아 같은 무역 도시들이 보여 주는 것처럼 ─ 외래의 사상과 영향력에 대한 원대하고 보기 드문 수용력이 있었다. 고대 그리스인과 로마인들 이래로 줄곧 유럽 민족들은 배를 해외로 내보내 세계를 돌아다니면서 발견한 사실을 보고하게 했다. 세계의 다른 지역들이 똑같은 호기심으로 화답하는 경우는 거의 없었지만, 그래도 유럽에서는 계속 배가 출항해서 갖가지 이야기와 발견물을 가지고 돌아왔고, 이런 것들은 유럽의 분위기 속에 녹아들었다. 비범한 수용력이지만, 무한한 것은 아니었다.

문화의 경계가 어디인지를 놓고 인류학자들이 끝없이 논쟁했지만 답을 찾지는 못했다. 하지만 경계는 존재했다. 가령 유럽은 절대 무슬림들의 대륙이 아니었다. 그러나 우리 문화가 항상 미묘하게 바뀌고 있다는 의식에는 깊은 유럽적 뿌리가 있다. 고대 그리스의 철학자들은 이 수수께끼 같은 난문을 이해해서 〈테세우스의 배〉라는 역설로 요약한 것으로 유명하다. 플루타르코스의 기록에 따르면, 아테네 사람들은 테세우스가 탔던 배를 보존하다가 배의 부품들이 썩어 떨어질 때마다 새로운 목재로 바꿨다. 그런데 테세우스가 탔던 배의 재료가 하나도 남아 있지 않은데도 이 배는 여전히 테세우스의 배일까?

우리는 오늘날의 그리스인들이 고대 그리스인과 똑같은 사람들이 아님을 안다. 영국인들도 1천 년 전의 그 영국인들과 똑같지 않고, 프랑스인들도 마찬가지다. 하지만 그들은 한눈에 보아도 그리스인이고, 영국인이고, 프랑스인이며 모두 유럽인이다. 이런 정체성 속에서 우리는 어느 정도의 문화적 계승을 인식한다. 일정한 특성(긍정적 특성뿐만 아니라 부정적 특성도)과 관습, 행동을 지닌 전통이 여전히 남아 있다. 우리는 노르만족과 프랑크족, 골족의 대이동이 거대한 변화를 가져온 사실을 인정한다. 또한 역사를 통해 어떤 이동은 장기적으로 볼 때 한 문화에 미치는 영향이 거의 없는 반면, 어떤 이동은 문화를 돌이킬 수 없이 바꿔 놓을 수 있음을 안다. 문제는 변화의 수용이 아니라, 그런 변화가 너무 빠르게 일어나거나 지나치게 다른 모습으로 바뀌게 되면 우리가 다른 존재가 될 수도 있다는 것이다. 우리는 스스로 전혀 원한 적이 없는 존재로 바뀔 수도 있다.

그와 동시에 우리는 이런 변화가 어떻게 일어나는지를 놓고도 혼란에 빠진다. 피부색이 어떻든 간에 한 개인이 특정한 문화를 흡수하는 게 가능하다(개인과 문화 모두가 서로에게 열정이 있을 때)는 데는 대체로 동의하지만, 우리는 우리 유럽인들이 마음대로 어떤 존재든 될 수 없음을 안다. 가령 우리는 인도인이나 중국인이 될 수 없다. 그런데 유독 우리는 전 세계의 누구든 유럽으로 옮겨 와서 유럽인이 될 수 있다고 믿어야 한다. 만약 〈유럽인〉이 되는 것이 우리가 바라는 대로 인종의 문제가 아니라면, 그것이 〈가치〉의 문제라는 게 한층 더 강제적인 요구가 된다. 그리하여 〈과연 유럽의 가치는 무엇인가?〉라는 질문이 그토록 중요해진다. 하지만 이것은 우리를 완전히 혼란에 빠뜨리는 또 다른 논쟁이다.

가령 우리는 기독교인인가? 2000년대에 새로운 유럽연합 헌법의 문구와 유럽 대륙의 기독교 유산을 전혀 언급하지 않은 사실을 둘러싸고 벌어진 소동의 중심에는 이런 논쟁이 있었다. 교황 요한 바오로 2세와 그의 후계자는 이런 생략을 바로잡으려고 노력했다. 2003년 요한 바오로 2세는 이렇게 말했다. 〈나는 유럽 기관들의 세속적 성격을 충분히 존중하지만 향후에 유럽연합 헌법 조약을 작성할 사람들에게 다시 한 번 호소하고 싶습니다. 유럽의 종교적 유산, 특히 기독교 유산에 대한 언급이 한 번은 들어가야 합니다.〉[3] 이 논쟁은 유럽을 지리적, 정치적으로 분열시켰을 뿐만 아니라 노골적인 열망을 가리키기도 했다. 종교는 서유럽에서 물러나기만 한 것이 아니었기 때문이다. 그 후 21세기의 유럽에는 권리와 법률과 제도의 자립적인 구조가 존재하며, 이 구조는 애초에 그것에 생명을 부여해 준 원천이 없이도 존재할 수 있음을 보여 주려는 욕망이 생겨났다. 아무런 제약 없이 창공을 나는 칸트의 비둘기처럼, 우리는 우리를 계속 떠 있게 받쳐 주는 성가신 바람이 없이 〈자유로운 대기 속에서〉 산다면 더 빨리 날 수 있지 않을까 궁금했다. 많은 것이 이 꿈의 성공에 의지했다. 종교의 자리는 끊임없이 부풀어 오르는 〈인권〉의 언어가 차지했다(인권이라는 개념 자체가 기독교에 기원을 두고 있다). 우리가 획득한 권리가 유럽 대륙이 포기해 버린 신앙에 의존하는지, 또는 이 권리가 저절로 존재하는지 여부에 관한 질문을 우리는 해결하지 않은 채 남겨 두었다. 그러나 거대한 새로운 인구가 〈통합〉되기를 기대하는 가운데 해결하지 않은 채로 남겨 두기에는 너무 커다란 질문이었다.

당시에 민족국가의 지위와 목적을 둘러싸고 마찬가지로 중요한 질문이 터져 나왔다. 1648년 베스트팔렌 조약부터 20세기 말에 이르기까지 유럽의 민족국가는 대체로 헌정 질서와 자유주의적 권리의 가장 뛰어난 보증인일 뿐만 아니라 평화의 궁극적인 담보인으로 간주되었다. 하지만 이런 확실성 또한 잠식되었다. 1996년 콜 독일 총리 같은 유럽의 중심인물들은 〈민족국가는 (……) 21세기의 거대한 문제들을 해결해 줄 수 없다〉라고 주장했다. 콜은 유럽 민족국가들을 해체해서 하나의 커다란 정치 연합으로 통합하는 것이야말로 사실상 〈21세기 전쟁과 평화의 문제〉가 될 정도로 중요하다고 역설했다.[4] 다른 이들은 여기에 동의하지 않았고, 20년 뒤 영국인의 절반 이상이 콜의 주장에 설득되지 않았음을 투표소에서 보여 주었다. 그러나 이번에도 역시 이 문제에 관해 어떤 견해를 갖건 간에, 이것은 거대한 인구 변화의 시기에 해결하지 않은 채 남겨 두기에는 너무도 커다란 문제였다.

우리는 국내에서 스스로 확신하지는 못하면서 우리의 가치를 해외로 확대시키기 위한 최종적인 시도를 했다. 하지만 우리 정부와 군대가—2003년 이라크와 2011년 리비아에서—〈인권〉이라는 이름을 걸고 어떤 일에 관여할 때마다 우리는 상황을 악화시키고 결국 잘못된 결말을 맞은 것 같다. 시리아 내전이 시작됐을 때 사람들은 의심할 나위 없이 침해되고 있는 인권이라는 이름 아래 서구 국가들이 개입해야 한다고 호소했다. 하지만 그런 권리를 보호하려는 열망은 전혀 없었다. 우리가 국내에서 인권을 신봉하든 안 하든 간에 확실히 해외에서 인권을 증진시키는 능력에 대한 믿음을 이미 잃었기 때문이다.

어느 순간 과거에 〈최후의 유토피아〉라고 불렸던 것 — 인간의 권리를 신이나 전제군주의 결정권과 분리시킨 최초의 보편적 체제 — 이 마지막으로 실패한 유럽의 열망이 될 것처럼 보이기 시작했다.[5] 만약 정말로 그러하다면 21세기의 유럽인들은 현재를 명령하거나 미래에 다가갈 어떤 통일된 이념도 갖지 못할 것이다.

어쨌든 우리의 과거를 일목요연하게 서술하는 통일된 이야기나 우리의 현재나 미래를 가지고 무엇을 할지에 관한 이념을 상실한다면 심각한 난제가 될 것이다. 중대한 사회적 변화와 격변의 시기에 그 결과는 치명적임이 드러나고 있다. 유럽이 자신의 정체를 보지 못하는 바로 그 순간에도 세계가 유럽으로 들어오는 중이다. 그리고 다른 여러 문화에서 강하고 확신에 찬 문화로 수백만 명이 이동하는 것은 가능했을지 몰라도 죄책감에 빠져 쇠약한 채 죽어 가는 문화로 수백만 명이 이동하는 것은 가능하지 않다. 오늘날에도 유럽 지도자들은 새로 도착하는 수백만 명을 통합하기 위한 활기찬 노력에 관해 이야기한다.

그러나 이런 노력 또한 실패할 것이다. 최대한 많은 사람들을 통합하기 위해서는 최대한 폭넓고 이의가 없는 포용의 정의를 내놓을 필요가 있다. 만약 유럽이 전 세계의 고향이 되고자 한다면 세계를 아우를 만큼 충분히 넓은 자신에 대한 정의를 찾아야 한다. 결국 이런 열망이 무너지는 시기가 오기 전까지 우리의 가치가 너무나도 넓게 퍼져서 무의미할 정도로 얄팍해질 수밖에 없다. 따라서 과거에는 유럽의 정체성의 기원을 철학적, 역사적으로 깊은 토대(법치, 대륙의 역사와 철학에서 파생된 윤리)는 말할 것도 없고 매우 독특한 토대에서 찾을 수 있었던 반면, 오늘날 유럽의 윤리와 신념 — 아니, 유럽의 정체성과 이데올로기 — 은 〈존중〉과 〈관용〉 그리고 (가장 자기부정적인) 〈다양성〉에 관한 것이 되어 버렸다. 이처럼 얄팍한 자기 정의로 몇 년은 더 버틸 수 있겠지만, 사회가 오랫동안 살아남기 위해 손을 뻗쳐야 하는 더 깊은 충성에 호소할 가능성은 전무하다.

이런 사실은, 이 모든 세기 동안 이룩한 고도의 업적을 세계와 공유한 유럽 문화가 살아남지 못할 커다란 이유 중 하나에 불과하다. 최근 오스트리아에서 치러진 선거와 독일대안당Alternative für Deutschland(AfD)의 부상은 그 증거인 듯 보인다. 문화가 잠식될 가능성은 여전히 불가항력적이라지만, 문화를 방어할 선택지들까지도 계속해서 받아들이기 힘들기 때문이다. 슈테판 츠바이크가 착란 상태를 알아차리고, 서구 문명의 요람과 만신전이 스스로에게 내린 사형 선고를 인식한 것은 옳았다. 단지 타이밍만 어긋났을 뿐이다. 우리가 우리 자신에게 그 사형 선고를 집행하기까지 수십 년이 더 걸렸다. 그 사이의 시기 동안 여기서 우리는 유럽 민족의 고향으로 남는 대신 〈유토피아〉가 되기로 결정했다. 단 이 단어의 원래 그리스어 의미대로, 그러니까 〈존재하지 않는 장소〉가 되기로 결정한 것이다. 이 책은 그 과정을 서술한 것이다.

***

이 책을 쓰기 위해 조사와 저술을 하면서 여러 해 동안 유럽 대륙을 종횡무진으로 돌아다녔는데, 왕왕 이 책이 아니면 가지 않았을 곳까지 찾아다녔다. 몇 년에 걸쳐 그리스 동남쪽 끝에 있는 섬들과 이탈리아 최남단의 외딴 곳에서부터 스웨덴 북부의 심장부와 프랑스, 네덜란드, 독일 등의 교외까지 무수히 많은 곳을 돌아다녔다. 글을 쓰는 동안에는 정치적 스펙트럼을 가로질러 다양한 정치인과 정책 입안자들, 국경 경비대원, 정보기관, 비정부기구 활동가, 최전선에서 일하는 많은 사람들뿐만 아니라 일반 대중과도 이야기를 나눌 기회가 있었다. 여러모로 조사 과정에서 가장 큰 도움이 된 부분은 유럽에 새로 도착한 사람들과 나눈 대화였다. 때로는 말 그대로 바로 엊그제 도착한 사람들도 있었다. 처음 들어온 남유럽의 섬들과 북쪽으로 가는 길에 머무르거나 정착한 장소들마다 그들 모두 나름의 인생 역정이 있고 많은 이들에게 각자의 비극이 있다. 모두들 유럽을 자기 삶을 가장 잘 살 수 있는 곳으로 여긴다.

선뜻 나서서 자기 이야기를 들려준 사람들은 필연적으로 인터뷰이를 자처하고 나선 그룹이었다. 과장을 보태지 않고, 저녁이면 관대함이나 감사의 마음 없이 우리 대륙에 온 것처럼 보이는 사람들이 나타났고 난민촌 바깥에서 어슬렁거렸다. 하지만 다른 많은 이들은 이례적으로 우호적이고 감사하는 태도로 자신의 이야기를 들려주었다. 그들이 여기까지 오게 된 상황과 우리 대륙이 보이는 반응에 대해 내가 어떻게 생각하건 간에 나는 언제나 아무런 단서 없이 솔직하게 이 말을 건네는 것으로 우리의 대화를 마무리지었다. 〈행운을 빕니다.〉

차례

1

시작

지금 유럽에서 벌어지고 있는 변화의 규모와 속도를 이해하려면 불과 몇 년 전으로, 그러니까 최근의 이민 위기가 벌어지기 전 〈정상적인〉 이민이 되어버린 과거의 시기로 돌아갈 필요가 있다. 그리고 최근의 소요 사태에서 비교적 단절되어 있던 한 나라를 검토해 볼 필요가 있다.

2002년 잉글랜드와 웨일스의 최신 인구조사가 발표되었다. 전년도에 집계된 결과를 보면, 마지막 인구조사가 시행된 이래 10년 동안 이 나라가 얼마나 변화했는지 드러난다. 당시 누군가가 그 인구조사 결과를 근거로 향후 10년간 생길 일을 추측했다고 상상해 보자. 그 사람은 이렇게 말했을 것이다. 〈이 10년이 끝날 때쯤이면 백인 영국인은 자국 수도에서도 소수가 될 테고, 향후 10년간 무슬림 인구는 두 배로 늘어날 것이다.〉

이런 발언을 하면 어떤 반응이 돌아왔을까? 분명 〈선동자〉나 〈유언비어 유포자〉라는 표현이 등장했을 테고, 필시 〈인종주의자〉나 〈이슬람 혐오자〉(당시만 해도 아직 이 신조어가 거의 알려지지 않았지만)라는 딱지가 붙었을 것이다. 이렇게 통계 자료를 근거로 추정했음에도 불구하고 그는 결코 따뜻한 반응을 얻지 못했을 것이다. 이를 의심하고 싶은 마음이 든다면 대표적인 한 사례만 떠올려 보라. 2002년『더 타임스』의 언론인이 미래에 예상되는 이민에 관해 이보다 덜 충격적인 언급을 하자, 당시 내무 장관이던 데이비드 블렁킷David Blunkett은 의원 면책특권을 이용해서 〈파시즘에 가까운 발언〉이라고 비난했다.[1]

하지만 아무리 매도를 당했다고 해도 2002년 당시에 그런 분석을 내놓았다면 완전히, 전적으로 옳았음이 입증되었을 것이다. 2011년에 집계되어 2012년 말에 발표된 인구조사 결과, 앞에서 언급한 것만이 아니라 훨씬 더 많은 사실이 드러났다. 외국에서 태어나 잉글랜드와 웨일스에 살고 있는 사람의 수가 지난 10년 동안에만 거의 3백만 명이 늘어난 것으로 밝혀졌다. 또한 런던 거주자 가운데 스스로 〈백인 영국인〉이라고 생각하는 사람은 44.9퍼센트에 불과했다. 그리고 잉글랜드와 웨일스에서 영어를 주요 언어로 쓰는 성인이 한 명도 없는 가정에서 사는 사람은 3백만 명에 육박했다.

이런 사실은 역사상 어느 시점과 비교해도 한 나라에 일어난 대단히 커다란 종족적 변화였다. 영국의 종교적 구성의 변화와 관련해서도 놀라운 결과가 나타났다. 가령 기독교를 제외하고 거의 모든 종교가 상승세임이 드러났다. 영국의 역사적인 국민 종교만이 급격한 하락세를 보였다. 지난번 인구조사 이래 기독교인임을 자처하는 사람은 72퍼센트에서 59퍼센트로 감소했다. 잉글랜드와 웨일스의 기독교인 수는 4백만 명 이상 줄었고, 전체 기독교인의 수는 3천7백만 명에서 3천3백만 명으로 감소했다.

기독교가 이처럼 신자 수의 급락 — 이런 급락은 가파르게 지속될 것으로 예상되었다 — 을 목도한 한편, 대규모 이민 덕분에 무슬림 인구는 거의 두 배 늘었다. 2001년부터 2011년까지 잉글랜드와 웨일스의 무슬림 수는 150만 명에서 270만 명으로 늘어났다. 이것은 공식적인 수치였지만, 불법 이민 때문에 이 모든 숫자가 훨씬 높아졌다는 데는 거의 이의가 없었다. 최소한 1백만 명이 영국에 불법 거주하고 있기 때문에 인구조사에 응하지 않았을 것으로 인식되었고, 가장 빠르게 인구가 늘어난 두 지역(10년 동안 20퍼센트 이상)이 영국에서 이미 무슬림 인구가 가장 많은 곳이었다(타워햄리츠와 뉴엄). 두 지역은 영국에서 인구조사 무응답이 가장 많은 축에 속하기도 하는데, 다섯 가구 중 한 가구가 인구조사에 전혀 응답하지 않았다. 이 모든 사실을 볼 때 인구조사 결과는 그 자체로 놀랍긴 하지만 실제 숫자를 크게 축소 반영한 것 같다. 그렇다 하더라도 결과는 인상적이었다.

그런데 1년 안에 소화하기가 어려운 내용인데도 인구조사 관련 기사는 — 다른 일회성 뉴스 기사처럼 — 며칠 만에 휘리릭 지나가 버렸다. 하지만 이것은 일회성 기사가 아니었다. 기사는 영국의 최근 과거와 당면한 현재를 설명하는 동시에 필연적인 미래를 힐끗 보여 주는 내용이었다. 그 인구조사 결과를 유심히 들여다보면 특히 바꿀 수 없는 한 가지 결론을 응시하게 된다. 대규모 이민이 영국을 완전히 뒤바꾸는 — 아니, 이미 뒤바꿔 놓은 — 과정이 진행되고 있다는 것이다. 2011년에 이르러 영국은 이미 여러 세기 동안 존재했던 곳과는 근본적으로 다른 곳이 되어 버렸다. 하지만 런던의 서른세 개 자치구 가운데 스물세 곳에서 이제 〈백인 영국인〉이 소수라는 사실에 대한 반응은 거의 결과 자체만큼이나 인상적인 반응으로 환영을 받았다.[2] 국가통계청(ONS) 대변인은 이 결과를 〈다양성〉을 보여 주는 멋진 증거라며 환영했다.[3]

한편 정계와 언론의 반응은 단 한 가지 어조로만 나타났다는 점에서 인상적이었다. 주요 정당의 정치인들은 인구조사에 관해 말하면서 오로지 축하하는 기조로만 결과를 환영했다. 여러 해 동안 똑같은 반응이었다. 2007년 당시 런던 시장 켄 리빙스턴Ken Livingstone은 런던에서 일하는 사람의 35퍼센트가 외국 태생이라는 사실을 자랑스럽게 이야기했다.[4] 한 가지 남은 의문은 과연 이 현상에 최적의 한계가 존재하는지 여부였다. 수년간 영국에서 일어난 변화에 관한 흥분과 낙관의 느낌만이 유일하게 적절한 반응인 듯 보였다. 그 밑바탕에는 이런 변화가 전혀 새로운 현상이 아닌 척하는 태도가 있었다.

영국은 대부분의 역사 내내, 그리고 확실히 지난 1천 년 동안 이례적으로 고정된 인구를 유지했다. 1066년 노르만의 정복조차 — 아마 브리튼 제도의 역사에서 가장 중요한 사건일 텐데 — 노르만족이 잉글랜드 인구의 고작 5퍼센트를 차지하는 결과로 이어졌다.[5] 그 전후 시기에 이루어진 이동은 거의 전적으로 나중에 연합왕국United Kingdom을 이루게 되는 나라들과 아일랜드섬 사이에서 이루어진 것이었다. 그리고 1945년 이후에 영국은 노동 시장, 특히 운송 부문과 새로 창설된 국민의료보험(NHS)에서 특정한 간극을 메울 필요가 있었다. 그리하여 대규모 이민의 시기가 시작됐는데, 처음에는 그 속도가 느렸다. 1948년 영국국적법British Nationality Act에 따라 옛 영제국

─지금의 영연방─으로부터 들어오는 이민이 허용되었고, 1950년대 초에 이르면 연간 수천 명이 이 법을 활용해 영국에 들어왔다. 1950년대 말에 이르면 신규 이민자가 수만 명에 이르렀고, 1960년대에는 그 수가 여섯 자리 단위로 높아졌다. 이민자의 절대 다수는 서인도 제도뿐만 아니라 인도, 파키스탄, 방글라데시 출신으로 대개 공장일을 하러 영국에 들어와서는 종종 본국에 있는 가족이나 친족에게도 영국에 와서 비슷한 일을 하라고 권유했다.

이 모든 상황과 이것이 영국에 갖는 의미에 관해 대중적 우려가 생겨났음에도 번갈아 집권한 노동당 정부나 보수당 정부나 이주를 막기 위해 할 수 있는 일은 많지 않았다. 프랑스나 네덜란드, 독일 같은 대륙의 나라들과 마찬가지로 이 노동자들의 이주가 무엇을 의미하는지, 또는 심지어 그들이 계속 머무를지도 뚜렷하게 정해지거나 합의된 바가 거의 없었다. 오직 그들이 계속 머무를 것이고, 이 기회를 활용해 고향에 있는 대가족을 불러들일 것임이 분명해진 뒤에야 몇 가지 함의가 드러났다.

그 후 이민자들의 범죄를 다루기 위한 구체적인 의회 법령이 마련되었다. 하지만 추세를 되돌리려는 시도는 거의 없었다. 높아지는 대중적 우려를 해소시키려는 입법이 생길 때에도 예상치 못한 결과가 나왔다. 가령 1962년 영연방이민자법Commonwealth Immigrants Act은 표면상 이민자 유입을 제한하고 기존 이민자의 귀국을 종용하기 위한 법이었지만 정반대의 효과를 발휘했다. 많은 이민자들에게─그들이 제대로 판단한 것처럼─아직 기회가 남아 있을 때 가족 전체를 영국으로 데려오도록 종용한 것이다. 1962년 이후 이제 영연방 출신

이민자들이 취직하지 않고서도 영국으로 올 수 있다는 사실 때문에 이민이 다시 급증했다. 1971년 이민법이 제정된 뒤에야 이민 유입을 막기 위한 추가적인 시도가 이루어졌다. 그토록 큰 규모로 이민을 허용하려는 어떤 계획도 없었지만, 성향을 막론하고 모든 정부는 어느 새 국민들과 함께 처하게 된 상황에 따른 결과를 다룰 수밖에 없었다. 아무도 정확하게 예측하지 못한 상황이었지만, 이후 모든 정부는 그 상황이 낳은 반향에 대응해야 했다.

이 반향 가운데는 심각한 인종 분규 사태도 있었다. 1958년 노팅힐 폭동은 서인도 제도 출신 이민자들과 백인 런더너들이 폭력적으로 대치한 사건으로 지금도 기억된다. 하지만 이런 일촉즉발의 사태가 기억되는 것은 그것이 규칙이라기보다는 예외였기 때문이다. 외부인들에 대한 의심과 우려는 분명 존재했지만, 이런 소요에 편승하려는 모든 시도는 언제나 대실패로 끝이 났다. 영국 파시스트연합British Union of Fascists의 전 지도자이자 현 연합운동당Union Movement의 지도자인 오즈월드 모슬리Oswald Mosley의 시도가 대표적인 예다. 모슬리가 노팅힐 폭동을 선거에 활용해서 1959년 총선에서 하원의원으로 출마했을 때, 그의 득표율은 두 자릿수에도 미치지 못했다. 영국인들은 대규모 이민에서 생겨나는 문제들을 인식했지만, 그 답이 전에 자신들이 쫓아내 버린 극단주의자들에게 있는 게 아님을 보여 주었다.

하지만 특히 가족의 초청을 받아 영국에 온 사람들 중 일부가 자신들이 차별의 표적이 되어 버린 신세를 깨달으면서 시끄러운 일들이 발생했다. 이런 문제들에 대한 대응의 일환으로 하원은 1965년, 1968년, 1976년에 인종관계법Race Relations Act을 통과시켰다. 이 법에 따라〈피부색, 인종 또는 종족적, 민족적 기원〉을 근거로 사람을 차별하는 것은 불법이 되었다. 이 문제 전체에 대해 얼마나 생각이 없었는지, 이런 법안이 미리 검토된 적도 없고 단지 문제가 발생하자 사후에 대응책으로 나왔을 뿐임이 극명하게 드러난다. 가령 1948년에는 인종관계법 같은 게 없었는데, 그 이유는 그 누구도 장래에 영국으로 들어올 사람의 숫자나 그 결과로 여러 가지 불쾌한 사태가 생길 수 있다는 사실을 예측하지 못했기 때문이다.

　이 시기 내내 여론 조사를 보면 영국인들은 정부의 이민 정책을 압도적으로 반대하면서 자국으로 들어오는 이민자가 너무 많다고 생각했다. 1968년 4월 갤럽 여론 조사에 따르면, 영국인의 75퍼센트가 이민 통제가 충분히 엄격하지 않다고 생각했다. 이 수치는 금세 83퍼센트까지 올라갔다.[6] 이 시점에서 잠깐 이민 문제가 주요한 정치 쟁점이 될 수 있는 유일한 순간이 나타났다. 같은 달에 당시 보수당의 그림자 내각 장관 이넉 파월Enoch Powell은 버밍엄 보수당연합을 상대로 연설하면서 논쟁을 개시했다가 그만큼 순식간에 논쟁을 종결해 버렸다. 파월 자신은 이런 표현을 쓴 적이 없지만, 이른바〈피의 강물Rivers of Blood〉연설은 만약 당시와 같은 속도로 이민이 계속된다면 영국의 미래가 어떻게 될지에 관한 불길한 예언으로 가득했다.〈신들은 파멸시키려는 이들을 우선 미치게 만든다〉라고 파월은 선언했다.〈연간 5만 명의 부양가족 유입을 허용하다니 우리 나라는 말 그대로 미친 게 분명합니다. 이 사람들은 대부분 장래에 이민자 후손 인구를 증가시키는 재료인데 말입니다. 마치 한 나라가 분주하게 자기 화장용 장작더미를 쌓아 올리는 모습을 지켜보는 것 같습니다.〉[7] 파월의 연설은 정체성과 조국의 미래에 관한 내용이었지만, 또한 현실적인 우려, 그러니까 유권자들이 찾아갈 병원이나 자녀를 보낼 학교를 확대된 공공 부문에서 찾는 현실에 관한 것이기도 했다.

파월은 당 지도자 에드워드 히스Edward Heath에 의해 곧바로 그림자 내각에서 경질되었고, 그가 받을 수 있었던 주류의 정치적 지지 — 그 자신의 정치적 미래는 말할 것도 없고 — 는 끝장이 났다. 한편 그의 견해에 대한 대중의 지지는 높았다. 여론 조사 결과를 보면 일반 대중의 4분의 3이 파월이 표명한 감정에 동의했고, 69퍼센트가 히스가 그를 경질한 것은 잘못이라고 생각했다.[8] 여러 해가 흐른 뒤 보수당 내 파월 반대파 중 한 명인 마이클 헤슬타인Michael Heseltine은 만약 파월이 연설 직후에 보수당 지도부 선거에 출마했다면 압도적 승리를 거뒀을 테고, 총리 선거에서도 〈전국적으로 압승〉했을 것이라고 말했다.[9] 하지만 정치적으로는 파월에게 열린 길이 전혀 없었고, 그의 경력이 꺾였을 뿐만 아니라 여생 동안 그는 줄곧 정치적 황무지에 남겨졌다.

〈피의 강물〉 연설 이래 영국인이 가지게 된 생각은, 파월의 개입으로 그의 경력이 끝장났을 뿐만 아니라 적어도 한 세대 동안 영국에서 전면적인, 또는 솔직한 이민 논쟁이 벌어질 가능성 자체가 결딴났다는 것이었다. 파월이 구사한 용어가 너무도 소름 끼치고 그의 경고가 워낙 살벌했기 때문에 이민에 관해 우려하는 사람이라면 누구든 영원히 〈파월주의자〉라는 딱지가 붙을 위험을 무릅써야 했다. 확실히 파월 연설의 몇몇 부분 덕분에 정치적 반대파들은 아주 쉽게 꼬투리를 잡아 그를 공격할 수 있었고, 그보다 한참 오른쪽에 있는 사람들에게는 넉넉한 엄호물이 생겼다. 하지만 오늘날 그의 연설 — 과 그에 대한 반응 — 을 읽으면서 드는 생각은 그가 터무니없이 많은 비난을 받은 것 같다는 점이다. 가령 영국의 어떤 거리에는 백인 여성이 한 명만 살고 있다는 파월의 주장을 살펴보자. 이후에 한 인터뷰와 토론에서 많은 이들이 이 여성의 사례는 날조된 것이라고 치부해 버렸다. 그런 거리가 존재할 수 없다고 생각했기 때문이다. 하지만 1968년에 누군가 파월에게 버밍엄 연설 자리에서 청중 대다수의 생애가 다하기 전에 스스로 〈백인 영국인〉이라고 생각하는 사람들이 수도 런던에서 소수가 될 것이라고 예언하라고 제안했다면, 그 사람은 미치광이 조언자 취급을 받았을 것이다. 다른 유럽 나라들에서도 마찬가지였지만, 이민으로 야기될 파국에 관한 가장 유명한 예언자라도 사실을 과소평가하고 축소해서 말했다.

파월의 개입으로 한 세대 동안 이민 문제에 관한 논의가 불가능해졌다는 주장 이면에 있는 진실은, 그가 개입한 덕분에 — 그리고 이를 계기로 타오른 열기 덕분에 — 정치인들이 자신들이 펴는 정책의 함의에 관해 함구할 수 있었다는 것이다. 많은 이들이 이미 분명하게 영국이 올라탄 궤도를 바꿀 없다고 결론지은 상태였다. 1960년대 동안 가령 이민자가 영국에서 범죄를 저지르면 출신 국가로 돌려보내는 문제를 놓고 여전히 의회에서 토론이 벌어졌다.[10] 나중에는 오로지 시민권을 얻고자 〈위장 결혼〉을 하는 관습을 막기 위한 입법이 만들어졌다.[11] 하지만 1970년대와 1980년대에 이르면 이민자 공동체의 규모가 워낙 커져서 그 크기를 줄이려는 어떤 정책도 제아무리 바람직하다는 평가를 받아도 불가능한 일이 되었다. 대륙 전역의 나라들과 마찬가지로 영국 역시 자신이 의도하지 않았던 위치에 놓이게 되었고, 이런 새로운 현실에서 생겨나는 도전과 혜택에 대해 대응책을 고안해 내야 했다. 하지만 이런 도전들의 실체가 무엇인지에 관한 무언의 우려가 어느 정도였는지는 이 시기 내내 가장 솔직하게 진실을 표현하는 말조차 목소리를 낼 수 없었다는 데서 드러난다.

1984년 1월 브래드퍼드의 학교 교장인 레이 허니퍼드Ray Honeyford는 발행 부수가 많지 않은 『솔즈베리 리뷰*The Salisbury Review*』라는 잡지에 발표한 글에서 학생의 90퍼센트가 이민자 자녀인 지역에서 학교를 운영하는 문제의 몇 가지 측면을 고찰했다. 그는 일부 무슬림 아버지들이 자기 딸이 무용 수업이나 연극, 체육 등에 참여하지 못하게 하고 있으며, 당국은 이 문제를 비롯해 학기 중에 자녀를 파키스탄으로 돌려보내는 등의 문화적 관습에 침묵하고 있다고 언급했다. 또한 학생들에게 그들이 살고 있는 나라의 문화를 이해하고 언어를 구사하도록 장려해야지 ─ 허니퍼드가 인종관계위원회 지도부가 장려하고 있다고 주장한 것처럼 ─ 사회 안에서 이중적인 생활을 하게 부추겨서는 안 된다고 역설했다.

허니퍼드가 글의 일부분에서 비판한 인종 관계 산업race-relations industry*은 그에 반대하는 캠페인을 신속하게 조직했다. 브래드퍼드의 무슬림 시장은 허니퍼드를 해임할 것을 요구했으며, 심지어 오랜 세월이 흐른 뒤에 (다른 무엇보다도) 〈문화적 국수주의〉 혐의로 그를 비난했다.[12] 〈레이시스트Raycist〉**를 비난하는 전국적인 외침과 항의

---

* 인종관계법을 기반으로 생겨난 여러 기관이나 문화 다양성 교육 등을 비꼬는 표현. 이하 모든 각주는 옮긴이주다.

** 〈레이Ray〉에 〈인종주의자racist〉라는 단어를 붙여 만든 표현.

시위가 터져 나오는 가운데 허니퍼드는 결국 자리에서 물러났고 다시는 교육계에서 일하지 못했다. 그는 도발적인 글에서 정치와 심지어 언어까지 부패한 탓에 이 문제들에 관해 정직하게 글을 쓰기도 어렵다고 말했었는데, 그 자신이 어떤 대우를 받았는지를 보면 이 말이 얼마나 정곡을 찔렀는지 알 수 있다. 도대체 왜 인기 있는 교장 — 그에 관해서는 다른 어떤 불만도 제기되지 않았다 — 이 그런 주장을 폈다는 이유로 퇴직을 강요받아야 했을까? 유일한 설명은 당시에는 이 문제들에 관한 분명한 진실조차 아직 입맛에 맞지 않았다는 것이다. 이미 하나의 정치적 사회적 패러다임 — 〈다문화주의〉라는 거북한 이름으로 불리는 — 이 시작된 상태였고, 1984년에는 아직 그런 믿음의 토대를 깨뜨리는 게 불가능했다. 레이 허니퍼드에게는 거의 위로가 되지 않겠지만, 그의 글이 발표되고 20년 만에 훨씬 더 많은 사람들이 어쩌면 그가 무언가를 깨달았을지 모른다고 말하게 되었고, 그가 세상을 떠난 2012년에는 그의 주장의 취지가 널리 받아들여지고 있었다.

1980년대와 1990년대 동안 다문화주의라는 새로운 표어 아래 인도 아대륙을 비롯한 여러 나라에서 영국으로 들어오는 이민자들의 흐름이 계속되었다. 하지만 — 계속 늘어나는 추세와 달리 — 드러나지 않게 이민을 제한하게 만드는 무언의 합의가 존재했다. 그런데 뒤이어 1997년 선거에서 노동당이 압승을 거둔 뒤 그런 합의가 산산조각이 났다. 선언적 약속이나 공언된 목표는 없었지만, 토니 블레어 정부는 일단 집권하자 전후 수십 년 동안에도 유례를 찾기 힘든 규모로 국경을 개방하는 사업을 감독했다. 정부는 가짜 결혼 신청을 걸러 내기 위한 시도였던 〈주요 목적 규정〉을 폐지했다. 그리고 영국 경제에 〈필수적〉이라고 여겨지는 모든 사람에게 국경을 개방했다. 필수적이라는 정의는 워낙 광범위해서 레스토랑 노동자도 〈숙련 노동자〉로 포함되었다. 또한 전 세계에 문호를 개방할 뿐만 아니라 동유럽의 신규 유럽연합 회원국들에게도 국경을 개방했다. 2011년 인구조사에서 드러난 국가의 모습을 창조한 것은 바로 이 모든 것의 결과였다.

물론 1997년 이후 이처럼 이민자가 급증한 원인에 관해서는 여러 가지 주장이 존재한다. 노동당의 전 연설문 작성자인 앤드루 네서 Andrew Neather가 2009년에 내놓은 것으로 유명한 한 주장은 토니 블레어 정부가 〈과거에 우파가 다양성 문제에서 저지른 실수를 상기시켜서〉 향후 노동당에 충성하게 될 유권자 집단을 만들어 내겠다는 오판 때문에 의도적으로 이민 규정을 삭제했다는 것이다.[13] 2009년에 과거를 회고한 내용 때문에 야유를 받자 네서는 이 특정한 기억에 단서를 붙였다. 그 시절에 일했던 다른 노동당 출신 관리들은 네서가 누군지 모른다고 말하기 시작했다. 하지만 아무리 하급 관리였더라도 어떻게 그 시절에 벌어진 일에 관해 그런 식으로 책임을 회피할 수 있는지 이해하기 어렵다.

가령 토니 블레어의 1기 정부에서 난민이민부 장관으로 임명된 순간부터 바버라 로치 Barbara Roche는 영국의 이민과 난민 정책을 완전히 재고하려는 게 분명했다. 총리가 다른 문제들에 집중하고 있는 동안 로치는 영국 정부 정책의 모든 면을 바꿔 놓았다. 이제 줄곧 난민 신청자를 자처하는 사람들 — 진짜든 아니든 간에 — 은 모두 영국 체류를 허용받게 되었다. 로치가 한 관리에게 통고한 것처럼 〈내쫓는

데는 시간이 너무 오래 걸리고, 감정을 자극하기〉때문이었다. 로치
는 또한 지금과 같은 이민 제한은 〈인종 차별적〉이고, 이민 논쟁을 둘
러싼 〈분위기〉 전체가 〈사악하다〉고 생각했다. 그는 재임 기간 내내
영국을 바꿔 놓겠다는 야심을 거듭 천명했다. 한 동료가 말한 것처럼,
〈로치는 영국 입국 통제를 자신의 업무로 보는 게 아니라《전체론적
방식으로》상황을 더 넓게 봄으로써 우리가 다문화 사회의 혜택을 깨
닫기를 원했다.〉

　　총리도 내무 장관 잭 스트로Jack Straw도 새로운 난민 정책에 의문을
제기하는 데 관심이 없었고, 로치 재임 중에 영국에 들어오는 모든 사
람은 일자리가 있든 없든 간에 〈경제적 이민자〉로 변신한다는 사실에
도 관심이 없었다. 국내에서든 해외에서든 로치의 정책에 대해 비판
이 제기될 때마다 그녀는 인종 차별이라고 치부해 버렸다. 실제로 로
치는 동료들이 백인 일색이라고 비판하면서 이민 정책을 입에 올리
기만 해도 인종 차별이라고 몰아붙였다.[14] 로치와 주변의 몇몇 인물
들이 추구한 목표는 영국 사회를 대대적으로 바꾸는 것이었다. 로치
— 런던 이스트엔드 유대인의 후예였다 — 는 이민은 무조건 좋은 것
이라고 믿었다. 10년 뒤 어느 인터뷰에서 그는 자신이 야기한 변화에
대해 흡족한 표정으로 말했다. 〈나는 런던의 다양성을 사랑합니다.
정말 편안하게 느껴져요.〉[15]

　　1997년 노동당 정부에서 로치를 비롯한 몇몇 사람들이 한 활동을
보면, 그들이 추구한 게 사회 차원의 변화를 위한 의도적인 정책이었
다는 인식이 입증된다. 이민자들을 일종의 공성 망치로 활용해 영국
인을 상대로 문화 전쟁을 벌인 것이다. 이 견해에 정면으로 반대되는

것은 아닌 또 다른 이론은 모든 게 역대 정부 아래서 이미 걷잡을 수 없게 된 관료주의의 실패작이며, 신노동당 정부에 와서 특히 두드러지게 되었을 뿐이라는 것이었다. 노동당 정부가 예상한다고 주장한 신규 이민자 수와 실제로 영국에 들어온 사람들의 수가 일치하지 않은 것이야말로 이런 주장을 뒷받침하는 증거다. 가령 2004년 유럽연합 신규 가입국들에 대해 영국 자유 입국을 허용했을 때, 영국 정부는 연간 1만 3천 명 정도가 이 계획을 활용할 것으로 예상한다고 발표했다. 정부의 위임을 받은 한 연구는 일단 제한을 해제하면 유입 물결을 〈완전히 통제〉할 수 있을 것이라고 주장했다. 하지만 그런 일은 없었다. 무엇보다도 노동 허가 관련 규칙을 개정해서 숙련·미숙련 이민자들이 〈외국인 노동자〉라는 구실로 체류할 수 있게 했다. 대다수가 그대로 체류했다. 그 숫자가 대규모 이민을 앞장서서 옹호한 사람들이 추정한 수치를 훌쩍 뛰어넘은 것은 충분히 예상되는 일이었다. 비유럽연합 국적자의 수는 1997년 10만 명, 2004년 17만 명에서 겨우 두 배가 될 것으로 예상되었다. 실제로 5년 동안 새로 유입되는 이민자의 수에 대한 정부의 예측은 거의 1백만 명이 빗나갔다.[16] 무엇보다도 정부 전문가들은 평균 소득 수준이 상당히 낮거나 최저임금이 없는 나라의 사람들에게 영국이 특히 매력적인 행선지가 될 수 있다는 사실을 전혀 예상하지 못했다. 결국 이런 정책 때문에 영국에 거주하는 동유럽인의 수는 2004년 17만 명에서 2013년 124만 명으로 늘어났다.[17]

이민 규모에 대한 이런 엄청난 과소평가는 물론 전후(戰後) 이민의 역사를 조금이라도 아는 사람이라면 누구나 예상할 수 있었다. 이 역사를 보면 영국에 들어올 것으로 예상되는 이민자의 수를 상당히 과소평가한 사례들이 넘쳐난다. 하지만 노동당 집권 초기에는 이민 통제에 꼼꼼하게 관심을 기울이는 것이 우선 과제가 아니었음을 어느 정도 보여 주는 것이기도 하다. 무엇보다도 모든 이민 제한은(심지어 동유럽 〈백인〉에 대한 제한도) 인종 차별이라는 인상을 주기 때문에 국내외적으로 어떤 반대의 목소리도 내기 어려웠다. 이민 급증 정책이 주목을 끌지 않았든 공식적으로 승인된 것이든 간에 확실히 영국 정부 내에서는 반대가 없었다.

원인이나 동기가 무엇이든 간에 거의 언급되지 않는 사실은 이민의 대규모 급증과 영국 일부 지역의 빠른 변화에 대한 대중의 반응이 이례적으로 너그러웠다는 것이다. 이후 10년 동안 인종 차별 정서나 폭력이 대규모로나 지속적으로 분출되는 일은 전혀 없었고, 영국 유일의 인종주의 정당 — 영국국민당British National Party — 은 이후 치러진 선거에서 족족 패했다. 여론 조사와 단순히 생활하면서 얻은 증거를 보면, 대다수 사람들은 이민자들이나 종족적 배경이 다른 사람들에게 줄곧 개인적 반감을 전혀 느끼지 않았다. 하지만 여론 조사가 거듭될수록 다수가 이 모든 상황이 국가와 국가의 미래에 어떤 의미인지를 놓고 심각하게 우려하고 있음이 드러났다. 그렇다 하더라도 정치 엘리트들이 이런 문제를 제기하려고 아무리 온건한 시도(보수당이 2005년 선거 운동 포스터에서 이민 〈제한〉을 제안한 것처럼)를 해도 나머지 정치 엘리트들의 비난을 받았고, 결국 진지한 공적 토론은 전혀 이루어지지 않았다.

모든 성향의 역대 정부들이 수십 년 동안 이 문제에 관한 실질적인 논의를 미룬 것은 아마 대중이 정부에 동의하지 않을 뿐만 아니라 이미 통제를 벗어난 문제라고 느꼈기 때문일 것이다. 2010년에 자유민주당과 연립 정부를 구성한 보수당은 이민자 수를 연간 수십만 명에서 수만 명 수준으로 축소하겠다고 약속했는데, 집권 중에도 이 약속을 되풀이했다. 하지만 목표치 근처에도 도달하지 못했다. 그 뒤를 이은 보수당 다수 정부 역시 똑같은 약속을 했지만 성과를 거두지 못했다. 실제로 연립 정부 5년을 거쳐 보수당 정부가 출범한 뒤로, 두 정부 모두 이민을 축소하겠다고 약속했지만, 이민은 줄어들기는커녕 오히려 늘어나서 다시 기록을 세웠다. 연간 33만 명으로 순(純)이민 최고 기록을 경신한 것이다.[18]

2

우리는 어떻게 이민에 중독되었나

약간 편차가 있긴 하지만, 이 수십 년 동안 서유럽 전역에서 거의 판박이처럼 똑같은 이야기가 펼쳐졌다. 제2차 세계 대전 이후 각국은 외국인 노동자들의 입국을 허용하다가 장려했다. 1950년대와 1960년대에 서독, 스웨덴, 네덜란드, 벨기에는 노동력 공급의 간극을 메우기 위해 〈손님 노동자gastarbeiter〉 유치 계획을 세웠다. 대륙 전체의 이 〈손님 노동자〉 유치 계획은 비슷한 나라들에서 관심을 끌었다. 독일에서는 노동자 유입이 주로 터키로부터 이루어졌는데, 1961년에 독일-터키 노동 협정 이후 그 수가 크게 늘었다. 네덜란드와 벨기에에서는 터키뿐만 아니라 북아프리카를 비롯한 과거 식민지 나라들로부터도 노동자들이 건너왔다. 이러한 노동자 유입의 일부는 특히 산업부문의 미숙련 분야에서 노동력 부족을 해소하는 데 기여했는데, 그런 부족 역시 탈식민화의 결과이기도 했다. 19세기에 프랑스는 북아프리카로 진출해서 일부 지역을 식민지로 삼았고, 영국은 인도 아대륙을 식민화했다. 탈식민화 과정 이후 다양한 부류의 과거 제국 시민들, 특히 알제리인의 경우에는 실제로 프랑스 시민이었던 이 사람들은 뭔가 받아 낼 빚이 있다고, 적어도 손님 노동자 유치 계획에서 우선권을 가져야 한다고 느꼈다. 〈제국의 역습〉이란 개념에는 20세기에 이 식민지 출신 사람들이 정복자가 아니라 시민으로 온다 할지라도 과거의 은혜를 갚는 것이 불가피하고 심지어 정당하다는 의미가 담겨 있다.

유럽 각국은 영국 당국과 정확히 똑같은 오해 때문에 괴로워했다. 특히 처음 오는 손님 노동자들은 일시적인 현상일 테고, 일이 끝나면 고국으로 돌아갈 것이라고 믿었다. 대륙 전체에서 이 노동자들 대다수가 눌러앉아 뿌리를 내리자 — 가족을 데려오려 하고, 그 가족들이 지원을 필요로 하고, 자녀들이 학교에 다녀야 하자 — 각국 정부는 깜짝 놀란 것 같았다. 일단 그렇게 뿌리를 내리면 가족이 다시 찢어질 가능성은 거의 없었다. 이 노동자들은 고국의 매력이 여전히 크다 할지라도 서구에서 누릴 수 있는 생활수준 때문에 귀국하는 사람보다 그냥 눌러사는 사람이 훨씬 많았다. 유럽은 어려울 때 국경을 개방했지만, 쪼그라든 상태일지라도 유럽이 세계 많은 지역에 얼마나 큰 매력을 불러일으키는 곳인지 알지 못하는 것 같았다.

손님 노동자 협정이 — 1973년 독일과 터키의 경우처럼 — 종료된 뒤에도 여전히 이주민이 들어왔다. 〈손님 노동자〉로 시작한 사람들은 그들이 사는 나라의 일부가 되었다. 일부는 시민권을 얻었다. 다른 이들은 이중 시민권을 누렸다. 이 과정이 시작되고 50년 만에 — 2010년에 — 독일에 사는 터키 출신은 최소한 4백만 명에 이르렀다. 몇몇 나라들 — 특히 프랑스 — 은 이런 상황에 미묘하게 다른 접근법을 취했다. 가령 프랑스가 알제리 출신 이민에 문호를 개방했을 때 그 것은, 1958년 6월 4일 알제리에서 샤를 드골이 말한 것처럼, 〈알제리 전체에는 단 한 범주의 주민만이 존재한다. 동일한 권리와 동일한 의무를 지닌 온전한 프랑스인만이 말이다〉라는 사고를 존중하기 위한 조치였다. 그렇다 하더라도 북아프리카에서 프랑스를 향한 이주가 본격적으로 시작되자 드골조차도 프랑스는 다른 인종이 프랑스에서 〈일부 소수〉로 남아 있는 동안에만 문호를 개방할 수 있다고 개인적으로 인정했다. 드골의 막역한 친구들은 그가 프랑스가 과연 다른 나라에서 오는 수백만 명을 흡수할 수 있을지 심각하게 회의했다고 단언한다.[1]

전후의 이민에는 몇 가지 차이가 있었지만, 유럽 각국의 단기 정책은 대단히 장기적인 반향을 낳았고, 이는 각국 모두에게 비슷한 경험이 되었다. 각국은 끊임없이 따라잡기 시도를 하는 신세가 되었다. 주요 정책을 조급하게 결정해야 하는 상황이 낳은 결과였다. 그리고 각국에서 수십 년 동안 비슷한 양상으로 논쟁이 이동했다. 1950년대의 예측이 잘못된 것으로 밝혀진 것처럼, 이후 수십 년 동안 이루어진 예측들도 마찬가지였다. 모든 나라에서 예상한 이민자 수는 실제로 들어온 숫자와 끊임없이 불일치했다. 그리고 정부 통계에서 드러난 이야기와 무관하게 유럽 대중의 시각은 다른 이야기를 들려주었다.

대중적인 우려가 제기되자 온갖 정치 성향의 각국 정부와 주요 정당은 이민 통제에 관해 이야기했다 — 때로는 상대보다 더 강경한 목소리를 내기 위한 경쟁에 몰두하기도 했다. 하지만 시간이 흐르면서 이런 태도는 단지 선거를 위한 술책처럼 보였다. 여론과 정치 현실의 간극은 의지 부족이나 대중적 우려에 대한 무관심이 아닌, 기타 요인들 때문에 생겨나는 것처럼 보였다. 이런 추세를 뒤집기 위한 어떤 행동도 없었다. 누가 권력을 쥐더라도 실제로는 그 무엇도 할 수 없을 것이라 생각했기 때문이다. 이것이 정치적 사실이라 할지라도 여전히 전혀 언급되지 않았다. 그런 강령을 내세워서는 절대 당선될 수 없었기에 대륙 차원의 전통이 생겨났다. 정치인들이 달성 불가능하다는 것을 알면서도 발언을 하고 약속을 한 것이다.

어느 순간부터 이민으로 인해 전개되는 현실에 대해 조금이라도 우려를 표명하는 이들을 공격하게 된 것도 아마 이 때문일 것이다. 설령 그 사람들이 일반 대중의 견해를 반영할 때에도 공격이 가해졌다. 정치인들과 언론은 우려에 대처하는 대신 대중에게 비난의 화살을 돌리기 시작했다. 이런 비판은 〈인종주의〉와 〈편협성〉이라는 비난만이 아니라 일련의 회피 전술을 통해서도 가해졌고 어느새 회피 전술이 행동의 대체물이 되었다. 이 모든 것은 2011년 영국 인구조사 직후에 확인할 수 있었다. 대중이 〈걱정을 그만두어야 한다〉는 요구까지 나왔다.

당시 런던 시장이던 보수당의 보리스 존슨Boris Johnson은 「이민에 관해 곱씹기보다는 통합의 씨앗을 뿌립시다」라는 칼럼에서 다음과 같은 말로 인구조사 결과에 응답했다. 〈우리는 댐이 무너졌다고 불만을 토로하는 걸 멈춰야 한다. 이미 일어난 일이다. 흡수 과정을 최대한 소화 가능하게 만드는 것 이외에 지금 우리가 할 수 있는 일은 아무것도 없다.〉[2] 좌파 성향의 싱크탱크인 〈브리티시 퓨처British Future〉의 선더 카트왈라Sunder Katwala도 비슷한 어조로 인구조사 결과에 응수

했다. 〈이런 일이 생기기를 바라십니까, 아니면 생기지 않기를 바라십니까, 라는 질문에는 당신에게 선택권이 있고《다양성 같은 건 조성하지 맙시다》라고 말할 수 있다는 함의가 들어 있습니다.〉하지만 이런 일은 불가능하다고 그는 주장했다. 〈우리는 원래 그런 존재예요. 필연적인 일입니다.〉[3]

어쩌면 둘 다 맞고, 그저 상황을 관찰하는 정치인이라면 했어야 하는 말을 했는지도 모른다. 하지만 이런 발언의 어조에는 냉정한 면이 있다. 특히 간단히 〈걱정을 그만두려고〉하지 않는 사람들, 자신이 사는 사회가 바뀌는 걸 싫어하고 절대 바꾸자고 요구하지 않는 사람들이 있을지도 모른다는 사실을 조금도 인정하지 않는다. 실제로 존슨이나 카트왈라나 주요 정당이 오랫동안 여론을 완전히 등져 왔다는 사실에 분노하는 사람들이 있다는 걸 그들은 깨닫지 못한 것 같았다. 최소한 이런 논의와 관련해서 정치적으로 심각하게 유권자의 권리를 박탈하는 면이 있다는 걸 둘 다 모르는 것 같았다. 실제로는 현재 진행형인 이야기를 이미 끝난 것이라고 말할 뿐만 아니라 보통 유권자 다수 대중보다는 제국주의에 대한 보복 운운하는 소수를 겨냥하는 어조로 말하기 때문이다.

사람들이 〈걱정을 그만두어야 한다〉라는 주장이 등장한 바로 그달에 유고브YouGov가 실시한 여론 조사 결과에 따르면 영국인의 67퍼센트가 지난 10년간 진행된 이민자 유입이 〈영국에 나쁜 일〉이었다고 생각하는 것으로 드러났다. 겨우 11퍼센트만이 이민이 〈좋은 일〉이었다고 생각했다.[4] 여기에는 주요 정당 세 개 중 하나를 지지하는 유권자 대부분이 포함되었다. 그 전후로 실시된 여론 조사마다 결과는 대동소이했다. 영국 유권자의 대다수는 걸핏하면 이민자 유입을 가장 큰 우려 사항으로 꼽았을 뿐만 아니라 일반적으로 이민이 국가의 정체성 감각을 해치고 인구 과밀을 야기해 공공 서비스와 주거에 부정적인 영향을 미쳤다고 설명했다.

물론 다른 정당과 〈선을 긋고〉, 〈책임 떠넘기기 게임〉에 휘말리지 않으려는 정치적 생리를 감안하면, 지금까지 실수를 하고도 비난을 모면한 정치인들이 — 딱 어울리는 저주를 받고 나서도 — 장래에도 똑같은 실수를 되풀이할 가능성이 높다. 2012년에 이르러 영국 주요 정당의 지도자들은 이민자 수가 지나치게 많다는 사실을 인정했지만, 그러는 와중에도 한목소리로 국민에게 〈걱정을 그만두어야 한다〉라고 주장했다. 그 누구도 어떻게 방향을 바꿀지에 관한 뚜렷한 — 또는 나중에 드러난 것처럼, 성공적인 — 정책이 없었다. 여론 조사를 보면, 이민에 관해 말하면서도 실제로 그 어떤 일도 하지 못한 것이야말로 유권자와 정치적 대표자들 사이의 신뢰가 무너진 핵심적인 이유로 손꼽힌다.

하지만 일반 대중 다수의 우려에 대해 침묵하는 것은 정치 엘리트들만이 아니다. 2011년 인구조사 결과가 발표된 날 밤, BBC의 토론 프로그램인 「뉴스 나이트」에서는 토론 참가자의 4분의 3이 인구조사에 아주 만족하며 결과에 대해 우려할 이유가 전혀 없다고 주장했다. 철학자 그레일링A.C.Grayling은 잠비아(당시에는 북로디지아) 출신으로 크게 성공한 이민자였는데, 바로 그 자리에서 인구조사 결과에 관해 이렇게 말했다. 〈나는 전반적으로 아주 긍정적인 일이라고 생각합니다. 환영할 일이죠.〉 역시 대단히 성공한 이민자(미국 출신)로 비평가이자 극작가인 보니 그리어Bonnie Greer는 긍정적인 일이라는 데 동의하면서 보리스 존슨처럼 〈그런 흐름을 막을 수 없다〉라고 말했다.[5] 토론 내내 이처럼 〈시대의 흐름에 맞춰라〉는 유혹이 팽배했다. 아마 이 논의에서 〈자연스러운 흐름에 맡기자〉는 유혹이 이처럼 강한 것은 합의에서 벗어나는 대가가 유달리 크기 때문일 것이다. 예산에 관한 방송 토론에서 오해를 하면 재정에 관해 무지하거나 대중의 분위기를 잘못 읽는다고 비난받는다. 하지만 이민에 관한 압도적인 대중의 분위기를 대변하는 것은 고사하고 거기에 맞장구라도 치면 평판과 경력과 생계가 위태로워진다.

하지만 센트럴 런던 방송국 스튜디오에서 이루어진 세련된 합의의 한가운데에서 보이지 않은 것, 거의 완전히 사라진 것은 집에 앉아 있는 대다수 사람들의 견해, 즉 공개적으로 확실히 꼬집어 말하고 싶어 하는 사람이 거의 없는 세계였다. 이민의 긍정적인 면에 대해서는 쉽게 이야기할 수 있었다. 그저 고개를 끄덕이기만 하면 개방과 관용, 관대함의 가치를 표명하는 셈이다. 하지만 이민자 유입의 부정적인 면을 표현하는 것은 고사하고 고개만 끄덕여도 편협성과 불관용, 외국인 혐오와 노골적인 인종주의자라는 비난을 자초하게 되는 셈이다. 이 모든 것 때문에 대중 다수는 태도를 표명하는 게 거의 불가능해진다.

설령 당신이 대다수 사람들과 마찬가지로 일정한 이민은 좋은 것이고 나라를 좀 더 흥미로운 장소로 만들어 준다고 생각할지라도 이민자가 많을수록 더 좋다는 결론이 나오는 건 아니다. 또한 아무리 긍정적인 면이 많다고 할지라도 악의적인 비난을 받지 않고 마찬가지로 쉽게 말할 수 있는 부정적인 면이 없는 것은 아니다. 대규모 이민자 유입의 경우에 들어오는 사람이 더 많을수록 한 사회에 동일한 수준의 이득을 계속 가져다주는 것은 아니기 때문이다. 대규모 이민자 유입으로 우리가 전체적으로 더 부유해진다고 찬미할 수 있다면, 이 과정 때문에 우리는 어떤 면에서, 특히 우리가 절대 보고 싶지 않았을 법한 문화적 문제가 발생하거나 재발한다는 면에서 더 가난해졌다고 설명하는 것도 가능해야마땅하다.

2011년 인구조사 결과가 공개되기 전 1월에 무슬림 남성 아홉 명 — 파키스탄 출신 일곱 명, 북아프리카 출신 두 명 — 으로 이루어진 갱단이 런던 중앙형사법원에서 11~15세 아동을 성 인신매매한 혐의로 유죄 판결을 받았다. 이 사건에서 현대판 노예로 팔린 피해자 한 명은 열한 살짜리 소녀였는데, 〈주인〉인 학대자가 자기 이니셜을 낙인으로 찍었다. 모하메드의 〈M〉이었다. 법정에서 모하메드는 〈여자애를 자기 재산으로 삼고 남들에게도 확실히 알리려고 낙인을 찍었다〉라고 진술했다. 사우디아라비아나 파키스탄의 오지에서 벌어진 일이 아니다. 또 영국의 많은 사람들이 존재조차 잊어버리거나 같은 시기에 비슷한 사건이 여럿 발생한 북부의 소도시에서 벌어진 일도 아니다. 2004년부터 2012년까지 옥스퍼드셔에서 벌어진 일이다.

어느 누구도 집단 강간이나 아동 학대가 이민자들만의 문제라고 주장할 수는 없겠지만, 특정한 유형의 아동 강간범 패거리가 생겨난 사실은 일부 이민자들의 독특한 문화적 관념과 태도를 드러내 주었다. 그리고 이후 정부의 위임을 받은 조사로 확인되었다.[6] 이런 관념과 태도에는 여성, 특히 비무슬림 여성과 다른 종교와 인종, 성 소수자에 대한 중세 이전의 시각이 포함된다. 이런 사실을 지적하면 〈인종주의〉라는 비난을 받을지 모른다는 공포가 만연하고, 훨씬 온건한 발언을 하고도 경력이 끝장난 레이 허니퍼드 같은 사례가 숫자는 적어도 효과는 톡톡히 발휘한 까닭에 이런 이야기를 입 밖에 내는 데도 오랜 시간이 걸렸다.

이런 공포는 영국 방송국을 훌쩍 뛰어넘어 을러대는 효과를 발휘했고 그 여파도 한층 더 심각했다. 그들의 집단 강간 사건이 법정에 가는 경우에도 지역 경찰과 시의원, 돌봄 노동자들은 오히려 방해가 되었다. 많은 이들이 〈인종주의자〉라는 비난을 받을까 두려운 나머지 이민자 갱단이 연루된 그런 범죄를 신고하지 못한 것으로 밝혀졌다. 언론도 선례를 따르면서 대중이 결론을 끌어내는 것을 피하기라도 하려는 듯 완곡한 표현으로 기사를 채웠다. 따라서 옥스퍼드셔 사건 같은 경우에 그 갱단이 거의 전부 파키스탄 출신의 무슬림 남자들인데도 그냥 〈아시아계〉라고 보도되었다. 피해자들이 무슬림이 아니라는 이유 때문에 선택되었다는 사실은 법정에서 가끔 언급됐을 뿐이고 언론이 주목하는 일도 드물었다. 경찰과 검찰, 언론인은 두려움이나 치우침 없이 직무를 수행하는 대신 마치 자신들이 할 일은 대중과 사실을 중재하는 것인 양 행동했다.

당연히 이런 사건이 이민에 관한 〈수용 가능한〉 논의에서 거론된 적은 없다. BBC의 이민에 관한 토론에서 집단 강간 사건을 거론한다면 마치 병든 애완동물에 관한 다큐멘터리에서 수간 이야기를 하는 셈이 될 것이다. 오직 좋고 행복한 것들에 관해서만 이야기할 수 있고, 나쁜 것은 무시된다. 그리고 토론의 진지한 측면만이 아니라 사람들이 생각하는 가볍고 일상적인 염려도 사라져 버린다. 맹렬한 비난뿐만 아니라 자신들이 자라난 사회가 국민 다수의 견해를 조금도 고려하지 않은 채 바뀌고 있다는 단순한 유감도 지워져 버리는 것이다.

「뉴스 나이트」 스타일의 편안하고 화기애애한 토론에서 사라져 버리는 또 하나는 한때 우리가 스스럼없이 말하던 이른바 〈우리 문화〉에 관한 일체의 언급이다. 끝없이 다양성을 찬미하는 가운데 여전히 남아 있는 아이러니한 사실은 애초에 그런 다양성을 장려했던 문화는 찬미해서는 안 된다는 것이다. 2011년 인구조사에 대한 정치권과 언론의 반응 속에서 우리는 다시 한 번 자멸적인 운행 방향을 가리키는 다양한 정기 기항지를 목도했다.

그들의 주장 중 하나는 최근 수십 년 동안 영국처럼 이례적인 변화의 시기를 거쳤음에도 〈전혀 새로울 게 없다〉라는 것이다. 유럽 곳곳에서 이런 주장을 들을 수 있지만, 영국에서는 흔히 이런 식으로 제시된다. 〈영국은 언제나 다양한 인종과 배경의 사람들이 모여드는 용광로였다. 실제로 우리는 이민자들의 나라다.〉 가령 로버트 와인더Robert Winder는 이민에 관해 다뤄서 좋은 반응을 얻은 책에서 이렇게 주장했다. 〈우리는 모두 이민자. 단지 얼마나 오래전에 이민을 왔는지만 다를 뿐.〉 이 책은 블레어 시절에 출간되어 흔히 정부 정책을 옹호하는 데 활용되었다. 무엇보다도 이 책의 저자는 또한 영국은 언제나 〈잡종 국가〉였다고도 주장했다.[7] 2011년 런던 이스트엔드에서 열린 한 토론회에서 바버라 로치도 똑같은 주장을 폈다. 〈이민이나 이주에 관해 생각할 때 우리는 그게 흔히 19세기에 벌어진 일이라고 생각합니다. 나는 유대인입니다. 우리 가족 중 몇몇은 19세기 후반에 영국에 왔습니다. 어머니 쪽은 세파르디 유대인이기 때문에 우리 가족 가운데 일부는 훨씬 전에 온 셈이지요. 그런데도 이민이 아주 최근의 일인 것처럼 생각하는 경향이 있습니다. 분명 19세기나 제2차 세계 대전 이후에 나타난 현상이라는 거지요. 얼토당토않은 소리입니다. 나는 언제나 영국이 이민자들의 나라라고 생각해 왔습니다.〉[8] 물론 로치 씨는 이렇게 생각해도 된다. 하지만 그렇다고 해서 그게 사실이 되는 것은 아니다.

지난 20세기 후반까지만 해도 영국에 들어오는 이민자 수는 거의 무시해도 좋은 정도였다. 미국과 달리 영국은 한 번도 〈이민자의 나라〉였던 적이 없다. 그리고 사람들이 드문드문 들어오긴 했지만, 대규모 이주는 거의 알려진 바가 없다. 실제로 이민자 유입이 워낙 생소한 것이다 보니 진짜 그런 일이 벌어지면 여러 세기 동안 사람들 입에 오르내렸다. 오늘날 영국으로 유입되는 이민자에 관해 논할 때 우리는 누군가 위그노를 언급할 것으로 예상할 수 있다. 프랑스에서 박해를 피해 도망 온 이 신교도들에게 1681년에 찰스 2세는 피난처를 제공했다. 위그노의 사례는 사람들이 실감하는 것보다 더 반향이 크다. 첫째, 당시 프랑스와 영국의 신교도들이 비슷한 문화와 종교를 누리긴 했어도 위그노들이 영국에 통합되는 데는 수백 년이 걸렸기 때문이다. 지금도 많은 사람들이 자신을 위그노의 후손이라고 말한다. 하지만 위그노와 관련해서 다른 두드러진 점 — 그리고 사람들이 그토록 자주 위그노를 거론하는 이유 — 은 규모의 문제다. 1681년 이후 영국으로 온 위그노는 5만 명에 달한 것으로 여겨지는데, 당시로서는 확실히 거대한 이동이었다. 하지만 이 규모는 영국이 최근 연간에 목도한 대규모 이민과는 완전히 차원이 다르다. 블레어 정부 시기부터 줄곧 영국은 국가 역사상 단 한 번이 아니라 2~3년마다 위그노들의 숫자에 맞먹는 이민자들이 들어오는 것을 보았다. 그리고 이 이민자들은 결코 프랑스 신교도들이 아니었다.

〈이민자들의 나라〉라는 이야기를 옹호하기 위해 흔히 제시되는 또 다른 사례는 영국이 1970년대 초 이디 아민Idi Amin으로부터 추방된 3만 명의 우간다의 아시아계 사람들을 받아들인 일이다. 영국에서 이런 일회성 유입에 관한 기억은 대체로 자긍심과 좋은 감정으로 채색되는데, 절망적인 상황에 처한 사람들을 분명하고 제한적으로 구해주었을 뿐만 아니라, 영국에 도착한 우간다 아시아인들이 종종 공공생활에 기꺼이 가시적인 기여를 했기 때문이다. 그런데 1997년 이후 이민의 시기에는 그렇게 일회성으로 들어온 3만 명과 맞먹는 숫자가 6주마다 한 번씩 영국에 도착했다.

최근에 이루어진 사람들의 이동—유럽의 이주 위기가 발발하기 전에도—은 그 양과 질, 일관성의 면에서 전례가 없는 완전히 다른 현상이었다. 사실이 이러한데도 이 거대한 변화를 감추기 위해 지난 역사에도 비슷한 일이 벌어졌다고 거짓말을 하는 게 다반사다. 이런 주장의 이점은 오늘날 이민에서 생겨나는 문제점은 전에 다루었던—그리고 극복했던—문제들과 다르지 않다고 말할 수 있다는 것이다. 그리하여 현재 직면한 도전은 통상적인 것으로 그릇되게 제시된다. 하지만 과거를 수정하는 것은 정기 기항지 주장의 한 사례일 뿐이다. 그다음에는 대규모 이민에 대응하는 암묵적이고 공공연한 갖가지 주장들이 등장한다. 이민자들이 도착한 나라에는 원래 문화가 없다거나 그 나라의 문화와 정체성이 너무도 빈약하거나 낡았거나 상태가 좋지 않아서 설령 사라진다고 해도 슬퍼할 이유가 전혀 없다는 식이다.

여기서 다시 「뉴스 나이트」에 출연한 보니 그리어가 등장한다. 〈대놓고 말하든 않든 간에 영국의 정체성이 굳건히 존재해서 최종 안전장치로 작용한다는 주장이 있습니다. 흥미로운 이야기지요. 그런데 영국인들이 — 영국인으로서 — 가진 비범한 재능 한 가지는 미국인과 달리 이런 식의 확고한 정체성 정의가 없다는 겁니다.〉이민자 자신의 입에서 나오는 것은 말할 것도 없고 이런 주장이 세계 다른 나라에서 받아들여질 것이라고 생각하기란 쉽지 않다. 당신네 문화는 언제나 이런 식이었다. 실제로 전혀 존재한 적이 없다는 말을 누가 받아들이겠는가. 그리어의 고향인 시카고에서 TV 방송에서는 고사하고 누군가 비슷한 말을 한다면 「뉴스 나이트」에서처럼 그렇게 정중한 반응을 얻지는 못할 것이다.

이런 주장을 보여 주는 더 거슬리는 사례들이 대규모 이민의 시대에 넘쳐났다. 2006년 채널4에서는 「1백 퍼센트 영국인 100% English」이라는 다큐멘터리를 상영했다. 이 프로그램은 분명히 인종주의자로 여겨지는 백인 영국인 집단 — 그중에는 마거릿 대처의 충성스러운 각료였던 노먼 테빗 Norman Tebbit 도 있었다 — 을 모아서 DNA 테스트를 시행했다. 테스트 결과는 그들도 실은 모두 〈외국인〉이라는 사실을 입증하는 데 사용되었다. 이 결과는 동일한 결론을 지적하기 위해 테스트 대상자 각각에게 의기양양하게 제시되었다. 〈보세요. 우리는 사실 전부 외국인입니다. 그러니까 이민이나 국민적 정체성에 관해 걱정할 필요가 전혀 없어요.〉이번에도 물론 어느 누구도 어떤 다른 집단의 사람들에게 이런 일을 할 만큼 무례할 리가 없다. 하지만 이미 영국인을 비롯한 유럽인들에게는 다른 교전 수칙이 적용되기 시작했다. 이 모든 것은 만약 막을 수 없다면 이민 수용국 사람들의 사고방식을 바꿔서라도 해결해야 하는, 변화에 대처하는 방법인 것처럼 보인다.

더 노골적으로 항변하는 목소리도 있다. 우리 사회는 바로 이런 식으로 파괴되어 마땅하다는 것이다. 그들은 묻는다. 〈백인들이 어떤 짓을 했는지 아세요? 특히 당신네 유럽인들이요. 당신들은 전 세계를 돌아다니며 나라들마다 자리를 잡고 살면서 약탈을 일삼고 그 지역의 문화를 말살하려고 했습니다. 이건 앙갚음이에요. 다른 말로 업보라고 하죠.〉 소설가 월 셀프Will Self(현재 브루넬 대학교 현대사상 교수다)는 2011년 인구조사 결과가 발표된 주에 BBC에 출연해서 바로 이런 식의 공격을 했다. BBC의 토론 프로그램인 「퀘스천 타임」에서 그는 이렇게 선언했다. 〈수에즈 운하 사태에 이르기까지 (……) 영국인이라는 사실이 무엇을 의미하는가에 관한 대다수 사람들의 인식은 기본적으로 해외로 나가서 흑인과 황인종을 예속시키고 그들이 가진 원료와 노동의 과실을 차지하는 것이었습니다. 바로 그게 영국인 정체성의 핵심적 부분이고 영제국이었지요. 현재 정치 엘리트의 다양한 성원들이 아주 최근까지도 그런 사고를 되살리려고 애를 썼지만 큰 성공을 거두지는 못했습니다.〉[9]

정치 엘리트의 성원들이 최근에 영제국을 부활시키려고 애를 썼다는 주장은 차치하더라도 이 언급에서 우리는 가면을 쓰지 않은 확실한 보복의 목소리를 들을 수 있다. 이런 본능이 일부 인종이나 종교에 국한된 게 아니고, 타인을 겨냥하는 만큼 저절로 생겨날 수도 있음을 보여 주는 이 발언을 보면, 이 경우에 과거 역사 행위에 대해 벌을 받아야 하는 나라는 영국이 유일하다. 그런데 이런 주장이 미치는 반향은 대단히 인상적이다. 이 주장이 최근에 우리 나라를 조금이나마 변모시키는 자극제라면, 지금 우리가 겪고 있는 일은 우연한 사건이나 단순한 국경 통제 완화가 아니라 냉정하고 의도적인 국가적 태업 행위이기 때문이다. 동기는 제쳐 두고라도 또한 정치인들이 여전히 다루기를 꺼리는 궁극적인 질문들이 제기된다. 이 모든 일이 얼마나 오랫동안 계속되어야 하는가? 우리는 이런 변화의 막바지에 다다르고 있는가? 아니면 이제 시작일 뿐인가?

2011년 인구조사가 이 문제들을 다루는 놀라운 기회가 될 수도 있었음에도, 제2차 세계 대전 이래 이민을 둘러싸고 벌어진 토론에서 있었던 다른 모든 기회처럼 비참하게도 놓쳐 버렸다. 사실을 말하자면 어떤 답도 주어지지 않았을 뿐만 아니라 적절한 질문이 제기되지도 않았다. 가령 이렇게 전개되는 상황을 둘러싸고 자족감이 팽배한 가운데 아무도 이런 질문을 던지지 않았다. 즉 만약 〈백인 영국인〉이 이제 수도에서 소수로 전락한 현실이 (국가통계청 대변인이 말했던 것처럼) 정말로 〈다양성〉을 입증해 준다면, 도대체 언제가 되어야 그 입증이 끝나는 건가? 인구조사를 통해 이미 런던의 일부 자치구가 〈다양성〉이 부족하다는 사실이 드러났다. 이민자 출신이 충분히 많지 않아서가 아니라 이 자치구들에 다양성을 부여하기 위한 백인 영국인의 수가 부족했기 때문이다.

2011년 인구조사 이후에도 이민자 수는 계속 급증하고 있다. 공식 수치와 실제 수치의 간극도 계속해서 크게 바뀐다. 예컨대 2011년 인구조사 이래 해마다 순 이민자 수가 30만 명을 훌쩍 넘고 있지만, 매년 발행되는 국민보험National Insurance 번호(일을 하려면 반드시 필요하다)의 수는 그 두 배가 넘었다. 영국의 인구 증가는 거의 전적으로 이민자 유입과 이민자들의 높은 출산율 때문이다. 2014년 외국 태생의 여성들이 잉글랜드와 웨일스에서 이루어진 모든 정상 출산의 27퍼센트를 차지했고, 신생아의 33퍼센트가 적어도 부모 중 한 명이 이민자였다. 이 수치는 1990년대 이래 두 배로 늘어난 것이다.

이민자 수가 더 이상 늘지 않고 현행 인구 추세가 지속된다고 볼 때, 국가통계청이 가장 낮게 추산하는 장래의 영국 인구는 현재 6천5백만 명에서 10년 안에 7천만 명으로 늘어나고 2050년에는 7천7백만 명, 2060년에는 8천만 명을 넘어설 것이다.[10] 하지만 이 추산은 이민자 유입이 현재 수준 이하일 것으로 가정한다. 반면 2011년 이후의 이민자 유입 수준이 계속된다면, 영국 인구는 2040년에 무려 8천만 명을 넘어서고 2060년이면 9천만 명에 달할 것이다(2011년보다 50퍼센트 증가한 수치다).

인구 예측은 여러 사람이 많은 변수에 우롱당할 만큼 까다롭기로 악명 높은 영역이다. 하지만 진지한 인구학자들 사이에서는 최근 연간과 같은 속도로 이민이 진행되지 않더라도 이 책을 읽는 대다수 사람들의 생애 안에 국가의 인구 구성이 한층 더 크게 바뀔 것이라는 데 의견이 일치한다. 가령 옥스퍼드 대학교의 인구학 교수인 데이비드 콜먼David Coleman은 현재와 같은 추세대로라면 2060년대가 되면 2011년 인구조사에서 자신을 〈백인 영국인〉으로 생각하는 사람이 영국에서 더는 다수가 아니게 될 것임을 보여 준 바 있다. 하지만 그는 만약 현재와 같은 수준으로 이민이 증가하는 것은 고사하고 계속되기만 하더라도 그 시기는 〈현재와 더욱 가까워질 것〉이라고 강조한다. 콜먼 교수가 말하는 것처럼, 그때가 되면 영국은 〈오늘날의 주민들이 알아볼 수 없는 나라〉가 될 것이다.[11]

아마 대규모 이민 옹호론자들이 그저 이런 수준의 이민 유입을 환호하는 대신 어떤 수준의 〈다양성〉에 도달하고 싶어 하는지, 그리고 그들이 생각하는 최적의 수치가 어느 정도인지를 밝힌다면 문제가 한결 쉬워질 것이다. 런던 — 또는 나라 전체 — 에 백인 영국인의 상한선을 25퍼센트로 잡는 게 목표인가? 아니면 10퍼센트가 되어야 하나? 아예 전부 사라져야 하나? 궁극적인, 그리고 어쩌면 더 어려운 질문은 이 〈백인 영국인들〉이 광범위하게 반박을 당하는 상황에서 도대체 언제쯤 그들이 자신들이 처한 곤경에 대해 불만은 고사하고 자기 주장이나 제대로 펼 수 있겠는가?

이런 추세를 피하고자 하는 영국 정부가 과감한 계획을 수립하지 않는다면, 이 과정을 어떻게 막을 수 있을지 알기 어렵다. 이어지는 정부마다 지난 70년 동안 이주의 장에서 벌어지는 어떤 사태도 예측하거나 예상할 수 없음이 드러났을 뿐만 아니라 이런 계획에 대한 반대가 상당히 클 것이기 때문이다. 2011년 인구조사 결과가 공개된 뒤 BBC 스튜디오에서 열광적인 박수를 받으며 발언한 윌 셀프의 경우를 다시 보자. 〈이민 반대론에 줄을 서는 사람들은 보통 (……) 특히 흑인과 황인종에 반감을 가진 인종주의자들입니다.〉 (청중 박수) 이미 오래전에 백인 영국인들이 할 수 있는 일이라고는 자기 나라의 변화에 관해 입을 다무는 것밖에 없는 지경에 다다른 가운데 최근 어느 순간부터 그들은 그냥 조용히 순응하면서 자기 자신들을 없애는 일을 해야 하는 것 같았다. 때리면 맞고 나라가 없어져도 받아들여야 하는 것이다. 〈걱정을 그만두어야 합니다. 뭐 새로울 건 없어요. 당신들은 끔찍해요. 이제 당신들은 아무것도 아닙니다.〉

이 모든 상황에서 정치인들과 석학들이 영국인들—특히 백인 노동계급과 중간 계급—의 우려에 대처하는 방식을 둘러싼 보복적 성격이 대단히 높은 수준임을 눈치채지 않기란 불가능하다. 아마 어느 순간 〈단순한 복지부동〉의 시기가 끝날 테고, 그 반향은 지금까지의 모든 반향만큼이나 예측 불가능할 것이다. 하지만 그동안에는 만약 어떤 정치인이라도 그런 결말을 미연에 방지한다면서 겸손한 행동에 몰두하려 한다면, 그는 우리가 출발한 지점으로 돌아가는 게 좋을 것이다. 이렇게 조롱받은 발언들을 최근 연간에 그토록 많은 노동 계급과 중간 계급 백인 유권자들에게서 나온 반복적인 말들과 비교해 보고 각 주류 정당의 지도자들이 한 발언과 나란히 놓아 보라. 최근 몇 년간 온갖 욕지거리와 모욕과 무시를 당하긴 했어도 그 조롱받는 평균적인 백인 유권자들이 자기네 나라를 빼앗기고 있다고 말한 것은 정확한 진단이 아닌가? 그들이 이렇게 생각했어야 한다고 당신이 생각하는지와 상관없이, 그들이 이렇게 말해야 했는지, 아니면 다르게 말하거나 이런 변화를 더욱 달갑게 받아들여야 했는지 여부는 차치하고, 어떤 단계에서 사람들은 이 말을 듣고 잠시 멈춰서 곰곰이 생각했다. 거의 모든 사람이 악마시하면서 떨쳐 버리려 했던 목소리들이 실은 가장 정답에 근접한 예측의 목소리였다는 사실을.

3

우리 스스로 늘어놓는 변명들

20세기 말과 21세기 초 내내 유럽 각국 정부는 국민의 동의를 얻지 않은 채 대규모 이민을 받아들이는 정책을 추구했다. 하지만 상황을 완화하는 데 도움이 되는 일련의 논거를 확보하지 않은 채 사회의 의지를 거스르면서 그런 거대한 사회적 변화를 강제할 수는 없다. 이 시기 동안 유럽인들에게 제시된 논거는 도덕적인 것에서 기술주의적인 것까지 다양하다. 또한 필요성과 정치적 풍향에 따라서도 달라진다. 그리하여 가령 이런 규모의 이민자 유입은 우리 나라에 경제적 이익이 된다, 〈고령화 사회〉에서는 이민 증가가 필요하다, 어쨌든 이민은 우리 사회의 문화를 발전시키고 더욱 흥미롭게 만든다, 설사 이중 어느 것도 사실이 아니라고 해도 세계화 때문에 대규모 이민을 막을 수 없다는 등의 주장이 종종 제기되었다.

　이런 정당화는 상호 대체가 가능하기 때문에 한 가지 정당화가 실패하면 다른 주장에 의지하게 된다. 정당화는 흔히 경제적 주장으로 시작하지만 도덕적 주장으로 시작할 수도 있다. 만약 대규모 이민으로 당신이 부자가 되지 못하더라도 당신은 더 훌륭한 사람이 될 것이다. 당신 나라가 더 훌륭한 나라가 되지 못한다면 적어도 더 부유한 나라는 될 것이다. 시간이 흐르면서 이 각각의 주장은 자신의 진실성을 입증하는 데 헌신하는 사람들로 이루어진 일종의 하위 산업 부문을 만들어 내고 있다. 각각의 경우에 사태가 벌어진 뒤 근거가 제시된다. 어떻든 간에 벌어졌을 사태에 대해 최종적인 정당화의 근거를 찾고 있다는 인상을 주기 위해서다.

경제학

가령 최근 몇 년 동안 유럽이 겪고 있는 사회적 변화 때문에 유럽 대륙이 상당히 부유해진다는 사실을 입증하기 위한 틈새 연구가 진행되고 있다. 하지만 21세기 복지국가에 사는 사람이라면 누구나 스스로 알 수 있는 것처럼 사실은 정반대다. 평생 일하면서 복지국가 체제에 세금을 낸 유럽인들은 그 덕분에 (병에 걸리거나 실직하거나 은퇴하게 되면) 국가로부터 복지 혜택을 받을 수 있다는 것을 안다. 거의 세금을 안 낸 사람들도 더러 있겠지만, 거의 서비스를 받지 못한 일부 사람들 때문에 상쇄될 것이다.

수용국에 막 도착한 가족은 주거, 교육, 복지, 수당 등의 복지 혜택으로 받게 될 만큼의 금액을 세금으로 내려면 일정한 시간이 걸릴 것이다. 마찬가지로 노동 시장에 참여하는 사람이라면 누구나 — 특히 최하층에 있는 사람 — 비교적 고립된 노동 시장은 거의 세계 어디서나 노동자들이 올 수 있는 노동 시장과는 아주 다르게 작동한다는 것을 분명히 안다. 고용주의 관점에서 보면 저렴한 노동력을 대규모로 수입하는 게 분명 유리하지만, 노동 시장이 대폭 개방되면 그 시장의 밑바닥에 있는 사람들은, 임금과 생활수준이 훨씬 낮은 나라에서 와서 기꺼이 낮은 급여를 받고서라도 일하려는 사람들에게 서서히 일자리를 뺏길 것이다.

이 주장의 다른 부분들도 마찬가지로 명백하다. 예를 들어 영국은 여러 해 전부터 주택 부족에 시달리고 있다. 주택 부족을 완화하기 위해 그린벨트 토지의 상당 부분에 집을 지어야 하는데, 2016년에 이르면 매년 24만 채의 신규 주택을 지어야 했다. 대략 몇 분마다 한 채씩 지어야 하는 것이다. 1인 가구의 증가까지 고려하면 이 24만 채라는 수치는 피할 수 없는 현실로 제시된다. 하지만 이것은 단순히 피할 수 없는 현실이 아니다. 매년 영국에 살려고 오는 새로운 사람들을 수용하기 위해 해마다 이러한 수의 신규 주택을 지어야 한다. 실제로 최근 연간의 이민자 유입 속도를 보면 영국은 해마다 리버풀 규모의 도시를 하나씩 지어야 한다. 하지만 물론 주택 건설은 수요를 따라잡지 못하고 있다. 학교의 전입 공간도 마찬가지다. 영국에서 학교 전입 공간이 부족하다는 것은 도시 괴담이 아니며, 이미 영국에 사는 사람들의 출산율이 늘어난 결과도 아니다. 영국에 새로 들어오는 사람들이 자녀를 학교에 보내야 해서 생긴 현상이다. 2018년에 이르면 지역 당국의 60퍼센트가 초등학교 전입 공간 부족에 시달릴 것으로 추산된다. 국민의료보험(통번역 서비스에만 연간 2천만 파운드 이상을 지출한다)을 비롯한 다른 모든 국가 제공 영역에서도 비슷한 현상이 나타나고 있다.

이런 일들이 아주 명백하기 때문에 사실이 아닌 척 가장하려면 일치된 노력이 필요하다. 바로 이런 노력을 보여 주는 한 가지 사례는 블레어 정부 당시 나타난 대규모 이민 물결에 대한 근거 문서가 된 보고서다. 내무부 경제자원분석과와 내각 사무처 성과혁신과가 공동으로 작성한 「이주: 경제적, 사회적 분석」(2000)이 그것이다(부서의 이름조차 반대론자들의 관심을 끌지 않으려고 고안된 것처럼 보인다). 두 부서 모두 대규모 이민에 찬성한다고 알려진 사람들로 채워졌고 따라서 장관들의 기존 견해를 뒷받침하기 위한〈지적 버팀목〉을 제공하려고 만들어진 게 분명했다.[1]

이 선구적인 보고서에는〈전체적으로 볼 때 이민자들은 내국인의 임금이나 고용에 전반적인 영향을 거의 미치지 않는다〉라는 주장도 들어 있었다. 이런 주장을 펴는 한 가지 방법은 예외적인 이민자들을 일반적인 표준으로 묘사하면서 그냥〈내국인 노동자들이 이민자들 때문에 피해를 본다는 증거는 거의 없다〉라고 강변하는 것이었다. 계속 보고서를 읽어 보자.〈이민자들 사이에서는 창업이나 자영업 수준도 높아 보인다(유럽의 다른 나라들보다 영국에서 더 높다). 한 예로 『르 피가로』는 1995년 이래 프랑스의 사업주 15만 명이 영국으로 옮겨 간 것으로 추산하고 있다(채널터널을 통해 교통 연결이 좋아진 것도 한 이유다). 그 가운데는 인터넷을 비롯한 첨단 기술 벤처 업체들도 있는데, 거론된 한 사례는 켄트주 애시퍼드로 이전한 컴퓨터 디자인 업체였다.〉

수십 년 동안 제3세계로부터 이민자들이 들어온 뒤에도 프랑스의 첨단 기술 사업가를 전형적인 이민자로 묘사하려면 상당한 부정직을 각오해야 한다. 제2차 세계 대전 이후 시기에 영국에 들어온 대다수 사람들은 교육 수준이 낮고 가난한 계층이었다. 그래서 운명을 개척하려고 영국에 온 것이다. 그리고 자격증이 있는 사람들 가운데 많은 이들이 어쨌든 이 자격증이 동등하게 인정되지 않는 사회로 들어오고 있었고 따라서 전문 직종 분야에서 밑바닥부터 시작해야 했다. 하지만 이민자들이 이미 영국에서 일하면서 세금을 내는 사람들과 똑같이, 아니 실제로 더 많이 기여한다고 묘사하는 유일한 방법은 교육 수준이 높고 순자산이 많은 제1세계 출신 개인들에 관해서만 이야기하는 것이다. 〈평균적인 이민자〉는 나라에 경제적으로 이익이라는 상투적인 문구는 이런 예외적 존재들이 규칙인 것처럼 보일 때에만 효과를 발휘한다.

대규모 이민자 유입을 경제적으로 옹호하려는 모든 시도는 이런 술책에 의존한다. 이런 속임수를 구사한 사람들로는 유럽연합 집행위원 세실리아 말름스트룀Cecilia Malmström과 유엔 특사 피터 서덜랜드Peter Sutherland가 있다. 2012년에 쓴 글에서 두 사람은 만약 유럽이 대규모 이민에 국경을 개방하지 않는다면 〈기업가, 박사 학위를 가진 이민자〉, 그 밖에 많은 사람들이 모조리 〈브라질, 남아프리카공화국, 인도네시아, 멕시코, 중국, 인도 같은 나라로 모여들어서〉 유럽은 더욱 가난한 지역으로 남게 될 것이라고 말했다.[2]

이 분야에서 극히 드문 연구 중 하나는 유니버시티 칼리지 런던의 이주연구분석센터Centre for Research and Analysis of Migration에서 작성한 것이다. 이 연구는 널리 인용된다. 2013년 이주연구분석센터는 「영국 이민 유입의 재정적 효과」라는 제목의 중간 보고서를 발표했다.

이 보고서는 (최종 완성된 보고서가 아니었는데도) 언론에서 이례적으로 크게 다뤄졌다. BBC는 「최근 영국에 들어온 이민자들은 〈사회에 야기하는 비용보다 기여도가 높다〉」라는 헤드라인으로 그 내용을 다루었다. 기사는 〈최근 영국에 온 이민자들〉은 체제에 〈낭비〉를 초래하기는커녕 오히려 〈상당히 큰〉 재정적 기여를 하고 있다고 주장했다.[3] 이 공영 언론은 유니버시티 칼리지 런던이 작성한 긍정적인 내용의 보도 자료를 그대로 인용해 〈최근 이민자들의 물결, 즉 2000년 이후 영국에 와서 영국의 외국 태생 인구를 급격하게 증가시킨 사람들은 복지 수당으로 받는 것보다 세금 납부로 훨씬 큰 기여를 했다〉라는 주장에 집중했다.[4]

다른 곳에서 보고서 필자들은 이민자들이 납세자에게 비용 부담이 되기는커녕 사실 기존 국민들보다 오히려 국가에 재정적 부담이 될 〈가능성이 더 낮다〉라고 주장했다. 또한 최근 이민자들은 영국인보다 공공 지원 주택을 필요로 할 가능성이 낮고, 심지어 〈영국 토박이들〉보다 국가 복지 수당이나 세액 공제를 받을 가능성이 45퍼센트 낮다고 주장했다. 이 주장을 접한 일부 대중은 물론 소말리아인과 파키스탄인, 방글라데시인 들이 도대체 언제 그렇게 많은 세금을 낼 수 있었는지 의문을 품었다. 하지만 필자들은 교묘한 속임수를 구사했다. 가장 부유하고 문화적 이질감이 적은 사람들을 전형적인 이민자인 양 내세운 것이다. 그리하여 유니버시티 칼리지 런던의 보고서는 〈교육 수준이 높은 이민자들〉과 특히 유럽경제지역(유럽연합과 노르웨이, 아이슬란드, 리히텐슈타인) 출신의 최근 이민자들에게 관심을 집중했다. 보고서는 이 사람들이 복지 수당으로 받는 것보다 세금으로

34퍼센트를 더 낸 반면, 토박이 영국인들은 수당으로 받는 것보다 세금으로 11퍼센트를 덜 냈다는 사실을 부각했다. 대규모 이민의 재정적 이익을 의심하는 사람은 누구든지 갑자기 영국에 일을 하러 온 리히텐슈타인의 부유한 주민들의 반대편에 서게 되었다.

하지만 이 중간 보고서를 자세히 들여다보면 언론, 그리고 심지어 언론의 찬양을 받는 대학이 이 연구 결과에 대해 내놓은 견해는 사실과 전혀 다르다는 것을 발견하게 된다. 유니버시티 칼리지 런던 자체의 추정을 보면 〈2001년부터 2011년까지 유럽경제지역에서 온 이민자들이 영국 경제에 약 220억 파운드를 기여했다〉라고 할지라도 출신 국가에 관계없이 모든 이민자들이 재정에 미친 영향은 완전히 다른 양상이기 때문이다. 실제로 유럽경제지역에서 〈최근에〉 온 사람들의 경우가 그런 긍정적인 주장을 뒷받침하는 유일한 이민자들이었다. 겉으로 내세우는 견해와 달리 유니버시티 칼리지 런던의 연구가 조용히 보여 주는 것처럼, 유럽경제지역 출신이 아닌 이민자들은 실제로 세금으로 낸 것보다 950억 파운드 정도를 더 많이 서비스로 받아 갔다. 1995~2011년을 시기로 잡고 전체 이민자(높은 순자산을 가진 일부 이민자를 편의적으로 선별하는 게 아니라)를 포함시키면 유니버시티 칼리지 런던의 측정치로 보아도 영국에 온 이민자들은 세금으로 낸 돈보다 상당히 많은 돈을 가져갔다. 다시 말해 이 시기 동안 대규모 이민자 유입으로 나라가 무척 가난해졌다.

방법론, 즉 결정적인 데이터를 숨기고 그럴듯한 견해를 제시한 방법에 대해 일부 비판이 제기되자 이듬해 유니버시티 칼리지 런던은 최종 연구 결과를 발표했다. 그 시점에서, 그리고 유니버시티 칼리지 런던 자체의 수치만을 고려했을 때 결과는 한층 더 극명했다. 앞서 제시된 전체 보고서의 950억 파운드라는 수치는 이민이 영국에 미친 비용을 상당히 과소평가한 것이었기 때문이다. 실제로 1995~2011년에 이민자들은 영국에 약 1천140억 파운드의 비용을 안겨 주었고, 잠정적인 최종 수치는 무려 1천590억 파운드까지 상승했다. 말할 필요도 없이 이민 때문에 실제로 영국이 1천억 파운드가 넘는 비용을 치렀다는 사실은 뉴스 거리가 되지 못했고, 뉴스에서 다음과 같은 헤드라인을 본 사람은 없었다. 〈최근 영국에 온 이민자들 때문에 영국 납세자들이 1천억 파운드가 넘는 비용을 치렀다.〉 중대한 결과를 발견한 출간물이 결론 부분에서 그 사실을 밝히지도 않는데, 어떻게 보도로 알 수 있겠는가?[5]

역설계reverse-engineering 과정과 마찬가지로, 이민에 관한 한 모든 곳에서 동일한 증거 기준이 적용된다. 영국 정부는 2000년 이민에 관한 보고서를 만들기 위해 대규모 이민 유입에 찬성하는 견해로 유명한 학자 두 명 — 세라 스펜서Sarah Spencer와 조너선 포르테스Jonathan Portes — 을 찾아갔다. 바버라 로치 같은 정치인들이 추구하는 정책을 뒷받침할 근거를 찾기 위해서였다. 그런 연구에서는 통상적인 학문적 엄격성의 기준이 적용되지 않았다. 어떤 주장이 바람직하기만 하면 그것을 뒷받침하는 〈증거〉가 찾아졌다. 바람직하지 않다고 간주되는 상황에 대해서는 〈증거가 전무하다〉거나 〈일화적 증거〉*에 불과하다고 치부되었다. 가령 〈제1언어로서 영어를 구사하지 못하는 이민자 자녀들이 많이 집중되면 학교에 대한 압박〉과 〈다른 학부모들

---

* 개인 자신이나 다른 사람의 몇몇 경험을 기반으로 하는 증거.

사이에서 일정한 우려〉로 이어질 수 있다는 〈일화적 증거〉만 있었다. 〈일화적〉일 뿐만 아니라 〈누군가〉로부터 들은 일화일 뿐이었다. 보고서는 또한 대규모 이민 때문에 〈주택 시장, 교통, 기타 기반 시설에 대한 압박이 커지고 과밀과 혼잡이 악화된다〉라는 것은 〈이론상〉의 추정일 뿐이라고 설명했다. 현실은 전혀 다르다는 게 보고서의 취지였다. 더 많은 사람들이 유입된다고 주택이 더 많이 필요할 것이라고 누가 상상하겠는가?

저자들이 대규모 이민 유입은 그 자체로 좋은 것이라고 찬성한 과거 기록이 있었기 때문에 이런 연구 결과는 놀라울 게 없었다. 하지만 두 사람의 연구는 이민의 이익에 대한 경제적 분석을 표방했는데, 실은 사회적 변화를 위한 청사진일 뿐만 아니라 그런 변화에 보내는 응원이기도 했다. 저자들은 대규모 이민 옹호론을 펴면서 이민자 자녀들은 〈영국 학교에 더 많은 다양성〉을 가져다줄 것이라고 주장했다. 영국 노동자들에 대한 모든 잠재적 우려 역시 마찬가지로 깡그리 무시되었다. 가령 대규모 이민 때문에 〈내국인 노동자들이 피해를 입는다는 증거는 거의 없다〉는 식이었다. 실제로 〈이민자들은 내국인들의 고용 전망에 전혀 영향을 미치지 않을 것이다.〉

스펜서와 포르테스 같은 인물들이 학계 주변에서 영국 정치의 중심지인 화이트홀로 진출하자 그들의 견해에는 고견의 겉치레만이 아니라 정부의 인장까지 붙게 되었다. 두 사람의 보고서가 발표된 뒤 로치 같은 장관들이 대규모 이민이 진정한 경제적 이익을 가져다준다고 주장할 근거가 생겼다. 그리고 누구든지 어떻게 노동당 정부가 두 눈을 빤히 뜨고서 이민이 걷잡을 수 없이 늘어나는 것을 방치하는지에 의문을 품는다면, 이와 같은 연구가 기름칠을 했기 때문이라고 답할 수 있다.

사실을 말하자면, 다른 이익이 무엇이든 간에 이민의 경제적 이익은 거의 전적으로 이민자에게 돌아간다. 직접 비용을 치르지 않고도 공공시설을 이용하는 것은 다름 아닌 이민자들이다. 본국에서 버는 것보다 높은 임금의 혜택을 누리는 것도 이민자들이다. 그들이 버는 돈 — 또는 그 대부분 — 은 지역 경제에 다시 들어가는 대신 대개 영국 바깥에 있는 가족에게 보내진다. 대규모 이민 때문에 모두가 부유해지고, 우리 모두 이민자들이 만들어 내는 부의 물결 위에 올라서 있다고 주장하는 언론은 한 가지 결정적인 사실을 망각하는 셈이다. 어떤 나라의 국내총생산이 증가 — 노동 인구의 수가 끊임없이 증가하면 당연히 그렇게 된다 — 한다고 해서 반드시 개인들이 그 혜택을 누리는 것은 아니라는 사실이다. 정반대로 1인당 국내총생산이 증가해야만 개인들이 혜택을 누린다. 그런데 대규모 이민 때문에 1인당 국내총생산이 높아진다는 증거는 전혀 없다. 이 때문에 대규모 이민 찬성론자들은 이 논쟁에서 지고 나면 다른 논쟁으로 넘어가는 경향이 있다.

인구 고령화

대규모 이민자 유입에 대한 경제적 찬성론이 미끼의 유혹에 의존한다면, 이런 규모의 이민에 찬성하는 또 다른 핵심적인 근거에는 위협의 그림자가 드리워진다. 이 찬성론의 주장에 따르면, 유럽인들은 나이 들고 있고, 유럽은 〈고령화〉 사회이며, 이런 상황에서 더 많은 사람들을 들여올 필요가 있다. 그렇게 하지 않으면 우리 사회는 나이 든 유럽인들이 이제까지 익숙해진 생활방식을 유지할 수 있게 해줄 만큼 젊은이가 충분하지 않을 것이기 때문이다.

이번에도 역시 이는 유럽연합 집행위원 세실리아 말름스트룀과 유엔 특사 피터 서덜랜드— 둘 다 대규모 이민에 관한 저명한 국제적 권위자이자 옹호론자다 —가 내놓는 주장의 하나다. 2012년 두 사람은 〈유럽 인구의 고령화는 역사적으로 전례가 없는 수준〉이라고 주장했다. 〈노동자의 수효는 가파르게 감소할 것이며, 세기 중반에 이르면 거의 3분의 1이 줄어서 유럽의 사회 모델과 유럽 도시의 생명력, 유럽의 혁신과 경쟁력, 그리고 노인층이 젊은 층에게 지나치게 의존함에 따라 세대 간 관계에도 막대한 영향을 미칠 것이다. 그리고 지난 역사를 돌아볼 때 새로 오는 사람들의 에너지와 활기를 환영하는 나라는 국제적으로 가장 앞장서서 경쟁하는 반면, 지금 유럽은 국경을 엄격하게 단속하면서 정반대의 길을 가고 있다.〉[6] 두 사람은 이런 도전에 대한 최선의 응답은 해외에서 다음 세대를 들여오는 것이라고 결론짓는다. 이런 결론이 얼마나 빈약한 주장인지를 지적하기에 앞서 거기 담긴 진실의 작은 고갱이를 인정하는 게 좋겠다.

인구가 안정된 수준을 유지하려면 사회가 2.1명 내외의 출산율을 견지할 필요가 있다. 즉 장기적으로 내국인의 인구 증가를 유지하기 위해서는 두 사람이 자녀를 2.1명 가져야 한다. 유럽 전역에서 최근 연간에 출산율이 이 수준 이하로 떨어졌다. 가령 2014년 포르투갈의 출산율은 겨우 1.23명이었는데, 이 수준이 계속되게 내버려 두면 다음 세대에서는 인구가 거의 절반이 될 것이다. 밀레니엄 전환기에 출산율이 결정적으로 중요한 2.1명 수준을 유지한 유럽 나라는 하나도 없었다. 일부 나라, 특히 독일(1.38명)은 한참 아래였다.[7]

흥미롭게도 한때는 서구의 극좌 정당, 그리고 특히 〈녹색당〉들이 인구 폭발을 막기 위해 바로 이런 결과를 추구하는 캠페인을 벌였다. 가령 그들은 세계를 위한 〈최적 인구〉— 중국이 비슷한 정책을 강요한 뒤 불쾌한 함의가 생기긴 했지만 —를 달성하기 위해서는 모든 커플이 한 자녀만을 가져야 한다고 주장했다. 선진국들이 앞장설 것으로 기대되었다. 제3세계에서 유럽으로 들어오는 이민이 늘어나자 녹색 운동이 인구 상한 주장이나 출산 제한 캠페인을 중단한 것은 별로 흥미롭지 않은 문제다. 그들은 유럽 백인들에게 출산을 멈추라고 말할 때는 적극적이었지만, 피부색이 짙은 이민자들에게 똑같은 요청을 할 때는 말수가 적어졌다. 그렇다 하더라도 유럽인들이 자녀를 더 많이 갖는 것을 멈추고 그 결과로 다음 세대는 이민자들로 구성되도록 해야 한다는 사고는 몇 가지 이유에서 형편없는 오류다.

첫째는 한 나라의 인구가 언제나 같은 수준을 유지하거나 계속 증가해야 한다는 가정이 잘못되었기 때문이다. 유럽의 민족국가들 가운데는 지구상에서 인구 밀도가 손꼽히게 높은 나라들이 있다. 인구가 계속 증가한다면 이 나라들의 삶의 질이 향상될 것이라고 전혀 장담할 수 없다. 게다가 이 나라들에 들어오는 이민자들은 인구가 희박한 지역이 아니라 대도시로 향한다. 따라서 유럽 국가들 가운데 영국은 벨기에, 네덜란드와 나란히 인구 밀도가 가장 높은 축에 속하지만, 잉글랜드만 따로 놓고 보면 유럽에서 두 번째로 높은 나라가 될 것이다.[8] 이민자들은 좀처럼 스코틀랜드의 하일랜즈나 다트무어의 황무지로 가지 않는다. 그리하여 끊임없이 늘어나는 인구는 이미 주택 공급 문제를 겪고 있고 빠르게 증가하는 인구를 따라잡기 위해 대중교통 같은 인프라를 늘리느라 분주한 지역에서 문제를 야기한다. 유럽인의 삶의 질에 관심이 있는 사람이라면 누구든지 인구를 대폭 늘리는 게 아니라 어떻게 하면 줄일까를 궁리할 것이다.

하지만 인구와 관련된다 할지라도 이민이 필요한 것은 단지 인구 수준을 일정하게 유지하기 위해서라고 말해야 한다. 어떤 특정한 나라가 안정되거나 서서히 증가하는 인구를 유지하고자 하는 데 동의한다면, 이민자들을 들여오기에 앞서 현재 자국의 국민이 왜 아이를 낳지 않는지 그 이유를 따져 보는 게 합리적일 것이다. 아이를 원하지 않기 때문인가, 아니면 아이는 원하지만 키우기 어렵기 때문인가? 만약 후자라면 사람들이 원하는 대로 아이를 키울 환경을 조성하기 위해 정부가 무엇을 해야 하는지를 일단 물어야마땅하다.

영국을 비롯한 대다수 나라들에서 드러난 증거를 보면, 토착 인구는 인구 대체 수준* 이하이지만, 사람들이 아이를 갖지 않으려 하기 때문은 아니다. 실제로 수치를 보면 정반대다. 가령 노동당 정부의 폭발적 이민 증가가 정점에 달한 2002년에 국가통계청에서 나온 한 인구 연구를 보면, 영국 여성 중 아이를 낳고 싶지 않다는 비율은 8퍼센트에 불과했다. 한 명만 낳고 싶다고 응답한 사람도 겨우 4퍼센트였다. 영국 여성에게 가장 인기 있는 자녀 수는 둘—55퍼센트—이었다. 그 밖에 14퍼센트는 세 명을 원했고, 14퍼센트는 네 명, 5퍼센트

* 인구를 현상 유지하는 데 필요한 출산율 수준.

는 다섯 명이나 그 이상을 원했다. 그러니까 인구가 안정되거나 서서히 증가하기를 원한다면, 자녀를 낳지 않겠다는 8퍼센트 여성을 상쇄하고도 남는다.[9]

그런데 유럽인들은 왜 자녀를 너무 적게 낳는 걸까? 최근 이 질문에 대해 사회학적 시각뿐만 아니라 생물학적 시각에서도 접근하고 있지만, 여기에 한 가지 사실이 빠져 있고 많은 유럽인들도 이를 인정할 것이다. 대다수 유럽 국가에서 소득이 중간이나 평균인 커플은 자녀를 한 명만 낳아도 어떻게 양육비를 감당해야 할지 걱정한다. 게다가 적어도 일정 기간은 한 명의 소득이 사라진다. 아이를 둘 낳으면 걱정에 걱정이 더해진다. 둘 다 좋은 일자리를 갖고 있으면서도 셋째를 가질 여력이 없다고 생각하는 커플을 주변에 몇은 알고 있을 것이다. 실제로 오늘날 아이를 셋 이상 낳는 사람은 셋 중 하나다. 최고 부유층이거나 빈곤층이거나 최근 온 이민자거나. 이민자들 — 특히 제3세계 나라 출신 — 사이에서는 유럽 복지국가가 자녀들을 위해 제공하는 어떤 혜택도 본국에 기대하는 수준보다 좋을 것이다. 반면에 토박이 유럽인들은 학교 전입 공간을 둘러싸고 벌어지는 경쟁이나 주택이 부족해서 지역의 평균 주택 가격이 평균 연봉보다 5~10배 속도로 높아지는 현상을 염려하고, 서너 명은 고사하고 자녀 한 명도 어떻게 감당해야 할지를 걱정한다. 스펜서나 포르테스와 반대로 일부 부모는 자기 지역 학교에서 끝없이 높아지는 〈다양성〉의 진가를 알지 못하고, 자기 자녀가 비슷한 문화적 배경을 가진 사람들과 함께 교육받기를 원할지 모른다. 특히 이 부모들이 도심 지역이나 교외에 산다면, 결국 그들은 〈다양성〉이 덜한 학교의 통학 범위 안에 있는 일종의 중산층

동네에 집을 살 수 있을지 걱정하게 될 공산이 크다. 만약 원하는 방식으로 아이를 키울 여력이 없다면 원하는 만큼 아이를 낳지 않을 것이다.

장래에 당신 나라가 어떤 모습이 될 것인가의 문제는 다음 세대를 낳는 것뿐만 아니라 기르는 문제에 관해서도 거대한 질문을 제기한다. 사람들은 미래를 낙관할 때 아이를 낳는 문제에 대해서도 낙관적이기 쉽다. 하지만 미래가 종족적 또는 종교적 파편화로 가득할 것이라고 예상한다면, 이 세상이 과연 아이를 낳을 만한 곳인지를 다시 생각해 보게 될 것이다. 만약 유럽 각국 정부가 정말로 인구 감소를 걱정해서 출산율이 높은 사람들을 세계 각지로부터 들여오는 것을 기대해야 할 정도라면, 우선 기존 인구를 대상으로 출산을 장려할 수 있는 정책이 있는지부터 살펴보는 게 현명한 처사일 것이다. 가령 폴란드에서는 최근에 법과 정의당Law and Justice Party이 토박이 출산율을 높이고 이민 의존도를 줄이기 위해 아동수당을 인상했다. 최소한 각국 정부는 현재 하고 있는 일 중에 상황을 악화시키는 것이 있는지 검토해야 한다.

다음으로 인구 고령화 문제가 있다. 유럽 사람들이 역사상 어느 시기보다도 수명이 길어진 것은 사실이다. 대규모 전쟁이나 전염병이 일어나지 않는다면, 의학의 발달로 다음 세대는 훨씬 더 오래 살 게 분명하다. 물론 오래 사는 것은 종종 끔찍한 부담, 아니 사회에 대한 저주처럼 그려지기도 하지만, 대다수 개인들에게는 좋은 일이다. 특히 젊음에 대한 문화적 강박과 노년의 경험이 조화를 이루면 사회 전체에 전반적인 이익이 될 수 있다. 〈인구 고령화〉의 〈저주〉는 그렇게 부정적으로 묘사할 때에만 저주일 뿐이다. 어쨌든 설령 장수가 사회에 내려진 저주라는 데 동의한다 할지라도 다른 대륙으로부터 다음 세대를 들여오기로 결정하기 전에 할 수 있는 일이 많이 있다.

제2차 세계 대전 이후에 사람들은 은퇴한 뒤 고작 몇 년 더 살 것으로 기대되었다. 오늘날에는 추가로 몇십 년을 살 것으로 기대된다. 이런 경제적 도전에 대한 명백한 해법은 은퇴한 사람들이 일한 기간에 낸 것보다 더 많은 돈을 연금과 의료보험으로 받아 가지 않도록 국가적으로 은퇴 연령을 높이는 것이다. 몇몇 나라에서는 이런 일이 자연스럽게 벌어지는 중이다. 가령 2004~2010년에 영국인의 평균 은퇴 연령은 1년 높아졌다(남성은 63~64세, 여성은 61~62세).[10] 분명이 과정은 항상 그렇게 용이하거나 자발적으로 이루어지지 않는다. 2008년 금융 위기와 잇따른 유로존 위기 이후 그리스 시민들은 은퇴 연령이 높아지는 것을 목격했다. 그전까지 다소 특이한 여러 직군의 사람들(미용사, 라디오 아나운서, 트롬본 연주자 등)은 50대에 은퇴할 수 있었다. 그런데 경제적 현실에 강타를 당하자 은퇴 연령이 끌어올려졌다. 하지만 값싼 대중적 인기에 영합하는 정부라면 언제나 경제적 현실에 굴하기를 거부할 수 있다. 2010년 니콜라 사르코지 프랑스 대통령은 완고한 반대를 무릅쓰고 은퇴 연령을 60세에서 62세로 올리는 데 성공했다. 2년 뒤 후임자 프랑수아 올랑드는 다시 60세로 낮추었다.

60대에도 일해야 한다는 사실에 항의하는 사람들은 언제나 있을 것이다. 하지만 어떤 사람들은 자기가 아는 사회에서 더 오래 일하는 것이 이방인처럼 느껴지는 사회에서 죽는 것보다 더 낫다고 생각할지 모른다. 그리고 점점 나이 들어가는 노동력이 할 만한 일이 없을 것이라고 주장하는 사람들이 있겠지만, 〈고령화하는〉 공동체에서 생산성을 높이기 위해 경제를 어떻게 바꿀지를 진지하게 검토해야 한다. 메르켈 독일 총리는 2012년 인터뷰에서 유럽 대륙이 직면한 도전을 간결하게 정리했다. 〈만약 오늘날 유럽이 세계 인구의 7퍼센트 정도만을 차지하고, 전 세계 국내총생산의 약 25퍼센트를 생산하며, 세계 사회 지출 재정의 50퍼센트를 대야 한다면, 유럽의 번영과 생활 방식을 유지하기 위해 아주 열심히 일해야 한다는 건 자명한 사실입니다. 우리 모두 해마다 버는 것보다 더 많은 돈을 쓰는 걸 멈춰야 합니다.〉[11]

이 문제에 내놓을 수 있는 답은 무수히 많으며, 그중 어느 것도 단순하지 않다. 하지만 가장 쓸데없이 복잡한 답은 다음 세대의 노동력 기반을 형성하기 위해 한 사회에 거대한 이주 인구를 들여오는 것이다. 무엇보다도 이 영역에는 예측 불가능한 요소들이 무척 많기 때문이다. 전후 유럽 이민 유입의 역사를 보면, 원래 하기로 되어 있던 일을 하지 않은 사람들의 이야기로 점철되어 있다. 현재 유럽 각국 정부는 다음 세대의 이주자들이 국민경제에 어떻게 기여할지를 안다고 생각할지 몰라도 앞선 이주자들에 관해 정확히 예측했다는 증거는 하나도 없다. 예측 가능한데도 완전히 무시되는 요소들, 즉 이민자들 역시 나이를 먹는다는 사실 등의 요소도 존재한다. 많은 정책 입안자에게는 놀랍게 들리겠지만, 많은 수의 젊은 이민자를 수입한다고 해서 인구 〈고령화〉 문제가 해결되는 것은 아니다. 이민자들 또한 〈노인이 되고〉, 그렇게 되면 그들 역시 다른 모든 사람들과 똑같은 권리를 기대할—그리고 누릴 자격이 있을—것이기 때문이다. 논리적 결론을 따라가 보면, 단기적인 해법은 장기적으로 보면 훨씬 더 큰 골칫거리가 된다. 피라미드 방식의 사업이 그렇듯이, 점점 더 많은 사람들이 익숙해진 생활방식을 유지하기 위해서는 점점 더 많은 이민자를 계속 들여와야 하기 때문이다.

그와 동시에 모든 유럽 국가에서 젊은 유럽인들이 특히 〈하려고 하지 않는〉 일자리들이 있다는 주장이 들린다. 설령 그게 사실이라 하더라도 그 이유는 복지 혜택 때문에 어떤 상황에서는 저임금 노동을 하느니 아예 일을 하지 않는 게 더 낫다고 생각해서다. 하지만 이는 또한 젊은이들이 언뜻 보기에 재미없거나 매력 없는 노동을 경시하도록 교육받은 결과이기도 하다. 이런 사회적 관점이 대단히 널리 퍼져 있다. 그리하여 가령 우리는 슈퍼마켓 진열대에 상품을 쌓을 사람을 들여와야 한다는 이야기를 듣는다(이 직종은 일종의 상징이 되었다). 토박이 유럽인들은 그런 일을 기피하기 때문이란다. 영국에서 유럽 연합 논쟁이 벌어질 당시 유럽연합에 찬성하는 한 백만장자 사업가는 자기 딸이 〈감자 수확 농부〉가 되기를 바라지 않기 때문에 이민 유입이 필요하다고 주장했다.[12] 우리는 그런 역할을 꺼리는 반면 다른 이들은 딱 어울린다는 인종적 암시를 제쳐 두면, 왜 우리 젊은이들이 (정말 그렇다면) 그런 일을 〈꺼리는지〉 자문해야 한다. 또한 우리가 이런 거래에 마냥 흡족하기만 한지 자문해야 한다. 유럽 전역에는 실업 상태인 젊은이들이 많이 있다. 많은 이들은 고급 일자리에 필요한 숙련 기술을 갖고 있지 못하다. 그렇다면 유럽에 이미 저숙련 노동자들이 그렇게 많이 있는데, 도대체 왜 저숙련 노동을 할 사람들을 수입하는 걸까?

때로는 연금 생활자들을 지원하는 데 이점이 있다고, 때로는 청년들이 원치 않는 일을 하지 않아도 된다는 이유로 대규모 이민 유입이 옹호된다. 하지만 두 경우 모두 이런 주장이 통용되도록 내버려 둔다면 해마다 점점 더 큰 문제가 생겨날 뿐이다. 점점 더 많은 고령 인구가 부양을 필요로 하고 청년들이 취직할 기회는 점점 적어질 것이기 때문이다. 유럽은 이런 습관에 익숙해지고 있으며 해가 갈수록 이를 포기하기가 더 어려워진다.

다양성

대규모 이민 유입을 찬성하는 주장 가운데 가장 인상적인 점 하나는 이미 각국이 손쉽게 변화할 수 있다는 것이다. 대규모 이민 유입을 경제적으로 옹호하는 논거가 밀려날 때마다 도덕적 주장이나 문화적 주장이 등장한다. 이 주장을 펴는 이들은 아무런 양보도 하지 않은 채 이런 식의 입장을 내놓는다. 〈대규모 이민 유입으로 우리가 재정적으로 부유해질 것이라고 거짓말하지 말자. 그건 중요하지 않다. 대규모 이민 유입으로 우리는 다른 식으로 부유해지기 때문이다. 실제로 대규모 이민 때문에 재정적으로 가난해진다 할지라도 경제적 이득에서 잃는 것을 문화적 이득으로 얻으면 된다.〉

이 주장은 유럽 각국 사회가 다소 지루하거나 재미없는 곳이라는 생각을 액면 그대로 받아들인다. 이런 가정은 다른 많은 사회에서는 먹히지 않을 것이다. 이 사고에 따르면, 세계 다른 지역은 사회가 향상되기 위해 다른 문화권으로부터 대규모 이민 유입이 필요하지 않은 반면, 유럽 나라들은 필요로 하며 특히 이런 이동으로부터 이득을 얻을 것이다. 마치 유럽 심장부에 구멍이 뚫렸는데, 이 구멍을 메우지 않으면 우리가 더 가난해질 것이라는 데 모두 동의하는 것 같다. 새로운 사람들은 다른 문화와 다른 태도, 다른 언어를 가져온다. 물론 끝없이 인용되는 새롭고 흥미로운 요리법도 말이다.

대규모 이민 유입 찬성론이 대부분 그렇듯이, 여기에도 어느 정도 진실이 있기는 하다. 유럽에 이미 여러 언어와 문화, 요리가 넘쳐나기는 하지만, 세계와 문화에 대한 지식을 늘리는 걸 누가 마다하겠는가? 그리고 만약 어떤 다른 문화가 세계 다른 지역의 지식으로부터 무언가를 얻고자 하지 않는다면, 그 문화는 결국 더 빈곤해지지 않겠는가? 하지만 이 주장은 수많은 오류에 근거한다. 첫 번째 오류는 세계와 세계 문화에 대해 배우는 가장 좋은 방법은 세계를 돌아다니는 게 아니라 세계가 당신에게 오게 — 그리고 와서 머무르게 — 만드는 것이라는 가정이다. 두 번째는 이주자들의 수가 늘수록 그들의 가치도 계속 높아지므로 만약 전혀 다른 문화 출신의 사람이 오면 도시는 그 문화의 혜택을 받으며, 뒤이어 또 다른 사람이 오면 도시는 두 배로 혜택을 받고 이후 새로운 사람이 올 때마다 계속 혜택을 받는다는 가정이다. 하지만 한 문화가 주는 지식이나 혜택은 그 문화에서 오는 사람의 수에 비례하지 않는다. 음식은 이 논증에서 다소 당혹스럽게 활용되는 혜택 가운데 하나다. 하지만 이 사례를 들어 보자면, 해마다 터키인이 더 많아진다고 해서 터키 음식을 통해 누릴 기쁨의 양이 그만큼 늘어나는 것은 아니다. 소말리아인, 에리트레아인, 파키스탄인이

10만 명씩 유럽에 온다고 해서 문화적으로 10만 배 더 풍요로워지는 것은 아니다. 아마 유럽은 이미 배울 만한 요리법은 다 배우고 얻어야 할 건 모두 습득했을 것이며, 따라서 인도 음식을 즐기기 위해 계속 더 많은 인도인을 우리 사회로 들여올 필요가 없다. 설령 〈다양성〉이 그 자체로 좋은 것이라 할지라도 왜 각 나라마다 소수의 나라들로부터 압도적으로 많은 이민자들이 들어오는지는 설명되지 않는다. 이미 수십 년간 대규모 이민이 유입된 지금, 만약 유럽에 적극적으로 〈다양성〉을 들여오려고 한다면, 예전 식민지만이 아니라 식민지였던 적이 없고 정말로 생소한 나라들에서도 사람들을 찾는 게 타당할 것이다.

〈다양성〉이 그 자체로 좋은 것이라는 주장의 이면에는 또 다른 생각이 도사리고 있다. 그런데 이 생각은 일반 대중에게 선뜻 내놓기가 어려운 것 같다. 블레어 정부가 세라 스펜서(옥스퍼드의 이주 정책·사회 센터Centre on Migration Policy and Society 소속)에게 신노동당의 2000년 보고서 작성을 의뢰한 것은 그가 대규모 이민 유입 찬성자라는 사실을 익히 알고 있었기 때문이다. 그리고 스펜서가 핵심적인 역할을 한 보고서는 원래 경제적 분석을 의도한 것이었지만, 그가 가장 관심을 기울인 것은 이주의 사회적 측면이었다. 『이방인과 시민: 이민자와 난민에 대한 긍정적 접근Strangers and Citizens: A Positive Approach to Migrants and Refugees』(1994)이라는 책에서 그는 〈영국 국적 보유가 충성 관념에 의지하던 시절은 이제 끝났다〉라고 주장했다.[13] 다른 곳에서 스펜서와 공저자들은 민족국가는 이미 바뀌었고, 현대 국가는 〈다양한 생활방식을 수용할 수 있는 개방되고 형식적인 결사〉가 되었으며, 이 국가에서 〈이민 정책은 또한 나라의 문화 다양성을 풍부하게 만드는 수단으로 (……) 간주되어야 한다〉라고 주장한 바 있다.[14] 그로부터 1년 뒤 세라 스펜서는 또 다른 출판물에서 〈전통적인 국적 개념은 순수한 상징의 수준으로까지 격하될 수 있다〉는 사고를 긍정적으로 인용하면서 〈우리는 여러 정체성이 중첩되는 다양한 사회이며, 보편적 가치나 단일한 충성에 구속되지 않고 구속될 수도 없다〉라고 주장했다. 〈만약 우리가 하나로 묶여야 한다면 그것은 권리와 책임의 상호 향유를 통해서 이루어져야 한다.〉[15]

이런 주장은 한 민족이나 나라를 구성하는 것이 무엇인지에 관해 근본적으로 다른 이해이자 심대하면서도 — 대다수 대중이 보기에 — 불쾌한 함의가 담겨 있는 이해였다. 세라 스펜서는 2003년에 〈통합〉 개념에 관해 쓴 글에서 이런 함의를 소개했다. 통합이란 이주자가 수용국 사회에 적응하는 게 아니라 〈이주자와 수용국 사회가 쌍방향으로 적응하는 과정〉이라는 것이었다.[16] 만약 당신이 사람들에게 이주자들 덕분에 이득을 볼 것이라고 말한다면 그것은 긍정적인 일이다. 그런데 만약 이주 때문에 그들 자신이 바뀌어야 한다고 말한다면 좋게 받아들여지지 않을 공산이 크다. 따라서 오로지 긍정적인 부분만 강조된다.

하지만 〈다양성〉이 그 자체로 좋은 것이라는 근거로 대규모 이주에 찬성하는 주장은 최근까지도 말할 수 없었던 거대한 쟁점 한 가지를 무시한다. 대부분의 문화에는 유익하고 흥미로운 것들이 있는 것처럼, 모든 문화에는 또한 유해하고 불쾌한 것들이 존재한다. 그리고 긍정적인 것들은 처음부터 강조하고 과장할 수 있는 반면, 부정적인 것들은 받아들이는 게 가능하더라도 몇 년이 걸린다.

일부 이민자 집단이 그들이 들어간 나라의 대다수 사람들에 비해 자유주의에 미달하는 견해를 갖고 있다는 사실을 인정하는 데 수십 년이 걸렸다는 점만 생각해 보면 된다. 2009년 갤럽의 여론 조사에 따르면, 인터뷰에 응한 영국 무슬림(총 5백 명) 중 동성애를 도덕적으로 받아들일 수 있다고 생각한 사람은 단 한 명도 없었다.[17] 2016년에 이루어진 또 다른 여론 조사에서 밝혀진 바로는 영국 무슬림의 52퍼센트가 동성애를 불법화해야 한다고 생각했다.[18] 이런 결과에 흔히 나타나는 반응은 한두 세대 전만 해도 영국인들도 다수가 이런 태도를 보였다는 것이다. 이어지는 무언의 말은 영국 동성애자들은 신규 이민자들이 추세를 따라잡을 때까지 꾹 참고 한두 세대 동안 더 기다려야 한다는 것이다. 그동안 내내 무시되는 사실은 그런 변화는 일어나지 않을 것이고, 또 시간이 흐르면서 인구 증가나 다른 수단을 통해 신규 이민자들이 국가적 풍경 자체를 아예 바꿔 버릴 수도 있다는 점이다. 따라서 2015년 유고브가 영국인의 동성애 관련 태도에 관한 여론 조사에서 제시한 질문 중 하나는 응답자가 대체로 동성애를 〈도덕적으로 받아들일 수 있〉는지 아니면 〈도덕적으로 잘못된 것〉이라고 보는지 여부였다. 어떤 사람들은 일부 농촌 지역에서는 잠재된 동성애 혐오를 드러내는 반면 세련되고 다양한 도시 지역은 동성애 문제에 대해 느슨해진 태도를 보일 것이라고 가정한 질문이라고 생각했을지도 모른다.

조사 결과는 정확히 반대로 나타났다. 수도를 제외한 전국에서 16퍼센트 정도가 동성애는 〈도덕적으로 잘못된 것〉이라고 생각한 반면, 런던에서는 그 수치가 거의 두 배(29퍼센트)였다.[19] 왜 런던에서 동성애 혐오가 두 배 가까이 높게 나타난 걸까? 이유는 딱 하나다. 수도 런던이 오늘날 영국 전체에 비해 도덕적으로 뒤떨어진 것으로 여겨지는 태도를 가진 사람들을 압도적으로 수입해서 종족적 다양성을 조성했기 때문이다. 동성애에 관해 일부 이주자 공동체들이 가진 견해가 불과 두어 세대 뒤떨어진 것이라면, 이 공동체들의 일부가 여성 문제에 관해 가진 견해는 적어도 여러 세기 뒤처진 것으로 밝혀졌다.

잉글랜드의 시크교도 공동체와 백인 노동 계급 공동체에서 몇 년 동안 회자되던 이야기를 마침내 언론에서 조사한 것은 2000년대 초반의 일이다. 그리하여 잉글랜드 북부 전체와 더 먼 곳에서까지 북아프리카나 파키스탄 출신 무슬림 남성 갱단이 미성년자를 포함한 젊은 여성들을 상대로 조직적인 그루밍 성폭력을 벌이고 있다는 이야기가 여러 도시에서 퍼져 있음이 드러났다. 각 지역 경찰은 겁을 집어먹고서는 이 문제를 조사하지 않았고, 마침내 조사에 나선 언론 역시 몸을 사렸다. 브래드퍼드의 사회 서비스를 다룬 2004년의 한 다큐멘터리는 자칭 〈반파시스트〉들과 지역 경찰서장들이 채널4에 방영 중단 압박을 가한 끝에 개봉을 연기했다. 〈아시아〉 갱단이 백인 여성들을 성적으로 착취한다는 내용을 다룬 부분이 선동적일 수 있다는 비난을 받았다. 특히 경찰 당국은 지방 선거를 앞두고 방영을 하면 투표소에서 영국국민당에 도움이 될 수 있다고 주장했다. 다큐멘터리는 결국 선거가 끝나고 몇 달 뒤에 방영되었다. 하지만 이 사건의 전모와 이후 전개된 내용들을 보면, 한 가지 문제의 소우주와 유럽 전역에서 퍼지게 된 반응을 알 수 있다.

그 시절에 그루밍 문제에 관해 캠페인을 하거나 심지어 언급하는 것만으로도 끔찍한 일이 벌어졌다. 북부의 노동당 하원의원 앤 크라이어Ann Cryer가 자기 선거구에서 미성년자 강간 문제를 끄집어내자 곧바로 사방에서 〈이슬람 혐오자〉라느니 〈인종주의자〉라느니 하는 비난이 쏟아졌고, 한때 경찰의 보호를 받아야 했다. 중앙 정부나 경찰, 지방 당국, 검찰이 이 문제를 인정하기까지 몇 년이 걸렸다. 마침내 문제를 인정하고 로더럼시에서 벌어진 성적 학대에 대한 공식 조사가 이루어졌고, 1997년부터 2014년까지 최소한 아동 1천4백 명이 성적 착취를 당했음이 드러났다. 피해자들은 모두 지역 사회 출신의 비무슬림 백인 여자아이들이었고, 가장 나이 어린 아이가 열한 살이었다. 모두 잔인하게 강간을 당했으며, 일부는 휘발유를 끼얹고 불을 지르겠다는 위협도 받았다. 다른 아이들은 총으로 위협을 받으며 다른 아이들이 폭력적으로 강간당하는 모습을 지켜보아야 했다. 혹시라도 발설하면 똑같이 당할 거라는 경고였다. 조사 결과 가해자들은 전부 파키스탄 출신 남성으로 갱단 소속임이 밝혀졌지만, 지방 의회 직원들은 〈인종주의자로 간주될까 두려워서 가해자들의 종족적 기원을 섣불리 발설하지 못하겠다〉라고 언급했다. 〈다른 직원들은 상관으로부터 발설하지 말하는 지시를 받았다고 기억했다.〉 지역 경찰 또한 〈인종주의자〉라는 비난을 받을까 봐, 그리고 지역 사회의 인종 관계에 악영향을 미칠까 두려워서 제대로 대처하지 못했다.[20]

로더럼 사건은 영국 전역의 도시에서 잇따라 발생한 비슷한 사건들과 마찬가지로 몇몇 언론인이 이야기를 공개하기로 결심한 덕분에 수면 위로 떠올랐다. 하지만 가해 남성들이 속한 공동체는 줄곧 문제를 직시하기보다는 은폐하기에 급급했다. 법정에서 판결이 내려진 뒤에도 고발당한 가해자 가족들은 모든 게 정부가 뒤집어씌운 모종의 음모라고 주장했다.[21] 잉글랜드 북부의 한 무슬림은 자기가 속한 공동체 성원들이 백인 소녀들을 집단 강간하는 데 반대의 목소리를 냈다가 동료 무슬림들로부터 살해 위협을 받았다고 한다.[22]

어디서나 똑같은 이야기가 드러났다. 이런 사건들의 재판을 주재한 판사들의 말을 빌리면, 소녀들은 다른 공동체 소속이고 무슬림이 아니며 〈손쉬운 먹잇감〉으로 찍혔다는 이유로 범죄 대상이 되었다. 이 남자들의 다수는 파키스탄을 비롯해 남성이 지배하는 이슬람 문화 속에서 여자, 특히 동반자나 〈보호자〉가 없는 여자에 관한 관념을 익힌 상태였다. 영국에서 여성에 대한 이런 태도가 표출되는 상황에 직면했을 때, 영국 국가의 모든 부분이 법치를 비롯한 영국의 전통적 규범을 옹호하는 데 실패했다. 너그럽게 설명하자면 그런 문화에서 엄청나게 많은 사람들이 유입되자 당국이 어디에 선을 그어야 할지 판단하지 못했다는 것이다. 하지만 그 이상의 문제가 있었다. 그루밍 스캔들이 터질 때마다 지방 당국이 공동체 문제를 야기하거나 인종주의자라는 비난을 받을까 두려워 보고도 못 본 체한다는 사실이 드러났다. 영국 경찰은 〈제도적 인종주의〉라는 비난을 가한 「맥퍼슨 보고서Mcpherson Report」(1999)로 인해 입은 상처를 지우지 못했고, 그런 비난이 되풀이될까 두려워했다.

서유럽의 모든 곳에서 적어도 비슷하게 느린 과정이긴 했어도 똑같은 진실이 드러났다. 어떤 경우는 영국에서 금기가 깨진 것과 거의 정확히 같은 순간에 비슷한 일이 벌어졌다. 각 나라마다 당국이 종족이나 종교에 근거한 범죄 통계를 작성하거나 분류하지 않으면서 침묵의 시기에 힘을 보탰다. 2009년 노르웨이 경찰은 오슬로에서 〈신고된 모든 강간 사건〉은 비서구 출신 이민자들의 소행이라고 밝혔다.[23] 2011년 노르웨이 국가통계국은 〈이민자들이 범죄 통계에서 인구수에 비해 많은 비중을 차지한다〉라고 선뜻 지적했다. 하지만 또한 이런 결과는 문화적 차이 때문이 아니라 아마 이민자 인구에서 젊은 남성이 압도적으로 많기 때문일 것이라고 언급했다. 오슬로 경찰청의 강력 범죄반 반장 출신인 한네 크리스틴 로데Hanne Kristin Rohde는 노르웨이 당국이 현재 벌어지는 상황을 인정하기를 이례적으로 꺼린다고 증언했다. 〈여성은 아무런 고유한 가치가 없다고 여겨지는〉 문화권에서 온 이주자들과 강간 사건 사이의 〈명백한 통계적 연관성〉과 관련하여 로데는 〈문제의 중대성에도 불구하고 내놓고 말하기가 어려웠다〉라고 밝혔다. 강간범들의 여성에 대한 태도에 관해서는 〈그건 문화적인 문제〉라고 언급했다.[24]

분명 이를 비롯한 유사한 집단 강간 사례가 이민자 전체의 행동을 보여 주는 일반적이고 대표적인 본보기라고 보기는 어렵다. 하지만 이 사례들은 누구든지 적발하고 수사하고 처벌해야 하는 악행으로 간주되어야 한다. 심지어 경찰과 검찰이 문제를 직시하는 데 몇 년, 때로는 수십 년이 걸린 것을 보면 대단히 심각한 가능성을 염두에 두지 않을 수 없다. 이 사례들은 여성 할례(여성 성기 일부 절제)와 마찬가지로 더 쉽게 다뤄야 마땅하다. 하지만 서유럽 사회는 멀찍이 떨어져서 이 문제를 파악하는 데만도 몇 년이 걸렸다. 이런 사례도 제대로 파악하기가 어렵다면, 일부 이주자 집단이 가지고 온, 상대적으로 눈에 띄지 않는 다른 폭력적인 태도들에 대해서는 더욱 조사하기가 어려울 것이다. 만약 대규모 집단 아동 강간이 밝혀지는 데 10년 이상이 걸린다면, 폭력과 강도가 덜한 부적절한 태도의 사례들은 설령 밝혀지더라도 얼마나 오랜 시간이 걸리겠는가?

이로써 입증되는 한 가지는 대규모 이민 유입의 이득이 분명 존재하고 모두가 그 점을 잘 아는 반면, 다른 문화권 출신의 사람들을 대규모로 들여오는 데 따르는 손해를 인정하기까지는 오랜 시간이 걸린다는 것이다. 한편 일반 대중은 대규모 이민 유입이 그렇게 나쁜 거래가 아니라는 합의에 도달한 것처럼 보인다. 유럽에서 그전에 비해 참수와 성폭력이 조금 많아지긴 했지만, 최소한 한결 다양한 요리법의 혜택도 누리고 있다는 것이다.

세계화 때문에 이민을 막을 수 없다는 사고

대규모 이민 유입에 찬성하는 마지막 근거 또는 구실은 전혀 이치에 맞지 않고 어떤 변명도 통하지 않는다. 이 정책을 옹호하는 다른 논거들의 실체가 드러난다 할지라도 이 근거는 여전히 남는다. 어쨌든 아무 일도 할 수 없기 때문에 이중 어느 것도 중요하지 않다는 주장이다. 이민은 모든 사람의 손을 벗어났다. 그냥 우리에게 닥친 운명이다.

현재의 이민 위기가 시작될 무렵 나는 이민자들에 대한 유럽의 정책은 어떠해야 하는지를 놓고 아테네에서 벌어진 논쟁에 참여했다. 나는 내 주장을 제시하면서 다른 참석자들(그리스 경제학자 안티고네 리베라키Antigone Lyberaki와 프랑스의 정치인이자 활동가인 베르나르 쿠슈네르Bernard Kouchner 등이 있었다)은 청중에게 〈어떤 일도 할 수 없다〉라고 주장할지 모른다고 말했다. 나중에 베르나르가 미리 작성한 원고를 탁자 위에 내려놓을 때에야 나는 그가 발언을 하기 전에 첫줄을 지운 것을 보았다. 실제로 그는 유럽은 그리스로 들어오는 사람들의 물결을 막을 수 없고 〈어떤 일도 할 수 없다〉라는 주장으로 발언을 시작할 예정이었다. 많이 들어 본 소리지만, 현명한 정치인이라면 대개 이런 경고가 재앙을 야기할 수 있는 주장임을 알 것이다. 한편 2015년 당시 영국 내무 장관 테레사 메이를 비롯한 주요 정치인들은 유럽으로 오는 사람들을 막기 위해 유럽 각국이 제3세계의 생활수준을 향상시키려고 노력해야 한다고 주장했다. 하지만 진실을 말하자면 ─ 많은 연구에서 밝혀진 것처럼 ─ 오직 생활수준이 (사치스러운 수준까지는 아니겠지만) 향상될 때에만 대규모 이주가 정말로 시작된다는 것이다. 진짜로 가난한 사람들은 밀입국 알선업자에게 줄 돈이 없다.

이런 견해에 학자적 고결함의 허식을 씌우려는 시도도 있다. 최근 연간에 이주 문제를 둘러싼 학문 담론에서는 이주의 흐름을 실제로 야기하는 것은 온갖 이주 통제라고 주장하는 입장이 생겨나고 있다. 그중에서도 옥스퍼드 대학교와 마스트리히트 대학교의 하인 더 하스 Hein de Haas의 연구는 이주 통제는 효과가 없을 뿐만 아니라 이주자들이 유럽과 본국을 통상적으로 왕래하는 것을 차단함으로써 실제로 이주를 증대시킨다고 주장한다. 학계에서 인기 있는 이 입장은 이주 통제 반대론자들이 내놓는 유일한 논거이기도 하다.

이런 주장의 배후에 있는 아직 폭발하지 않은 민주주의의 폭발물을 지적하기에 앞서 이 주장에서 무엇이 진실인지를 생각해 보는 게 좋겠다. 확실히 최근 몇십 년 동안 제3세계에 대중매체 — 특히 텔레비전 — 가 보급되고 여행 경비가 줄어든 결과 세계 각지의 사람들이 이동하려는 욕구와 기회가 어느 때보다도 커졌다. 하지만 만약 정말로 세계화 때문에 사람들이 세계 각지에서 유럽으로 오는 것을 막을 수 없다면, 이런 세계적인 문제가 왜 다른 나라들에는 영향을 미치지 않는지를 지적해야 한다. 만약 경제적 인력이 원인이라면 현재 일본이 서구로부터 들어오는 유례없는 이민의 물결을 경험하지 않을 이유가 전혀 없다. 명목 국내총생산을 기준으로 보면, 2016년 현재 일본은 세계 3위의 경제로 독일과 영국을 앞선다. 하지만 물론 유럽 어느 나라보다도 경제 규모가 큰데도 일본은 대규모 이민 유입을 막고, 일본 체류 의욕을 떨어뜨리고, 외국인의 일본 시민권 획득을 어렵게 만드는 식으로 대규모 이민 정책을 피하고 있다. 일본의 정책에 동의하든 않든 간에 이 나라는 오늘날과 같은 초연결 시대에도 현대 경제가 대규모 이민 유입 경험을 피할 수 있으며 이런 과정이 〈불가피〉한 게 아님을 보여 준다. 마찬가지로 중국은 세계 2위의 경제 규모이지만 유럽과 같은 규모로 난민 신청자나 경제적 이주자가 찾는 나라가 아니다. 과연 이것이 바람직한 현상인지 여부를 무시한다면, 확실히 가장 부유한 나라라도 세계 각지에서 찾아오는 이주자들의 집결지가 되지 않을 수 있다.

　사람들이 유럽으로 오는 이유는 부와 일자리에 대한 인식 때문만이 아니다. 유럽이 여러 다른 이유로 스스로 바람직한 목적지가 되었기 때문이다. 유럽은 일단 들어온 사람들에게 체류를 허용한다고 알려져 있다. 또한 사람들이 유럽으로 모여드는 주된 이유는 각국의 복지국가가 이주자를 돌봐 줄 것이라는 인식, 그리고 얼마가 걸리든 간에 또는 얼마나 형편없이 이주자를 돌봐 주든 간에 본국은 말할 것도 없고 다른 어느 곳보다도 더 나은 생활수준과 여러 권리를 누릴 수 있다는 인식 때문이다. 유럽은 세계 대부분 지역보다 더 관용적이고 평화로우며 환대하는 곳―사실이면서도 유럽인들을 흡족하게 만드는―이라는 믿음도 존재한다. 세계에 그런 대륙이 여럿 있다면 유럽인들은 그중에서 하나의 너그러운 사회라는 지위를 누릴 수 있을 것이다. 유럽이 실제로 들어가기 쉬운 동시에 쉽고 안전하게 체류할 수 있는 유일한 곳이라는 인식이 커지면, 대륙은 이런 관심이 단기적인 면에서보다 장기적인 면에서 더 달갑지 않다는 사실을 깨달을지 모른다. 어쨌든 전 세계 이주자들이 유럽으로 오는 것은 불가피한 일이 아니다. 그들이 몰려오는 것은 유럽이 좋은 이유로든 나쁜 이유로든 전 세계 이주자들에게 매력적인 곳이 되었기 때문이다.

분명 몇 가지 일을 할 수 있다. 바람직하든 않든 간에, 만약 유럽이 이민의 물결을 제한해야 한다면 세계에서 이동하는 사람들에게―갖가지 방법을 써서―덜 매력적인 곳으로 보이게 만들고 실제로도 그렇게 바꾸기 위한 조치를 취할 수 있다. 유럽은 세계에 더 엄격한 태도를 취하고, 여기 있어서는 안 되는 사람들을 돌려보내고, 새로 오는 사람들에게 복지 혜택을 제공하는 것을 멈추고, 향후에 〈선착순 원리〉를 복지 정책의 토대로 삼을 수 있다. 만약 유럽이 매력적이라서 이주자가 많아진다면, 그 매력을 떨어뜨릴 방법을 찾아야 한다. 이런 방법을 검토하는 건 유쾌한 일이 아니다. 특히 유럽인들이 갖고 싶어 하는 우리 자신에 관한 견해 하나에 영향을 미치고, 심지어 장기적으로 그런 자기 인식을 바꿀 것이기 때문이다. 하지만 이 길은 두려워하는 것만큼 위험하지 않을 것이다. 일본이 엄격한 이주 규정을 시행한다고 해서 야만적인 나라라고 주장할 사람은 거의 없다. 어쨌든 유럽이 현재 겪는 상황을 막을 수 없다는 사고는 사실이 아닐뿐더러 그로 인해 축적되는 고통 때문에라도 위험한 생각이다.

여러 해 동안 서유럽 각지에서 이주 문제가 대중적 우려의 목록에서 맨 위를 차지하고 있다. 각국의 여론 조사를 보면 이 문제가 일관되게 일반 대중에게 거의 압도적인 우려 사항임을 알 수 있다. 다수 대중이 여러 해 동안 우려를 느끼는데도 이를 시정하기 위해 아무 일도 하지 않는다면, 고통과 분노가 쌓일 게 분명하다. 만약 그런 우려를 무시할 뿐만 아니라 사실 어떤 일도 하는 게 불가능하다고 주장한다면, 급진적인 대안이 꾸며지기 시작할 것이다. 최악의 경우에 이런 대안들이 거리에서 등장할 것이다. 대중이 가장 우려하는 문제는 고사하고 다른 어떤 문제에 대해서도 〈할 수 있는 일이 아무것도 없다〉라는 식으로 대응하는 것은 생각하기 어렵다.

이 문제에 대한 이런 최종적이고 숙명론적인 대응조차 충분히 숙고하지 않은 정책의 결과이며 — 정치인과 학자들이 보기에 — 이제 사실상 극복할 수 없게 된 것 같다. 어쨌든 향후에 어떤 일이 벌어질지에 관한 예상은 잇따라 오류임이 밝혀졌다. 그리고 이미 벌어진 현실은 숙고되지 않았거나 잘못 고려되었음이 밝혀졌다. 1997년 이후 노동당 정부의 이민 정책 확대에 근거를 제공한 장본인 중 한 명의 판단을 생각해 보라. 세라 스펜서는 영국 정부를 위해 일한 뒤 CBE(영제국 훈장 사령관) 훈장을 받았다. 하지만 그때쯤이면 그를 비롯한 이들의 복음주의가 미친 반향이 느껴지고 있었고, 그 역시 애처로운 평가를 하면서 자신과 동료들이 정부에서 일하면서 수문을 열었을 당시에 〈통합을 위한 정책이 전무했다〉라고 인정했다. 〈우리는 그저 이주자들이 사회에 통합될 것이라고 믿었다.〉[25] 이 모든 것이 현재 우리가 직면한 최대의 위기가 벌어지기 몇 년 전의 일이었지만, 전부 당시 진행 중이던 거대한 대륙 차원의 이동을 변명하는 근거가 되는 주장으로 돌아왔다.

4

〈유럽에 오신 걸 환영합니다〉

람페두사는 이탈리아 최남단의 외딴 섬이다. 시칠리아 해안선보다 북아프리카 해안선에 더 가까운 이 섬에서 시칠리아까지 가는 여객선은 아홉 시간이 걸린다. 람페두사에 가보면 이런 고립을 실감할 수 있다. 약 20제곱킬로미터의 이 메마른 바위 땅은 이탈리아보다는 튀니지나 리비아에 한결 가까운 풍경이다. 여러 세기에 걸쳐 이 섬은 매력적이진 않지만 유용한 지중해의 변경 주둔지에서 흔히 예상되는 역사를 거쳤다. 주인이 몇 번이나 바뀌었고, 역사 기록을 보면 끊임없이 주민을 철수시켰다가 다시 거주시켰다. 해적의 습격은 시종일관 골칫거리였는데, 특히 16세기에는 터키 출신 해적들이 섬 주민 1천 명을 붙잡아서 노예로 끌고 갔다. 18세기의 한 영국인 방문자는 주민을 한 명밖에 보지 못했다.

람페두사 공작들 — 작위를 받은 뒤에도 현명하게 시칠리아 궁정에 계속 머물렀다 — 은 육지 주민들에게 다시 섬에 들어가서 살라고 독려했다. 최근 일어난 비참한 사태를 제외하고 오늘날 이 섬의 이름이 왠지 익숙하게 들린다면, 특히 이 작위를 가진 한 사람 때문이다. 『표범 *The Leopard*』[*]의 저자는 그 이름을 물려받은 마지막 공작이었다. 하지만 그와 같은 이름의 섬에는 그나 그의 세계와 관련된 게 아무것도 없다. 그 시대 시칠리아 바로크의 퇴락하는 위엄은 소박한 저층 주택들의 흠투성이 외관만큼이나 동떨어진 듯 느껴진다. 오늘날 섬에는 약 5천 명의 주민이 사는데, 하나뿐인 항구 주변에 주로 몰려 있다. 상점가는 비아로마 하나뿐인데, 섬 젊은이들은 항구까지 이어지는 이 길에서 무리를 지어 어슬렁거리거나 스쿠터에 둘씩 타고서 몇 안 되는 시내 거리로 내달린다. 시내 교회 앞 광장 주변에 있는 벤치에는 나이 든 여자들이 모여 있고, 남자들은 마치 몇 년 만에 처음 보는 것처럼 끊임없이 인사를 주고받는다. 야심 있는 이탈리아 젊은이라면 이곳에서 벗어나기 위해 무슨 짓이든 할 법한 곳이다. 하지만 매일같이 수천 명이 생명의 위협을 무릅쓰고 이곳에 오려고 한다.

물론 북아프리카 사람들은 여러 해 전부터 고향을 탈출하고 있다. 그리고 섬의 포도밭이 증언하는 것처럼, 이 여정이 치명적인 길이라는 것은 지난 몇 년 만의 일이 아니다. 람페두사섬을 향해 출발했다가 결국 바다 위에서 여정을 마감한 몇몇 이들이 묘지에 현지인들과 나란히 누워 있다. 〈신원 불명의 이주자 여기 잠들다.〉 지방 당국이 세운 한 무덤 표석에 적힌 글귀다. 〈2000년 9월 29일.〉 2000년대에 배에 가득 탄 이주자들이 정기적으로 람페두사에 도착했다. 북아프리카와 사하라 이남 아프리카뿐만 아니라 중동과 극동[**]에서도 사람들이 왔다. 밀입국 알선업자들은 항해 여정에 비싼 요금을 매겼지만, 필사

* 주세페 토마시 디 람페두사, 『표범』, 최명희 옮김 (서울: 동안, 2015).

적인 처지의 사람들은 짧은 항해를 위해 값을 치렀다. 아무리 낡은 모터보트로도 하루 안에 바다를 건널 수 있어서 이 길은 새로운 삶을 향해 가는 가장 좋은 방법으로 소문이 났다. 일단 람페두사에 도착하면 이탈리아에 들어온 것이고, 일단 이탈리아에 들어오면 유럽에 온 셈이다.

유럽 대륙에 대한 첫 인상으로는 조금 기묘하다. 배가 해안선에 닿으면 배에 탄 사람들 눈에는 방금 전에 떠나 온 곳과 도착지가 별로 달라 보이지 않는다. 남쪽에 면한 항구로 들어가는 이들의 시야에 작은 항구가 들어온다. 휴가철에 이곳을 찾는 이탈리아 관광객들을 대상으로 한 조용한 상점과 카페들이 늘어서 있다. 어업은 여전히 섬 주민들의 주요 업종이고, 항구 위로 높이 솟은 기둥에 올라선 성모자상은 항구를 드나드는 배들을 지켜본다.

2000년대에 지방 당국은 북아프리카에서 오는 사람들의 수를 우려하기 시작했고, 그들을 수용하는 센터를 세워야 했다. 처음에 지은 센터는 최대 350명을 수용하도록 설계되었는데, 이주자들을 신속하게 처리해서 난민 신청 자격을 심사하는 시칠리아나 이탈리아 본토로 배편으로 보낼 생각이었다. 하지만 새로 지은 센터는 이 작업에 적당하지 않다는 것이 금세 드러났다. 도착하는 사람들이 워낙 많았기 때문이다. 5백 명이면 센터가 혼잡해진다. 2000년대에 한 번에 무려 2천 명이 몰린 적이 몇 차례나 있었고, 수용 인원을 초과한 이주자 센터 주변 곳곳에 천막 도시가 생겨났다. 상황이 이렇게 되면 현지인들

**　여기서 저자는 극동을 동남아시아와 인도까지 포함하는 넓은 의미로 사용하고 있다.

의 분노가 커질 위험이 있었다.

　이 시기 내내 이탈리아는 자금이 궁한 상황에서도 거의 아무런 도움도 받지 않은 채 이 과정에 필요한 재정적, 인적 부담을 떠안았다. 당연한 이야기지만 정부는 또한 임기응변을 발휘했다. 카다피 대령의 리비아 통치가 막바지로 치달은 10년 동안 이탈리아는 카다피 정권과 비밀 협정을 체결했다. 체류 자격이 없는 아프리카인들을 돌려보내기 위해서였다. 이 협정의 세부 사항이 드러나자 다른 유럽 나라들은 이탈리아를 가차 없이 비난했다. 하지만 이탈리아는 이후 유럽의 다른 모든 이들이 맞닥뜨리게 될 우려와 타협을 미리 경험하고 있는 유일한 나라였다. 그리고 금세 다른 모든 이들도 익숙해지는 양상 속에서 전과는 달리 람페두사에 도착한 거의 모든 사람들이 이탈리아에 체류하게 되었다. 난민 신청이 기각되면 이의 신청을 하고, 그것도 기각되어 추방 명령이 떨어져도 그냥 머물렀다. 입국자 수가 워낙 많고 전반적인 처리 과정에 이미 너무 많은 비용이 들었기 때문에 강제 본국 송환을 위해 추가 비용을 들일 수가 없었다. 어느 시점에 이르자 공식적인 승인이었는지 아니면 불가피한 상황에 대한 비공식적인 수용의 일환이었는지 몰라도 이미 들어온 사람들을 돌려보는 게 경제적 비용도 막대할 뿐만 아니라 외교적 비용도 너무 커졌다. 이미 들어온 사람들이 이탈리아 전역으로 흩어지게 내버려 두는 게 더 쉬웠다. 그러면 그들은 유럽 다른 나라들로 저절로 옮겨 갈 테고, 그렇지 않더라도 이탈리아에 체류하면서 알아서 살 방도를 찾을 것이었기 때문이다. 대다수 사람들은 이탈리아나 유럽의 지하경제로 들어갔는데, 대개 본국에서보다 별로 많지 않은 돈을 받고 일했다. 일부는 유럽에서 그들이 연결된 유일한 네트워크를 구성하는 본국 출신 갱단 밑에서 일했다.

이탈리아의 다른 지역들은 이 문제가 기다란 섬 전체로 흡수되기를 기대했지만, 람페두사 수용 센터 — 항구 중심지 바로 뒤에 있었다 —는 걸핏하면 과밀 상태가 되어 해법을 찾아야 했다. 때로는 상황이 위험 수위로 치달았다. 거주자들 사이에 다툼과 폭동이 벌어졌다. 대부분 종족 간 경쟁의식 때문에 촉발된 것이었다. 이주자 센터는 원래 수용 센터로 지어진 것이었지만 이주자들은 도시 전체를 돌아다니기 시작했다. 당국이 이주자들의 이탈을 막으려 하자 일부는 뒤편 담장 밑에 구멍을 파서 빠져나갔다. 센터는 교도소가 아니고, 이주자들은 죄수가 아니었다. 그들이 정확히 어떤 존재이고 정확한 신분이 무엇인지의 문제는 임시변통으로 처리되었다. 이주자들은 점차 자신들의 권리가 무엇이고, 이탈리아 당국이 자신들에게 어떤 일을 할 수 있고 할 수 없는지를 알게 되었다.

처음에는 대체로 새로 도착한 사람들을 이례적으로 이해하고 공감해 주던 현지 주민들이 폭증하는 숫자에 기겁하게 된 것은 당연한 일이었다. 며칠 만에 물밀듯이 도착한 사람들의 수가 토박이 주민보다 금세 많아질 수 있었다. 가게 주인들도 이제 막 도착한 사람들에게 한정된 상품을 팔고 때로는 선물을 주기도 했지만, 당국은 이들을 신속하게 처리해야 한다는 걸 깨달았다. 특히 사람들이 그럭저럭 적응하기 전에 신속하게 섬에서 내보내 시칠리아와 본토로 향하는 선박에 태워야 했다. 2000년대에 비교적 〈가는 물줄기〉일 때 람페두사는 이런 상황이었다.

2011년부터 〈아랍의 봄〉이라 불리는 사건들이 벌어진 뒤 가는 물줄기는 홍수가 되었다. 정부 교체와 시민 소요를 피해 도망치는 사람들이 많아진 것이 한 요인이었다. 밀입국 알선업자들의 활동을 일부 제한하기 위해 예전 독재자들과 체결한 수상쩍은 협정이 휴지 조각이 되었기 때문이기도 했다. 2011년부터 수백 명에서 때로는 수천 명에 이르는 사람들이 밤낮으로 람페두사에 도착했다. 밀입국 알선업자들이 사거나 훔친 북아프리카의 오래된 어선인 낡아빠진 목선을 타고 왔다. 알선업자들은 항해를 견디지 못하는 선박일지라도 손님들에게 〈요금〉을 내게 했다. 얼마 지나지 않아 도착하는 선박들을 어떻게 처리할지가 람페두사에서 골칫거리가 되었다. 난파선 상태인 이 배들은 전혀 사용할 수 없었기 때문에 지역 당국은 항구 뒤편과 섬 곳곳에 쌓아 놓았다. 섬은 어느새 난파선들로 뒤덮인 거대한 묘지가 되었다. 이따금 그 수가 너무 많아지면 한데 쌓아 놓고 불태웠다.

〈아랍의 봄〉의 첫해는 특히 람페두사섬에 좋지 않은 때였다. 5백 명이 섬을 떠나기 위해 여객선을 타려고 줄을 서 있는 동안 1천 명이 추가로 도착하곤 했다. 2011년부터 계속해서 이주자 센터는 종종 1천~2천 명의 사람들로 미어터졌다. 그리고 물론 밀입국 알선업자들이 사람들을 태워 보내는 선박의 상태가 점점 열악해지면서 항해에 나선 사람들이 전부 도착하지는 못했다. 당국은 들어오는 시신들을 묻기 위해 섬에 매장지를 더 많이 만들어야 했다. 가능한 경우는 신원을 확인하고 확인되지 않은 주검은 그냥 묻은 뒤 도착하자마자 붙여진 일련번호와 십자가를 표시했다. 「다른 시체들은 어디 있습니까?」 어느 현지인에게 묻자 이런 대답이 돌아왔다. 「대부분 바다에 있지요.」

시리아 내전이 발발하자 부유한 중산층을 비롯한 시리아인들이 새로 도착하는 사람들의 다수를 차지했다. 어느 날 잘 차려입은 시리아인들이 탄 요트 한 대가 람페두사항에 도착했고, 통상적인 절차를 거치기 위해 요트에서 내렸다. 하지만 2011년 이후에 들어온 시리아인들은 가난한 이들이었고 그 수도 줄어들었다. 그런 식으로 온 사람들은 이집트를 통과하는 경로를 지나왔다고 말했는데, 광범위한 지하 터널을 지날 때 아이들은 산소마스크를 써야 했다. 여러 다른 종족 집단이 각각 상이한 경로를 통해 왔는데, 기대하는 바나 바라는 내용도 제각각이었다. 대다수는 이탈리아에 체류하고 싶다는 뜻을 표명했다. 유독 에리트레아 사람들만 다른 나라로 가고 싶어 했는데, 아마 과거 식민 지배자들에 대한 기억 때문일 것이다. 오직 그들만 계속 북쪽으로 올라가서 유럽 다른 나라로 가겠다는 뜻을 밝혔다.

몇몇 전문가들이 처음부터 언급한 것처럼, 이주 인구 통계는 그 자체로 암시하는 바가 많다. 아마 유럽에 들어오는 사람의 80퍼센트가 젊은 남성일 것이다. 보호자가 없는 미성년자를 비롯해 어린이도 있는데, 이 아이들은 당국에 가장 큰 우려를 야기한다. 종종 나이지리아 어린이들이 인신매매용으로 혼자서 유럽에 보내진다. 가끔 여자들도 있는데, 대개 일단 유럽에 들어오면 취직을 시켜 준다는 약속을 받은 이들이다. 이탈리아나 북쪽 다른 나라에서 밀입국 알선업자 연락책과 만나면 돈을 빌려서 빚을 지게 되는데, 이 단계가 되어서야 약속받은 〈일자리〉가 성매매라는 사실을 알게 된다. 대다수 사람들은 동행자 없이 여자 혼자 이 여정을 거치는 게 얼마나 위험한지 안다.

일단 람페두사에 도착하면 이주자들의 행동 역시 크게 달라진다. 돈이 있는 사람들은 비아로마에서 쇼핑을 한다. 시리아인들은 도착하자마자 옷을 사는 것으로 유명하다. 일부 이주자들은 술을 산다. 많은 이들은 곧바로 전화 카드를 사서 집에 전화를 걸어 가족에게 유럽에 도착했다고 알리고 여정의 다음 단계를 위해 지인들에게 닥치는 대로 전화를 해서 약속을 잡는다.

어느 날 나는 거리에서 에리트레아 젊은이 세 명을 만났는데 열여섯 살이 채 안 된 이들이었다. 방금 전에 〈사랑해요 람페두사〉라는 문구가 붙은 기념품 모자를 사서 자랑스럽게 쓰고 있었다. 교회 광장에서는 사하라 이남 아프리카 출신 남자아이 여덟 명이 어느 나이 든 이주자의 지시를 따르고 있는 듯 보였다. 그들은 좀처럼 주위 환경에 섞여 들지 못했다. 작은 무리를 이루어 시내를 어슬렁거리는 이민자들 가운데 몇몇은 현지인들에게 손을 흔들거나 고갯짓을 한다. 다른 이들은 한껏 분노에 찬 표정으로 눈을 부라리며 거리를 배회한다. 젊은 남자들의 압도적 다수는 언제 어디서나 눈길을 끈다. 그들은 가족을 위해 여기에 왔다. 한시바삐 가족에게 돈을 보내기를 기대한다. 무엇보다도 그들은 가족을 데려와서 함께 살 수 있기를 기대한다.

2013년이 되자 유입되는 수가 너무 많아져서 정부가 최근에 도착한 사람들을 항공편으로 시칠리아와 본토로 실어 나르는 이례적인 조치를 취했다. 그해 7월 프란치스코 교황이 람페두사를 방문해서 현지인들의 열광적인 환영을 받았다. 교황은 바다에 화환을 던지고 페인트칠을 한 작은 배를 제단으로 사용해서 야외 미사를 집전했다. 그리고 이 방문을 활용해 현재 벌어지는 상황에 대한 〈전 세계적인 무관심〉을 질책하면서 〈양심을 다시 일깨울 것〉을 세계에 촉구했다. 주민들로서는 섬에서 벌어지고 있는 사태에 대해 마침내 어느 정도 인정을 받은 것 같았다.

뒤이어 2013년 10월 3일 주로 사하라 이남 아프리카인들을 가득 태우고 리비아 미스라타를 출발한 배가 람페두사 앞바다에서 침몰했다. 이탈리아 해안 경비대가 1백 명 이상을 구조했지만 3백 명이 넘는 이주자들이 익사했다. 격렬한 반응이 대대적으로 일어났다. 이탈리아에서는 국민 추도의 날이 선포되어 전국의 학교에 조기가 걸리고 1분간 묵념을 했다. 람페두사에서는 주민 대다수가 침묵의 촛불 행진과 저녁 미사에 참석했다. 워낙 많은 시체가 섬에 들어와서 람페두사의 소규모 공항에 있는 격납고 하나를 임시 시체 안치소로 사용해야 했다.

격렬한 정치적 반응도 이어졌는데, 이탈리아만이 아니라 세계 각지에서 목소리를 높였다. 반기문 유엔 사무총장은 이번 비극으로 〈안전하고 질서 있게 이주할 통로를 확대해야 할〉 필요성이 입증되었다고 말했다. 같은 달에 침몰 사건이 몇 차례 더 일어나 수십 명이 사망하면서 점점 격한 반응이 나타났다. 이웃 나라 몰타의 총리는 유럽의 원조 확대를 호소하는 한편 지중해가 〈공동묘지〉로 바뀌고 있다고 불만을 토로했다. 마침내 람페두사 주변 바다 위에서 벌어지는 상황에 대해 국제적 관심이 쏟아지기 시작했다. 직접적인 반응으로 이탈리아 정부는 폭넓은 지지를 받는 가운데 〈마레 노스트룸Mare Nostrum〉* 정책을 개시했다. 이 정책 덕분에 이탈리아 해군은 람페두사 인근 7만 제곱킬로미터에 달하는 바다를 순찰하면서 이주선을 수색, 구조

---

* 〈우리의 바다〉라는 뜻으로 고대 로마인들이 지중해를 지칭하던 표현이다.

하는 작전을 수행할 수 있었다. 이탈리아 정부는 해안 레이더망의 지원 아래 해군 소형 구축함과 헬리콥터가 작전을 수행하는 데 한 달에 약 9백만 유로를 썼다. 비정부기구들은 이 정책에 협력하면서 정부 선박에 탑승해서 이주선을 막아 세우는 데 힘을 보탰다. 이 정책으로 확실히 많은 생명을 구했지만 새로운 문제들이 생겨나기도 했다.

리비아 해안선의 무법지대에서 활동하던 밀입국 알선업자들은 그나마 사용하던 멀쩡한 선박을 구하려고 애쓸 필요가 없어졌다. 〈마레 노스트룸〉 때문에 유럽 국경선이 리비아와 한층 가까워진 상태였다. 이제 알선업자들은 아무 배나 바다 위로 띄우기만 하면 되었다. 람페두사로 가던 도중이나 때로는 리비아와 훨씬 가까운 곳에서도 이탈리아 해군과 마주치게 될 터였다. 이주선이 항해에 적합하면 이탈리아 해군이 람페두사항으로 예인해 갔다. 보통 우선 이주민들이 이탈리아 선박으로 옮겨 탔다. 특히 국제이주기구International Organisation for Migration (IOM)는 이 작전 — 1년도 채우지 못하고 중단된 — 에 성원을 보냈는데, 나중에 이 시기 동안 이탈리아 선박이 약 15만 명을 유럽으로 들여왔다고 추산했다. 국제이주기구는 이 작전이 더 많은 사람들에게 유럽행을 부추긴 것은 아니라는 공식 입장을 되풀이했다.[1]

하지만 숫자가 너무 많고 끝이 보이지 않는 가운데, 여러 차례 유로존 위기를 겪으며 비틀거리던 이탈리아는 〈마레 노스트룸〉의 비용을 감당하기 어렵다는 사실이 드러났다. 그리하여 1년 동안 관리들이 도움을 구하다가 결국 아무 성과도 얻지 못한 끝에 〈마레 노스트룸〉 작업은 〈트리톤 작전〉이라는 이름 아래 유럽연합의 국경·해안 경비 기관인 프론텍스Frontex로 이관되었다. 이 작전 역시 북아프리카에서 건너오는 배를 찾아서 이주자들을 프론텍스 선박에 태우거나 배를 람페두사항이나 아우구스타 같은 시칠리아 항구까지 인도했다. 아우구스타도 많은 이주선의 목적지였다. 이 시기 내내 프론텍스를 비롯한 관리들 역시 이 작전이 이민자를 끌어당기는 요인이 전혀 아니라고 계속 잡아뗐다.

하지만 어떻게 아닐 수 있겠는가? 지중해 한쪽 편에는 아프리카, 중동, 극동 각지에서 몰려온 사람들이 있었다. 그중 일부는 몇 달에 걸쳐 리비아 해안까지 와서 이 마지막 여정에 나섰다. 당시 진행되는 상황에 대한 이탈리아 정부 정책의 언어와 유럽의 태도는 분명 반대편까지 새나갔다. 그리하여 밀입국 알선업자들은 상당한 이득을 챙겼다. 수요가 많을수록 알선업자들이 높은 가격을 부를 수 있고 더 많은 사람들을 배에 밀어 넣을 수 있었기 때문이다. 알선업자들의 행태에 관한 이야기는 분명 이주자들의 귀에도 들어갔다. 어떤 이들은 바다를 건너는 데만 최대 4천 유로를 지불한 상태였다. 하지만 홍정은 쉬운 일이 아니었다. 특히 여자들은 동반자가 있든 없든 간에 걸핏하면 성폭행을 당했다. 많은 이주자들이 리비아에 도착한 뒤 이미 지불한 액수보다 더 많은 돈을 요구받았다. 소지품은 전부 빼앗겼다. 일부 이주자들의 말에 따르면 알선업자들은 이주자의 휴대전화로 학대하고 고문하는 장면을 촬영한 동영상을 본국의 가족에게 전송해 돈을 보내지 않으면 계속 고문을 하겠다고 위협했다. 이탈리아에 도착한 이주자들을 처리하는 관리들은 알선업자들의 안가를 알아냈지만, 리비아에 있는 이 갱단을 응징할 방법은 거의 없었다.

세계는 이 사람들 모두를 〈이주자〉나 〈난민〉으로 생각하지만 자세히 보면 그들은 아주 이질적인 사람들이다. 출신 배경도 다르고 같은 여정에 나섰다 하더라도 그 이유가 다르다. 이를 보여 주는 한 가지 증거는 이주자들이 일단 배에 오르면 그들 사이에 위계가 생긴다는 것이다. 이주자 집단 내부에 인종주의가 존재하는 것은 흔한 일이다. 가령 튀니지인과 시리아인은 사하라 이남 아프리카인들을 깔보는데, 그냥 비유적인 이야기가 아니다. 배가 출발할 때면 중동과 북아프리카 출신의 이 잘사는 집단들이 가장 좋은 자리 — 앞부분과 갑판 위 — 를 차지한다. 에리트레아인, 소말리아인 등은 짐칸에 앉거나 서서 간다. 배가 가라앉으면 이들이 제일 먼저 물에 빠져 죽기 십상이다.

2015년 여름 동안 람페두사에서 나는 10대 후반이나 20대 초반인 에리트레아인 두 명과 이야기를 나누었다. 두 사람은 항구 가장자리에 앉아 발을 잡아 뜯으며 자신들이 건너온 바다를 보고 있었다. 거대한 해군 함정들이 수평선 너머로 움직이는 동안 두 사람은 내게 배를 보여 주었다. 항구에 이탈리아 정부 선박들 사이에 정박해 있는 배는 그들이 지난주에 타고 온 것이었다. 리비아를 출발한 낡고 오래된 배들 사이에서 그나마 항해가 가능한 배였다. 해안 경비대에 발견돼서 구조선들이 호위하는 가운데 헬리콥터의 인도를 받아 항구로 왔다고 한다. 둘은 맨 밑바닥 컴컴한 짐칸에 탔지만 다행히 배가 가라앉지 않아서 목숨을 부지할 수 있었다.

바다 한가운데서 이 낡은 배들의 사람들을 하선시키는 일을 맡은 비정부기구 활동가들은 끔찍한 이야기를 들려준다. 밤이나 낮 어느 시간에든 배가 발견되는데 활동가들이 공식 선박에 타고 있는 상황이 아니면, 기껏해야 한두 시간 안에 항구까지 가야 한다. 한 활동가의 설명에 따르면, 이주자들이 해상에서 해군 선박에 옮겨 타거나 지상에서 항구에 내리면 〈여기는 이탈리아입니다!〉라는 말을 듣는다. 그러면 활동가들이 이제 안전하다고 안심시켜 준다. 이번에도 역시 에리트레아인을 제외하고 대부분은 기뻐하며 미소를 짓는다. 본국에서 공무원, 특히 경찰은 믿을 수 없기 때문에 제3자가 이주자들을 안심시켜 주는 게 아주 중요하다. 여기 유럽에서는 경찰과 공무원이 실제로 그들을 위해 일한다고 말해 주는 것이다. 한 비정부기구 활동가는 바다 한가운데서 해군 함정에 옮겨 타거나 람페두사에서 부두에 올라서는 이주자들에게 이렇게 말한다. 〈유럽에 오신 걸 환영합니다.〉

북아프리카를 출발해 위태롭게 바다를 건너기 전에도 이주자들은 온갖 일을 겪은 뒤라 람페두사에 도착할 때면 다들 지치고 충격을 받는 것도 놀랄 일이 아니다. 어떤 이들은 여정 중에 가족을 잃기도 한다. 2015년 덩치가 큰 나이지리아 남자 하나가 항구 바닥에 앉아서 어린애처럼 울면서 손으로 바닥을 내리치고 있었다. 그가 타고 온 배가 가라앉아서 자식 하나는 구했지만 아내와 아들 하나가 눈앞에서 물에 빠져 죽었던 것이다.

하지만 사람들은 위험을 뻔히 알면서도 계속 온다. 배가 가라앉고 선상에서 죽는 온갖 이야기에도 불구하고 출발한 사람들은 대부분 항해를 계속하고, 이탈리아 해역에 도착해서 일단 발을 디디기만 하면 유럽 시민이 되기 때문이다. 정치적, 종교적, 종파적 박해를 피해 도망치는 것이든, 선진국 세계에서 더 나은 삶을 살기 위해서든 모두들 난민 자격을 주장한다. 많은 이들은 정당한 자격이 있고, 이탈리아는 이 사람들에게 난민 지위를 부여할 의무가 있다. 제네바 협약과 유럽연합 더블린 조약에 따라 이주자가 처음 입국해서 난민 신청을 한 나라는 그 신청을 심사하고 보호를 제공해야 한다. 하지만 씁쓸한 진실은 누가 누구인지, 또는 무엇이 사실인지 알아낼 방법이 거의 없다는 것이다. 만약 최근과 같이 신청자들의 물결이 높지 않다면, 지문 채취와 면담 또는 온갖 절차를 통해 신중하게 심사할 수 있다. 배경 이야기를 교차 검토하고 추적할 수도 있다. 하지만 이주자의 물결이 빠른 속도로 쇄도해 오는 상황에서는 도저히 이 과정을 거치지 못한다.

두 요소 때문에 이 모든 상황이 한층 악화된다. 유럽에 도착하는 다수—때로는 대다수—는 일부러 서류를 갖고 오지 않는다. 신원 확인이 안 되는 게 더 유리하기 때문이다. 심사를 받을 때 사람들은 가짜 나이와 이름을 말할 수 있고 심지어 나라 이름도 가짜로 둘러댈 수 있다. 특정한 집단—가령 시리아인—이 난민 신청자 줄에서 맨 앞으로 보내진다는 게 알려지면 많은 사람들이 시리아인 행세를 한다. 난민 지원 활동을 하는 몇몇 사람들이 그들이 시리아 말을 쓰지도 않고 자기 나라라고 주장하는 시리아에 관해 아무것도 모른다는 걸 눈치채도 딱 잡아뗀다.

이런 현상이 생기는 것은 적어도 유럽으로 들어오는 모든 이주를 〈국경 없는 세계〉 운동의 일환으로 옹호하는 비정부기구들이 조장한 탓도 있다. 2010년대에 이주자들의 물결이 높아지자 일부 비정부기구들은 사람들이 유럽에 도착하기 전부터 도와주기로 결정했다. 유럽인 지망자들이 이 과정을 통과하도록 인도하기 위해 인터넷과 휴대전화 앱을 통해 쉽게 접할 수 있는 정보를 제공했다. 여기에는 어디로 가야 하는지, 그리고 일단 도착하면 무슨 말을 해야 하는지에 관한 조언도 들어 있었다. 최전선에서 일하는 활동가들은 시간이 흐름에 따라 이주자들이 자신에게 어떤 일이 생길 것이고 무엇을 예상해야 하는지를 한층 잘 알고 있다는 사실을 알아챘다. 여정을 성공적으로 마친 사람들을 통해 본국에 이야기가 흘러 들어간 결과라고 볼 수 있다. 하지만 또한 이주자들에게 난민 신청의 정당성과 관계없이 유럽에 머무르는 방법을 가르쳐 주려는 운동이 존재하기 때문이기도 하다. 이 모든 집단들은 21세기에 이탈리아가 모든 신청자를 꼼꼼히 살펴볼 만한 시간이나 돈, 의지가 없다는 것을 알게 된 셈이다. 물론 난민 신청을 거부당하는 사람들도 있는데, 그들은 곧바로 이의 신청을 할 수 있다. 하지만 이의 신청이 기각된다 할지라도 추가 조치가 취해지는 경우는 드물다. 이탈리아에 일단 들어온 사람이 체류 권리를 거부당해서 본국으로 송환된 사례는 찾기 어렵다. 아주 가끔 이탈리아에서 범죄를 저질러 유죄 판결을 받은 사람이 본국으로 송환된다. 하지만 그런 경우에도 기준이 매우 엄격해서 법을 고수하는 것보다는 모든 이들이 이탈리아를 거쳐 유럽으로 녹아들게 내버려 두는 게 더 쉽다. 요컨대 일단 람페두사 바다에서 살아남기만 하면 영원히 유럽에서 살 수 있다.

물론 난민 심사에서 거짓말을 하는 사람들도 남겨 두고 온 사람들보다 끝없이 더 나은 삶을 찾고 있는 것이다. 람페두사에서는 이 거대하고 끝없는 사람들의 물결을 유럽 대륙 전체에 공평하고 조화롭게 나누기 위한 계획을 상상하는 게 훨씬 쉬워 보인다. 하지만 그저 이탈리아에 관해서만 아는 사람이라도 그렇게 어리석지는 않을 것이다.

전에 온 소수의 부유한 이주자들을 제쳐 두면, 이곳에 오는 대다수 사람들은 결국 밀라노 기차역 앞이나 라벤나의 주차장에서 노숙을 하게 될 것이다. 운 좋은 이들은 결국 갱단 밑에서 일하거나 베네치아 다리 위나 나폴리 골목에서 가짜 명품을 파는 노점상이 될 것이다. 경찰이나 경찰차 경광등만 보아도 서둘러 가짜 가방을 챙기거나 모조품 선글라스를 진열한 손수레를 끌고 자리를 피할 것이다. 고향에 있을 때보다 보호를 받고 자유롭고 안전할지 모르지만, 그들의 미래가 밝다고 말하기는 어렵다.

람페두사는 작은 섬 하나에 불과하다. 최근 연간에 이주자를 가득 실은 배들이 람페두사에서 가까운 몰타나 시칠리아섬에도 상륙하고 있다. 2014년—이주자 위기가 〈시작〉되기 전해다—한 해에만 17만 명이 이런 식으로 도착했다. 관리들은 최근 리비아에서 벌어진 정부 공백 사태가 해결되면 이 문제도 풀릴 것이라고 이야기한다. 하지만 그들은 유럽 각국(프랑스 포함) 정부가 카다피에게 뇌물을 주던 시기에도 이주자들의 물결이 지속되었다는 사실을 기억하지 못한다. 그리고 이 배들이 리비아만이 아니라 이집트, 튀니지, 알제리 등에서도 출발한 것임을 잊어버린다. 이 항로가 유일한 경로도 아니다. 지중해 서쪽으로는 모로코 위쪽으로 해서 스페인으로 들어오는 경로가 있다. 이주자들은 수십 년 동안 아프리카와 유럽 사이의 가장 좁은 곳인 지브롤터 해협을 통해 들어오고 있다. 그리고 모로코는 북아프리카에서 유럽의 나라들과 가장 관계가 좋지만—따라서 밀입국 알선업자들을 저지하는 협정에 서명할 가능성이 가장 높은데도—스페인으로 향하는 이주를 한 번도 막지 않았다. 실제로 1990년대 초반 동안 이주자들이 이 경로를 통해 이동한 것은 앞으로 벌어질 일을 알리는 전조임이 드러났다. 그 시절에 밀입국 알선업자들이 16킬로미터 거리의 바다를 건너게 해주는 비용은 6백 달러였다. 그때도 지금같이 매일 배들이 출항했고 횡단에 실패한(대개 알선업자들이 육지까지 태워 주지 않고 막판에 헤엄쳐서 가라고 떠밀기 때문이다) 이들의 시체가 스페인 해변으로 밀려왔다.

지금처럼 그때도 이런 이동이 지속적일 뿐만 아니라 다양했다. 1992년의 한 보도에 따르면 타리파 한 곳에서만 스페인 당국에 10개월 넘게 억류되어 있는 불법 이주자 1천547명 가운데 에티오피아인이 258명, 라이베리아인이 193명, 소말리아인이 64명이었다. 보도에 언급된 것처럼 〈새로운 경로에 관한 이야기가 모로코 밖 멀리까지 퍼져서 알제리인과 점점 많아지는 사하라 이남 아프리카인만이 아니라 필리핀인, 중국인, 심지어 간혹 동유럽 사람들까지 억류되어 있다.〉 그들 가운데는 탄압을 피해 도망친 이들도 있었지만 그저 일자리나 더 나은 삶의 질을 기대해서 떠나 온 이들도 있었다. 당시 스페인 내무 차관 산티아고 바렐라Santiago Varela가 말한 것처럼, 〈북아프리카에는 구조적인 문제가 있다. 우리는 이 지역의 정치, 경제 상황이 어떻게 전개될지 알지 못한다. 그리고 인구학적 압력도 매우 크다.〉 그가 말한 상황은 당시에도 모로코 인구의 70퍼센트가 30세 이하이고 공식 실업률이 17.5퍼센트라는 것이었다. 〈우리가 가진 문제를 다른 유럽 나라들의 문제와 비교할 수는 없다〉라고 바렐라는 말했다. 〈하지만 이는 향후에 여기서 어떤 일이 벌어질지를 보여 주는 일종의 경고다. 스페인은 이민을 방출하는 나라에서 순식간에 이민을 유입하는 나라

로 넘어가고 있다.〉[2]

바렐라가 이런 말을 한 때는 프랑스와 벨기에로 향하던 북아프리카 사람들이 당시 비자가 필요 없는 이탈리아와 스페인에서 일자리를 찾기 시작하면서부터다. 이주자들은 둘 중 어느 나라든 관광객으로 들어가서 유럽의 다른 지역으로 이동할 수 있었다. 그때에도 이주자를 끌어당긴 요인의 하나는 유럽 국가들 사이의 국경선을 낮춰서 일단 누구든 유럽에 들어오면 자유롭게 이동할 수 있게 하겠다고 한 약속이었다. 1990년대에 불법 입국을 단속하려는 시도가 있었지만 모로코가 자국을 떠난 비모로코인은 다시 받아들이지 않겠다고 거부하면서 좌절되었다. 그리하여 스페인의 한 관리가 지적한 것처럼, 설령 정부가 자국 영역에서 선박을 저지한다 하더라도 〈그들은 다른 방법으로 들어올 것이다. 그들은 더 큰 배를 이용해서 여기서 멀리 떨어진 곳에 상륙할 것이다. 이탈리아나 포르투갈을 통해 유럽 진입을 시도할 것이다. 그곳에 비참한 삶이 있는 한 계속 올 것이다.〉[3]

이주자들의 흐름을 막으려는 시도는 이탈리아나 그리스에 비해 스페인에서 성공을 거두었지만, 이 흐름은 지금도 계속되고 있다. 2010년대에는 멜리야와 세우타 같은 북아프리카의 스페인령 도시에 흐름이 집중되고 있다. 이곳들은 유럽으로 오고 싶어 안달이 난 사람들에게는 여전히 유혹의 땅이다. 이주자들이 이 고립 영토enclave를 둘러싼 울타리와 담장을 부수려고 할 때마다 경찰과 충돌이 일어나고 소요가 빈발한다. 그와 동시에, 그리고 이런 고립 영토들이 여전히 심한 압박을 받는 가운데서도 이주자를 태운 배들은 계속해서 스페인 본토나 알보란섬 같은 작은 영토로 향하고 있다. 2014년 12월 사하라 이남 아프리카인 50여 명을 태운 배 한 척이 궂은 날씨에도 불구하고 모로코 북부 나도르 근처에서 스페인 남부 해안을 향해 출발했다. 카메룬인 무슬림 선장은 선상에서 기도를 하는 나이지리아 기독교 목사 때문에 날씨가 나쁘다고 비난했다. 선장과 선원들은 목사를 구타하고 배 밖으로 던져 버린 뒤 다른 승객들까지 수색해서 기독교도로 확인되면 똑같은 방식으로 두들겨 패고 배 밖으로 던져 버렸다.[4]

이 항로는 주요 경로 가운데 하나일 뿐이다. 오래전부터 존재했고, 규모만 빼면 별로 새로울 것도 없다. 결정적인 위기의 해에 전 세계는 지중해 다른 쪽 편으로 관심을 돌렸다.

5

〈온갖 걸 다 봤어요〉

이탈리아의 섬들과 마찬가지로 그리스 섬들에도 몇 년째 배들이 들어오고 있다. 그리고 이탈리아인들처럼 그리스 당국도 몇 년째 이 문제를 혼자 힘으로 해결하려고 노력해야 했다. 이번에도 역시 이런 과제에 대처해야 하는 그리스만큼 불행한 나라는 찾기 힘들 것이다. 2015년에 이르러 그리스 경제는 6년째 채무 상환 위기에 빠져 있었다. 그리스는 독일을 필두로 한 다른 유로존 나라들이 강요한 경제 긴축과 분투하는 한편 들쭉날쭉한 국경선 곳곳에서 벌어지는 인도주의적 위기 사태와도 고투하고 있었다.

이탈리아 섬들과 마찬가지로 이주가 몇 년째 계속된 뒤에야 유럽 대륙은 그나마 관심을 갖기 시작했다. 람페두사의 경우처럼 그리스 섬들 역시 다른 대륙과 지리적으로 근접하다는 사실의 포로일 뿐만 아니라 자국 역사의 포로이기도 했다. 터키 해안선에서 배로 가까운 거리에 있는 그리스의 수십 개 섬 때문에 북쪽의 에게 제도와 도데카네스 제도는 북아프리카에서 가장 가까운 섬들보다도 훨씬 더 유럽 대륙의 허술한 관문이 되었다. 이탈리아처럼 그리스의 섬들 역시 이주자들의 물결이 높아졌을 때 이미 재정적, 사회적 문제 때문에 힘이 빠진 터라 그들을 위쪽 본토로 밀어냈다. 그리스를 거쳐 북쪽으로 가서 유럽 나머지 지역으로 흩어지기를 기대한 것이다.

　지난 역사 내내 이 해안선 지역은 이쪽 기준으로 보아도 언제나 유별난 곳이었다. 이런 이유로 비잔티움과 오스만을 비롯한 여러 나라가 이 섬들을 손에 넣기 위해 싸우고 시기를 달리하면서 섬들을 차지했다. 레스보스섬의 최북단 지역에 가면 대다수 그리스 섬들이 서로 보이는 것보다 한결 뚜렷하게 터키 땅이 보인다. 이 유럽 지역을 터키로부터 갈라놓는 것은 약 8킬로미터에 걸친 바다이다. 밀입국 알선업자들이 유럽으로 들어가는 여정의 마지막 구간이 〈강〉을 헤엄쳐 건너는 것이라고 의뢰인들에게 말하고도 무사할 수 있는 이유가 드러난다. 북아프리카에서 람페두사로 가는 것보다 소요 시간이 짧아서 유럽으로 가는 이 여정의 최종 구간의 요금은 1천5백 달러다. 겨울에는 바다가 거칠어질 수 있기 때문에 해안으로 안내된 사람들 중 일부는 낡아빠진 배를 타라는 말에 기겁해서 승선을 거부한다. 그러면 이 배에 오르지 않아도 1천5백 달러를 내야 하며 다음에 오는 다른 배를 타려면 1천5백 달러를 추가로 내야 한다는 말을 듣는다.

　일단 해안에서 출발하면 90분에서 두 시간 정도 걸려서 그리스에 닿는다. 리비아에서 이탈리아로 보내는 밀입국 알선업자들과 달리 터키의 알선업자들은 이렇게 짧은 거리를 가는 데 굳이 목선을 쓰지 않는다. 그들이 선호하는 것은 플라스틱 배인데, 람페두사에서 이따금 목선을 태우는 거대한 화장식이 열리는 것과 달리, 플라스틱 배는 태울 수가 없다. 워낙 싸구려 플라스틱으로 만든 배라 섬에서 재활용할 수도 없다. 그리하여 가끔 이 플라스틱 배들을 산더미처럼 모아서 대형 선박에 실어 그리스 본토로 가져가서 재활용한다. 물론 이 배들도 날씨가 좋으나 나쁘나 가라앉을 수 있다.

람페두사 주민들과 마찬가지로 전 세계가 이 그리스 섬들에 사는 주민들에게 아무런 관심을 갖지 않던 시기 내내 현지인들은 비슷한 박애 정신과 역사의식을 가지고 대처했다. 그들은 당시 벌어지는 상황만이 아니라 자신들의 과거 역사도 알고 있었다. 이 섬들에 사는 가족의 다수는 자신들 역시 이주한 기억이 있다. 1922년 그리스 – 터키 전쟁이 끝났을 때 이 섬들에는 소아시아를 탈출한 그리스 시민들이 물밀듯 밀려왔다. 레스보스 같은 섬들을 통해 3백만 명이 넘는 그리스인이 터키에서 도망쳤다. 오늘날 레스보스섬은 주민 세 명 중 한 명이 당시 난민의 후손이다. 터키와 레스보스 사이에 있는 〈강〉에 어두운 색의 무적함대 같은 배들이 점점이 떠 있는 날이면, 이주자들의 눈에 처음 들어오는 장소는 레스보스 북부 해안의 스칼라스캄니아스라는 작은 마을이다. 해안을 따라 술집 겸 식당이 두어 개 있고 곳에는 작은 성당이 있는 마을의 작은 항구는 1922년부터 들어온 몇몇 난민들이 세운 것이다.

하지만 비록 여러 세기 동안 이동과 이주의 이야기가 이 섬들에 드리워졌다고 해도 최근 연간에 벌어지는 일은 새로운 현상이다. 새로 도착하는 사람들의 수가 꾸준하게 증가할 뿐만 아니라 그들의 출신 국가도 과거와는 다르다. 섬사람들 중에서 차별을 고집하는 이는 거의 없지만, 새로 오는 사람들은 해외에서 벌어지는 분쟁을 피해 고국으로 돌아오는 그리스인들이 아니다. 그들은 멀리 떨어진 곳의 분쟁을 피해 도망쳐 온 사람들이며, 때로는 중간에 많은 안전한 나라를 거쳐 왔다. 그들 가운데는 가난과 실업, 또는 암울한 미래를 피해 도망쳐 온 사람들이 점점 많아지고 있고, 이들은 유럽을 자신들이 직면한 문제의 해답으로 보고 그리스를 유럽으로 가기 위한 경유지로 여긴다.

이탈리아의 입국 지점과 마찬가지로 그리스 섬들로 들어오는 사람들의 흐름도 〈아랍의 봄〉 직후에, 특히 시리아 내전을 계기로 속도가 빨라졌다. 하지만 이탈리아와 마찬가지로 도착하는 사람들 역시 훨씬 먼 곳 출신이었다. 반란이 일어나고 정부가 불안정한 나라들—특히 아프가니스탄—뿐만 아니라 파키스탄처럼 유럽 강대국들의 동맹국으로 언뜻 보기에 정부가 안정된 나라에서도 이주자들이 몰려왔다. 터키 해안의 출발지에 도착하기까지 네다섯 개 나라를 거쳐 온 이 사람들의 흐름은 또한 아프리카에서도 먼 길을 돌아왔다.

하지만 수년간 이렇게 사람들이 물밀듯이 밀려온 그리스에서도 2015년에는 모든 게 바뀌었다. 극동이나 중동, 아프리카에서 어떤 새로운 사태가 벌어졌기 때문이 아니라 멀리 북쪽의 독일에서 어떤 일이 벌어졌기 때문이다.

아프리카와 중동을 향해 유럽에서 새로운 삶을 살 수 있다고 말한 방송 뉴스는 또한 유럽인들에게 아프리카와 중동에 사는 사람들의 삶에 관해서도 이야기한 바 있었다. 그리고 지중해에서 뒤집어진 채 가라앉는 배들의 이야기만큼 저녁 방송 뉴스에서 깊은 인상을 남기는 소식은 없었다. 유럽 남부 지역이 해상 묘지로 바뀌고 있었던 것이다. 2011년 이후 이미 이탈리아와 그리스에 사는 사람들의 심금을 울린 이런 비참한 이야기들은 처음에 유럽 다른 지역에서 주목받기 시작했다.

독일은 다른 어느 나라보다도 이 이야기들에 견해를 표명하고 격정했다. 하지만 이후 벌어진 상황 뒤에는 순조로운 것과는 거리가 먼 배경이 있었다. 독일로 이주자들이 쏟아져 들어옴에 따라 2014년에 이르면 이민자 유입이 20년 만에 최고조에 달했다. 그해에 20만 명으로 추산되는 수가 독일에서 난민 지위를 신청했다. 그러자 일부 독일인들은 안전뿐만 아니라 정체성에 관해서도 우려하기 시작했다. 이미 수십 년 동안 — 다른 나라들과 마찬가지로 — 공공연하게든 암묵적으로든 손님 노동자로 인정받은 사람들에게 국경을 개방했는데, 이런 속도로 난민과 망명 신청자를 받아들여야 한다면 독일이 어떻게 대처할 수 있을까? 새로 도착하는 사람들이 대부분 무슬림이라는 사실이 이 나라에 어떤 영향을 미칠까? 2014년 내내 개인적인 우려가 종종 거리에서 시끄러운 목소리로 표현되기 시작했다. 페기다 Pegida(서구의 이슬람화에 반대하는 사람들)라는 이름을 내세운 운동이 이런 이민 급증에 반대하는 드레스덴을 비롯한 독일 도시들에서 시작되었다.

2014년 12월 31일에 발표한 신년 메시지에서 메르켈 총리는 이 운동들만 콕 집어서 비판했다. 총리는 독일인들은 이 단체들처럼 마음속에 〈편견이나 냉담, 혐오〉를 가져서는 안 된다고 주장했다. 대신 난민들에 대해 새롭게 개방적인 태도를 가질 것을 촉구했다. 총리는 세계 각지에서 벌어지는 전쟁과 위기 때문에 〈제2차 세계 대전 이래 우리가 목도한 것보다 더 많은 난민〉이 발생하고 있다고 설명했다. 〈많은 사람들이 말 그대로 죽음을 피해 도망쳤습니다. 우리가 그 사람들을 돕고 우리 나라에서 피난처를 구하는 사람들을 받아들여야 하는 건 말할 필요도 없습니다.〉총리는 또한 독일의 인구 통계에 관해 이야기하면서 〈인구가 고령화〉되는 상황에서 많은 이들이 우려하는 이런 이민 유입이 결국 〈우리 모두에게 이득〉이 될 것이라고 설명했다.[1] 이듬해 5월 베를린에서 연방 내무 장관 토마스 데메지에르Thomas de Maizière는 그해에 45만 명의 난민이 독일에 들어올 것으로 예상한다고 발표했다.

   뒤이어 2015년 7월 가족과 함께 레바논을 탈출한 팔레스타인 태생의 열네 살 소녀의 이야기가 이주의 인간적 측면의 형태로 독일 뉴스를 장식했다. 로스토크에서 메르켈 총리가 어린이들과 만나 대화하는 텔레비전 생방송에서 이 소녀는 총리에게 자기 가족이 추방될까 봐 걱정했다고 말했다. 이때 총리가 한 대답은 자연스러운 인간적 공감에 폭넓은 정치적 문제로 대응하는 것이 얼마나 어려운지를 압축적으로 드러낸다. 총리는 자기 앞에 앉은 소녀에게 〈아주 호감 가는 사람〉처럼 보인다고 말했다. 하지만 뒤이어 덧붙였다. 〈정치는 어려운 문제란다.〉총리는 대답하기를, 레바논에는 수많은 다른 사람들이 있으며, 만약 독일이 〈여러분 모두 올 수 있다〉고 말하면 아프리카에서 사람들이 몰려올 테고, 따라서 독일은 〈그런 사태에 대처할 수 없음〉을 깨달아야 한다는 것이었다. 메르켈은 각 사례를 신속하게 처리하겠다고 약속했지만 일부 사람들은 〈다시 돌아가야 할 게〉 분명했다. 그리고 피디들과 진행자가 저녁 뉴스에 대서특필될 것이라고 분명히 깨달은, 소름 끼치게 시선을 사로잡는 순간이 펼쳐졌다. 총리가 다음 질문에 대한 답변을 준비하던 중에 소녀 쪽에서 이상한 소리가 난 것이다. 아이는 엉엉 울고 있었다. 메르켈은 아이를 위로해 주려고 다가갔다. 방송 중에 특별 사면이 이뤄지길 기대하는 듯한 진행자와 입씨름이 벌어졌다. 총리의 마음속에는 분명 최근에 그리스와 이탈리아에서 밀려오는 이주자가 엄청나게 늘고 있다는 현실이 도사리고 있었다. 하지만 개인적인 이야기에 사로잡힌 대다수 독일 언론은 메르켈이 〈냉담한〉 반응을 보인다고 비판했다. 당시 보인 태도는 정말로 냉담한 것이었지만, 총리는 이내 그런 태도를 벗어던졌다.

그리스와 이탈리아가 최근에 도착한 사람들이 유럽으로 올라가게 허용하는 가운데 다음 달 독일 내무부는 이미 2015년에 최대 80만 명까지 도착할 것을 예상하고 있었다. 2014년에 입국한 총인원수보다 네 배가 넘는 수였다. 일주일 뒤 내무부는 연방 이민 난민청(이하 이민청)과 함께 그리스와 헝가리를 통과해 독일로 들어오는 사람들을 어떻게 처리할지를 검토했다. 적절한 절차를 밟아야 하므로 헝가리로 다시 돌려보낼 것인가? 돌려보내지 않기로 합의가 이루어졌다. 8월 25일 이민청이 트위터로 이 사실을 발표했다. 〈현재 우리는 대체로 시리아 시민들에게 더블린 규정을 강제하고 있지 않습니다.〉* 이 메시지는 순식간에 세계 각지로 퍼졌다. 그리고 8월 마지막 날 메르켈 총리는 가장 중요한 발언을 했다. 베를린에 모인 외국 언론인들 앞

---

* 더블린 규정이란 난민이 첫발을 디딘 나라에 난민 신청을 하고 해당 국가가 처리하는 것을 원칙으로 하는 유럽연합의 더블린 조약에 따르는 절차를 말한다. 난민이 한 나라에 몰리는 것을 막기 위해 유럽연합 차원에서 정한 기준인데, 이에 따르면 당시 난민들은 처음 도착한 그리스나 헝가리에서 난민 신청을 해야 했다.

에서 총리는 이렇게 발표했다. 〈독일은 철두철미한 규정 준수로 으뜸가지만 지금은 독일적 유연함이 필요합니다.〉 유럽 전체가 〈움직이고 각국이 피난처를 찾는 난민들에 대한 책임을 분담해야 합니다. 지금까지 보편 시민권은 유럽 및 그 역사와 하나로 결합됐습니다. 만약 유럽이 난민 문제 해결에 실패한다면 보편 시민권과 유럽의 밀접한 연계가 깨질 것입니다. 그렇게 되면 우리가 상상하는 유럽은 사라질 겁니다.〉² 독일 총리는 유럽의 문을 열고 있었고, 그가 국민들에게 한 격려의 말은 사람들의 마음을 움직였다. 〈우리는 이 일을 할 수 있습니다Wir schaffen das.〉 총리는 독일은 과거에 그랬던 것처럼 이 과제를 성공적으로 수행할 만큼 정치적, 경제적으로 강하다고 주장했다. 많은 언론이 총리를 지지했다. 『이코노미스트』는 〈대담한 왕 메르켈 Merkel the bold〉이라는 헤드라인의 기사에서 이렇게 주장했다. 〈독일 총리는 난민 문제에 관해 용감하고 단호하며 올바르다.〉³

이는 단지 메르켈이 단독으로 결정한 것은 아니었지만, 그렇다 하더라도 독일 총리의 강력한 발언 때문에 대륙 전체가 원하든 원하지 않든 간에 그를 따라갔다. 국경선이 사라지고 자유로운 이동이 교조적 원리가 된 유럽에서 외부에서 온 사람들이 유럽을 통과해 대규모로 이동하게 되자 대륙 차원의 문제가 생기기 시작했다. 독일의 이웃 나라들은 수십만 명이 북쪽에 있는 독일로 가기 위해 자국 영토를 통과하는 모습을 목도했다. 2015년 한 해에 약40만 명이 헝가리 영토를 통과해 이동했다. 헝가리에 멈춰서 난민 신청을 한 사람은 그중 스무 명도 되지 않았다. 유럽 다른 곳에서도 거대한 인간의 물결이 생겨났다. 발칸반도 출신의 수만 명이 남부로부터 자기 나라를 가로질러 이동하는 사람들의 거대한 흐름에 합류했다. 원래대로라면 발칸 사람들은 합법적으로 독일로 갈 방법이 없었다. 그와 동시에 독일보다 더 북쪽으로 가려는 이동도 늘어났다. 스웨덴 정부가 이주자의 흐름을 받아들이려는 의지가 충만하다고 발표하자 매일같이 수천 명의 사람들이 덴마크를 거쳐 갔는데, 그중에는 계속 스웨덴까지 가기보다 덴마크에 체류하는 이들도 있었다. 2015년에 2만 1천여 명이 덴마크에서 난민 신청을 했지만(2년 전에 비해 세 배 많은 수치다), 훨씬 더 많은 이들이 스웨덴으로 몰려들었다. 물론 사소한 불만도 있었고, 이런 정책에 노골적으로 항의하는 이들도 있었다. 하지만 이 결정적인 순간에 순전히 숫자로 탈인격화될 위험이 있는 이동은 갑자기 인간적인 얼굴을 갖게 되었다.

8월 말에 이미 메르켈의 정책에 대해 국내에서 반대의 목소리가 들리기 시작했을 때, 오스트리아의 한 도로에서 이주자 71명의 시신이 담긴 트럭 한 대가 버려진 채 발견되었다. 독일 총리가 회담을 위해 빈에 도착하던 바로 그날이었다. 이미 갖가지 반향이 울리면서 논쟁이 시끄러워진 상태였다. 그런 다음 메르켈이 핵심적인 발표를 하고 이틀 뒤 시리아의 쿠르드인 일가족이 플라스틱 배에 올라 터키 보드룸을 출발했다. 그리스의 코스섬이 목적지였다. 일가족이 탄 배는 도중에 가라앉았고, 익사한 이들 중에는 아일란 쿠르디라는 이름의 세 살짜리 남자아이도 있었다. 아이의 시신이 터키의 한 해변으로 떠밀려왔고, 모래사장에 엎어져 있는 아이의 모습을 한 사진가가 찍었다. 이 사진은 세계 각지로 퍼져 나갔고, 머리와 가슴, 현실성과 감정이 다투는 장에서 가슴이 전체 체계를 압도하게 만든 결정적인 계기가 되었다. 이 한 장의 사진 때문에 메르켈의 유럽 문호 개방 정책에 대한 상당한 반대론이 기가 꺾였다. 반대론자들은 죽은 아일란의 모습을 보고도 어떻게 마음이 움직이지 않을 수 있는지를 해명해야 했다. 지금까지 엄격한 이민자 유입 관리를 요구하던 신문들이 갑자기 1면 사진에 들어맞게 어조를 바꾸었다. 일부 신문과 정치인들은 이런 고난을 완화하기 위해 시리아에 폭격을 시작해야 할 때가 아닌지 의문을 제기했다. 한편 배우를 비롯한 유명 인사들은 〈난민 환영〉이라는 해시태그로 트위터를 도배하면서 유럽이 문호를 개방해야 한다고 주장했다. 이런 견해에 반대하는 사람은 갑자기 죽은 아이들에게 무관심한 냉혈한이 되어 버렸다. 예상하는 것처럼, 그때까지 유럽연합 차원에서 이주자 할당 수를 부과하는 데 거세게 저항하던 영국 총리조차 굴복해서 일단 시리아 난민 2만 명을 추가로 받아들이는 데 동의했다 (하지만 5년에 걸쳐 받기로 했다). 유럽 다른 나라들에서도 언론사 사진 기자들이 이주자들과 나란히 들판과 도로, 국경선을 내달리는 가운데 댐이 무너졌다. 앙겔라 메르켈 자신은 독일이 받아들이는 이주자의 수에는 〈아무런 제한이 없다〉고 밝히면서 〈경제적으로 건전하고 강한 나라로서 우리는 필요한 일을 할 힘이 있다〉라고 발표했다. 이후 48시간 동안 『뉴욕 타임스』는 특히 나이지리아로부터 이주자들이 갑자기 몰려오고 있다고 보도했다. 유럽 시민권을 얻을 기회의 창이 열렸기 때문이다.

이런 결정은 내리는 것보다 비웃는 게 더 쉬우며, 원래는 좀 더 어려워야 하는데 쉽게 내릴 수 있다. 유럽 대륙 각국의 정치인들은 해안에 서서 배가 들어오는 모습을 보는 사람과 비슷한 상황에 꼼짝없이 간혀 버렸다. 당신 앞에 있는 사람들이 물에 닿으려고 애를 쓰고 있다면, 그 모습을 보는 대다수 사람들—확실히 대다수 현대 유럽인들—은 본능적으로 곤란에 처한 사람들을 안전하게 도우려고 할 것이다. 그 사람들을 다시 바다로 밀어 보내려는 사람은 거의 없다. 불과 몇 달 전만 해도 열네 살의 레바논 소녀 앞에서 〈정치는 어려운 문제〉라고 말하면서 물러서지 않으려 했던 앙겔라 메르켈은 이미 부드러운 모습을 보여 주기로 결심한 상태였다. 메르켈이 결정을 내린 것은 단지 자기 자신만이 아니라 대륙을 위한 것이었지만, 그런 충동적인 모습이 이례적인 것은 아니었다. 해안에 닿는 모든 사람을 환영하려는 바람은 역사상 언제나 나타난 자연스러운 충동은 아닐지 몰라도 오늘날 유럽인들에게는 자연스러운 것이 되어 버렸다. 이제 정반대의 태도는 상상조차 할 수 없는 것 같았다.

레스보스섬 주민들은 다른 섬 주민들과 마찬가지로 이 점을 보여 주는 완벽한 사례다. 섬의 주요 항—미틸레네—은 터키와 가까운 항구로 손꼽힌다. 미틸레네에서도 이주자들은 배가 출발하자마자 바로 앞에서 유럽을 볼 수 있었다. 항구의 중심부 지점에는 세인트테라폰 성당의 돔이 우뚝 서서 밝게 빛난다. 632년에 미사를 올리던 중에 아랍 무슬림들에게 학살당한 키프로스 주교의 이름을 딴 성당이다. 그 안에는 19세기 오스만의 점령에 반대한 지도자인 이그나티오스 주교의 석관이 있다. 항구 앞쪽으로 사포 호텔을 비롯한 상점과 술집, 레스토랑이 늘어서 있다. 사포라는 고대 시인의 이름을 섬 곳곳에서 접할 수 있다. 인구가 8만 7천 명인 이 섬은 규모와 인구 면에서 그리스 섬들 중에 큰 축에 속한다. 한낮의 열기 속에 기름과 물고기, 담수가 섞인 바닷물 냄새가 퍼져서 언뜻 보이는 것만큼 매력적인 항구는 아니다. 하지만 저녁이 되면 산들바람이 불고 항구 앞쪽의 술집과 카페에서 팝송이 흘러나오면서 활기가 넘친다.

람페두사의 경우와 마찬가지로 이런 대조적인 풍경이 눈에 거슬릴 수 있다. 이탈리아 섬에서 만난 한 구호 활동가는 여름 몇 달 동안 살아 있는 사람들과 죽은 사람들로 뒤섞인 배가 바다에서 들어오는 한편, 파티를 즐기러 온 부유한 이탈리아인들을 위한 음악 소리가 절벽 가장자리와 해변까지 들려오는 광경을 묘사한 바 있었다. 미틸레네에서는 각자의 지옥에서 탈출하거나 도보로 통과한 이주자들이 새로운 삶 속으로 첫 번째 발걸음을 내딛는다. 그리스의 풍족한 삶의 가장 아름다운 모습을 보여 주는 광경이다.

2015년 한때 미틸레네(인구 3만 명의 도시다)에는 하루에 8천 명씩 사람들이 도착했다. 공항과 도심 사이에 길게 뻗은 해안도로 옆으로 배들이 죽 늘어서 있었다. 일부 이주자들은 걸어서 도시로 들어갔다. 다른 이들은 배에서 내리자마자 택시를 잡고 운전사에게 모리아로 데려다 달라고 말했다. 모리아는 도시 뒤쪽에 있는 수용 시설이었다. 현지 운전사들의 말에 따르면 배에서 내린 사람들은 모리아까지 가는 택시 요금이 10유로라는 걸 이미 알고 있었다고 한다.

이탈리아 섬들과 마찬가지로 그리스 섬들에서도 지방 당국은 방치된 느낌을 받았다. 레스보스 시장은 섬의 반발을 부추겼다. 이웃한 사모스 섬의 시장도 비슷하게 행동했다. 두 사람은 협력한 걸까? 그건 아니라고 시장실은 말한다. 모두들 자기 생각대로 행동했다는 것이다. 하지만 개개 섬들에서도 조직은 복잡하다. 이주자의 흐름이 홍수로 바뀌자 모리아의 예전 군부대는 임시 수용소로 바뀌어 아테네의 관련 부처가 관할하게 되었다. 반면 레스보스의 다른 수용소—카라테페—는 해당 지자체가 관리한다. 그 이유를 물으면 언제나 한숨만이 돌아온다. 어쨌든 한동안은 모든 사람을 조사, 분류하고 신속하게 이후 여정에 필요한 서류를 만들어 주려는 시도가 순조롭게 진행되었다. 이주자들은 도착 후 이틀 정도면 다시 항구로 가서 다른 배에 올라탔다. 이번에는 아테네나 카발라(테살로니키에서 해안을 따라 가면 나온다)로 향하는 여객선이었다. 일단 거기에 도착하면 그리스 당국은 이주자들이 사라져도 신경 쓰지 않았다. 어차피 그들은 실업률이 높은 나라에 체류할 마음이 없었다. 그들은 동남부 유럽을 통과해 자신들을 받아 줄 것으로 생각하는 나라들을 향해 계속 올라갔다. 특히 독일과 스웨덴이 목적지였다. 난민 수가 너무 많아서 당국이 조사, 분류하는 시간이 오래 걸리면 소요가 벌어졌다. 2015년 9월 독일 총리의 초대에 따른 유입이 최고조에 달함에 따라 레스보스섬에 있는 이주자들과 현지 전투경찰 사이에 심각한 소요가 벌어졌다. 조사, 분류가 지연되자 2주 넘게 섬에 머물던 일부 이주자들이 항구에 떼로 모여들어 〈난민 인정〉과 〈아테네로 가고 싶다〉라는 구호를 외쳤다. 일부 시리아 이주자들은 경찰을 향해 돌과 병을 던졌다. 그들을 저지하려는 이들도 있었다.

일시적인 해법들이 나왔지만, 2015년 겨울에서 2016년에 접어들 때까지 조사, 분류가 정체되기 시작했다. 이주자 수는 계속 늘었지만, 유럽 다른 지역에서 처음에 일어난 열정은 이미 시들해지고 있었다. 한때는 미틸레네에 난민 2만 명이 운집했다. 모리아와 카라테페는 그 수의 4분의 1도 수용하지 못하는 규모였다. 하지만 미틸레네 사람들은 기존 주민보다 난민이 더 많아질 지경이었는데도 새로 도착하는 난민들을 공격하지 않았다. 두 이주자 수용소가 넘쳐흐르자 도시 중심부 곳곳에 풀밭이나 잡석이 깔린 땅에, 그리고 회전 교차로와 인도에도 천막이 우후죽순처럼 세워졌다. 겨울 추위가 기승을 부릴 때는 현지인들이 집을 개방하고 차고를 비워 이주자들을 재워 주었다.

2016년 여름 외국 강국들과 협정이 이뤄지고 유럽 내에서도 경고가 들리면서 이 섬들로 몰려드는 사람들의 흐름을 막으려 했을 때에도 배들은 계속 들어왔다. 하지만 유럽연합과 터키가 3월에 체결한 긴급 협정으로 압력이 다소 완화되고 유입 흐름이 느려진 상태였다. 유럽연합에서 터키 정부에 60억 유로를 지불하고 다수 터키인들에게 비자 없이 유럽을 여행할 수 있게 해주는 대가로 유럽으로 들어오는 이주자의 수가 상당히 줄어든 상태였다. 8월 동안 레스보스섬에 도착한 사람의 수가 수백 명으로 줄어들었고, 때로는 하루에 20~30명이 도착했다. 그달의 어느 날 바다가 유리처럼 잔잔한 밤에 배 세 척이 다가왔다. 두 척은 섬의 북쪽으로 가고, 한 척은 미틸레네 항구까지 왔다. 네 번째 배는 터키 해군의 저지를 받았는데, 이주자들과 구호 활동가들이 이구동성으로 하는 말에 따르면 터키 해군은 유럽연합 – 터키 협정에 따라 배를 돌려보내야 하는데도 방관적 태도를 취한다고 한다. 실제로 터키 해군은 배를 발견해도 일부만 막고 나머지는 통과하게 내버려 둔다.

레스보스섬의 두 번째 수용 시설인 카라테페는 2015년에 지자체에 의해 설립되었는데, 가족과 여성, 아동을 수용하기 위한 곳이다. 보호자가 없는 미성년자들은 주택에서 생활한다. 카라테페는 이주자 1천5백 명을 수용하는 규모이지만, 2016년 8월에는 절반만 찬 날들도 있었다. 얼마 전에 터키에서 쿠데타가 일어나 관련 기관들은 지난해 여름처럼 난민의 흐름이 재개될 가능성에 신경을 곤두세웠지만, 이 시점에서 섬은 비교적 평온했다. 수용소 입구에는 서비스를 제공하고 돈을 벌 수 있는 기회가 있다. 노점상들이 먹을거리 트럭과 음료 가판대를 세워 놓았다. 나 말고 수용소에 들어가려는 유일한 사람은 콩고 출신의 젊은 남자였다. 그는 원래 모리아 수용소의 도로 위쪽에서 생활하는데 카라테페에 있는 누이와 조카들을 보러 온 것이었다. 우리가 정오의 햇빛 아래서 기다리는 동안 그는 바깥에서 맥주를 마시고 담배를 피웠다. 그는 도저히 콩고에서 살 수 없었다고 말했다. 정치적 억압 때문에 안전하지 않았다는 것이다. 그는 콩고에서 대학교육을 받고 정신병원에서 일했다고 한다. 그런데 전화가 고장 나서 카라테페에 있는 누이와 연락을 할 수 없었다고 한다. 사람들은 갇혀 있지 않지만 아무도 마음대로 돌아다니지는 못한다.

수용소 안에는 1천여 명이 살 수 있게 설계된 허술한 임시 숙소가 있다. 의료용 막사와 기타 필수 시설뿐만 아니라 가족이 거주할 수 있는 양철 오두막집도 있다. 어린이용 축구장이 만들어져 있고, 수용자들의 사기를 높이기 위해 이따금 음악 공연을 하는 철판 지붕으로 된 작은 계단식 공연장도 있다. 노인과 장애인들은 — 전통적인 카피예를 뒤집어쓴 채 양철 오두막집에서 밖을 응시하는 고령의 시리아 노인처럼 — 일반 수용자를 위해 지어진 대규모 단지와 떨어진 곳에서 화장실을 비롯한 특수 시설을 이용한다. 이 수용소에 있는 사람들은 대부분 시리아인으로, 현재 70퍼센트 정도로 추산된다. 그다음으로 많은 집단은 아프가니스탄인과 이라크인이다. 지자체를 대신해서 수용소를 운영하는 아테네 출신 여자는 수용소를 매우 자랑스러워하며 사람들이 여기서 혁신적인 태도를 기른다고 말한다. 여기서 사람들은 〈난민〉이나 〈이민자〉라고 불리지 않는다고 소장은 주장한다. 그들은 〈손님〉이라는 것이다. 수용소는 다른 면에서도 진보적인데, 그 때문에 방문 허가증을 가진 언론인들에게 기꺼이 문을 열어 준다. 손님들은 하루에 세 끼를 먹으며, 모리아를 비롯한 다른 수용소들과 달리 줄을 서지 않아도 된다. 오두막 문 앞까지 식사가 배달되고, 필요할 때마다 갈아입을 옷도 제공된다. 시리아에서 온 한 가족이 오두막집 옆에 앉아 있는데, 여드름투성이 소년이 한 손으로 거울을 잡고 전기면도기로 거의 나지도 않은 수염을 깎는다. 두세 살 정도 된 여자아이가 신발 한 짝이 벗겨져서 흙먼지 속에서 다시 신으려고 애를 쓴다. 우리가 도와주자 다시 일어나서 달려가다가 또 넘어진다.

카라테페의 수용소에 거주하는 게 이점이 있긴 하지만 2016년 여름 이곳에 사는 〈손님〉들의 문제는 옴짝달싹하지 못한다는 것이다. 2015년 이주 물결 이래 유럽 다른 나라들이 국경을 폐쇄했기 때문에 지난해처럼 유럽을 가로지르는 물결이 재개될 가능성이 전혀 없다. 이 손님들은 아테네까지 흘러갈 수도 없다. 당국이 본토에 병목 현상이 생기면 완전히 새로운 문제가 발생할 위험이 있음을 깨달았기 때문이다. 그리하여 한때는 사람들이 48시간 이상을 보내지 않아도 되었고 또 2주만 지나도 골칫거리가 생겨나던 이곳에서 일부 가족들은 몇 달째 생활하는 중이다. 수용소 바깥에서는 열일곱 살 소녀와 일곱 살 먹은 여동생이 소스를 묻힌 감자 칩을 사고 있다. 알레포에서 온 아이들은 4~5개월째 이곳에 머무르고 있다. 아이들은 여기서 수업을 듣고, 음악을 비롯한 다른 기능도 배울 수 있다. 바이올린 수업도 있다. 하지만 아이들은 언제 떠날지, 그리고 자신들을 비롯한 손님들이 어디로 가게 될지 알지 못한다.

당연한 이야기지만, 수용소 운영과 자금 조달을 돕는 비정부기구들과 당국은 〈손님〉들이 언론인과 이야기하게 놔두는 문제에 대해 신중하다. 많은 이들이 충격을 받은 상태이고, 람페두사에서 그런 것처럼 어느 누구도 이주자들에게 무엇을 해주어야 하는지, 또는 어떤 제한 — 만약 제한이 있다면 — 이 합법적이거나 가능한지 정확히 알지 못한다. 하지만 도로변이나 해안을 따라 가설 천막촌이 늘어서 있다. 반대편 고속도로 담장에는 누군가 커다란 대문자로 낙서를 써놓았다. 〈난민 여러분! 협정을 비난합시다! 불법적인 사람은 아무도 없습니다! 난민 여러분 환영합니다!〉 비슷한 메시지가 스페인어로도 휘갈겨져 있다. 일부 이주자들처럼 만약 당신이 이 지점에서 배에서 내린다면, 이것이 유럽에서 처음 접하는 문구가 될 것이다.

건너편에 있는 천막촌은 〈국경 반대 그룹No Borders Group〉이 운영한다. 유스투스라는 이름의 젊은 독일인이 손으로 만 담배를 피우며 다가온다. 그는 드레스덴에서 왔다고 변명조로 말한다. 2주 전 그를 비롯해 생각이 비슷한 독일인, 프랑스인, 스위스인 무리가 도로 건너편에 있는 폐허에 가까운 허름한 건물에 사교 센터를 열었다. 난민 센터라기보다는 이주자들이 지루한 수용소 생활에서 벗어날 수 있게 해

줄 복지 센터를 생각하고 만든 곳이다. 그런데 불과 며칠 만에 건물 소유주인 은행이 불법 수용소를 세운다고 우려해서 그들을 쫓아냈다. 그래서 이곳 반대편 해변에 대형 임시 천막을 몇 개 쳐놓고 활동을 지속하려고 노력 중이다. 40대의 독일인 여성 오다는 하노버 출신인데 한낮의 태양에 힘들어 하며 설명한다. 〈그냥 시위를 하면서《국경 반대》라는 구호만 외치는 걸로는 충분하지 않아요. 뭔가 행동해야 해요.〉

독일인이 주축인 이 그룹은 바로 여기서 뭔가 도움이 되는 일을 하려고 애쓰는 중이다. 자금이 부족해서 당장이라도 허물어질 듯한 천막들은 다소 혼란스럽기도 하다. 온갖 난민 표지판을 유쾌하게 지나쳐서 매일같이 천막촌에 홍차를 마시러 오는 가족은 알고 보니 레스보스섬에 사는 현지 집시 일가족이다. 오다가 방금 전에 비워 줘야 했던 건물의 사진을 보여 준다. 사교 센터로 쓰던 건물 주요 공간의 벽에는 흰 페인트를 칠하고 밝은 색깔을 칠한 장식품을 걸어 놓았다. 또 파란색과 빨간색으로 센터의 규칙을 써놓았다. 〈인종 차별 금지. 폭력 금지. 성차별 금지. 동성애 혐오 금지.〉

오다와 동료들의 말에 따르면 하루에 50명 정도가 그들이 만든 천막촌에 온다고 했다. 그들이 정말로 원하는 건 차나 물, 또는 수용소에서 제공하는 식료품의 보충물 등 자신들이 나눠 주는 3백~6백 명분의 식품이 아니라고 했다. 이곳에 오는 아프가니스탄인, 파키스탄인, 모로코인, 에리트레아인 등 — 골고루 섞여 있다 — 이 원하는 건 〈자신들을 존중해 주는 사람들〉이라는 말이다. 오다와 동료들은 최근에 파키스탄에서 온 기독교인을 만났는데, 가족 전원이 탈레반에 살해당했다고 한다. 지금 뭐가 가장 필요한지 묻자 그는 〈미소〉라고 말했다.

하지만 독일의 〈국경 반대 그룹〉을 모두가 환영하는 것은 아니다. 예전 건물주나 섬 당국과 문제가 있었던 사실은 제쳐 두고라도 일부 현지인들은 그들의 존재를 수상쩍게 본다. 이 그룹의 존재가 그리스인들이 제대로 대처하지 못한다는 암시를 풍긴다고 생각하기 때문만은 아니다. 한 현지인은 이 그룹이 〈나쁜 사람들〉이라고 말한다. 〈그 사람들은 정치 활동가들이에요.〉 하지만 다른 현지인들은 도움을 준다. 일부는 추가 지원을 해주기도 한다. 한 현지인 채소 도매상은 그들에게 무상으로 식재료를 공급한다. 그리고 적어도 여기서는 모리아의 도로변과 달리 사람들이 먹을거리를 받으려고 2백 미터씩 줄을 서지 않아도 된다. 모리아 수용소에서는 식품 부족이나 식중독, 그 밖에 불결한 환경을 둘러싸고 불만이 많기 때문에 당국은 외부인의 방문을 거부한다. 열여섯 살의 아프가니스탄인 세 명은 현재 3천 명이 거주하는 모리아 시설에서는 사진 찍는 것도 허용되지 않는다고 설명한다. 비이주자가 가장 가까이 갈 수 있는 곳은 정문인데, 밖에서 봐도 카라테페와는 다른 시설임이 분명히 드러난다.

모리아의 예전 군부대는 현재 철조망이 둘러쳐진 서너 개의 구역으로 나뉘어 있다. 이곳에 거주하는 사람들은 중동, 아프리카, 아시아 각지에서 왔다. 시리아, 이라크, 아프리카, 아프가니스탄 출신이 대다수이지만 방글라데시, 미얀마, 네팔에서 온 이주자들도 있다. 한 에리트레아 젊은이는 수단까지 가서 비행기를 타고 이라크까지 갔고, 거기서 터키로 이동한 다음 이곳 레스보스섬 해안에 도착했다고 설명한다. 이와 달리 아프가니스탄 사람들은 이란을 관통하고 때로는 파키스탄을 거쳐 터키까지 왔다. 모두들 요즘은 돈을 받고 여기까지 실어다 주는 밀입국 알선업자를 직접 만나는 일이 없다고 말한다. 모든 게 전화로 이루어지는데, 각 단계마다 지침을 받는다고 한다. 아버지와 함께 온 아홉 살짜리 아프가니스탄 소년도 자기가 거쳐 온 경로를 설명한다. 그 아이는 두 달째 유럽에 체류 중이다. 아버지가 조용히 이야기하고 싶다고 신호를 보낸다.

해안 거리에서 버려진 건물을 발견해 들어가자 그가 이야기보따리를 풀어 놓는다. 그의 가족은 배를 타고 왔는데 터키에서 한 시간 걸리는 거리인데도 배가 두 번이나 가라앉았다. 두 번째 침몰했을 때 그리스 해안 경비대에 구조되었다. 그는 서른한 살이다. 아내와 두 아들, 두 딸과 함께 왔다. 딸은 각각 다섯 살과 한 살 반이다. 그는 잘생기고 다부진 몸에 검은 머리칼 한가운데에 흰머리를 앞으로 내렸고 도착한 뒤에 받은 게 분명한 운동복 차림이다. 아프가니스탄에서는 교육부에서 헤라트주의 학교를 담당하는 일을 했다. 탈레반이 힘을 회복하자 그는 그들로부터 일을 그만두라는 전화를 받았다. 그가 그만두지 않자 탈레반은 그를 납치해서 3일 동안 감금했다. 그들은 그의 두 팔을 부러뜨렸다. 그의 양쪽 팔에는 손목에서 뼈가 비어져 나온 커다란 혹이 남아 있다. 그는 가까스로 감옥에서 탈출했지만 도망치다가 산에서 넘어져서 또 다쳤다. 돌바닥에 넘어지면서 머리가 깨졌다고 한다.

집에서 지내는 두 달 동안 일을 할 수 없었다. 하지만 그 후에는 직장에 복귀했다. 그러자 탈레반이 그를 다시 납치했다. 이번에는 21일

동안 가두었고, 다시 고문을 했다(두 팔만이 아니라 옆구리에도 흉터가 남아 있다). 그를 성폭행하기도 했다. 통역을 해주는 수용소의 아프가니스탄인의 말에 따르면 〈뒤쪽에서 그를 덮쳤다.〉〈무슨 뜻인지 아시죠?〉 그가 한눈을 파는 동안 통역해 주는 이가 슬쩍 물으면서 몸짓으로 신호를 보낸다. 탈레반은 매일 밤 그를 강간했다. 그짓을 하면서 그에게 말했다. 〈너한테는 이제 신이 없다. 우리가 너의 신이니까 시키는 대로 해.〉 이때 그는 그들의 요구에 동의했다. 그들은 직위를 이용해서 탈레반 조직원 한 명을 교육 당국에 집어넣으라고 요구했다. 아드라스칸 마을과 고자레 마을 사이에 6백~7백 명이 다니는 여러 학교의 상수도에 무언가를 넣을 계획이었다. 아이들이 학교에서 중독이 되면 부모들이 아이들을 학교에 보내지 않을 것이라는 게 탈레반의 구상이었다. 하비브는 그렇게 하겠다고 약속하고 풀려났다.

하지만 집에 온 그는 가족을 데리고 도망쳤다. 터키에 도착했을 때 하비브는 고향에 있는 공무원에게 전화를 걸어 탈레반의 계획을 알려 주면서 그들의 시도를 막으라고 말했다. 〈나는 모든 걸 잃었어요. 그래도 아이들 목숨을 구해서 기쁩니다.〉 그는 고향으로 돌아갈 수 없다고 말한다. 〈그리스 정부가 나를 추방하면 자살해 버릴 겁니다.〉 유럽에 산다는 게 어떤 의미냐고 내가 묻는다. 〈여기서는 살아 있을 수 있으니까 만족해요. 지금은 안전하니까요.〉 그러고는 고개를 돌린다. 얼굴 위로 떨어지는 눈물을 감추려고 애쓴다. 침묵이 흐른다. 잠시 뒤 그가 고문으로 생긴 양쪽 다리의 흉터를 보여 준다. 악수를 나누고 거리로 나오는데 그의 가족과 마주친다. 그가 아내와 딸들을 소개해 준다. 큰딸은 구호 기관에서 받은 게 분명한 선명한 분홍색 어린이 모자를 쓰고 있는데, 가족이 함께 수용소로 돌아가는 길이다.

　모리아 수용소에 사는 다른 이주자들 가운데는 아프가니스탄 동남부의 가즈니주에서 온 형제도 있다. 형제는 스무 살과 열여덟 살인데, 아프가니스탄에서 특히 IS의 표적이 되는 소수 시아파인 하자라족 출신이다. IS는 이 〈이단〉 종파 사람들을 대대적으로 참수하고 있다. IS는 형제의 고국에 벌어진 최악의 사태 중에서 최근의 일일 뿐이다. IS가 등장하기 전에는 탈레반이 형제가 다니던 학교를 불태우고 형제를 조직원으로 끌어들이려 했다. 나중에 그 지역에 들어온 IS 역시 그들을 조직원으로 가입시키려 했다. IS가 〈우리 조직에 가입하지 않으면 너희 가족을 몰살하겠다〉라고 위협하자 형제는 마을을 떠나 카불로 도망쳤다. 부모님 모두 몸이 아파서 위의 두 형제가 그때까지 생계를 책임지고 있었다.

　돌바닥에 앉아 있는데 우리 쪽으로 온 아프가니스탄 소년과 남자들이 손으로 흙장난을 한다. 형제와 같은 주에서 온 예순두 살의 남자는 심장에 문제가 있는데 오스트리아에 사는 딸에게 가고 싶어 한다. 그는 이란을 통과해 왔는데 거기에는 하자라 사람들이 많이 살았다. 아프가니스탄이 안전하지 않다면 이란에 눌러살 수 있지 않았을까? 〈이란에는 아는 사람이 하나도 없어요.〉 그렇게 말하는 남자의 눈에 눈물이 가득하다. 〈이란에서 뭘 하겠습니까?〉 대화를 나누는 동안 그가 작은 흙더미를 쌓아 땅속에 있는 구멍을 메운다. 형제 중 동생은 검은 머리칼로 짙은 눈동자를 거의 가리고 있는데, 우리가 이야기를 하는 동안 작은 자갈을 집어서 계속 땅바닥을 때린다.

　하자라족은 어디를 가든 박해를 받는다고 그들은 설명한다. 파키스탄에서 사는 것도 — 하자라족이 많이 사는데도 — 힘들어졌다. 걸 핏하면 돈을 빼앗기고 납치를 당해 몸값으로 최대 1백만 달러를 요구받는다. 형제는 파키스탄에 불법 통로로 들어갔다가 다시 불법 통로로 이란으로 가서 이번에도 역시 불법 통로로 터키로 갔다. 형은 동생이 특히 심리적 문제를 겪고 있다고 설명한다. 놀랄 일이 아니다. 동생은 이야기를 하다가 갑자기 분노를 표출하곤 한다. 어느 순간 그가 말한다. 〈나라마다 좋은 사람도 있고 나쁜 사람도 있죠. 왜 유럽 사람들은 우리를 전부 개나 범죄자라고 생각하죠? 우리를 친절하게 대하지 않아요. 왜죠?〉 형제는 자기들은 그리스라는 나라를 받아들이는데 그리스는 자기들을 받아들이지 않는다고 불만을 토로한다. 버스에 타면 사람들이 빤히 쳐다보고 불친절하다고 한다. 모리아에서는 수용소 경찰이 마치 짐승을 다루듯이 음식을 갖고 그들에게 소란을 피운다고 동생이 불만을 토로한다. 많은 사람들이 모리아 수용소에 불만이 있으며, 한 번은 뱀이 천막에 구멍을 내고 들어와서 이미 수용자 두 명을 죽였다고 동생이 말한다. 그런데도 당국은 이 사실을 은폐하고 있다고 한다.

어느 순간 형이 지나가는 말로 아프가니스탄에서 동생이 탈레반에게 강간을 당했다고 말한다. 동생에게 여기까지 오면서 무엇을 봤느냐고 묻자 자기 생각을 말한다. 〈우리는 아프간 사람이에요. 안 본 게 없어요. 참수하는 광경. 죽은 시체. 온갖 걸 다 봤어요.〉 그는 자살을 하고 싶어 하며, 만약 돌려보내지면 그럴 거라고 말한다. 여기서 살수 있으면 무엇을 하고 싶은지 묻자 형은 아프가니스탄에서 도망치기 전에 대학에서 약학 과정을 시작했다고 말한다. 계속 공부를 하고 싶단다. 동생은 바라는 거라곤 〈이 나쁜 상황에서 살 길을 찾는 것뿐〉이라고 말한다.

아프가니스탄 사람들은 다들 시리아 사람에 대해 화를 낸다. 이런 태도는 시리아 사람들이 편애를 받는다는 전반적인 감정으로 설명된다. 메르켈 총리가 2015년에 한 초청에서 시리아 이주자에 대해서는 특별히 난민 입증을 할 필요를 유예해 준 것은 사실이다. 〈왜 그런 거죠?〉 아프가니스탄 사람들은 그 이유를 알고 싶어 한다. 〈시리아에서는 5년째 전쟁이 벌어지고 있어요. 아프가니스탄에서 우리는 15년째 전쟁을 치르고 있습니다.〉 더 나은 삶을 위해 여기로 오는 것이라는 주장에 대해서는 어떻게 생각할까? 영어를 잘하는 아프가니스탄 청년 한 명이 대답한다. 〈아프가니스탄에서는 하루가 멀다 하고 폭탄이 터집니다. 그런데 사람들은 우리가 행복을 찾아서, 즐거운 삶을 찾아서 여기로 온다고 생각하죠. 아프가니스탄에는 경제적 문제가 없어요.〉 그가 목소리에 힘을 준다. 〈아프가니스탄에서도 돈을 벌 수 있어요. 중요한 건 안전입니다.〉

그런 곳에서 온 사람들에게서 이런 이야기를 듣고 있는 순간에는 독일의 메르켈 총리와 장관들이 2015년에 보여 준 본능적 감정이 유난히 정당한 것처럼 보인다. 총리와 장관들은 우리 대륙의 문명화된 사람들이 그런 이들을 구조하고 환대하고 안전을 제공하는 데서 유일하게 할 수 있는 일을 하는 중이라고 인정하면서 조금이나마 답을 하고 있다고 생각했다. 하지만 이런 너그러운 본능은 분명 — 바다를 건너오는 사람들과 그들을 맞이하려고 애쓰는 대륙 모두에 — 이 여정 중에서 가장 쉬운 부분임이 드러날 것이다.

6

다문화주의

독일 총리가 새로운 의지를 밝히면서 국민을 독려하는 발언을 한 것은 2015년 8월 31일 베를린에서였다. 〈우리는 이 일을 할 수 있습니다.〉 하지만 이 몇 마디 말조차 여러 질문을 제기했다. 총리가 하려는 〈이 일〉은 무엇인가? 그 목적과 의도는 무엇인가? 이 과정에는 종착점이나 완결점이 있는가? 이런 노력이 성공을 거둔다면 어떤 모습이 될 것인가? 이것들은 그 자체로도 충분히 폭넓은 질문이다. 하지만 총리가 한 짧막한 말은 똑같이 상당히 큰 질문을 끌어냈다. 여기서 말하는 〈우리〉는 누구인가? 이렇게 정의하기 어려운 일을 달성하라고 독촉받는 집단은 누구인가? 메르켈은 이 발언을 하면서 〈우리〉의 존재를 당연하게 생각했다. 하지만 총리가 연설하기 전 몇 년 동안 유럽은 이 질문에 대한 답을 찾기 위해 꾸준히 그리고 깊이 스스로를 탐구하고 있었다. 그리고 이렇게 끊임없이 정신과 의사의 소파로 되돌아가게 만드는 것은 추상적인 질문이 아니라 — 네덜란드의 저술가 파울 스헤퍼르Paul Scheffer가 8년 전에 말한 것처럼 — 언제나 《《우리》가

없으면 어떤 일도 되지 않을 것〉이라는 인식으로 부추겨지는 긴급한 성격의 질문이다.[1]

메르켈 총리 자신이 이 점을 잘 알고 있었다. 당당한 태도를 취하기 5년 전에 총리는 또 다른 연설에서 독일에서 급속하게 커지는 우려에 관해 이야기했다. 이 과정에서 총리를 필두로 유럽 각국 지도자들이 이민과 통합에 관한 유럽의 지배적인 정책에 무슨 문제가 있었는지 앞다퉈 이야기했다. 2010년 10월 메르켈은 포츠담에서 주요한 〈국정 연설〉을 했다. 이미 독일에서 중대한 대중적 논쟁이 벌어지는 와중에 한 연설이었다. 몇 주 전 전 상원의원이자 독일 연방은행 이사인 틸로 자라친Thilo Sarrazin이 『독일이 사라지고 있다Deutschland schafft sich ab』는 제목의 책을 출간했다. 언제나 합의를 추구하는 독일 사회에서 폭탄 과도 같은 책이었다. 그 책에서 자라친은 독일인의 낮은 출산율과 지나치게 많은 이민—특히 무슬림 이민—유입 때문에 독일 사회의 성격이 근본적으로 바뀌고 있다고 설명했다. 가장 논쟁을 야기한 것은 아마 교육 수준이 낮은 사람일수록 출산율이 높고 교육 수준이 높은 사람일수록 출산율이 낮은 탓에 독일이 전후(戰後)에 거둔 성공과 번영이 위험에 빠졌다는 주장이었을 것이다.

자라친이 주장한 것처럼, 독일에 온 이주자들이 사회에 통합되지 못하고 있다는 증거는 곳곳에 있었지만, 정치 엘리트들과 언론은 그의 주장이 이단이라며 그를 비판했다. 책 출간 이후 후폭풍이 일어난 가운데 자라친은 독일 연방은행 이사에서 물러나야 했다. 그리고 그는 독일의 정치적 좌파 출신이었는데도 메르켈의 기독민주연합(CDU)만이 아니라 그가 속한 당(사회민주당)까지 그와 거리를 두었다. 독일의 여러 무슬림 단체들이 그를 법정에 세울 것을 요구했는데, 가장 치명적인 일은 (역시 별 근거가 없었지만) 반유대주의 혐의로 고발당한 것이었다. 그렇지만 이 책은 대중의 감정을 건드렸다. 그 무렵에 치러진 여론 조사에서 밝혀진 바로는 독일인의 47퍼센트가 이슬람은 독일에 속하지 않는다는 언명에 동의했다. 독일 정치인들은 이민과 통합, 이슬람을 둘러싼 논쟁에 대해 확고한 완충 지대를 설정했지만, 무엇보다도 자라친의 책이 2백만 부가 팔린 걸 보면 정치적 대표자들이 아무리 원치 않아도 사회 전반이 생각하는 것을 억제할 수는 없음을 알 수 있다.

전형적인 정치적 기술을 지닌 메르켈은 이 문제에 대해 거론하기로 마음먹으면서 걱정에 휩싸인 사람들을 자기 당 진영에 묶어 두는 동시에 자라친과 그의 견해를 지지하는 사람들이 잘못하고 있다고 생각하는 지점을 바로잡으려고 했다. 포츠담 연설에서 총리는 독일의 손님 노동자 프로그램과 1960년대 초부터 꾸준히 터키인을 비롯한 이주자들이 독일에서 일하려고 대규모로 들어왔다는 사실을 언급하는 것으로 말문을 열었다. 그리고 독일 ─ 영국을 비롯한 유럽 나라들의 전후 노동 시장 이민과 마찬가지로 ─ 은 〈한동안 안이하게 생각했다〉라고 결론지었다. 〈우리는 이렇게 말했습니다. 《그 사람들은 계속 살지 않을 거고, 언젠가 떠날 것이다.》하지만 사실은 그렇지 않습니다.〉 독일은 이 정책에서 생겨나는 결과를 전혀 예상하지 못했다. 총리는 계속해서 독일의 이민과 통합 논쟁에서 현재 나타나는 오류를 비판했다.

이어진 연설은 세계 각지에 보도되었다. 연설이 대서특필된 것은 지금까지 주류 정치인 가운데 유럽 나라에서 나타난 통합 실패를 가장 비판적으로 요약했기 때문이다. 전에도 그런 논의가 정치적 주변부에서 나온 적이 있지만 주류에서 그렇게 단호하게 목소리를 낸 적은 없었다. 독일과 이민자들 사이에 무엇이 잘못됐는지를 논하면서 총리는 이렇게 말했다. 〈물론 다문화 사회를 건설해서 서로 나란히 살면서 즐겁게 지낸다는 접근법은 실패, 그것도 완전히 실패했습니다.〉 이 때문에 〈더욱더 통합이 중요하다〉라고 총리는 주장했다. 독일 사회에 참여하기를 원하는 사람들은 독일의 법률과 헌법을 따라야 하며, 또한 독일어를 배워야 한다는 것이었다.[2]

독일 내부에서 나온 언론 보도는 총리가 이듬해 봄으로 예정된 선거를 앞두고 유리한 위치를 선점하려 한다고 추측했다. 같은 달에 발표된 여론 조사에 따르면, 이민 유입 수준을 걱정하는 독일인은 30퍼센트로 크게 늘었으며, 그들은 자국이 제공하는 사회보장 혜택 때문에 독일에 온 〈외국인들이 나라에 넘쳐흐르고 있다〉고 우려했다.[3] 이러한 이러한 메르켈의 연설은 정치적으로 영리한 행위였다. 다른 모든 이들처럼, 이민을 걱정하는 사람들 역시 이민자들을 전폭적으로 신뢰하지 않는다고 총리가 말하는 연설에서 듣고 싶은 말을 듣는 한편 그래도 독일에서 이민자들이 환영을 받는다고 주장할 수 있게 해주었기 때문이다. 그렇다 하더라도 이런 생각을 발설하는 것 ─ 그리고 다문화주의가 〈실패, 그것도 완전히 실패했다〉라고 특정한 단어를 두 번이나 반복하는 것 ─ 은 울림을 주었다. 포츠담의 청중이 기립 박수를 보낸 그 순간부터 메르켈은 이런 어려운 문제에 대해 거리낌 없이 용감하게 발언했다는 칭찬을 들었다. 독일 총리는 유럽 전역에서 다른 정치 지도자들과 비교해서 호평을 받았다. 다른 나라 신문들은 오로지 독일 총리만이 이런 곤란한 진실을 거론할 정도로 힘과 용기를 가졌다고 치켜세웠다.

따라서 조만간 다른 정치 지도자들도 가세하면서 메르켈이 아주 따뜻하다는 것을 보여 준 물속으로 뛰어든 것은 놀랄 일이 아니다. 이듬해 2월 영국 총리 데이비드 캐머런은 뮌헨에서 열린 국제안보회의 연설에서 다음과 같이 선언했다. 〈국가 다문화주의의 교의 아래 우리는 각기 다른 문화들이 서로, 그리고 주류와 거리를 둔 채 분리된 삶을 살도록 부추겨 왔습니다. 지금까지 우리는 이 문화들이 소속되고 싶다고 느끼는 사회의 비전을 제공하지 못했습니다. 우리는 심지어 이 분리된 공동체들이 우리 사회의 가치와 정면으로 배치되는 방식으로 행동하는 것을 용인했습니다.〉[4] 며칠 뒤 진행된 텔레비전 토론에서 니콜라 사르코지 프랑스 대통령 역시 다문화주의가 〈실패〉했다고 선언하면서 이렇게 말했다. 〈사실 우리의 모든 민주주의 사회에서 우리는 새로 들어오는 사람들의 정체성에만 지나치게 몰두하면서 그들을 환영하는 나라의 정체성에는 충분히 관심을 기울이지 못했습니다.〉[5] 얼마 지나지 않아 전 오스트레일리아 총리 존 하워드John Howard와 전 스페인 총리 호세 마리아 아스나르José María Aznar 등 다른 지도자들도 이 대열에 합류했다.

몇 달 만에 거의 모든 사람이 언뜻 말로 할 수 없어 보이는 내용을 입 밖에 냈다. 그때마다 각국에서 커다란 논쟁이 시작되었다. 국가 안보와 국가적 응집성의 문제를 하나로 다룬 캐머런이 옳았던 걸까? 메르켈은 단지 압박에 대응하려 하면서 현명하게도 중도우파 블록을 자신의 정치적 집단 안에 묶어 둔 걸까? 이유가 무엇이든 간에 각국에서 〈다문화주의가 실패했다〉는 명제를 둘러싸고 벌어진 논쟁은 어떤 분수령을 나타내는 듯 보였다.

하지만 이 논쟁이 확산되기는 했어도 당시에도 이 발언들이 무슨 의미인지는 분명하지 않았다. 〈다문화주의〉라는 단어(독일어 물티쿨티multikulti는 말할 것도 없고)는 이미 각기 다른 사람들에게 상이한 의미로 들리는 게 분명했다. 여러 해 동안, 그리고 지금도 많은 사람들에게 이 용어는 〈다원주의〉 또는 단순히 종족적으로 다양한 사회에서 살아가는 현실을 의미하는 것 같다. 당신이 다문화주의에 찬성한다고 말하는 것은 당신 나라에 다양한 출신 배경의 사람들이 존재하는 것을 개의치 않는다는 의미일 수 있다. 또는 미래에는 모든 사회가 온갖 문화가 한데 섞이는 거대한 용광로가 될 것이라는 의미일 수도 있다. 각 나라마다 일종의 미니 유엔이 생기는 것이다. 다른 한편 일부 유권자들은 〈다문화주의가 실패했다〉라는 발언을 전후의 이민 유입 전체가 잘못된 구상이었고 이민자들이 유럽에 오지 말았어야 했다고 인정하는 것처럼 받아들였을 수 있다. 대규모 이민 유입을 중단하고 심지어 이런 정책을 뒤집으라는 호소로 들었을 수도 있다. 똑같은 어구가 나라마다 이렇게 다르게 이해된 것은 확실히 정치적으로 이익이 되어서 정치인들은 자칫하면 환심을 사려고 하지 않았을 유권자들까지 끌어안을 기회를 얻었다. 이렇게 과감히 나선 정치 지도자들이 하나같이 우파에 속하고, 또 계속 앞으로 나아갈 위험이 있는 까다로운 정치 운동을 하나로 묶으려 했다는 사실은 우연의 일치가 아니다.

하지만 이 발언들이 의미하는 바를 둘러싸고 혼란이 나타난 데에는 또 다른 이유도 있었다. 〈다문화주의〉는 언제나 정의하기 어려운 용어였기 때문이다. 메르켈과 캐머런, 사르코지의 연설에서 어떤 뚜렷한 결론을 끌어낼 수 있다면 그들은 국가가 후원하는 다문화주의의 독특한 변종을 다루는 셈이었다. 그들이 말하는 것은 분명 인종적으로 다양한 사회나 이민을 환영하는 사회에 대한 비판이 아니었다. 오히려 헤드라인을 장식한 이 정치인들의 연설을 넘어서면 그들은 모두 대규모 이민 유입을 지지한다고 공언했다. 그들이 비판한다고 주장한 것은 국가가 후원하는 정책으로서의 〈다문화주의〉였다. 국가가 사람들로 하여금 같은 나라에서 평행 세계를 살 것을, 특히 그들이 지금 살고 있는 나라의 것과 정반대되는 관습과 법률 아래 살 것을 장려한다는 구상을 비판한 것이다. 이 유럽 지도자들은 모든 사람에게 동일한 법치와 일정한 사회적 규범을 적용하는 포스트다문화 사회를 호소한 것으로 보인다.[6] 이런 주장은 뒤늦은 것이긴 해도 어쩌면 의미심장한 한 걸음이었다.

정치적 좌파에 속한 많은 비판론자들은 이런 논의는 허수아비 논법이라고 주장하는 한편, 그런 문제가 아예 존재하지 않거나 존재한다 할지라도 문제는 아니라고 역설하면서 논의 자체에 반대했다. 하지만 2010년에 이르러 바로 그와 같은 평행 사회에 관한 대중적 우려가 유럽 전역에서 고조되었다. 이처럼 우려가 커진 가장 뚜렷한 이유는 유럽에서 태어나서 자란 사람들이 관련된 테러 공격과 시도 횟수가 점점 많아졌다는 것이었다. 하지만 이런 공격이 주요한 우려의 원인이긴 했어도 폭력성이 덜하거나 비폭력적인 차이의 표현을 둘러싼 우려도 높아졌다. 그리고 언제나 소수자들이 그런 차이를 표현하기 때문만은 아니었다.

2006년 네덜란드 법무 장관 피트 헤인 도너르Piet Hein Donner는 한 인터뷰에서 만약 무슬림들이 민주적 수단을 통해 국가의 법을 샤리아Sharia(이슬람 법)로 바꾸기를 바란다면(즉 무슬림의 수가 충분히 많아지면), 그렇게 할 수 있을 것이라고 말해 국가적으로 커다란 공분을 불러일으켰다. 2004년 도너르는 일부 무슬림들의 우려에 대처하기 위해 신성 모독 금지법을 부활시키자고 제안한 적이 있었다. 뒤이어 2008년에 영국 캔터베리 대주교 로완 윌리엄스Rowan Williams가 왕립재판소 강연에서 국가 안에서 두 사법 관할권이 병행하는 현상이 커지고 있다고 말했을 때에도 적어도 마찬가지로 대중적 공분이 일었다. 대주교는 강연 중에 영국에서 샤리아의 요소들을 채택하는 게 〈불가피해 보인다〉라고 말했다. 처음에 대중적 공분이 일자 대주교는 자신의 말이 곡해되었다고 말했다. 하지만 다음 날 발언의 취지를 분명히 밝히기 위해 한 BBC 라디오 인터뷰에서는 한 발 더 나아가 〈모든 사람을 위한 한 가지 법이 존재하고 오직 그런 말만 해야 한다〉는 생각은 〈약간 위험하다〉라고 말했다.[7]

이민 유입과 안전을 둘러싸고 몇 년간 우려가 높아진 데 더해 갑자기 서구 문명의 절대적 토대 가운데 일부가 절충의 대상으로 검토되고 있는 것 같았다. 때로는 과거를 누구나 차지할 수 있는 것처럼 보였다. 메르켈이 포츠담 연설을 하기 불과 2주 전에 독일 대통령 크리스티안 불프Christian Wulff가 〈독일 통일의 날〉 연설을 했다. 그가 한 말 중에는 독일에서 이슬람이 차지하는 자리를 놓고 자라친이 던진 의문에 답하는 내용도 있었다. 이슬람은 독일 역사에서 기독교나 유대교와 마찬가지로 중요한 한 부분이라는 것이었다. 그가 속한 당*내에서만이 아니라 독일 전체에서 거센 항의가 일었다. 하지만 오늘날의 현실을 개작하기 위해 기꺼이 과거를 바꾸려는 것처럼 보이는 게 대통령 한사람만이 아니었다.

각각의 경우에 이 같은 발언에 대한 반발은 다문화 시대에 유럽은 역사를 포함해서 자기 자신을 너무 많이 포기할 것을 기대받는 반면, 이주자들은 자신들의 전통을 거의 포기하지 않아도 되는 것 같다는 폭넓은 정서에서 나온 것이었다. 유럽이 정말로 그런 방향으로만 나아가고 있다면 캐머런과 메르켈, 사르코지를 비롯한 우파 정치인들은 다른 경로를 그리려 하고 있었다. 그들 중 누구도 사회를 개조하는 과정이 양방향 도로일 수 있음을 부정하지 않았지만 이민자들에게 기대하는 것, 특히 그들이 사는 나라의 언어를 구사하고 그 나라의 법에 따라 사는 것을 강조하는 데는 신중했다.

이런 기본적인 요구를 놓고 신랄하게 논쟁이 벌어진 것을 보면 전후 시기에 이중 어느 것도 고려되지 않았음을 알 수 있다. 그저 〈일단 진행하면서 어떻게든 메우는〉 과정의 문제가 최근에 드러난 것이다. 또한 사용되는 용어도 끊임없이 바뀐 것을 알 수 있다. 역사학자이자 다문화주의 비판론자인 루미 하산Rumy Hasan은 당시에 출간한 책에서 영국에서 전후에 이루어진 이민 유입의 각 단계들을 보면 이런 사실이 입증된다고 말했다. 첫 번째 단계(1940년대부터 1970년대까지)에서 영연방 출신의 비백인 정착자들은 〈유색인 이민자〉로 알려

* 기독민주연합.

지면서 사회의 다른 구성원들과 다른 존재로 인식되었다. 그러다가 1970년대와 1980년대에 차별 문제를 해결하려는 시도의 일환으로 이 사람들은 〈흑인 영국인〉이 되고 일반적이고 동등한 시민으로 간주되기 시작했다. 그 직후 영국은 다른 문화권에서 온 사람들을 아우른다는 의미에서 〈다문화〉 사회로 특징지어지게 되었다. 하산이 말하는 것처럼 〈다인종〉 사회나 〈다종족〉 사회가 더 나은 규정이었을 테지만, 그때쯤이면 〈인종〉 개념이 불신을 받았기 때문에 〈다문화주의〉가 최선의 용어처럼 보였다. 하지만 그 의도가 사람들을 하나의 국민으로 통합하는 것이었다면, 새로운 정의는 정반대의 효과를 낳았다. 실제로 다문화주의는 통일된 정체성으로 이어지기는커녕 정체성들의 균열을 낳았고, 피부색이나 정체성에 무감한 사회를 만드는 대신 갑자기 정체성이 다른 모든 담론을 지배하게 만들어 버렸다.

일종의 〈선심성 사업pork barrel〉 정치가 사회에 들어왔다. 갖가지 정체성 집단을 대변한다고 주장하는 각종 단체와 이익집단이 급조되었다. 이런 역할에 딱 맞는다고 스스로 주장하는 야심적인 인물들이 당국과 특정한 공동체를 연결하는 중개인이 되었다. 그들만이 이런 접근법의 유일한 수혜자가 아니었다. 지방과 전국의 정치인들 또한 문제를 일으키지 않고 쉽게 활동할 수 있게 해준 과정을 통해 이득을 볼 수 있었다. 전화 한 통으로 특정한 공동체를 손에 넣는 게 가능하다는 인상을 주었기 때문이다. 물론 특정한 공동체 편에 서면 똘똘 뭉친다고 소문이 난 그 공동체의 표를 확보할 가능성이 생겼고, 어떤 경우에는 공동체들이 기대에 보답했다.

불가피하게 지방 의회를 비롯한 기구들이 특정 종족과 종교 집단에 돈을 몰아주었다. 그리고 이중 일부는 표를 얻기 위해 행해졌지만, 더 고상한 이유, 특히 현존하는 어떤 차별이든 해결하려는 진정한 바람을 위해 행해지기도 했다. 하지만 〈반인종주의〉 단체들조차 처음의 목적에서 벗어나 정치적 성격을 띠는 경향이 있었다. 현실적인 차별을 해결하려 한 단체들이 시간이 흐르면서 영향력과 접근권, 자금을 늘리는 데 몰두했다. 그리고 이 단체들은 문제가 해결되지 않아야만 이런 성과를 얻을 수 있음을 알았다. 그리하여 시간이 흐르면서 상황이 개선되는 바로 그 시점에서 차별이 더욱 악화된 것처럼 보이는 ─그리고 더 열심히 싸워야 하는 것처럼 보이는─ 효과가 나타났다. 사회에 대한 불만은 성장할 기회이기도 했다. 만족은 사양 산업이 되었다.

그와 동시에 애초에 이 모든 다른 문화들이 찬미될 수 있게 해준 문화는 찬미할 수 없는 유일한 문화가 되었다. 각국은 다문화 사회가 되기 위해 스스로를 깎아내려야 함을 깨달으면서 특히 부정적인 면에 초점을 맞추었다. 그리하여 대규모 이민을 허용하고 장려할 정도로 개방적이고 관대했던 각국이 이제 독보적으로 인종 차별적인 나라로 묘사되었다. 그리고 세계의 다른 모든 나라는 유럽 안에서 찬미될 수 있었지만, 유럽 안에서 유럽의 좋은 점을 찬미하는 것조차 의심스러운 일이 되었다. 다문화 시대는 유럽의 자기부정 시대였다. 수용국 사회가 자신으로부터 물러나서 친절한 회합 주최자가 아닌 다른 어떤 모습으로도 주목받지 않기를 바란 것이다. 무엇보다도 바로 이런 이유로 미국의 저명한 정치철학자인 새뮤얼 헌팅턴Samuel Huntington은 마지막 저서에서 이렇게 말했다. 〈다문화주의는 본질적으로 유럽 문

명에 반대하는 것이다. 그것은 기본적으로 반서구 이데올로기다.〉[8]

모든 유럽 나라에서 이 점에 대해 아무 말도 할 수 없었던 시기가 비슷한 기간에 걸쳐 서로 다른 속도로 종언을 고했다. 영국에서는 〈인종 관계〉 준정부 조직quango*들의 활동 덕분에 2001년 여름까지 그런 시기가 유지될 수 있었다. 그런데 그때 잉글랜드 북부에서 젊은 무슬림 남자들이 가담한 폭동이 일어나고 또 뉴욕과 워싱턴에서 테러가 일어나면서 평행 공동체들의 존재가 더욱 광범위하게 논의되고 〈다문화주의〉 개념이 비판을 받기 시작했다. 네덜란드에서는 좀 더 일찍부터 둑이 무너졌다. 프랑스에서는 2005년 교외 폭동이 일어나기 전까지 둑이 단단하게 버텼다. 독일과 스웨덴은 시간이 더 걸렸다. 하지만 2000년대에 다문화 합의의 이탈자들이 사방에서 우후죽순처럼 등장하기 시작했다.

그 합의를 깨뜨린 이들 가운데 일부는 좌파 정치인들이었다. 그들의 변절은 특히 파급력이 컸다. 우파 정치인과 전문가들은 십중팔구 다문화주의에 동의하지 않을 것으로 예상되고 또 토박이주의 경향이 강할 것이라고 항상 의심할 수 있었던 반면, 좌파 인사들은 대체로 다문화주의를 공격하는 동기가 약하다고 여겨지고 심지어 신뢰를 받을 수 있었기 때문이다. 그렇다 하더라도 가장 해방적인(특히 다른 사람들이 발언할 수 있도록 엄호해 주었다는 의미에서) 변절은 소수 종족 출신의 유럽 시민들로부터 나왔다. 영국에서는 인종 관계 산업의 전 지도자 중 한 명인 트레버 필립스Trevor Phillips가 서서히 변절하면서

---

* quasi-autonomous non-governmental organization의 줄임말로 법적으로는 정부조직이 아니지만 정부 부문에 준하는 공적 기능을 수행하는 공공 조직.

다른 이들이 과감히 가세할 영역을 열어 주었다. 인종 관계 산업이 문제의 일부이며, 차이를 미화한 결과로 나라가 〈몽유병자처럼 분리를 향해 걸어갔다〉라는 그의 깨달음에 이어 대륙 곳곳에서 다른 이들도 비슷한 통찰을 공유하기 시작했다. 2000년대에 등장한 다문화주의 이탈자들 가운데 일부는 여론 형성자로서 정치권 외부에 남은 반면 일부는 정치에 뛰어들었다. 하지만 2000년대에 네덜란드의 아메드 아부탈렙Ahmed Aboutaleb과 아얀 히르시 알리Ayaan Hirsi Ali, 스웨덴의 니암코 사부니Nyamko Sabuni, 덴마크의 나세르 하데르Naser Khader, 이탈리아의 마그디 알람Magdi Allam 등 대표적인 인물이 등장한 것은 분명 해방적 효과를 발휘했다. 그들 모두는 이민자 출신의 사람들이 나서서 입을 열 필요가 있는 상황에서 자기 공동체 내에서부터 목소리를 냈다. 다문화주의에 반대하는 발언을 한 그들은 정도는 달라도 대개 성공을 거두었다.

모든 나라에서 초기의 비판은 똑같은 쟁점을 중심으로 불이 붙었다. 일부 공동체들의 가장 극단적이고 받아들이기 힘든 관행이 지배적인 정통을 분열시키는 첫 번째 발화점이 되었다. 각국에서 〈명예〉 살인과 여성 할례 문제에 대대적인 관심이 쏠렸다. 많은 사람들이 그런 일이 벌어지고 있다는 사실에 큰 충격을 받았고, 또 전에는 그에 관해 알았다 하더라도 입 밖에 내기를 두려워했기 때문이다. 이 문제들이 다문화 시대에 관해 우려를 표명하는 〈가장 부드러우면서도〉 쉬운 대상이기 때문이기도 했다. 반대가 전혀 없었던 것은 아니지만, 적어도 이 문제들은 최대한 넓은 정치적 스펙트럼에 걸쳐, 그러니까 좌파 페미니스트부터 우파 민족주의자에 이르기까지 견해를 통일시킬 수 있었다. 어리거나 젊은 여성을 살해하는 것은 잘못된 일이라는 데는 거의 누구나 동의할 수 있었다. 그리고 대다수 사람들은 21세기 유럽에서 어린 소녀의 성기를 잘라 낼 수 있다는 관념에 대해 한목소리로 공포를 표출할 수 있었다.

2000년대 내내 유럽 사회에 존재하는 이런 극단적인 다문화주의 사례들에 대한 비판이 커졌다. 모든 곳에서 유럽인들이 숙고하는 질문들이 관용의 한계를 둘러싼 하나의 물음으로 모아졌다. 자유주의 사회는 관용 없는 자들을 관용해야 하는가? 가장 관용적인 사회라 할지라도 〈이제 그만〉이라고 말해야 하는 순간이 있는 걸까? 우리 사회는 지나치게 너그러운 탓에 이 과정에서 비자유주의나 반자유주의가 번성하게 만든 것은 아닐까? 루미 하산이 지적한 것처럼, 이 무렵 다문화주의 시대는 조용히 〈다종교주의multifaithism〉 시대로 바뀌었다. 그전까지 다문화주의 논쟁의 초점이던 종족적 정체성이 퇴조하기 시작하고, 그 대신 느닷없이 나타난 것처럼 보이는 종교적 정체성이 중대한 문제가 되었다. 한때 흑인, 카리브인, 북아프리카인 등의 문제였던 것이 이제는 무슬림이나 이슬람의 문제가 되었다.

전후에 변화가 일어난 앞선 각 시기의 경우와 마찬가지로 이 시기를 간파하는 과정 역시 하룻밤 새에 일어난 게 아니었다. 유럽 각국 정부가 손님 노동자 시대가 계획대로 끝나지 않았다는 사실을 인식하는 데 수십 년이 걸렸다. 마찬가지로 각국 정부가 만약 이주자들이 수용국에 계속 머무르면 그들을 차별로부터 보호하기 위한 법률이 필요하다는 것을 깨닫는 데에도 시간이 걸렸다. 다문화주의 시기 역시 저절로 타서 없어지는 데 몇십 년이 걸렸다. 하지만 앞선 일화들과 마찬가지로 그 죽음이 감지되고 심지어 발표까지 되었는데도 이 모든 것이 무엇을 의미하는지, 그리고 무엇이 다문화주의를 대체할 것인지는 불분명했다.

핵심 문화?

일찍이 이런 질문에 관해 생각한 몇 안 되는 사람 중 하나가 바삼 티비 Bassam Tibi였다. 1962년 시리아에서 독일로 이주한 이 학자는 여러 해 동안 소수자 공동체가 독일에 통합될 것을 촉구했다. 초기의 실망스러운 분위기 속에서 그는 또한 통합 방식에 관한 독특한 개념을 발전시켰다. 그러면서 유럽 각국은 다문화주의 정책으로부터 〈핵심 문화 leitkultur〉를 옹호하는 정책으로 나아가야 한다고 제안했다. 이 개념―1990년대에 그가 처음 제시했다―을 통해 그는 상이한 출신 배경의 사람들을 끌어안으면서도 일군의 공통된 주제를 중심으로 통합하는 일종의 다종족 사회를 주장했다.[9] 이 개념은 마치 재즈에서 모든 사람이 주제 선율을 알고 그에 맞춰 리프를 연주하는 것처럼 작동할 수 있다. 하지만 주제 선율을 알지 못하거나 잊어버리거나 잃어버리면 작동할 수 없다. 이런 상황이 되면 사회는 하나로 뭉치지 못할 뿐만 아니라 불협화음을 낸다. 이 개념은 유럽의 다문화 문제, 특히 현재 유럽에 존재하는 것처럼 무척 다양한 출신 배경의 사람들을 어떻게 통합할지의 문제에 대해 해법을 제시하려 한 첫 번째 시도였다. 가장 간단한 답은 국민들이 완전히 똑같은 전통에 전념하는 게 아니라 법치와 정교 분리, 인권 같은 근대 자유주의 국가의 핵심 개념에 대한 통일된 믿음으로 통합되어야 한다는 것이었다. 하지만 티비 같은 몇몇 인물들이 이 시대 내내 숙고한 것과 달리 대다수 사회 구성원은 그냥 그 시대를 헤치면서 살아야 했다. 그 시대를 헤쳐 나가는 길을 찾는 데 그토록 오랜 시간이 걸렸다면, 그것은 적어도 인식의 차원에서 지속적이고 고통스러운 불일치가 존재했기 때문이다.

일단 이민자들이 계속 눌러살려고 한다는 사실을 깨달았을 때, 유럽은 완전히 모순되면서도 수십 년 동안 공존할 수 있는 두 가지 사고를 갖고 있었다. 첫 번째는 유럽인들이 1970년대와 1980년대부터 줄곧 스스로에게 말하기 시작한 사고였다. 유럽 각국은 원한다면 세계 어디로부터 누구든지 와서 정착할 수 있는 새로운 유형의 다인종, 다문화 사회가 될 수 있다는 통념이었다. 이런 사고는 결코 대중적 지지를 받지 못했지만 일부 엘리트의 지지를 받았고, 무엇보다도 어떤 정부도 자신이 시작한 대규모 이주 과정을 되돌리지 못한 탓에 이런 사고가 더욱 힘을 얻었다. 첫 번째 이주 물결 동안 (그리고 확실히 많은 이민자들이 적어도 어느 시점에서는 고국으로 돌아갈 것이라고 예상되었을 때) 새로 오는 사람들이 동화되지 않는다고 해도 신경 쓰는 사람은 거의 없었다. 실제로 사람들은 새로운 이주자들이 동화되기를 거의 원하지 않았다.

나라마다 정도는 다양하지만, 새로 오는 사람들은 도시와 교외로 투입되어 그들 스스로 생활했다. 그들은 보통 일터 근처에 모여 살았다. 일자리가 고갈될 때에도 같은 공동체에서 오는 사람들은 여전히 출신 배경이 같은 사람들이 많이 사는 지역으로 옮겨 왔다. 언제나 그렇게 모여 살게 부추긴 것은 아니었지만 확실히 흩어져 살도록 유도

하려는 시도는 거의 없었다. 이 때문에 각국 정부는 분리를 부추긴다는 비난을 받았지만, 대다수 이민자들은 자신과 아무런 연관이 없는 사회에서 자기네 문화와 관습을 유지하고 싶다는 정당한 기대 속에서 스스로 전체 사회로부터 분리되었다.

사람들이 새로 온 이주자들이 그대로 눌러산다는 것을 깨달았을 때, 그들의 존재에 대한 일부 토박이의 저항이 있었고, 이주자들이 생활방식을 바꿔야 한다는 발언은 불가피하게 연상 작용을 일으켜 오해를 샀다. 만약 이민자들이 계속 머물러 산다면 그들을 편하게 해주어야 했다. 그러려면 광범위한 일들을 할 필요가 있었다. 하지만 실제적인 일보다는 추상적인 일을 하는 게 더 쉬웠다. 추상적인 일들 가운데는 수용국의 이야기를 개작하거나 변경하려는 뚜렷한 시도도 있었다. 때로 이것은 단순히 역사를 고쳐 쓰거나 역사의 강조점들을 바꾸는 과정이었다. 다른 경우에는 역사를 적극적으로 폄하하려는 행동도 보였다.

불프 독일 대통령이 보여 준 것과 같은 한 시도는 비유럽 문화를 유럽과 최소한 동등한 수준으로 끌어올리기 위해 그 문화의 모든 측면을 치켜세우는 것이었다. 그리하여 가령 이슬람 테러 공격이 발생할 때마다 이슬람 신플라톤주의자들이 미친 영향력이 부각되고 이슬람 과학의 중요성이 더욱 강조되었다. 그런 공격이 벌어진 뒤 10년간, 8세기에서 11세기까지 스페인 남부 안달루시아 지방의 코르도바를 지배한 이슬람 왕조는 역사적 어둠을 뚫고 관용과 다문화 공존의 위대한 본보기로 올라섰다. 이런 변화 자체를 위해서는 새로운 형태의 신중한 역사 서술이 필요했지만, 현재에 일정한 희망을 제시하기 위해 과거가 소환되고 있었다.

얼마 지나지 않아 이슬람 문화의 이런 측면들은 거의 견딜 수 없는 부담을 짊어져야 했다. 「이슬람의 1천1가지 발명1001 Islamic Inventions」이라는 제목의 순회 전시회가 런던 과학박물관에서도 열렸는데, 서구 문명의 거의 모든 것이 사실은 이슬람 세계에서 기원한 것이라는 내용이었다. 이런 주장은 비역사적인 것이었지만 믿음의 오라를 풍겼다. 사람들은 이런 주장이 사실이기를 바랐고, 이 모든 주장에 이의를 제기하기를 멈추었다. 이런 분위기는 이제 단순히 예의의 문제가 아니라 유럽 문화가 가장 고통받는 공동체들의 문화에 얼마나 큰 빚을 졌는지를 강조하는, 아니 지나칠 정도로 강조해야 하는 필요성의 문제가 되었다. 2008년에 프랑스의 중세 연구자 실뱅 구겐하임 Sylvain Gouguenheim이 자신의 논문에서 흔히 그리스어를 전혀 모르는 아랍 무슬림들 덕분에 살아남았다고 말해지는 고대 그리스의 문서들이 실은 시리아 기독교인들에 의해 보존되었다고 주장했을 때, 논쟁은 열띤 정치적 쟁점으로 번졌다. 대중은 청원과 편지들을 통해 구겐하임의 이런 발견이 〈이슬람 혐오〉라며 비난했다. 그가 자신이 제시한 증거에서 드러나는 내용을 말할 권리가 있다고 그를 옹호하는 학자도 거의 없었다. 비겁한 것은 둘째치고, 이런 현상 — 그와 동시에 확고해진, 〈우리는 언제나 이민자들의 나라였다〉라는 주장과 마찬가지로 — 은 상당히 단일 문화적인 유럽의 과거를 매우 다문화적인 현재와 어울리게 바꿔야 할 시급한 필요성을 보여 주는 한 가지 증거에 불과했다.

그와 동시에 이런 방법론을 극단까지 밀어붙이는 사람들도 있었다. 새로 들어오는 문화들과 수용국 문화를 동등한 지위로 조정하기 위한 또 다른 방법은 수용국 문화를 폄하하는 것이었기 때문이다. 세간의 이목을 끈 동시에 악명을 떨친 한 사례는 2004년 스웨덴 통합부 장관 모나 살린Mona Sahlin이 쿠르드족 사원에서 연설하며 한 발언이다. 사회민주당 소속 장관(이슬람 사원이라 히잡을 썼다)은 청중에게 많은 스웨덴 사람들이 그들을 부러워한다고 말했다. 쿠르드족은 풍부하고 통일된 문화와 역사를 가진 반면, 스웨덴인은 하지 축제 같은 우스꽝스러운 문화밖에 없다는 것이었다.[10] 똑같은 효과를 발휘하는 또 다른 방법은 본질적으로 유럽 문화는 존재하지 않는다고 주장하는 것이었다. 2005년 한 언론인은 스웨덴 정부의 정무 차관이자 통합 관련 주요 관료인 리제 베리Lise Bergh에게 스웨덴 문화가 보존할 가치가 있는지 물었다. 정무 차관은 이렇게 대꾸했다. 〈글쎄요, 스웨덴 문화가 뭐지요? 이 반문으로 답을 했다고 생각합니다만.〉[11]

그 결과로 이 시대에 팽배한 혼란의 책임을 이민자들에게만 물을 수는 없다. 일단 그들이 유럽에 들어왔을 때 그들에 대해 어떤 태도를 취할지 아무 생각도 없었던 것은 애초에 이민을 받아들인 유럽 각국 사회였다. 프랑스와 독일, 영국의 정치 지도자들이 이민자들도 자기들이 들어와 사는 나라의 언어를 할 줄 알아야 한다고 말하는 데 60년이 걸렸다는 사실을 보면 이 문제가 입증된다. 불과 몇 년 전만 해도 이런 요구를 하면 〈인종주의자〉라는 공격을 받았을 것이며, 실제로도 받았다. 2010년이 되어서야 독일 총리가 이주자들도 독일의 법률과 헌법을 준수해야 한다고 주장한 것을 보면 이민자들만큼이나 독일도 실패했음이 드러났다. 이번에도 역시 불과 몇 년 전만 해도 누구든지 그런 요구를 하면 비열하기 짝이 없는 동기에서 나온 말이라고 비난받았을 것이다. 하지만 다문화 시대가 이제 끝났다고 선언되기 전, 그리고 정치적 지반이 움직이기 전 몇 년 동안 너무도 많은 혼란이 있었다.

이민자들에게 동화를 기대할지, 아니면 그들의 고유한 문화를 유지하도록 장려할지의 문제는 수많은 혼란 중 하나에 불과했다. 만약 2011년까지 대다수 주류 정치인들이 동의한 것처럼, 양자 사이의 무언가를 기대했다면, 새로운 이주자들의 문화 중에서 버려야 하는 부분은 무엇이고 토박이 문화 중에서 받아들여야 하는 부분은 무엇이었을까? 이 문제에 관한 대중적 논의가 이루어지지 않은 이유를 하나 꼽자면, 대다수 유럽인들은 그런 논의가 얼마나 고통스러운 일인지 분명히 의식하고 있었다는 점이다. 그들 자신의 문화에서 어떤 부분을 자발적으로 포기했을까? 그 대가로 어떤 보상을 받고, 그 보상의 효과는 언제 나타날까? 물론 유럽 각국의 대중은 거의 확실히 찬성하지 않았을 것이고, 따라서 이런 구상은 절대 통과되지 않았다. 하지만 훨씬 더 나쁜 가정들이 표면 아래에 도사리고 있었다.

만약 수용국이 무언가를 포기하려 하지 않는데도 새로운 이주자들은 포기해야 하는가? 그런데 포기해야 하는 것들은 무엇이고, 누가 그것들을 설명해 주는가? 그리고 그렇게 포기하지 않으면 어떤 징벌을 받는가? 예를 들어 일단 유럽에 온 이주자들이 토박이 언어를 배우기를 거부한다면 어떤 일이 생길까? 징벌이나 불이익이 전혀 없다면 그런 제안은 말뿐에 불과했다. 또한 얼마나 많은 이민자들이 단지 유럽에서 자신의 권리를 누리기를 원하고, 얼마나 많은 이들이 유럽인이 되기를 바라는지도 내내 불분명했다. 둘 사이의 차이는 무엇이고, 어느 한쪽을 원하는 이유는 무엇일까? 유럽인들은 정말로 새로운 이주자들이 자신들과 똑같아지기를 원하는가?

그 시기 내내 공식적인 방침은 일단 여권이나 비자를 발급받으면 그 나라나 대륙에 최근 도착한 사람도 다른 모든 이들과 마찬가지로 유럽인이 된다는 것이었다. 그리고 각국 정부가 이미 유럽에 들어와 있는 수백만 명에게 유럽인이 되도록 장려하는 데 필요한 조치들을 논의하는 내내 유럽 각국 대중은 마음속으로 다른 생각에 몰두했다. 대개 대중적 논쟁의 밑바닥 깊숙한 부분으로 밀려났지만 언제든 터져 나올 수 있는 생각이었다.

이 모든 게 가짜이고 전부는 아니더라도 적어도 현존하는 계획의 상당 부분은 실패할 것이라는 공포였다. 이는 만약 통합이 이루어진다 할지라도 아주 오랜 시간—어쩌면 몇백 년—이 걸릴 테고 어쨌든 유럽에서는 확실히 아직 이루어지지 않았다는 생각에 근거한 우려였다. 여기서 유럽인들이 일상적으로 겪은 경험이 어떤 조사 결과보다도 더 중요했고, 그들이 눈으로 본 경험이 어떤 정부가 작성한 공식 통계보다도 더 중요했다.

〈대대적인 대체〉

유럽 전역의 어디나 가보면 프랑스 작가이자 철학자인 르노 카뮈 Renaud Camus가 〈대대적인 대체Le Grand Remplacement〉라고 규정한 현상에 대한 공포를 느낄 수 있다. 파리 북부 교외에 있는 생드니를 예로 들어보자. 이곳은 프랑스 역사와 문화에서 핵심적인 장소 중 하나로, 중심부에 있는 거대한 대성당의 이름을 딴 도시다. 대성당 안에는 오늘날 파리의 수호성인인 3세기 파리 주교의 유물이 안치되어 있다. 12세기부터 자리를 지킨 지금의 건물은 또한 다른 이유로도 유명하다. 6세기부터 줄곧 이곳은 프랑스 왕가의 공동묘지였다. 돌에 정교하게 새긴 초상을 비롯한 기념물 중에는 카페 왕조, 부르봉 왕가, 메디치 왕가, 메로빙거 왕가 등의 것도 있다. 프랑스 혁명 시기에 이 무덤들이 훼손되었지만, 오늘날 성당 지하실에는 혁명으로 타도된 왕과 왕비, 루이 16세와 마리 앙투아네트의 황량한 대리석 묘가 있다.

하지만 생드니의 초기 무덤 중에서 특히 눈에 띄는 것은 샤를 마르텔의 무덤이다. 무함마드가 죽고 1세기 뒤 우마이야 왕조가 집요하게 유럽으로 밀고 들어올 때 이슬람 군대를 물리친 프랑크 왕국의 지도자다. 732년 투르 전투에서 마르텔이 거둔 승리는 이슬람이 유럽 전역에 확산되는 것을 막은 사건으로 평가된다. 그가 이끄는 프랑크 군대가 성공하지 못했더라면 유럽의 다른 어떤 권력자도 이슬람 군대가 유럽을 정복하는 것을 저지하지 못했을 것이다. 이슬람 군대가 711년에 유럽으로 건너왔을 때, 지도자 중 한 명인 타리크 이븐 지야드는 타고 온 배를 불태우라고 명령한 것으로 유명하다. 〈우리는 돌아가기 위해 여기 온 게 아니다. 이 땅을 정복해서 정착하지 못하면 우리는 멸망한다.〉마르텔은 그들을 확실히 멸망시켰고, 스페인 남부에 발판을 확보하는 것 말고는 이슬람이 유럽으로 한 발짝도 전진하지 못하게 막았다. 1천 년 뒤 에드워드 기번이 정리한 유명한 서술처럼, 〈망치〉라는 이름을 얻은 이 남자의 승리가 없었더라면〈아마 지금 옥스퍼드 대학교에서는 코란 해석을 가르치고 있을 테고, 옥스퍼드의 설교단들에서는 할례를 받은 사람들에게 무함마드가 받은 계시의 신성함과 참됨을 논증하고 있을 것이다.〉 기번은 계속해서 말한다. 〈그런 재앙으로부터 기독교 세계를 구한 것은 한 남자의 비범한 재능과 운이었다.〉[12]

오늘날 마르텔의 무덤이 있는 대성당을 찾는 사람이라면 그가 정말로 성공한 것인지 의문이 드는 — 또는 그는 성공했어도 그 후손들은 실패했다고 생각하는 — 것도 당연하다. 오늘날 생드니 지역을 돌아다니다 보면 프랑스보다는 북아프리카의 어느 지역을 보는 것 같다. 대성당 앞의 시장 광장은 시장이라기보다는 북아프리카나 중동의 노천 시장에 가깝다. 노점에서는 여러 스타일의 히잡을 팔고, 급진 단체들이 국가에 반대하는 선전물을 나눠 준다. 대성당 안에 들어가 보면 성직자는 전부 나이 든 백인 남성이지만 신자들은 아프리카 흑인이다. 마르티니크와 과들루프에서 들어온 비무슬림 이민 물결의 일부다.

이 지역은 프랑스에서 무슬림 인구가 가장 많은 곳으로 손꼽힌다. 센생드니, 일명 93지역 인구의 약 30퍼센트가 무슬림이다. 가톨릭 신자는 15퍼센트뿐이다. 하지만 지역의 이민자 대다수가 마그레브와 사하라 이남 아프리카 출신이고 젊은 층이 늘고 있기 때문에 지역의 사립 가톨릭 학교들에서도 학생의 70퍼센트 정도가 무슬림이라는 사실은 놀랍지 않다. 한편 지역의 유대인 인구는 최근 연간에 절반으로 줄었다. 내무부에 따르면 프랑스에 있다고 알려진 이슬람 사원 전체의 10퍼센트 정도(230개)가 이 지역에 있다. 사원들에 가보면 무슬림 공동체의 수요에 턱없이 미치지 못하는 것을 알 수 있다. 금요일 예배가 되면 신자들이 거리까지 밀려 나오고, 많은 주요 사원은 수요를 충족시키기 위해 시설을 확장하느라 분투 중이다.

물론 만약 당신이 파리 중심부에서 아무나 붙잡고 생드니 이야기를 꺼내면 사람들이 얼굴을 찡그린다. 사람들은 생드니가 거기 있는 걸 알지만 절대 가보려고 하지 않는다. 스타드 드 프랑스 경기장을 제외하면 그 지역 근처에는 갈 이유가 없다. 탈산업화와 재산업화의 물결로 상처투성이가 된 뒤 최근 연간에 정부는 일종의 사회공학을 실행하기 위해 이 지역에 공무원들이 일하는 청사를 지었다. 하지만 이 지역으로 출퇴근하는 공무원들(약 5만 명)은 거의 그곳에 살지 않는다. 그들은 아침에 다른 지역에서 와서 저녁이면 다른 지역으로 퇴근한다. 공무원들이 퇴근하고 나면 청사 업무 지구는 꼼꼼하게 자물쇠로 채워지고 경비원들이 보안 담장을 지킨다. 한 지구 안에 프랑스의 이민 유입 앞에 놓인 과제가 요약되어 있다.

마르세유를 비롯한 프랑스의 다른 많은 지역의 교외에서도 똑같은 현상을 목격할 수 있다. 또한 프랑스를 찾은 여행자나 주민이라면 생드니엔 갈 마음이 없다 하더라도 파리 중심부에서 RER(수도권 고속전철)이나 지하철을 타보면 이런 현상을 눈치챌 수 있다. RER을 타고 지하 깊숙이 달리면 거의 정차하지 않고 역 사이 거리도 긴데, 마치 아프리카 어느 도시에서 지하 철도를 타고 달리는 느낌이 든다. 대다수 사람들은 흑인인데 교외까지 먼 길을 가는 중이다. 파리의 세련된 도심에서 RER이 멈춰 서는 장소들—가령 샤틀레—은 문제가 생길 수 있는 지역으로 알려져 있다. 교외에서 온 젊은이들이 지루한 표정으로 시내를 돌아다니는 저녁이면 특히 조심해야 한다. 교외를 시작으로 폭동과 차량 방화가 일어나 마레 지구 같은 도심까지 폭력 사태가 되풀이된 2005년의 기억이 줄곧 남아 있다.

하지만 RER 노선 위로 달리는 지하철을 타면 파리 도심에 촘촘히 박힌 역마다 서는데, 다른 세계에 들어온 느낌이다. 지하철 승객들은 대부분 출퇴근하는 백인인 반면, RER은 저임금 서비스 직장에 출근하거나 정처 없이 열차에서 시간을 때우는 듯한 사람들로 가득 차 있다. 파리 도심의 쾌활한 분위기와 바로 밑을 지나가는 수많은 다른 사람들을 겪어 보면 뭔가 단단히 잘못되고 있다는 생각이 든다. 잉글랜드 북부의 몇몇 도시나 로테르담과 암스테르담의 지구들을 돌아다녀도 똑같은 감정이 느껴진다. 오늘날에는 스톡홀름과 말뫼 교외에서도 이런 경험을 할 수 있다. 이민자들이 살고 있으면서도 현지인들이 거주하는 지역과는 전혀 닮은 점이 없는 장소들이다. 정치인들은 더 정밀하거나 혁신적인 도시계획으로, 또는 특별한 재능이 있는 주택 장관을 임명해서 이 문제를 해결할 수 있는 척한다. 2015년부터 줄곧 각국의 정치인들은 일부 지역이 난민 수용소를 닮아 가기 시작한 수도에서 계속 이런 허세를 부리려고 애를 쓴다. 경찰이 도시의 원래 모습을 유지하기 위해 지속적으로 이주자들을 이동시키려 했지만, 2016년 파리에서는 북아프리카인 남성들의 거대한 야영지들이 교외 곳곳으로 옮겨 갔다. 파리 19구 스탈린그라드 지역 같은 곳에는 대로 한가운데를 따라 이어진 교통섬이나 보도 옆 공간에 천막 수백 개가 세워졌다. 경찰이 천막을 철거하면 다른 곳에 다시 우후죽순처럼 생겨났다. 하지만 2015년 이전에도 이처럼 진행형인 문제를 완화하기 위해 무엇을 할 수 있고 해야 하는지에 관해 이른바 전문가와 정치인들이 내세운 이론은 그들 눈앞에서 실제로 벌어지는 현상에 대한 경험과 전혀 일치하지 않았다.

이 문제뿐만 아니라 일상적인 문제에 대해 대개 말이 나오지 않는 것을 보면 많은 유럽인들은 또 다른 암울한 우려를 곱씹고 있는 듯하다. 이 수많은 이주민들을 보고 그들이 아주 다른 삶을 시작하는 것을 보다 보면, 향후에는 그들이 지배하게 될지 모른다는 생각이 드는 것이다. 가령 어떤 강한 종교적 문화가 허약하고 상대주의적인 문화에 들어오면 처음에는 혼자 틀어박힐지 몰라도 결국은 한층 뚜렷한 방식으로 영향을 미칠 수 있다. 이번에도 역시 각종 연구와 여론 조사는 이런 임박한 변화에 대한 느낌을 정확히 밝히는 데 큰 도움이 되지 않는다. 이따금 이민자 공동체들이 기존 사회로 통합되고 있다는 것을 〈증명〉하기 위해 여론 조사가 활용된다. 하지만 만약 정치인과 일부 여론 조사 전문가들이 이루어지고 있다고 말하는 통합이 실제로 일어났다면, 우리는 아주 다른 현실을 목격하게 될 것이다. 예를 들어 파키스탄 사람을 비롯한 무슬림 이주자들이 대대적으로 옮겨 온 영국 지역에서는 펍이 문을 닫는 일이 흔하다. 새로 온 이주자들이 ─ 정부 장관들을 비롯한 사람들이 주장하는 것처럼 ─〈여느 사람들과 똑같은 영국인〉이 되고 있다면, 이 펍들은 계속 장사를 할 테고 그들 역시 전에 이 거리에서 살던 여느 사람들처럼 미지근한 맥주를 마실 것이다. 교회의 경우도 마찬가지다. 새로 온 이주자들이 실제로 〈여느 사람들과 똑같은 영국인〉이 되고자 한다면 일요일에는 거의 교회에 나오지 않겠지만 결혼식이나 가끔 세례식에 참석하러 오고 십중팔구는 1년에 한 번 성탄절에 올 것이다. 하지만 지금까지 벌어지는 일은 그렇지 않다. 교회들도 펍처럼 문을 닫고 있으며, 교회 건물은 다른 용도로 써야 했다.

이슬람 사원에 다니고 술을 입에도 대지 않는 새로 온 사람들이 토박이 전통을 원활하게 전환하는 것처럼 보이지만, 이 같은 가시적인 정체성의 측면에서 보면 그 결과는 매우 다를 게 분명하다. 그리고 이러한 차이의 이면에 놓인 원인들은 다루기가 더욱 어렵다. 암스테르담의 터키계와 북아프리카계가 집중된 교외, 몰렌베크 같은 브뤼셀 교외, 베를린의 베딩이나 노이쾰른 같은 지역, 대륙 각지의 수많은 다른 도시들에도 이와 똑같은 이야기와 똑같은 침묵을 적용할 수 있다. 각각의 경우에 현지인들은 다른 문화 출신의 수많은 사람들이 자기 동네와 도시로 오는 것에 대해 한껏 긍정적인 태도를 취했다가 너무나 큰 대가를 치러야 했다. 이런 새로운 사실을 조금이라도 인정하면 정치뿐만 아니라 모든 직업의 경력이 무너질 수 있으므로 어떤 변화든 신경 쓰지 말아야 했다. 그리하여 사람들 — 현지인이든 관리든 정치인이든 간에 — 이 할 수 있는 일이라고는 이 문제를 무시하고 거짓말을 하는 것뿐이었다.

시간이 흐르면서 정치인들과 대중은 제멋대로 낙관적인 해석을 선호하기 시작했다. 따라서 이민자들은 대수롭지 않거나 사소한 문화적 특성 — 줄 서기나 영국 날씨에 대한 불만 — 을 간파하고 받아들이기 시작할 것이었다. 어떤 특정한 이민자가 줄 서기나 날씨에 관한 이야기를 즐긴다는 사실은 이 이민자 — 더 나아가 모든 이민자 — 가 영국 사회에 통합되었다는 증거로 활용될 터였다. 2005년 7월 런던 대중교통 테러를 저지른 자살폭탄 공격자들이 영국 태생의 무슬림이고, 그중 한 명이 피시앤칩스 가게에서 일하고 크리켓을 즐겼다는 사실이 밝혀졌다. 마치 완전히 영국인인 이 사람이 끔찍한 증오에 사로잡힌 이유가 여전히 커다란 수수께끼로 남은 것처럼 이 사실이 부각되었다. 피시앤칩스라는 매개를 통해 그에게 문화 전체가 전달되었다는 사고는 그 이면에 도사린 불쾌한 논의를 회피하기 위한 하나의 방편이었다.

다문화 시대가 무너지기 시작함에 따라 이 실험이 효과를 발휘한 나라를 찾으려는 시도가 앞다퉈 벌어졌다. 2005년 런던 테러 직후부터 영국인들은 프랑스의 비종교성laicité* 모델이 통합 문제를 다루는 방향성을 제시하는지 여부를 놓고 논쟁을 벌였다. 그런데 프랑스에서 자생적으로 생겨난 테러 공격이 점점 늘어나자 앵글로색슨 모델에 일정한 장점이 있는지 여부를 놓고 토론이 벌어졌다. 스칸디나비아 나라들에서 문제가 점점 분명하게 드러나기 전까지는 항상 그 지역이 독특한 해법을 제시한다고 거론되었다. 전반적으로 대중 성원들은 정책 입안자들이 보지 않는 것, 즉 유럽의 다양한 나라들이 차이가 있긴 하지만 각국은 차례대로 새로 온 이주자들을 동화시키는 데실패했다는 사실을 볼 수 있었다.

이주자들을 도시 가장자리에 계속 묶어 두는 것처럼 보이는 프랑스 도시의 〈도넛식〉 도시계획 기법에 대해서는 비판이 있었다. 하지

---

*   19세기부터 이어지는 프랑스 특유의 정교 분리 원칙. 1905년 정교 분리법에 따라 종교의 자유는 보장하되 정치와 종교는 완전히 분리되었다. 공립학교에서 히잡 같은 종교적 복장의 착용을 금지하는 것도 이 비종교성의 원칙에 따른 것이다.

만 이런 정책을 피하려 한 나라들에서도 똑같은 문제가 발생했다. 따라서 프랑스의 한 정치인이 영국식 모델 때문에 영국에서 생겨난 〈평행 공동체〉를 비판할 때면, 프랑스에 대해서도 정확히 똑같은 비난을 돌려줄 수 있었다.[13] 유럽 여러 나라들의 도시계획법의 차이는 흥미로운 문제이긴 하지만 사실 그렇게 큰 차이는 아닌 것 같았다. 다양한 나라들의 교육 체계와 교과 과정에서 어떤 부분을 강조할 것인지는 학문적 논쟁의 주제다. 하지만 이번에도 역시 어느 한 체계도 특별히 잘 작동한 것 같지 않으며 또한 실제 결과를 놓고 볼 때 다른 체계보다 특별히 감탄을 자아내지 않는다.

그리하여 유럽인의 뇌는 항상 두 가지 모순되는 일에 매달렸다. 한쪽 뇌는 한 세대를 지배하며 굳어진 서사다. 세계의 누구든지 유럽에 와서 유럽인이 될 수 있으며, 유럽인이 되기 위해서는 유럽에 사는 사람이기만 하면 된다는 것이다. 유럽인의 다른 쪽 뇌는 이 시기 내내 지켜보면서 기다렸다. 그리하여 새로 오는 이주자들이 전례 없이 많을 뿐만 아니라, 가끔은 오랫동안 유럽에 존재하지 않았던 관습까지 가져온다는 사실을 항상 인식할 수 있었다. 한쪽 뇌는 새로 온 이주자들이 사회에 동화될 것이며, 시간이 지나면 그들의 문화 가운데 받아들이기 극히 어려운 측면들도 더욱 뚜렷하게 유럽화될 것이라고 주장한다. 낙관주의는 한쪽 뇌를 뒷받침한다. 하지만 실제 벌어지는 상황은 다른 쪽 뇌를 지지한다. 이 다른 쪽 뇌는 과연 우리에게 앞으로 벌어질 변화에 대비할 시간이 있는지 점차 의문을 품고 있다.

이 모든 것의 밑바닥에서는 모호한 공포가 숨어서 부글부글 끓고 있다는 사실에 대해 놀라는 사람은 아무도 없다. 제2차 세계 대전 직후에 여느 서유럽 나라들과 똑같이 노동력 부족에 시달린 프랑스만큼 이런 공포가 두드러지는 나라는 없다. 프랑스는 정확히 똑같은 방식으로 대응하면서 세계 각지에서 오는 노동자들에게 국경을 개방했다. 1950년대와 1960년대에 북아프리카의 프랑스 식민지들이 독립한 효과가 감지되는 가운데 프랑스는 영국을 비롯한 다른 나라들이 전에 경험한 것처럼 예전 식민지에서 오는 사람들의 흐름을 막을 수 없게 되었다. 그리고 대부분 가난하고 교육 수준이 낮은 육체노동자들이 유입되자 다른 나라들이 겪은 것처럼 프랑스 여러 지역의 문화와 겉모습도 점차 바뀌었다.

이런 변화에 대한 한 가지 숨은 반응 — 철학자 베르나르앙리 레비 Bernard-Henri Lévy가 프랑스의 〈음험한 전문 분야dark specialism〉[14]라고 가정한 반응 — 은 인구 대체에 관한 우려였다. 서유럽 전체에서 1인당 무슬림 인구가 가장 많고 르펜 가문의 국민전선*이 선거에서 기존 정당들을 끊임없이 위협하는 가운데 이런 토론과 우려 표명의 한계가 유럽의 다른 모든 나라처럼 주도면밀하게 단속되었다. 하지만 이런 공포를 가장 당혹스럽게, 그리고 예언적으로 다룬 작품이 나온 곳도 바로 프랑스였다.

〈음험한 전문 분야〉

1973년 프랑스에서 이상한 소설이 등장해서 순식간에 베스트셀러에 올랐다. 『성도들의 진(陣) Le Camp des Saints』의 저자는 이미 여행 작가이

* 2018년 6월 국민연합(RN)으로 이름을 바꾸었다.

자 소설가로 유명한 인물이었다. 여행 경험이 많고 교양 있고 호기심이 많은 그는 지중해 해안에 있는 집에서 어느 날 아침 가장 악명 높은 이 작품의 뼈대를 이루는 모습을 떠올렸다. 그 자신의 말을 빌리자면, 1972년 그날 아침 그는 〈1백만 명의 불쌍한 인간들, 오직 허약함과 숫자로 무장하고, 비참한 신세에 짓눌린 모습으로, 갈색과 검은색 피부의 굶주린 아이들을 주렁주렁 매달고, 우리 땅에 내릴 채비를 갖춘 사람들〉을 보았다. 〈권태롭고 과식한 서구의 모든 지역을 거세게 짓누르는 다수 대중의 전위였다. 나는 말 그대로 그들을, 그들이 제기하는 커다란 문제를 보았다. 우리가 현재 가진 도덕적 기준으로는 도저히 해결할 수 없는 문제였다. 그들을 받아들이면 우리가 무너질 것이었다. 그들을 거부해도 무너지는 건 마찬가지였다.〉[15]

장 라스파유Jean Raspail가 그 뒤 18개월 동안 쓴 소설은 이후 수십 년의 어느 시점을 정해서 프랑스 — 와 유럽 — 에 제3세계로부터 대규모 이주자가 몰려드는 과정을 묘사했다. 이주를 야기한 전반적인 기폭제는 제3세계에서 빈곤에 시달리는 사람들의 수와 유럽이라는 상대적인 낙원에서 사는 세계 인구의 비율 감소 사이의 불균형이다. 현대 미디어가 존재하는 상황에서 이제 더는 이런 불균형에 관한 소문을 감출 수 없으며 제3세계는 유럽에 의존한다. 1백만 명이 선단을 이루어 출항하지만, 아직 알려지지 않은 수백만 명이 줄곧 지켜보면서 자기들도 배에 오르기를 기다리고 있다. 이 첫 번째 1백만 명에 대해 유럽이 보이는 반응에 모든 것이 달려 있다. 라스파유는 (나중에 설명한 것처럼) 전략적인 여러 정치적 이유에서 이 이주자들이 북아프리카가 아니라 콜카타에서 오며 프랑스 리비에라 해안을 향하는 것으로 설정했다.

잊지 못할 소설의 도입부에서 교양 있는 한 나이 든 교수가 프랑스 남부 해안의 집에 앉아 모차르트를 듣고 있는 가운데 선단이 상륙한다. 교수는 자기 혼자라고 느낀다. 무정부 상태가 이어지면서 이미 현지 주민들은 도망치고 있기 때문이다. 하지만 히피 같은 젊은 남자가 그의 서재에 들이닥친다. 젊은이는 이제 막 등장하려는 〈새로운〉 나라, 〈곳곳에서 탄생할〉 나라를 자랑스럽게 여긴다. 그러면서 그는 교수에게 이제 〈끝장났다〉고 훈계한다. 〈당신은 바싹 말라 버렸어요. 당신은 계속 생각하고 말을 하지만 이제 그럴 시간이 없다고요. 이제 끝났으니까 꺼지라고요!〉 교수 자신은 젊은이의 말이 옳을지도 모른다고 받아들인다. 〈내 세상은 아침을 넘기지 못할 테지, 분명 그럴 거야. 나는 마지막 순간을 즐길 생각이야.〉 그래서 교수는 젊은이에게 총을 쏜다.[16]

라스파유의 소설에서 대규모 이주를 야기한 기폭제는 벨기에 정부가 어려움에 처한 제3세계 어린이들을 일부 받아들이겠다고 발표한 사실이다. 곧바로 인도 어머니들이 콜카타에 있는 영사관 문으로 아이들을 밀어 넣는다. 벨기에는 정책을 번복하려고 하지만 그때쯤이면 이미 너무 늦었다. 군중이 영사관으로 밀어닥치고 총영사는 밟혀 죽는다. 군중 속에서 소름 끼치는 기형의 지도자가 등장해서 제3세계 사람들에게 유럽으로 가자고 호소한다. 〈민족들이 지구 사방에서 생겨나고 있고, 그 수는 바다의 모래처럼 많습니다.〉 그가 말한다. 〈이 민족들이 드넓은 지구 곳곳으로 진군해서 성도들의 진(陣)과 하느님께서 사랑하는 도시를 둘러쌀 겁니다.〉[17] 마지막 말은 「요한계시록」

에서 인용한 구절이다. 이 구절은 소설의 제사(題詞)에도 등장한다. 소설은 정말로 묵시록적이기 때문에 적절한 인용이다.

이 구절은 또한 매우 불쾌하다. 제3세계를 이끌고 거대한 선단으로 유럽을 향하는 메시아적 인물은 기괴한 기형에 괴물같이 묘사되는 〈똥 먹는 사람〉이다. 다른 곳에서 묘사되는 인류의 거대한 바다도 거의 한결같이 그로테스크하다. 용서할 수 없이 가난하고 특유의 더러움으로 가득하다. 비평가들이 곧바로, 그리고 거의 만장일치로 라스파유의 소설을 인종주의 소책자라고 치워 버린 이유를 찾기란 어렵지 않다. 하지만 특히 이주가 시작되고 난 뒤 유럽 사회의 실패를 묘사한 부분의 불편하지만 정확한 서술을 보면 단순히 인종주의 소설이라고 걷어찰 수는 없다.

프랑스 공화국이 위협받은 뒤 모든 국가 부문 — 유럽 이웃 나라들과 마찬가지로 — 이 굴복한다. 선단이 지금 오는 중이고 프랑스가 무력이 아니라 단순히 해안에 평화롭게 상륙하는 사람들에 의해 압도될 것임이 분명해지자 모든 사람이 각자 나름의 방식으로 실패한다. 정치인들은 어떤 태도를 취해야 할지 결정하지 못하고 선단을 받아들이려는 시도와 선단을 침몰시킬 방법 사이를 오락가락하면서 어쩔 줄을 모른다. 프랑스 군대 일부는 배들을 향해 어뢰를 발사하라는 명령을 받지만 따르기를 거부한다. 한편 교회 지도자들은 자신들이 세속적인 부를 쌓은 죄에 짓눌린 가운데 프랑스의 문호를 개방할 것을 촉구한다. 유명 인사들과 미디어 스타들은 이 순간을 놀라운 기회라고 묘사하면서 언론 앞에서 자신들의 명성을 닦으며 우쭐댄다. 다른 식으로 결말을 맺으면 소설이 더 받아들여지기 힘들 것임을 아는 라스파유는 결국 선단을 상륙시킨다. 프랑스는 선단을 쫓아 버리지 않는다.

프랑스에서 베스트셀러가 되긴 했지만 비평가들이 소설 주위에 방역 선을 쳤기 때문에 『성도들의 진』은 빤히 보이는 가운데 수면 밑으로 가라앉았다. 이후 수십 년 동안 많은 번역본이 나왔지만 이민 반대 단체의 소규모 출판 사업부에서 나온 경우가 많았다. 하지만 읽기 힘들 정도로 소름 끼치는 서술에도 불구하고 이 책의 일부 내용은 유럽 사람들의 생각에 숨어 있는 일부가 되었다. 라스파유가 유럽의 미래를 그린 디스토피아—1994년 『애틀랜틱』의 두 필자는 〈20세기 말에 나온 가장 불온한 책으로 손꼽히는 작품〉[18]이라고 평가했다—는 비평이나 출판의 운명과 무관하게 계속 수면 아래에서 까닥거렸고 때로는 수면 위로 떠올라 세상을 귀찮게 했다.

1985년 라스파유는 『르 피가로』 잡지에 쓴 글에서 보기 드물게 이 소설의 주제로 돌아갔다. 존경받는 인구통계학자인 제라르 프랑수아 뒤몽Gérard François Dumont과 함께 쓴 표지 기사는 〈2015년에도 프랑스는 여전히 프랑스다울까?〉라고 물었다.[19] 표지 이미지는 프랑스의 국민적 상징인 마리안이 히잡을 쓴 모습이었다. 기사 자체는 인구학적 예상에 대한 언급과 더불어 현재 진행 중인 이민자 유입과 기존 이민자 공동체의 압도적인 인구 증가를 볼 때 프랑스의 비유럽계 인구가 금세 이 나라의 문화와 가치의 존속을 위협하는 수준이 될 것이라고 주장했다.

기사는 갑자기 관심을 끌었다. 정부 각료들이 줄 지어 기사를 공개적으로 비난했다. 사회부 장관 조르지나 뒤푸아Georgina Dufoix는 이

기사가 〈엉터리 같은 나치 이론을 상기시킨다〉라고 언급했다. 문화부 장관 자크 랑Jack Lang은 『르 피가로』를 〈인종주의 선전 기관〉이라고 지칭하면서 기사가 〈그로테스크하고 우스꽝스럽다〉라고 말했으며, 총리 로랑 파비위스Laurent Fabius는 프랑스 의회에서 이렇게 말했다. 〈이민자들은 대체로 프랑스의 풍요에 기여하고 있습니다. 이민 통계를 조작한 사람들은 우리 나라의 진정한 국익에 어긋나는 행동을 하는 겁니다.〉[20] 뒤푸아가 이끄는 사회부는 기사에 나온 수치를 반박하기 위해 자체적인 수치를 공개했다. 무엇보다도 그들은 라스파유와 뒤몽이 이민자들의 출산율은 계속 높을 것이고 토박이의 출산율은 계속 낮을 것이라고 가정하면서 향후에 생길 법한 인구 통계를 과장했다고 주장했다. 라스파유와 뒤몽의 예상은 흥미롭게도 당시 프랑스로 들어오는 순 이주자가 연간 5만 9천 명이라고 가정했다. 실제로 프랑스의 공식 수치[21]에 따르면 1989년 무렵 난민 신청자의 수만 6만 2천 명에 달했다(1980년대가 시작된 시점에 비해 세 배 증가한 수치다). 2006년에 이르면 연간 순 이민자 수가 19만 3천 명에 달했다. 2013년에는 그 수치가 23만 5천 명으로 늘었다(불과 8년 만에 인구가 260만 명 증가하는 데 일조했다).[22] 무엇보다도 논쟁적인 점으로 『르 피가로』 기사의 필자들은 2015년에 이르면 이슬람이 프랑스에서 가장 중요한 종교가 될 것이라고 예측했다.

1985년 라스파유는 『성도들의 진』의 재판본에서 자신이 책에서 한 예언이 실현되는 결과로 이어진 중심적인 모순을 이해했을 뿐만 아니라 느끼기도 했다는 말을 되풀이했다. 세계의 불우한 사람들을 앞에 놓고 문을 열어 줄 것인지, 아니면 매몰차게 닫을 것인지의 선택에 직면해서 〈무엇을 할 것인가? 인종주의를 묵인함으로써 자신의 인간적 존엄을 포기하고 싶은 사람은 없기 때문이다. 하지만 다시 또 무엇을 할 것인가? 그와 동시에 모든 사람과 모든 민족은 자신의 미래와 과거라는 이름으로 자신의 차이와 정체성을 보전할 성스러운 권리가 있기 때문이다.〉23

2001년 어느 날 새벽 4시 이라크에서 출발한 쿠르드족 난민이 가득 탄 배 한 척이 프랑스 남부의 한 해변에서 좌초했다. 배에 탄 1천5백명 중 일부는 걸어서 육지로 와서 현지인들의 집 문을 두드렸다. 마침 배는 라스파유가 거의 30년 전에 소설을 쓴 리비에라의 집에서 불과 50미터 떨어진 곳에 상륙했다. 그로부터 10년이 흐르고 주류 언론은 『성도들의 진』의 일부 예언적 측면을 인정하기 시작했다. 소설이 재출간됐을 때 당시 86세의 저자는 프랑스3 채널의 텔레비전 프로그램 「오늘 밤(뿐!) Ce Soir(ou jamais!)」에 출연했다. 놀랍도록 너그러운 인터뷰에서 저자는 소설의 전반적인 개요 가운데 일부는 이제 예전만큼 논쟁적이지 않을 것이라고 언급했다. 2001년 쿠르드족 난민의 상륙에 관해 질문을 받은 저자는 그것을 〈하나의 신호〉라고 지칭했다. 그가 인정한 유일한 사실은 프랑스로 건너오는 보트피플을 상상하면서 숫자를 잘못 생각했다는 것이었다. 그는 자신의 잘못을 인정했다. 〈현재로선 1백만 명을 태운 대규모 선단은 없다〉는 것이었다. 2011년 2월의 일이었다.

2015년 훨씬 전에 유럽 각지의 사람들은 장 라스파유가 제시한 논쟁적이고 비난받은 상상을 직관적으로 이해했다. 제3세계에서 온 배들이 유럽 바다로 들어오고 젊은 남자들이 무리 지어 유럽 대륙을 도

보로 가로지르며 터벅터벅 걷는 영상을 언론에서 매일같이 보여 주기 전에도 그는 이미 존재하는 공포를 이용했다. 그리고 이 특정한 공포 — 이 〈음험한 전문 분야〉 — 는 프랑스에서 가장 심각하게 생겨난 것 같지만 그 나라에만 국한되지는 않았다. 정치인들과 문화계 인사들은 당시에, 그리고 이후 수십 년 동안 이 공포를 통제할 수 있다고 확신하는 것처럼 보였다. 이런 모든 공포에 대해 간단히 무시하는 동시에 영합하는 식으로 대응할 수 있었다. 그리하여 프랑스 정치인들은 라스파유의 상상을 인종주의적이고 아무 근거가 없는 것이라고 조롱하는 동시에 이주자들의 흐름을 제한하고 본국 송환을 늘리는 방법에 관해 누가 더 강경한 발언을 하는지를 놓고 경쟁했다. 수년간 심지어, 아니 특히 사회주의 정치인들도 이 게임에 참여했다.

정치인들이 깨달았든 몰랐든 간에 그들은 자기 나라에 위기를 초래한 책임이 있었다. 해마다 사실이 바뀌었다. 해마다 갖가지 성향의 연속된 정부를 거치면서 똑같은 정치 엘리트들이 프랑스에 외국 태생 인구가 한층 더 급증하는 모습을 지켜보았다. 이 과정 내내 공식 통계는 이런 변화를 덮어 가렸다. 정치인들은 변한 게 없다고 말했지만 국민은 변화를 두 눈으로 볼 수 있었다. 모든 게 나쁜 의도의 결과는 아니었다. 제2의 비시 정부가 탄생하는 것을 막기 위해 제정된 오래된 법률 덕분에 1970년대와 1980년대, 1990년대 내내 공화국은 프랑스 인구 구성을 분석할 어떤 종족적, 인종적, 종교적 숫자도 수집하지 못했다. 그런데 2000년대 중반 이 법률이 완화되었다. 하지만 프랑스에서는 미래의 인구 통계에 관한 예측은 고사하고 기존 인구의 분석조차 다른 어떤 나라보다도 여전히 민감한 정치적 문제였다. 무슬림 인구가 유럽에서 1인당 최고 수준을 향해 급증하는 한편 향후에 더욱 증가할 것으로 예상되는 시기에도 미래의 인구 변동을 과소평가하지 않는 프랑스의 인구 통계학자는 죄다 극우파 편을 든다는 취급을 받았다. 한 예로 〈연줄이 좋은〉 인구 통계학자인 에르베 르브라스Hervé Le Bras는 무척 존경받는 인구 통계학자 미셸 트리발라Michèle Tribalat를 〈국민전선의 총아〉라고 규정하면서 명예를 훼손했다.[24]

사실fact은 거짓말을 하지 않는다고 생각하기 쉽다. 하지만 인구 통계 예측은 말할 것도 없고 이민 통계에서도 사실은 종종 거짓말을 한다. 그리고 프랑스만큼 사실이 거짓말을 하는 나라도 없다. 사실이 그렇게 고무줄처럼 늘었다 줄었다 하는 나라에서 인구의 일부가 통계보다 자기 눈을 믿는 것도 놀랄 일은 아니다. 그 결과는 아직 추측되지 않았다. 1985년에 라스파유와 뒤몽이 2015년에 이르면 이슬람이 프랑스에서 지배적인 종교가 될 것이라던 예상은 빗나갔다. 적어도 숫자상으로는 틀렸다.

2016년 2월 4일 프랑스의 유력한 자유주의 간행물인 『르누벨옵세르바퇴르』가 공개한 입소스Ipsos의 여론 조사에 따르면, 프랑스 고등학생 가운데 33.2퍼센트가 기독교인이라고 밝힌 반면 25.5퍼센트는 무슬림이라고 밝혔다. 하지만 프랑스에서 이슬람이 승승장구하고 있다는 사실은 이제 누구도 부정할 수 없었다. 같은 여론 조사에서 밝혀진 바에 따르면, 조사 대상 비무슬림 가운데 종교가 자신에게 〈중요하거나 아주 중요하다〉고 생각하는 사람은 절반이 되지 않았다(가톨릭 신자의 경우에는 불과 22퍼센트였다). 반면 젊은 무슬림 가운데는 83퍼센트가 종교가 자신에게 〈중요하거나 아주 중요하다〉고 응답

했다.[25]

　물론 1백만 명이 올 것이라는 라스파유의 예언은 과소평가였다. 거대한 배들이 아니라 무수히 많은 소형 보트로 선대를 이루어 그들이 왔을 때 그 숫자는 라스파유가 상상한 디스토피아를 훌쩍 뛰어넘는 규모였다. 그리고 이것은 이주 위기가 발발하기 전의 일이었다. 위기가 본격적으로 시작될 무렵이면 프랑스는 이미 몇 년마다 그만큼의 숫자를 받아들이고 있었다. 공식 수치에 따르면 프랑스로 들어오는 합법적 이민은 연간 20만 명이었지만, 비슷한 숫자가 매년 불법적으로 들어오고 있는 것으로 생각되었다. 사적인 자리에서라면 일부 프랑스 관리들은 최근 연간에 독일 수준의 이민 유입을 피할 수 있었던 유일한 이유는 이주자들 사이에서 프랑스가 인종 차별적이고 이민자를 반기지 않는 나라라는 인식이 널리 퍼져 있기 때문임을 조용히 인정할 것이다. 제아무리 좌파적인 관리일지라도 요즘 같은 시기에 이런 평판이 도움이 안 된다고 생각하지는 않을 것이다.

　2015년에는 마리안이 무슬림 히잡을 쓰지 않았지만, 프랑스는 라스파유가 최악의 악몽 속에서도 전혀 예측하지 못한 일들을 목도했다. 그는 지중해 위에 떠 있는 이주자들이 탄 수많은 보트에서 무슬림 선장들이 기독교인 승객들을 배 밖으로 던져 버리는 모습을 묘사할 생각은 전혀 하지 못했다. 몇몇 새로운 이주자들이 미사가 절정에 달하는 순간 신부의 목을 칼로 긋는 모습은 감히 생각하지 못했다. 또한 2016년 어느 일요일 아침 생드니에서 신부들이 남아 있는 신자들을 위해 성당 안에서 미사를 집전하는 동안 바깥에서는 중무장한 군인들이 이 신부들과 프랑스 왕들의 무덤을 지켜야 하리라고는 전혀 예상하지 못했다. 유럽 역사상 처음은 아니지만, 최악의 운명을 예언한 사람들이 결국은 미래를 과소평가한 것으로 밝혀졌다.

7

그들이 여기에 있다

2010년 10월 포츠담 연설을 할 당시 앙겔라 메르켈은 과거에 관해 중요한 양보를 하고 심지어 미래에 유럽과 이민자들의 관계에서 방향 전환을 알린 것 같았다. 하지만 환호를 받은 발언은 불과 몇 년 만에 완전히 의미를 잃은 듯 보였다. 연설에서 독일 총리는 지금까지 독일에 온 사람들을 통합하는 데 실패했음을 인정했다. 2010년 독일에서 난민 신청을 한 사람의 수는 총 4만 8천589명이었다.[1] 그런데 불과 5년 뒤에 메르켈은 한 해에만 최대 150만 명이 독일에 입국하도록 허용했다(정부에서 유출된 내부 추산이 정확하다면).

만약 해마다 독일에서 난민 신청을 하는 5만 명 정도의 사람들로 다문화주의가 제대로 작동하지 않는다면, 매년 그 숫자가 서른 배가 된다고 해서 제대로 작동하리라고 어떻게 기대할 수 있을까? 2010년에 충분히 되지 않았다면, 5년 뒤에는 어떻게 독일 정부의 통합 네트워크가 그렇게 더 — 실제로 서른 배 — 좋아질 수 있겠는가? 그리고 만약 독일이 1960년대에 손님 노동자들이 본국으로 돌아갈 것이라고 자신을 속였다면, 2015년에 난민 신청을 하는 사람들이 고국으로 돌아갈 것이라고 안이하게 생각하는 것은 얼마나 더 심한 자기기만인가? 다문화주의가 2010년에 제대로 작동하지 않았다면 2015년에는 훨씬 더 효과를 발휘하지 못했다. 영국도 사정은 마찬가지다. 만약 데이비드 캐머런 총리가 2011년에 말한 것처럼 영국의 다문화주의가 실패했다면, 영국 정부가 팔짱을 낀 채 순 이민 유입에서 새로운 기록을 세운 2015년에 더 심한 실패를 하는 게 당연하지 않겠는가?[2] 2015년에 이르면 프랑스와 이민자들의 관계가 몇 년 전에 비해, 또는 스웨덴이나 덴마크에 비해 더 좋아졌는가? 2015년 유럽 전역에서 이민자들이 급증하면서 기존의 정치 지도자들이 이미 실패작임을 인정한 모델 속으로 한층 더 많은 사람들이 차곡차곡 쌓였다. 그 사이에 이 모델을 과거보다 조금이라도 성공적으로 바꿀 눈에 띄는 어떤 일도 벌어지지 않았다.

위기의 한 단계에서 메르켈은 이스라엘 총리 베냐민 네타냐후 Benjamin Netanyahu에게 전화를 걸었다. 당시 메르켈은 조언을 구한 것으로 알려져 있다. 이스라엘은 약간 비슷한 시기 동안이나마 비슷한 수의 새로운 이주자들을 통합하는 데 성공한 유일한 나라다. 1990년 이후 이스라엘로 들어온 러시아 유대인들을 통합한 것이다. 국가가 창건된 이래 수십 년 동안 대규모로 유입된 인구는 말할 것도 없다. 이스라엘은 도대체 어떻게 그렇게 많은 사람들을 흡수하고 또 놀랍도록 통일된 나라를 유지할 수 있었을까? 아니, 더 나아가 어떻게 점점 국가적 통합을 높일 수 있는 걸까? 메르켈은 아마 여러 가지 이야기를 들을 수 있었을 것이다. 특히 이스라엘군 의무 복무라는 공통된 경험과 정부가 후원하는 동화 프로그램을 통해 이스라엘에서 형성된 유대감이 손꼽힌다. 네타냐후 총리는 외교적 조심성 때문에 섣불리 지적하지 못했지만, 무엇보다 쉬운 대답은 수십 년 동안 이스라엘에 새롭게 들어온 이주자들은 거의 모두 유대교 전통이라는 공통된 연결 고리를 가지고 있었다는 것이었다. 반면 향후 몇 달, 몇 년 동안 메르켈과 독일은 2015년에 입국이 허용된 사람들 전부가 독일계 루터교도가 아님을 인정해야 했다.

유럽으로 들어오는 이주자가 기하급수적으로 증가하는 가운데서도 관리들이 되풀이해 내놓은 근거는 수십 년 동안 내세운 정당화와 동일한 것이었고, 초국가 기구의 수반에서부터 지방 정부 수준에 이르기까지 천편일률적이었다. 2015년 8월 중순, 메르켈 총리가 국경 개방을 준비하던 중에 니더작센주 고슬라르의 시장은 자기 도시가 이주자들을 〈두 팔 벌려〉 환영할 것이라고 주장했다. 올리버 융크Oliver Junk 시장 — 메르켈의 중도우파 정당 소속 — 은 고슬라르 인구가 해마다 조금씩 줄고 있다는 사실을 강조했다. 지난 10년 동안 5만 명 인구 가운데 4천 명 정도가 감소했다. 젊은 사람들이 일자리를 찾아 고향을 떠난 데다 지역 주민들의 출산율이 감소한 탓이었다. 앞서 2014년에 도시는 이주자 48명을 받아들였다. 이제 시장은 고슬라르에 아무리 많은 이주자가 와도 지나치지 않다고 말한 것이었다. 시장의 말을 빌리면 이주자들은 〈우리 시에 미래를 가져다줄〉 것이었다.[3]

결정적 순간인 바로 그 2015년 8월 동안 국제이주기구의 유럽연합 대표는 『월스트리트 저널』(유럽판) 지면을 이용해서 또 다른 익숙한 주장을 소개했다. 에우제니오 암브로시Eugenio Ambrosi가 보기에 유럽 대륙이 이미 그해에 온 전례 없는 이주자들의 물결을 받아들이는 데〈곤란〉을 겪는다는 것은〈유감스러운〉일이었다. 암브로시는 유럽은 이주자들의 유입에 쉽게 대처할 수 있다고 주장했다. 그러면서 무엇보다도 커다란 추문은 유럽이〈수십 년 만에 가장 광범위하고 격렬한 반이민 정서를 경험하고 있다〉는 사실이라고 주장했다. 이런 현실은 바뀌어야 하며, 그렇게 하는 한 가지 방법은 자신과 동료들이 밀어붙이기로 한 기본적인 주장을 설명하는 것이라고 그는 역설했다. 이주자들의 유입은 유럽에 거대한 기회가 된다는 것이었다. 그의 말에 따르면, 이주자들은〈새로운 사고와 높은 동기 부여〉를 가져오고 또한〈공정한 기회만 주어진다면 우리 경제와 사회에 협력하고 기여한다. 때로 그들은 토박이 유럽인들보다 더 건전한 노동 윤리를 갖고 있다.〉뒤이어 익숙한 주장이 등장한다.〈유럽은 점점 나이 들고 있고 조만간 노동 연령 인구의 심각한 부족에 대처해야 할 것이다. (……) 보스턴 컨설팅 그룹에 따르면, 독일의 경우 2020년이 되면 240만 명의 노동자가 부족할 수 있다. 우리의 기존 사회보장 시스템은 이주자들 때문에 위협받지 않는다. 오히려 정반대다. 이주자들이 기여하는 덕분에 유럽인들이 현재 받는 지원은 미래에도 확실히 계속될 것이다.〉[4] 이는 또 다른 인구 대체 찬성론인데, 이번에는 말기 환자의 고통을 완화해 주는 치료의 언어로 치장한 것이었다.

유럽의 인구 감소가 암브로시가 주장하는 것처럼 심각하다 할지라도 다음 세대를 채우기 위한 해법이 전혀 다른 문화권에서 사람들을 수입하는 것이 될 필요는 없다. 만약 암브로시를 비롯한 관리들이 현재나 미래에 독일의 노동력 부족을 메우는 데 그토록 관심이 있었다면, 분명 지구 일부 지역에 그물을 던지기에 앞서 가까이로 눈을 돌려 바로 그 순간에 실업으로 고통받고 있던 스페인과 포르투갈, 이탈리아와 그리스 젊은이의 25~50퍼센트를 살펴보는 게 타당했을 것이다. 암브로시만큼 자유시장론에 헌신적인 사람들도 사태를 자기 나름의 언어로 이해하지 못했다. 설상가상으로 그들은 자신들의 자유시장론이 유일하게 중요한 주장이고, 무엇보다도 남유럽의 젊은 층 인구가 전 세계 비유럽 지역 출신 사람들이 도약하기 위한 받침대 역할을 고분고분 받아들일 것이라고 가정한 것 같다.

그리고 물론 유럽으로 들어오는 이주자의 수가 역사적으로 전례가 없는 고점에 도달했을 때에도 이것이 전적으로 정상적인 현상이라고 주장하는 이들이 있었다. 2015년 한 해에 독일이 인구 대비 받아들인 이주자 수에 맞먹는 유일한 나라는 스웨덴이었다(전체 인구의 1~2퍼센트). 2015년 스웨덴에 입국한 이주자의 수는 16만~18만 명이었다. 최근에 난민을 받아들인 적이 있는 나라라 할지라도 역사적으로 전례가 없는 규모였다. 그리하여 2004년 스웨덴은 4백 명 정도의 아동 난민을 흡수한 반면, 2015년 한 해에만 3만 5천 명의 아동을 흡수해야 했다. 연간 아동 한 명당 1만 유로의 비용이 들었다. 2015년 여름 동안 매일같이 이주자들이 덴마크로부터 유명한 외레순 다리를 건너왔을 뿐만 아니라(덴마크와 스웨덴 사이에는 국경이 없다) 북부로부터도 밀려왔다. 스웨덴에 도착한 대다수 사람들은 신분증이 없었는데, 이는 우연의 일치가 아니었다. 말뫼 주민들은 기차역의 쓰레기통에 찢어진 신분증이 가득 찬 것을 보았다고 증언했다.

하지만 스웨덴이 이런 비정상적인 해를 통과하는 동안에도 당국은 이것이 새로운 현상이 아닌 척했다. 2015년 10월 정부는 〈스웨덴 투게더〉라는 이름을 내걸고 이주 정책을 지지하는 회의를 개최했다. 스웨덴 국왕과 왕비가 정치권 인사들과 나란히 참석했다. 연사들 가운데는 스웨덴의 〈살아 있는 역사 포럼Living History Forum〉(홀로코스트 교육 단체) 대표인 잉그리드 롬포르스Ingrid Lomfors도 있었다. 극찬을 받은 연설에서 롬포르스는 세 가지 주장을 펼쳤다. 스웨덴으로 오는 이민은 전혀 새로운 현상이 아니고, 모든 사람이 사실은 이주자이며, 어쨌든 스웨덴 문화 같은 것은 존재하지 않는다는 것이었다.[5]

〈살아 있는 역사 포럼〉은 전후 유럽 각지의 이민자 유입으로 나타난 문제 위에 쌓인 문제를 그 나름의 방식으로 구체화했다. 대중의 눈앞에서 사태가 벌어지고 있는데도 당국은 현재 진행 중인 상황이 새로운 것임을 인정하려 하지 않았다. 그리고 그것을 인정했을 때에는 나라를 위한 기회로 포장했다. 이런 이주가 어떤 결과를 낳을지에 대한 대중의 의심이 정당하다고 인정할 생각은 전혀 없었다. 1950년대부터 줄곧 유럽 대륙은 유럽에 올 것으로 예상되는 사람들의 수를 과소평가하고, 그다음에는 새로 온 이주자들을 통합할 수 있는 국가의 능력을 과대평가하는 경향이 있었다. 이런 결정을 한 사람들은 가장 심각하고 분명한 실패가 드러났을 때에도 좀처럼 겸손한 모습을 보이지 않았다. 유럽에 온 이민자 집단들이 주류 사회에 대해서만이 아니라 그들 각자에 대해서도 다른 견해를 가질 수 있고, 이런 사실이 특유의 결과를 낳을 수 있음에 주목하려는 의지가 없었다.

다문화 시대와 〈포스트다문화〉 시대의 이런 실패를 가장 극명하게 보여 주는 것은 새로 온 이주자들의 정치적, 종교적 이데올로기가 검토의 대상이 되는 경우가 드물고 논쟁의 주제로 허용되는 경우도 거의 없었다는 사실이다. 그리하여 전후에 유입된 이주자들이 논의된 것은 인종 문제로 도마에 오르는 경우였다. 새로 온 이주자의 인종적 정체성이 논의되면서 이에 관해 어떤 우려가 제기되든 반인종주의의 언어가 답으로 돌아왔다. 새로 온 이주자들의 인종적 배경이 신앙이라는 훨씬 더 큰 문제와 나란히 놓고 보면 대수롭지 않은 문제임을 간파하거나 언급하는 이는 거의 없었다. 모로코인들이 처음 대규모로 네덜란드에 왔을 때 그들은 모로코인으로 논의되었다. 파키스탄인들이 처음 대규모로 영국에 왔을 때 그들은 파키스탄인으로 논의되었다. 독일의 터키인들도 마찬가지였다. 하지만 밀레니엄 전환기 무렵에 유럽에 다종교주의의 시기가 슬금슬금 다가왔고, 이주자 집단의 인종적 중요성이 줄어들었다. 유럽은 문제가 사실은 종교에 있는 것이 아닌지 의문을 품기 시작했다. 서유럽의 대다수 정치인과 전문가들을 아연실색하게 만든 주제였다.

1980년대나 1990년대에 21세기의 처음 몇십 년 동안 유럽이 종교에 관한 논의로 분열될 것이라고 예상한 이는 거의 없었다. 점차 세속화된 유럽 대륙은 종교를 영원히 버릴 수 있을 것이라고 기대했거나 적어도 여러 세기가 지난 끝에 현대 국가에서 종교의 자리가 꽤 안정되었다고 인정했다. 더 구체적으로 말하자면, 만약 20세기 후반에 누군가 유럽의 다음 세기의 초기 연간에 신성 모독에 관한 논의가 가득하고, 유럽에서 신성 모독 때문에 목숨을 잃는 일이 다시 일어날 것으로 예상해야 한다고 말했다면, 모든 사람이 그런 예상을 비웃고 제정신이 아니라고 치부했을 것이다. 조기 경보 사이렌이 울렸지만 아무도 듣지 못한 게 아니다. 어떻게 그중 몇 번이라도 듣지 못했겠는가? 문제는 듣고서도 끊임없이 무시했다는 것이다.

영국은 조기 경보가 가장 먼저 울린 나라였다. 1989년 밸런타인 데이에 이란이슬람공화국의 지도자 아야톨라 호메이니Ayatollah Khomeini가〈전 세계의 모든 열성적인 무슬림〉에게〈『악마의 시』라는 책 — 이슬람과 무함마드, 코란에 반대하여 편찬, 인쇄, 출판되었다 — 을 쓴 저자와 그 내용을 알면서도 책의 출간에 관여한 사람은 모두 사형 선고를 받았음〉을 알리고 호소하는 문서를 발표했다. 호메이니 는 계속해서 말했다.〈나는 모든 열성적인 무슬림에게 어디서 그들을 발견하든 신속하게 처형하라고 호소한다. 그래야 다른 누구도 감히 이슬람의 신성함을 욕되게 하지 않을 것이다.〉[6] 테헤란의 한〈자선 재 단〉대표는 뒤이어 영국 소설가를 죽이는 사람에게 현상금 3백만 달 러를 내걸었다(무슬림이 아닌 사람이 죽이면 현상금이 1백만 달러로 줄어든다). 영국 — 과 나머지 유럽 — 은 파트와fatwa*라는 단어를 처 음 알게 되었다.

스물네 시간도 되지 않아 저자 살만 루슈디Salman Rushdie는 영국 국 가의 보호를 받으면서 몸을 숨겼다. 금세 영국 무슬림 수천 명이 거 리에 나와 영국에서 이슬람의 신성 모독법을 부과하는 것을 지지했 다. 잉글랜드 북부 브래드퍼드에서는 무슬림 수천 명이 모여 책을 나 무판자에 못으로 박은 뒤 불태웠다. 이 논란 덕분에 순식간에 이슬람 지도자로 올라선 이크발 사크라니Iqbal Sacranie(나중에 이크발 경이 된 다)는『악마의 시』의 저자가 죽어 마땅하다고 생각하느냐는 질문을

* 이슬람 법에 따른 결정이나 명령.

받았다. 〈어쩌면 죽음은 그자한테 너무 관대한 처분일 겁니다.〉[7] 영국에서 가장 유명한 이슬람 개종자인 유수프 이슬람Yusuf Islam(전에는 가수 캣 스티븐스로 알려졌다)은 어느 텔레비전 프로그램에서 만약 루슈디가 문을 두드리면 숨겨 주겠느냐는 질문을 받았다. 〈아야톨라 호메이니에게 전화를 걸어서 이자가 어디에 있는지 말해 줄 겁니다.〉 루슈디의 초상을 불태우는 시위에 가겠느냐는 질문에는 이렇게 대꾸했다. 〈초상이 아니라 실제 루슈디이길 바랐을 겁니다.〉[8]

문화 세계와 정치 세계 곳곳에서 사람들은 다시 각성된 이 신성 모독 문제를 놓고 논쟁했다. 정치적 좌파와 우파 모두에서 소설가가 예의규범을 어겼다고 믿는 사람들이 있었다. 완고한 보수 우파인 데이커 경Lord Dacre(휴 트레버로퍼Hugh Trevor-Roper)은 한 신문에 이렇게 말했다. 〈일부 영국 무슬림들이 그의 태도에 분개하면서 밤길에 그를 덮쳐서 그의 태도를 뜯어고치려 한다 해도 나는 눈물을 흘리지 않을 겁니다.〉[9] 외무 장관 제프리 하우 경Sir Geoffrey Howe은 방송에서 자신은 『악마의 시』를 전혀 좋아하지 않으며 이 소설은 영국에 대한 결례라고 역설했다. 다른 이들은 루슈디가 예전에 영국을 비판한 말들을 찾아내서 누워서 침 뱉기라고 결론을 내렸다. 찰스 왕세자는 사석에서 루슈디는 어떤 일을 당해도 싸다고 말했다고 한다.[10] 한편 종교 지도자들은 앞다퉈 이란을 달래려고 했다. 캔터베리 대주교 로버트 런시Robert Runcie는 〈무슬림들이 느끼는 감정을 이해한다〉라고 말했다.[11] 유대교 최고 지도자 이매뉴얼 자코보비츠Immanuel Jakobovits는 〈루슈디 씨나 아야톨라나 표현의 자유를 남용하고 있다〉라고 말했다.[12] 가톨릭교회 지도부를 비롯한 다른 교단에서도 비슷한 견해를 밝혔다.

정치적 좌파에서는 존 르 카레John le Carré가 〈위대한 종교를 모욕하고도 벌을 받지 않을 수 있다고 말하는 인생이나 자연의 법은 없다〉라고 선언했다.[13] 그리고 노동당 하원의원 버니 그랜트Bernie Grant — 영국 최초의 흑인 하원의원 — 는 동료 하원의원들과 회동한 자리에서 백인이 자신들의 가치를 전 세계에 강요하려 하고 있으며, 자신은 아야톨라*들에게 동의하지 않지만 이란 무슬림들은 자신들의 고유한 삶을 살 권리가 있다고 말했다. 게다가 〈책을 불태우는 것은 흑인들에게는 큰 문젯거리도 아니었다〉라고 주장했다.[14]

여전히 소수이기는 해도 단호한 결의로 뭉친 일군의 사람들은 파트와가 무엇을 의미하는지 깨닫고 아야톨라 호메이니가 〈신성 모독을 저지른 그 개자식〉이라고 지칭한 소설가를 지지했다.[15] 소설가 페이 웰던Fay Weldon은 캣 스티븐스가 발언을 할 때 맞은편에 앉아 있었는데, 역시 스튜디오에 있던 경찰총경이 당장 다가가서 그 가수를 살인 교사 혐의로 체포하지 않는 것을 보고 놀랐다고 말했다. 이후 발표한 소책자에서 웰던은 영국은 애써 코란을 읽은 사람이 너무 적고 그 대신 《〈위대한 세계 종교〉에 관해 진부한 의견》만 중얼거리는 데 만족해 온 데 대한 대가를 치르고 있는 것이라고 주장했다.[16] 그러자 일부 영국 무슬림들은 이런 비판을 혐오 발언으로 보았다. 당시 꽤 온건한 무슬림 작가였던 지아우딘 사르다르Ziauddin Sardar조차 〈단지 무슬림이 만만한 대상이라는 이유로 웰던은 마음대로 사실을 날조해서 편견 가득한 비방을 퍼부을 수 있는 것 같았다〉라고 말했다.[17] 사실 〈만만한 대상〉은 루슈디와 연관된 사람들뿐이었다. 1991년 루슈디의

* 원래 〈아야톨라〉는 이슬람 시아파의 종교 지도자를 가리키는 일반명사다.

책을 옮긴 이탈리아 번역가가 밀라노의 자기 아파트에서 칼에 찔리고 구타를 당했다. 1993년에는 『악마의 시』를 출간한 노르웨이 출판사 사장 빌리암 뉘고르William Nygaard가 오슬로의 자택 앞에서 세 발의 총격을 당했다. 영국에서는 서점 두 곳이 이 책을 판다는 이유로 화염병 공격을 받았다. 펭귄 서점이 입점한 런던의 한 백화점을 비롯한 다른 곳들에도 폭탄이 설치되었다. 1989년에는 무스타파 마무드 마제Mustafa Mahmoud Mazeh라는 젊은이가 런던의 한 호텔에서 루슈디를 겨냥한 폭탄을 설치하다가 자폭해서 몇 개 층을 날려 버렸다.

유럽뿐만 아니라 미국에서도 이것이 표현의 자유의 문제임을 깨달은 사람들이 몇몇 있었다. 가령 그해에 국제펜클럽 회장이던 수전 손태그Susan Sontag는 작가들이 루슈디의 소설을 낭독하는 행사를 주최했다. 손태그가 말한 것처럼, 〈여기서 필요한 것은 시민의 꺾이지 않는 용기를 약간이나마 보여 주는 것〉이었다.[18] 정부뿐만 아니라 시민들도 어느 정도 불굴의 용기를 보여 주었지만 당시 벌어지고 있는 상황을 이해한 사람은 많지 않았다. 웰던이 보여 준 것과 같은 공격은, 루슈디가 단지 운 나쁘게 벌집을 건드린 게 아님을 깨달았다는 점에서 대단히 이례적이었다. 그는 최근에 이 나라로 수입되어 점점 커지고 있던 벌집을 건드린 것이었다. 1938년에 『거대한 이단들 The Great Heresies』을 출간한 힐레어 벨록Hilaire Belloc은 〈무함마드의 거대하고 영속적인 이단〉에 한 장을 할애했는데, 이 구절에 비하면 『악마의 시』는 얌전해 보인다. 하지만 벨록은 위협을 피해 은신하거나 경찰의 보호 아래 10년을 살지 않아도 되었다. 1930년대에는 영국에 사는 무슬림의 수가 많지 않았기 때문이다. 루슈디 사건 당시에는 영국에 1백만 명에 육박하는 무슬림이 있었는데, 사건 이후 20년 만에 그 수가 세 배로 늘게 된다. 영국은 이슬람 법규 집중 강좌를 배우고 있었고, 향후에 다른 모든 이들도 이 과정을 거치게 되었다.

영국 정부가 루슈디 주변에 보호 조치를 취한 덕분에 그는 『악마의 시』 사건에서 살아남았다. 하지만 한참 뒤에 작가 케넌 말릭Kenan Malik이 말한 것처럼, 사회 전체 — 와 특히 출판계 — 가 파트와를 내면화했다.[19] 1989년 이전에는 멀쩡하게 출판되던 책들이 다시는 출간되지 않았다. 암살자의 거부권이 득세했고, 얼마 지나지 않아 이슬람에 비판적인 소설만이 아니라 이슬람에 아첨하는 무비판적인 소설까지 출판이 불가능하게 되었다. 2008년 과거에 루슈디의 소설을 출판한 바로 그 영국의 출판사들은 안전상의 우려 때문에 이슬람 창시자에 관해 아무런 비판적 내용도 없고 오히려 알랑대는 로맨스 작품인 『메디나의 보석 The Jewel of Medina』 출간을 취소했다. 검열에 저항하기 위해 이 소설을 선택한 런던의 소규모 독립 출판사는 이후 영국 무슬림 세 명으로부터 화염병 공격을 받았다.

사회가 폭력 위협을 내면화하게 만든 것 말고도 루슈디 사건은 영국에 또 다른 중요한 영향을 미쳤다. 이 사건을 계기로 종교에 근거한 구분선에 따른 〈공동체 정치community politics〉 개념이 사회 깊숙이 자리 잡았다. 성난 무슬림 수천 명이 영국 거리로 몰려나오자마자 누가 이 사람들을 대변하는가라는 질문이 생겨났기 때문이다. 루슈디 사건으로 영국 최초의 조직적인 무슬림 〈대표〉 단체가 생겨났다. 『악마의 시』 사건에 관한 분노를 하나로 모아 내고 이런 사건이 되풀이되는 것을 막기 위한 직접적인 시도로 영국 이슬람문제행동위원회UK

Action Committee on Islamic Affairs(UKACIA)가 설립되었다. 이후 이런 시도는 영국 무슬림을 대변한다고 주장하는 최대의 통합 조직인 영국 무슬림협의회Muslim Council of Britain(MCB)의 창설로 이어졌다. 이 조직은 정치적일 뿐만 아니라 종파적이기도 했다. 조직은 당시 이란과 이슬람의 지배권을 놓고 경쟁하던 사우디아라비아의 재정 지원을 받았지만, 파키스탄 이슬람 그룹 자마트에이슬라미Jamaat-e-Islami(이슬람협의회) 출신 사람들이 주도했다. 이런 단체가 창설되면서 거의 하룻밤 새에 무명에서 〈공동체 대변인〉(하나같이 남성이었다) 지위로 뛰어오른 사람들이 분명 이득을 보았다. 또한 그들이 주도하는 이슬람 강경파가 이득을 보았다. 겉으로나 실제로나 위기가 고조될 때마다 그들의 역할이 강화되고 공동체 내의 자유주의적이고 독립적인 요소들은 옆으로 밀려났기 때문이다.[20]

단기적으로 보면 이런 단체의 창설이 정부에 유용한 것 같았다. 헨리 키신저Henry Kissinger가 〈유럽과 이야기하려면 누구한테 전화를 걸어야 하느냐〉라고 물었다는 일화처럼, 루슈디 사태 직후에 영국 정부는 다급히 질문했다. 〈무슬림 공동체와 이야기하려면 누구한테 전화를 걸어야 하는가?〉 이것이 좌파 정치의 익숙한 상표라고 주장하는 사람들은 영국에서 영국 무슬림협의회 창설을 장려하고 정부의 대화 상대로 만든 것이 다름 아닌 보수당 내무 장관 — 마이클 하워드 Michael Howard — 임을 망각하는 셈이다. 이 모델이 성공을 거둔 것으로 간주되면서 다른 서유럽 나라들로도 수출되었다. 프랑스조차도 — 국가 전통과 어울리지 않게 — 프랑스 무슬림들의 대표체 설립을 장려하는 쪽을 택했는데, 프랑스 이슬람협의회Conseil Francais du Culte

Musulman(CFCM)가 특히 주목을 끌었다. 영국과 마찬가지로 프랑스에서도 이 단체는 우파 정부, 특히 한 우파 정치인—니콜라 사르코지—의 작품이었다.

처음부터 부정적인 면이 분명했어야 했지만 그렇지 못했다. 평범한 무슬림들에게 갑자기 그들 자신과 정치적 대표자들 사이에 낀 종교적 대표체의 지부가 생겼다는 사실도 그중 하나다. 이 모델은 또한 이미 정치에 적극적으로 관여하는 사람들에게 유리한 반면, 생활이나 직업에 너무 바빠서 공동체 정치를 걱정할 틈이 없는 사람들에게 불리했다. 이미 종파적 집단들에 의해 꽁꽁 묶인 공동체 정치는 말할 것도 없었다. 이 모델은 목소리 큰 사람들과 극단주의자들, 성난 사람들과 이미 조직화된 자마트에이슬라미 같은 사람들에게 유리했다. 이 사실이 의미하는 것은 원래 출신 국가에서는 대개 인기가 없는 그들 유형의 종파적 정치가 유럽에서 무슬림을 대변하는 주류의 목소리가 되었다는 점이다. 2001년 9·11로부터 4년이 지난 뒤 한 인터뷰에서 루슈디는『악마의 시』사건 직후에 지배권을 장악하려 한, 특히 〈진보적인〉무슬림의 목소리를 배제하려 한 이슬람주의의 노력에 관해 이야기했다. 〈사람들은 당시에 이런 이야기에 관심이 없었다〉라고 그는 지적했다. 〈9·11이 일어나자 그제야 많은 사람들이 지금 와서 보니 파트와가 서막이었고 이것이 본 공연이라고들 말합니다.〉[21]

하지만 그 〈본 공연〉전에도 유럽 각지에서 대륙의 21세기가 특히 한 종교가 내세우는 요구에 끊임없이 얽매일 것임을 경고하는 신호가 있었다. 이 종교 신자들이 대대적으로 유럽으로 오고 있었기 때문이다. 이런 논의에서 눈에 띄게 앞서 나간 나라는 네덜란드였다.

8

외면당한 예언자들

네덜란드에 노동력이 부족하던 1960년대에 이민자들은 주로 모로코와 터키에서 왔다. 그들은 아내와 가족을 데려왔고, 1990년대에 이르자 계속되는 이민자 유입과 이민자 공동체의 높은 출산율 때문에 네덜란드의 다른 공동체에 비해 그들의 숫자가 더 빠르게 늘어났다. 그전까지 네덜란드 정부의 정책은 〈누구든지 정체성 때문에 편견의 대상이 되지 않는 통합〉을 강조하는 것이었다. 이 시기 동안 공인 가운데 정부의 이민자 유입과 통합 정책에 반대한 극소수는 친절한 대접을 받지 못했다. 1980년대에 독불장군 정치인인 한스 얀마트Hans Janmaat는 네덜란드는 이제 만원이라고 선언하면서 다문화 모델에 반대한다는 뜻을 표명했다. 그러면서 이민자들은 네덜란드의 생활방식에 동화되든지 아니면 나라를 떠나야 한다고 목소리를 높였다. 얀마트는 정치적으로 기피 대상이 되었을 뿐만 아니라 1986년에는 그가 이끄는 소규모 정당이 회의를 하던 네덜란드 남부 케디헴의 한 호텔에 좌파 활동가들이 불을 지르기도 했다. 얀마트의 부인도 몇몇 다른 사람들처럼 목숨을 구하기 위해 호텔에서 뛰어내렸는데, 그 과정에서 한쪽 다리를 잃었다.

아마 유럽에서 가장 자유주의적인 나라라는 명성(중독성 없는 마약에 관한 법률과 성 소수자에 대한 너그러운 태도 덕분이다) 때문이겠지만, 1990년대에 이르러 네덜란드는 빠르게 증가하는 소수자 집단과 긴장을 겪기 시작했다. 이 시기 동안 많은 정치인들이 늘어나는 무슬림의 수가 어느 한 정당이 다루기에는 너무 커다란 문제를 야기하고, 대규모 이민자 유입과 통합은 제대로 작동하지 않으며, 우려를 제기하는 이들을 무턱대고 비판하는 것으로는 문제를 해결할 수 없다는 데 개인적으로 동의했다. 표현의 자유가 초기의 쟁점이었다. 1990년 10월 5일 한 이슬람 종교 지도자가 정부 지원금을 받는 암스테르담 라디오 방송국의 한 프로그램에 나와 이렇게 말했다. 〈이슬람, 즉 이슬람의 질서에 저항하거나 알라와 그의 예언자에 반대하는 자들은 샤리아에 따라 죽이거나 목매달거나 도살하거나 추방해도 됩니다.〉

1991년 네덜란드 자유민주국민당(VVD) 당수인 프리츠 볼케스타인Frits Bolkestein은 좌우를 막론하고 일부 다른 지도자들도 우려를 표명하기 시작한 문제에 대해 연설을 하고 후속 글을 쓰면서 목소리를 높였다. 볼케스타인은 이슬람은 〈종교일 뿐만 아니라 하나의 생활방식〉이라고 지적했다. 〈여기서 이슬람의 시각은 자유주의적인 정교 분리에 위배된다.〉 그는 또한 여성에 대한 이슬람의 태도와 네덜란드의 법률 및 관습 간의 차이를 강조했다. 볼케스타인은 네덜란드의 새로운 주민들이 분명 어디로도 떠나지 않을 것임을 인정하면서도 네덜란드인의 삶으로 진정으로 완전히 통합되는 것이 자신이 제기하는 문제의 유일한 답이라고 결론지었다. 하지만 마지막 한 가지 문제가 있었다. 〈문제는 우리는 잘못을 저지르면 안 된다는 것이다.〉[1] 연설과 글 모두 어마어마한 비판에 직면했다. 총리 뤼트 뤼버르스Rudd Lubbers는 그의 글이 〈위험하다〉고 규정했고, 또 다른 장관은 〈무슬림 공동체를 모욕하고 있다〉라고 비난했다. 한 저명한 시사 언론인은 이 글이 〈인종주의적 정서를 부채질〉할 것이라고 주장했다.[2]

여전히 견해를 중요하게 여기는 문화에서 사회학자 파울 슈나벨Paul Schnabel이 쓴 책『다문화의 환상: 적응과 동화를 위한 호소The Multicultural Illusion: A Plea for Adaptation and Assimilation』(1998)는 이런 많은 문제들을 수용 가능한 주류로 한층 끌어들였다. 2000년에 학자이자 네덜란드 노동당원인 파울 셰퍼르Paul Scheffer가 쓴 「다문화 드라마The Multicultural Drama」라는 논문도 마찬가지 역할을 했다.[3] 하지만 대중과 정치인들은 여전히 의견이 크게 갈렸다. 1998년에 실시한 한 여론 조사에 따르면 네덜란드 국민의 절반 정도는 이미 〈서유럽의 생활방식과 이슬람의 생활방식은 화해가 불가능하다〉라고 생각했다.[4] 볼케스타인을 비롯한 지도자들은 향후 10년간 다른 서구 나라들도 직면하게 되는 쟁점들을 네덜란드가 상대적으로 조기에 겪도록 이점을 제공했다. 그렇다 하더라도 정치 엘리트 집단 사이에는 여전히 이 문제를 다루기를 꺼려 하는 분위기가 팽배했다. 결국 이런 토론을 정상적인 것으로 만들기 위해서는 정치적 좌파 출신의 대중적 석학이자 교수가 나서야 했다.

핌 포르퇴인Pim Fortuyn은 이슬람 문제에 매달리기 전까지 〈우파적〉 성향이 전혀 없었다. 마르크스주의자 대학 교수이자 동성애자인 포르퇴인은 자유로운 성관계를 비롯해서 거의 모든 초자유주의적인 태도를 옹호하는 입장으로 주목을 끌었다. 오직 이슬람 문제를 부여잡은 뒤에야 〈우파〉가 되었다. 『우리 문화의 이슬람화에 반대한다 *Against the Islamisation of our Culture*』(1997)라는 책에서 그는 이슬람이 네덜란드 사회에 제기하는 광범위한 도전들에 초점을 맞추었다.[5] 그때까지만 해도 이 문제들은 모두 정치적 좌파의 선전 주제였다.

이 문제들 중에는 네덜란드 기독교가 이룩한 정교 분리를 이슬람은 달성하지 못했다는 사실도 있었다. 정교 분리 덕분에 네덜란드 사람들은 표현의 자유와 언론의 자유를 비롯한 인권을 얻었을 뿐만 아니라 만약 정교 분리가 없었다면 성직자들이 〈신성한〉 문서를 내세워 공적 공간에 밀고 들어오는 것을 막을 방패가 없었을 것이다. 포르퇴인이 이슬람에 반대한 또 다른 주된 이유는 남성과 여성을 바라보는 태도의 차이였다. 그는 네덜란드의 무슬림 여성들도 여느 네덜란드 여성들과 똑같은 해방의 권리를 가져야 한다고 주장했다. 그리고 성소수자에 대한 이슬람의 태도에 격렬하게 달려들었다. 네덜란드 사회는 남녀평등과 이성애자와 동성애자 평등을 규범으로 만드는 법률을 통과시키고 문화를 조성하는 데서 세계를 이끌었다. 그러나 무슬림이 다수인 나라들의 관행을 보면 엄격함의 정도는 다를지언정 이런 원리들이 이슬람과 양립할 수 없음이 입증되었다. 따라서 충돌이 명백한데도 네덜란드 사회는 자신들의 관용이 급속하게 증가하는 일부 인구의 불관용과 공존할 수 있는 척 가장하려 했다. 포르퇴인은 그런 공존은 불가능하다고 생각했다.

신문 칼럼과 인기 텔레비전 프로그램에서 포르퇴인은 자신의 견해를 표현하는 일뿐만 아니라 다른 사람들을 도발해 견해를 끄집어내는 일에도 일가견이 있었다. 한 텔레비전 토론 프로그램에서 그는 네덜란드의 어느 이슬람 지도자 앞에서 일부러 현란하게 행동했다. 결국 그 지도자는 포르퇴인의 동성애 성향에 대해 분노를 폭발시켰다. 주류 정치인들 또한 포르퇴인에 관해 생각하는 바를 그에게 털어놓았다. 포르퇴인이 1997년에 쓴 〈이슬람화〉 책에 관한 텔레비전 토론에서 노동당의 주요 정치인이자 전 장관인 마르셀 반 담Marcel van Damn은 그에게 이렇게 말했다. 〈당신은 아주 열등한 인간입니다.〉[6] 그것은 앞으로 등장할 신랄한 비평의 맛보기일 뿐이다.

미국에서 9·11 공격이 일어날 무렵, 네덜란드 사회는 이미 몇 차례나 이런 토론의 핵심적인 부분들을 거쳤고 포르퇴인은 정치에 에너지를 쏟기 시작했다. 그는 이슬람을 〈후진적인〉 문화라고 묘사해 당에서 쫓겨났지만 곧바로 독자적인 당인 리에스트 핌 포르퇴인Lijst Pim Fortuyn(LPF)을 만들었다. 네덜란드 정치는 투표 방식 때문에 신생 정당이 원내로 비집고 들어가기가 비교적 쉽다. 2002년 총선을 앞둔 몇 주 동안 포르퇴인은 네덜란드 정치 전체를 혼란에 빠뜨렸다.

동료들이 제지하지 않는 가운데 그는 점점 네덜란드의 정체성, 그리고 특히 자유주의적 정체성이 위협받고 있다고 경고했다. 그는 다문화주의가 제대로 작동하지 않고 있으며 오히려 무슬림 게토가 커지는 가운데 평행 사회의 성장을 목도하고 있다고 경고했다. 그러면서 지금은 〈위기 일보 직전〉이며 네덜란드는 방향 전환을 할 수 있는 기회가 얼마 남지 않았다고 경고했다. 타고난 쇼맨십에 미디어의 규칙을 거부하는 독불장군식 태도가 결합되자 2002년 선거를 앞두고 유권자들은 기꺼이 포르퇴인에게 나라를 맡기려는 듯 보였다. 정치적 적수들은 닥치는 대로 그를 공격했다. 그가 인종주의자라고 비난했다. 히틀러라고도 말했다. 비교적 온건한 적수들은 그를 무솔리니에 비유했다. 포르퇴인은 죽기 직전에 한 텔레비전 인터뷰에서 자신은 생명의 위협을 느끼고 있다면서 만약 자신에게 무슨 일이라도 생기면 자기를 악마화하는 데 혈안이 된 정치적 적수들이 암살자를 준비한 책임의 일부를 져야 한다고 말했다.

물론 적수들은 책임을 지지 않았다. 선거를 불과 일주일여 앞두고 포르퇴인이 힐베르쉼에서 라디오 인터뷰를 마치고 나가던 길에 30대 남자 하나가 근거리에서 그의 머리에 총을 몇 발 쏘았다. 국민들은 살인자가 무슬림으로 밝혀질까 두려워 심호흡을 했다. 하지만 범인은 극좌파 비건 활동가였다. 재판에서 범인은 포르퇴인이 무슬림을 표적으로 삼고 있다고 생각해서 죽였다고 설명했다. 살인 사건 직후에 네덜란드는 애도에 빠졌고, 이어진 선거에서 포르퇴인의 당은 가장 많은 의석을 얻었다. 하지만 당은 이 선물을 유권자의 요구에 부응하지 못하는 철저한 무능(워낙 순식간에 부상한 터라 어쩌면 불가피한 일이었다)과 옹졸한 내분으로 되갚았다.

자신들 앞에 놓인 도전을 투표소에서 처리하려 한 네덜란드 대중의 바람은 좌절되었다. 그리고 포르퇴인이 정치적 외피로 골라잡은 사람들 중에는 헤이르트 빌더르스Geert Wilders(그 역시 자신의 당을 만들기 위해 자유민주국민당을 박차고 나왔다)도 있었지만, 그의 후계자들은 어느 누구도 그가 호소할 수 있었던 노동 계급과 젊은 사업가들을 끌어 모으지 못했다. 후에 역사상 가장 위대한 네덜란드인으로 뽑히는 인물의 피살로 선거 정치의 한 부분이 닫히긴 했지만, 사회 전반에서 논쟁이 확대되는 효과는 있었다. 이제 포르퇴인은 파시스트이고 네덜란드 대중의 대부분이 파시스트를 지지한다고 생각할 수는 없었다.

포르퇴인이 남긴 공백 속에서 계속 목소리를 높인 사람들 중 하나가 테오 반 호흐Theo van Gogh였다. 두 사람은 친구일 뿐만 아니라 텔레비전에도 여러 차례 함께 출연한 적이 있었다. 특히 반 호흐가 진행하는 프로그램으로 마지막에 게스트에게 선인장을 건네는 「즐거운 대화A Pleasant Conversation」에 포르퇴인이 몇 번 출연했다. 포르퇴인이 살해된 뒤 반 호흐는 이 사건에 관한 영화를 만들고 책과 글도 계속 썼다. 『알라가 가장 잘 아신다Allah weet het Beter』(2003)라는 책의 표지에는 반 호흐가 이슬람 근본주의자들을 흉내 내며 히잡을 쓴 채 응시하는 이미지가 담겨 있었다.

반 호흐는 텔레비전 출연과 공개 토론에서 네덜란드에서 가장 두드러지는 이슬람주의자들과 싸웠다. 한 번은 헤즈볼라에서 훈련받은 극단주의자 디아브 아부 자자Dyab Abou Jahjah와 토론 중에 그를 〈예언자의 포주〉라고 불렀다. 그 토론(자자가 반 호흐와 한 무대에 서지 않겠다고 하면서 중단되었다)이 끝난 뒤 자자의 수행원들은 〈그 돼지 새끼를 잡아다가 배를 따버리겠다〉라고 말했다고 한다.[7] 이 무렵 『알라가 가장 잘 아신다』의 저자 사인회를 비롯한 공개 행사에서 반 호흐는 신변 안전 때문에 전전긍긍했다. 그러다가 2004년에 이슬람 내에서 학대받는 여성들의 이야기를 다룬 「복종Submission」이라는 단편영화를 만들었다. 각본은 소말리아 출신의 젊은 이민자인 아얀 히르시 알리가 썼는데, 8월 말에 네덜란드 텔레비전에서 영화가 방영되자 영화를 만든 사람들을 겨냥한 위협이 고조되었다. 반 호흐는 신변 보호 제안을 거절했다. 측근들의 말에 따르면 이슬람 암살자들이 〈마을의 바보〉를 표적으로 삼는 일은 없을 거라고 생각했기 때문이다.[8]

마을의 바보든 아니든 간에 한 암살자가 2004년 11월 2일 아침 암스테르담에서 자전거로 출근하던 반 호흐를 찾아냈다. 모하메드 부예리Mohammed Bouyeri는 반 호흐를 총으로 쏘고 목을 칼로 그은 뒤 가슴을 찔렀다. 죽어 가면서 반 호흐는 부예리에게 말했다. 〈말로 하면 안 되나?〉 반 호흐의 몸에 박힌 칼에는 아얀 히르시 알리의 목숨을 위협하는 내용이 새겨져 있었다. 네덜란드 정보기관은 곧바로 그를 국외로 도피시켰고, 이란 태생의 학자 아프신 엘리안Afshin Ellian을 비롯한 많은 이슬람 비판자들이 경찰의 신변 보호를 받았다. 한동안 이슬람 요소들을 극히 신중하게 비판하는 사람들 — 네덜란드 학자 파울 클리퇴르Paul Cliteur 등 — 조차 스스로 입을 다물었다. 정치인, 학자, 언론인 등은 네덜란드 사회가 어떤 종교라도 비판할 수 있는 방식으로 이슬람을 비판한다 할지라도 최소한 자기 인생이 바뀌고 심지어 — 경찰의 보호를 받지 못한다면 — 목숨까지 잃을 수 있다는 지독한 교훈을 배운 상태였다. 과거에 스피노자 같은 합리주의 사상가를 낳음으로써 종교적 의심을 부추긴 나라가 이제는 종교라는 주제에 대해 말하려면 불안에 떨어야 했다.

이런 사실은 암살자가 정한 규칙을 따르려 하지 않는 극소수의 사람들에게 한층 더 큰 압박이 되었다. 극단주의자들에 맞서 도전을 멈추지 않으려 한 이들 가운데는 10년 전에 강제 결혼을 피해 네덜란드로 도망쳐 온 소말리아 출신의 젊은 여성도 있었다. 히르시 알리는 모든 면에서 모범적인 이주자였다. 그는 네덜란드에 도착하자마자 난민 신청을 해서 자격을 얻었고, 공장에 다니면서 네덜란드어를 배워 금세 대학에 지원할 수 있었다. 그리고 레이던 대학교에서 공부하는 한편 통역자로 다른 이민자들과 함께 일했다. 네덜란드에 도착하고 10년 만에 정치학 석사 학위를 받고, 연구자로 일을 했으며, 자유민주국민당 소속으로 하원의원이 되었다. 이민자의 화려한 성공 스토리다. 그의 성공은 명석한 두뇌와 카리스마, 고된 노력과 이례적인 개인적 용기 덕분이었다. 하지만 그가 순식간에 유명해진 것은 네덜란드 사회가 이민자의 성공 스토리를 필사적으로 필요로 했기 때문이다. 그렇다 하더라도 특히 일부 좌파에게는 이 이민자가 자신들이 기대하는 이야기를 해주지 않는다는 점이 충격으로 다가온 것 같다.

히르시 알리 자신은 나중에 9·11 공격 때문에 〈내가 자라난 배경이 된 종교로까지 악의 근원을 추적할 수 있는지를 탐구〉하게 되었다고 썼다. 〈이 공격, 이런 증오가 이슬람 자체에 내재되어 있던 걸까?〉[9] 6개월 뒤 그는 몇 년 전 누군가로부터 받은 무신론에 관한 책을 읽고 이제 자신은 더 이상 신자가 아님을 과감하게 인정할 수 있었다.[10] 적절한 시기에 공개적으로 자신의 생각이 바뀌고 있음을 발표했다. 하지만 특히 네덜란드의 언론들은 그를 압박하려는 듯 보였다. 자신들은 말하려 하지 않는 내용을 그에게 말하게 하려 한 것이다. 한 인터뷰어는 포르퇴인이 이슬람에 대해 사용한 〈후진적인〉이라는 결정적인 단어를 사용하도록 그를 괴롭혔다. 이슬람은 네덜란드 사회에 비해 후진적이었을까? 히르시 알리를 밀어붙인 두 가지 움직임이 있었던 것 같다. 하나는 넓게 보아 정치적 좌파에서 나온 것으로 그들은 그가 어떤 말을 하면 꼬투리를 잡아 공격하려고 했다. 또 다른 움직임은 좌파와 우파에서 나온 것인데 그가 입을 열어서 다른 모든 이들을 위해 공간을 열어 주기를 기대했다. 백인 남자가 아닌 흑인 여자를 인종주의자라고 비난하기는 어려웠다. 그렇다 하더라도 기존 상태를 지지하는 사람들은, 히르시 알리는 개인적 경험 — 그들은 굉장히 진기한 경험이라고 주장했다 — 때문에 〈트라우마〉를 입어서 자기가 무슨 말을 하는지도 모른다고 주장함으로써 이 문제를 피해 갈 방법을 찾았다.

여성 할례(그는 훗날 자서전에서 이 주제를 생생하게 서술한다)의 피해자[11]이자 10대 시절만 해도 살만 루슈디는 마땅히 사형을 당해야 한다고 믿었고, 강제 결혼을 피해 도망치고 통합이 제기하는 도전을 직접 경험한 사람으로서 히르시 알리는 민감한 문제들에 달라붙었다. 다가오는 시기가 순조롭지 못할 것이라는 징후는 이 모범적인 이민자가 네덜란드 정치 엘리트 다수의 공격만이 아니라 이 나라 무슬림 공동체의 이례적으로 신랄한 비판에도 시달리는 신세가 되었다는 사실이었다.

공적 경력에 나선 초기에 한 친구가 히르시 알리에게 물었다. 〈이 나라가 얼마나 작은지, 그리고 네가 하는 말이 얼마나 폭발력이 있는지 모르는 거야?〉 자서전에서 술회한 대로 그는 이렇게 대꾸했다. 〈폭발력이라고? 성매매나 중독성 없는 마약이 합법이고, 안락사나 낙태가 시행되고, 남자들이 텔레비전에 나와서 울고, 사람들이 홀딱 벗고 해변을 걸어 다니고, 교황이 전국 방송에서 농담의 대상이 되는 나라에서? 유명 작가 헤라르트 레버Gerard Reve가 하느님의 은유로 사용하는 동물인 당나귀하고 섹스하는 공상을 하는 나라에서? 이런 상황에서는 내가 어떤 말을 해도 분명 《폭발력》 수준에는 턱없이 미치지 못할 거야.)[12] 하지만 폭발력이 있었다. 히르시 알리는 네덜란드 사회의 가장 아픈 곳을 찌른 셈이었다. 스스로 관용적이고 개방적이며 품위 있다고 자부하던 사람들이 이 관용과 개방과 품위가 너무 지나친 것은 아니었는지 의심하고 있었다. 어떻게 하면 어떤 한계를 강제할 수 있을까? 히르시 알리는 한계가 존재하며 자신이 그런 한계의 일부를 보여 주는 산 증거라고 말하고 있었다. 그리하여 동료인 반 호흐가 살해되기 전이나 그 후에도 히르시 알리는 생명의 위협에도 아랑곳하지 않고 〈무언가를 말해야 하며, 침묵은 곧 불의에 공모하는 것이나 마찬가지인 시기가 존재한다〉라고 믿었다.[13]

유럽 모든 곳에서 이와 똑같은 우려가 커지고 있었다. 유럽 각국 정부가 이민자 유입을 기존 수준대로 허용한 수십 년 동안 예측 가능한 미래에 이슬람 법과 유럽 문화와 전통의 요구 사이에 균형을 맞추느라 애를 쓰게 될 것이라고 예상한 이는 거의 없었다. 하지만 이민 인구가 증가함에 따라 모든 곳에서 똑같은 문제가 터져 나왔다. 때로는 이민자 공동체 내에서 벌어지는 상황이 알려지면서 문제가 발생했다. 2004년 프랑스 마르세유에서 고프란 하다위Ghofrane Haddaoui라는 젊은 무슬림 여성이 어느 젊은 무슬림 남성의 구애를 거절했다는 이유로 돌에 맞아 죽었다. 영국에서는 경찰이 젊은 무슬림 여성들의 수많은 의심스러운 사망 사건을 제대로 수사하지 못한 것을 인정했다.

이 잠재적인 〈명예살인〉이 공동체 소관이라고 생각했기 때문이다. 2006년 영국의사협회는 영국에서 최소한 7만 4천 명의 여성이 강제 할례를 당했다고 보고했다.

그와 동시에 유럽 무슬림 공동체 출신으로 그 문화의 부정적인 측면에 관해 조금이라도 공개적으로 발언하거나 자기 공동체에 반대하는 것처럼 보이는 사람들은 점점 물리적 위협과 폭력의 대상이 되었다. 〈조신하지 못하다〉는 이유로 오슬로의 무대에서 공격을 당한 노르웨이 팝가수 디피카 타탈Deepika Thathaal부터 칼럼니스트이자 활동가인 이탈리아의 노신 일리야스Nosheen Ilyas에 이르기까지 소수자 공동체 내의 사람들은 누구보다도 큰 위협을 받았다. 그리고 최근에 들어온 이주자들이 모두 일부 오래된 이주자들을 우호적으로 보는 것은 아니라는 인식이 서서히 높아졌다. 다문화 시대 내내 소수자들은 다른 소수자들과 같은 지위를 가질 것이라고 가정된 바 있었다. 권력자들 가운데 어느 누구도 소수자들이 해묵은 원한을 품은 채 유럽에 온다는 생각을 전혀 하지 못했다. 하지만 숫자가 늘어남에 따라 이런 가정도 무너지기 시작했다.

2003년 유럽 모니터링 센터European Monitoring Centre가 작성 중인 반유대주의 보고서가 조용히 보류되었다. 젊은 무슬림들이 유대인을 공격하는 일이 늘면서 유럽에서 반유대주의 활동이 고조되고 있다는 사실을 밝힌 것이 계기였다. 하지만 이런 은폐 시도에도 불구하고 진실은 계속해서 터져 나왔다, 종종 야만적이기 짝이 없는 방식으로. 2006년 파리에서 일란 알리미Ilan Halimi라는 유대계 프랑스인이 〈야만인들〉을 자칭한 무슬림 갱단에 의해 3주 동안 고문을 받은 끝에 사망하는 사건이 발생하자 프랑스는 공포에 사로잡혔다. 가해자들은 〈유대인은 돈이 많기〉 때문에 알리미와 그의 가족에게서 돈을 받아 낼 수 있을 것이라고 믿었다. 대규모 이주가 이루어진 시기에 유대인을 겨냥한 공격이 도처에서 증가했다. 프랑스에서 일어난 공격 사건을 기록하는 단체인 반유대주의 감시 전국 사무국Bureau National de Vigilance Contre l'Antisémitisme (BNVCA)에 따르면, 프랑스에서 기록된 반유대주의 공격 사건은 2013년과 2014년 사이에만 두 배로 늘어나 2014년에 851건에 달했다. 프랑스에서 유대인은 전체 인구의 1퍼센트에도 미치지 못했지만 인종주의적 공격 피해자의 절반 가까이를 차지했다. 2014년 프랑스 혁명 기념일에 파리 유대교 회당의 신자들은 〈유대인에게 죽음을〉이라는 구호를 앞세운 이민자 시위대 때문에 바리케이드를 친 채 회당 안에 갇힌 신세가 되었다. 2012년 툴루즈에서는 유대 학교에서 한 무슬림이 총을 쏴서 어린이 세 명과 교사 한 명이 사망했다. 2014년 브뤼셀의 유대교 박물관에서는 무슬림이 쏜 총에 맞아 네 명이 사망했다. 2015년 파리에서는 이페르카셰르Hypercacher라는 유대인 식품점에서 무슬림의 총격을 받아 유대인 네 명이 죽었다. 2015년 코펜하겐 유대교 대회당에서 무슬림이 총격을 가해 유대인 경비원 한 명을 죽였다. 이런 살인 사건 때문에 이슬람의 반유대주의 문제가 마침내 토론의 장에 올랐다.

하지만 문제가 새로 생기거나 되살아나는 경우에 으레 그렇듯이 반유대주의의 부활에서도 지금 벌어지는 상황을 인정하기까지는 참으로 더디고 마치 일부러 굼뜬 것 같았다. 2013년 독일에서는 독일대안당이 새롭게 결성되었다. 일단 당의 반이민 입장이 분명히 드러나자 독일 언론과 정치 엘리트들은 이 당이 반유대주의 당임을 입증하는 데 몰두했다. 하지만 2014년 프랑크푸르트와 도르트문트, 에센 같은 도시에서 거리로 몰려나와 〈하마스, 하마스, 유대인은 전부 가스실로〉, 〈빌어먹을 유대인 놈들〉 등의 구호를 외친 것은 독일대안당 지지자들이 아니라 주로 이민자 시위대였다. 2014년 이슬람 사원에 서서 〈시온주의 유대인을 박멸하고, 한 명도 남김없이 몰살해 달라〉고 신에게 촉구한 것은 독일대안당 정치인이 아니라 베를린 노이쾰른구의 이슬람 지도자였다.[14]

나라마다 일찍이 경고의 목소리를 높이려 한 사람들이 있었다. 히르시 알리 같은 몇몇 사람들은 무슬림으로 자랐지만 종교를 버렸다. 다른 이들은 무슬림으로 태어나서 종교에 계속 남은 채 내부로부터 자유주의 개혁 의제를 추진하려 했다. 무슬림이 아닌 유럽인으로서 자기 대륙에 관해 발언할 권리를 주장한 이들도 경고의 목소리를 냈다.

이탈리아의 저명한 언론인이자 작가인 오리아나 팔라치Oriana Fallaci만큼 열정적으로 목소리를 높인 사람은 없었다. 이란의 루슈디 박해자와 인터뷰를 한 유일한 서구 언론인인 팔라치는 70대에 세기 전환기를 맞았다. 젊은 시절 호메이니뿐만 아니라 카다피 대령, 이란 국왕, 헨리 키신저 등과 한 유명한 인터뷰 덕분에 그는 세계에서 공포의 대상으로 손꼽히는 인터뷰어였다.[15] 이처럼 권력을 가까이서 접하고 또 전 세계의 교전 지역을 두루 돌아다니는 과정에서 팔라치는 수많은 일들에 맹렬히 분노하게 되었다. 이슬람에 대한 분노도 그중 하나였다.

반파시즘 활동가 부부의 딸로 태어난 팔라치는 무솔리니 치하의 이탈리아에서 자랐다. 아버지를 통해 반파시즘 활동에 관여하게 되었는데, 생애 말년에 소녀 시절에 했던 심부름들을 회상하게 된다. 양상추 속에 수류탄을 숨겨 저항 본부에 가져간 일이나 총포 밀수, 빨치산 물자 배송 등이었다.[16] 팔라치의 나라와 고향 도시 — 피렌체 — 는 1943년부터 1944년까지 나치에 점령되었고, 당시 그는 10대에 불과했지만 가족과 마찬가지로 도시와 나라를 되찾기 위해 싸웠다. 파시즘에 관해 말할 때 그의 이야기에는 경험이 깔려 있었다.

오랜 세월에 걸쳐 비타협적이고 가차 없는 인터뷰를 했던 팔라치는 자신의 경험을 소설화해서 서술하는 쪽으로 돌아섰다. 레바논 내전에서 한 경험을 토대로 쓴 소설(『인샬라*Inshallah*』)도 그중 하나였다. 1990년대에는 한층 더 깊은 고독으로 침잠해서 뉴욕의 담당 출판사 서점 위층에 살면서 가족과 어린 시절에 관한 소설을 썼다. 9·11이 일어났을 때 맨해튼에서 잠자던 이 문학의 화산은 깨어났다. 팔라치는 2주 만에 장문의 에세이를 완성했는데, 이탈리아 신문『코리에레 델라 세라*Corriere della Sera*』는 이 글로 특별 부록을 만들었다. 팔라치 특유의 격앙되고 맹렬하며, 진심에서 우러나온 분노의 공격이었다. 세계무역센터 건물을 무너뜨린 이들과 위협을 빤히 보고도 못 본 체한 이들, 테러 행위를 찬미한 세계 각지의 무슬림들과 이슬람 종교 자체에 대한 공격이었다. 독보적이고 열정적인 작품이었다.[17]

『코리에레 델라 세라』특별 부록은 매진되었고, 팔라치는 재빨리 이 논쟁을 바탕으로 얇은 책을 출간했다.『분노와 자긍심*The Rage and the Pride*』(2002)은 이탈리아에서 1백만 부가 넘게 팔렸고, 유럽 각지에서 번역되어 수십만 부 넘게 팔렸다. 이 책은 처음부터 악의적인 반격의 대상이 되었고, 고국에서는 팔라치 같은 무신론자들만이 아니라 신앙인들로부터도 격렬한 옹호를 받았다. 지적, 정치적 유행이 부침을 거듭하는 가운데『분노와 자긍심』같이 〈하룻밤 새에 돌풍을 일으킨〉 작품은 쉽게 잊히거나 간단히 무시된다. 하지만 독자들에게 그만큼 광범위하고 강력한 영향을 미치거나 상류 사회를 벗어나 그렇게 강한 파급력을 유지하고 있는 작품은 찾아보기 힘들다.

팔라치의 작품은 본인 스스로 인정하는 것처럼 〈나는 고발한다〉 식이나 서구에 대한 설교의 형태를 취하면서 이슬람의 이름으로 테러를 자행하는 이들을 공격했다. 서구에서 점점 늘어나는 무슬림들과 이 새로운 이주자들에 맞서 스스로 저항할 〈용기가 없는〉 이들이 대상이었다.[18] 〈나는 정말, 정말, 정말 화가 난다. 차갑고 투명하고 이성적인 분노로 화가 난다〉라고 서두에 썼다. 〈어떤 초연함도, 어떤 관용도 없애 버리고, 그들에게 대꾸하고 그들 얼굴에 침을 뱉으라고 명령하는 분노.〉[19] 최고조에 달한 분노는 책에서 계속 이어진다.

어린 시절 자신과 가족들이 벌인 싸움에 관해 쓰면서 그는 최근 피렌체의 소말리아 무슬림들이 성당 주변에 천막을 세우고 두오모 광장을 〈점거〉한 데 대해 공무원들이 보인 반응과 비교했다. 3개월 동안 이어진 천막촌은 당시 피렌체에서 주된 논쟁의 대상이었다. 팔라치는 논쟁에서 피렌체, 더 나아가 이탈리아의 공무원에게 일일이 연락해서 왜 도시 중심부의 이 광장을 깨끗이 정리하지 못하느냐고 항의했으나 그때마다 어쩔 수 없다는 고백만을 들었다고 했다. 결국 그는 지역 경찰관에게 전화를 걸어 천막촌을 철거하지 않으면 자신이 불태울 테고 그러면 자신을 체포해서 자기가 사는 도시에 수감해야 할 것이라고 말했다.

이토록 무력해진 이탈리아인, 유럽인, 서구인 일반이 무슬림들만큼이나 팔라치가 분노를 쏟아 내는 표적이었다. 서구 세계와 이슬람 세계를 비교하거나 평등하게 그리는 사람들도 전부 그의 표적이었다. 서구의 실패와 죄악을 인정하면서도 팔라치는 이렇게 주장했다. 〈나는 그들의 문화가 아니라 내 문화를 지키고 싶고, 오마르 하이얌보다 단테 알리기에리와 셰익스피어, 괴테와 베를렌, 월트 휘트먼과 레오파르디를 훨씬 더 좋아한다고 말하고 싶다.〉[20] 그러면서 어느 무슬림이 메카를 숭배한다고 고백하는 만큼 자신은 어떤 예술 작품에 대해서도 숭배한다고 주장했다.[21] 팔라치가 보여 준 문화적 자긍심과 도전이 두드러지는 것은 아마 걸핏하면 문화적 유사성을 강조하는 시기에 이런 태도가 극히 드물었기 때문이리라.

하지만 팔라치의 불 같은 스타일은 분명 가끔 다른 일들로까지 넘쳐흘렀다. 소말리아 무슬림들이 두오모 광장에서 저지른 신성 모독을 이야기하면서 그는 그들의 신체 기능에, 그러니까 배설물, 특히 천막촌에서 나오는 오줌 줄기에 집착했다. 〈황금빛 문뿐만 아니라 세례당의 천 년 된 대리석까지 더럽히는 노란 오줌 줄기라니. (맙소사! 이 알라의 아들들은 참으로 긴 줄기를 만드는구나!)〉[22] 하지만 팔라치가 곤경에 빠진 것은 이탈리아에 새로 온 무슬림들의 출산 습관을 논하면서였다.

유럽으로 들어오는 무슬림의 숫자와 그들이 데려오거나 일단 여기에 와서 갖는 아이의 숫자에 집착하는 것은 팔라치가 느닷없이 끄집어낸 문제가 아니었다. 그는 이런 이주, 일명 헤지라hegira가 일부 무슬림 지도자들이 공언한 의도라고 말하지도 않았다.『분노와 자긍심』에서 그는 이슬람 지도자들이 정확히 자신이 설명하는 행동을 할 작정이라고 자랑한다면서 그들의 말을 인용한다. 1999년 바티칸에서 열린 시노드synod(세계주교대의원 회의)에 대해 어떤 이슬람 학자는 이런 말을 했다고 한다. 〈우리는 당신네 민주주의를 이용해서 당신들을 침략할 거고, 우리의 종교를 이용해서 당신들을 지배할 겁니다.〉그것을 〈역십자군〉이라고 팔라치는 말했다.[23] 이 모든 발언을 근거로 팔라치는 유럽의 무슬림들이 〈영혼의 정복만이 아니라 영토의 정복까지〉시도하고 있다고 결론짓는다. 그러고는 말을 잇는다. 〈그들은 아이를 너무 많이 낳는다. 이탈리아인들은 이제 더는 아이를 낳지 않는다. 바보 같은 사람들. 수십 년 동안 이탈리아인은 서구에서 출산율이 가장 낮았고 지금도 여전하다.〉[24] 팔라치의 저술이 영어로 번역됐을 때 출판사들이 약간 수위를 조절해서 내놓은 내용이다. 하지만 팔라치는 이탈리아어 원본에서 무슬림들은 〈쥐새끼들처럼 애를 낳는다〉라는 표현으로 자신의 의견을 강조했다.[25]

이탈리아의 무슬림 단체들은 무엇보다도 〈종교 비방〉을 근거로 팔라치를 기소해야 한다고 압박했다. 프랑스에서도 비슷한 기소 시도가 있었다. 2002년 공적 인물들에 대한 비슷한 기소가 쏟아져 나오는 것과 동시에 이런 일이 벌어졌다. 프랑스에서는 동물 보호 운동가로 변신한 여배우 브리지트 바르도가 할랄 도살 관행을 비판하는 등의 발언으로 기소되었다.[26] 프랑스 무슬림 단체들은 또한 소설가 미셸 우엘벡이 한 인터뷰에서 이슬람은 〈가장 어리석은 종교〉이고 코란은

〈형편없는 글〉이라고 말했다는 이유로 그를 기소하려 했다.[27]

이슬람을 공격했다는 이유로 고국에서 기소될 수 있다는 사실이 『분노와 자긍심』을 출간한 이후 팔라치를 괴롭힌 유일한 위협은 아니었다. 이탈리아로 돌아왔을 때 그는 스물네 시간 헌병대의 신변 보호를 받아야 했다.[28] 고국에서 이렇게 여러모로 유린을 당하자 팔라치는 서둘러서 『분노와 자긍심』보다 절제력을 잃은 작품을 썼다. 후속작인 『이성의 힘 *The Force of Reason*』은 유럽 대륙에서 그만큼 많은 부수가 판매되었고, 독자들은 한층 더 몰두했다. 책의 주장에는 역사적 증거나 현재적 증거가 없지 않았다. 유럽의 무슬림들이 유럽인들보다 더 많이 아이를 낳으려고 노력한다는 자신의 견해를 옹호하면서 팔라치는 알제리의 전 대통령 우아리 부메디엔Houari Boumedienne이 1974년 유엔 총회에서 한 말을 인용했다. 〈언젠가 수많은 사람들이 지구 남반구를 떠나 북반구로 쏟아져 들어갈 겁니다. 하지만 친구로 들어가는 게 아닙니다. 정복하기 위해 쏟아져 들어갈 것이고, 자녀를 낳아서 인구를 늘리는 방식으로 정복할 것이기 때문입니다. 우리의 승리는 우리 여자들의 자궁으로부터 도래할 겁니다.〉[29] 팔라치가 비슷한 맥락에서 쓴 세 번째이자 마지막 책이 뒤이어 나왔다.[30]

이탈리아 좌파의 시끄러운 진영은 팔라치의 마지막 작품들을 통렬하게 비난했다. 하지만 다른 사람들은 그의 말에 귀 기울이면서 존중했다. 2005년 요제프 라칭거Joseph Ratzinger 추기경은 신임 교황이 된 직후에 팔라치를 여름 별장으로 초청해서 함께 이야기를 나누었다. 둘의 대화를 절대 공개하지 않는다는 조건이 붙었다. 이듬해 팔라치는 수십 년간 싸워 온 암으로 세상을 떠났다. 끝까지 그를 상대로 한 법적 소송이 이어졌지만, 이탈리아의 불행한 예언자 카산드라는 여러 사건들 때문에 그의 책이 다시 부활할 때까지 몇 년간 모습을 감추었다.

팔라치가 세상을 떠난 해에 새로운 교황은 그가 묘사한 세력과 갈등에 빠지게 되었다. 베네딕토 16세는 팔라치 같은 긴 글을 발표하지 않았다. 그 대신 레겐스부르크 대학교에서 〈신앙과 이성〉에 관한 연설을 하면서 동로마 제국 황제 마누일 2세 팔레올로고스의 말을 인용했을 뿐이다. 〈무함마드가 가져왔다는 새로운 것을 보여 달라. 그러면 자신이 설파하는 믿음을 칼로 퍼뜨리라는 명령같이 거기서 그저 사악하고 비인간적인 것만을 발견할 것이다.〉 인용문을 읽기 전에 베네딕토 교황은 이 구절에 담긴 〈퉁명스러운 어조를 우리는 받아들이기 힘들 것〉이라고 말했다.[31] 그러면서 자신의 말이 아니라 인용을 하는 것이라고 되풀이해 말했다. 그렇지만 교황이 이슬람을 모욕했다는 말이 세계 곳곳으로 퍼졌다. 이슬람 세계 각지에서 폭동이 일어났고 소말리아에서는 65세의 이탈리아인 수녀가 살해되었다. 몇 달 전 덴마크에서 출간된 무함마드 만화를 둘러싸고 벌어진 시위와 폭동은 이미 흔한 일이었다. 이제 교황을 둘러싸고 벌어지는 폭동과 시위가 합세했다. 하지만 유럽의 가장 열렬한 무신론자들로부터 가톨릭교회의 수장에 이르기까지 모든 사람이 동시에 동일한 세력과 충돌하고 있다는 사실은 아직 충분한 경고가 되지 못하는 듯 보였다.

9

조기 경보 사이렌

유럽 곳곳에서 다른 경고 사이렌이 울려 퍼지고 있었다. 2000년대 초 네덜란드에 이어 노르웨이에서 미국인 동성애자 작가 브루스 바워 Bruce Bawer는 유럽에서 손꼽히게 자유로운 도시들(암스테르담 포함)에 사는 동성애자 지인들이 무슬림 남자들에게 구타당하는 일이 점점 늘어나는 것을 보고 걱정하기 시작했다. 바워가 1990년대에 고국을 떠난 이유는 동성애자 권리에 극렬하게 반대하는 기독교 목사들의 영향력이 커지고 있었기 때문이다. 유럽에서 바워는 다른 유형의 성직자들이 존재한다는 것을 깨닫게 되었다. 익숙한 기독교와 다른 종교에 속한 이 성직자들은 동성 결혼을 허용해서는 안 된다고 주장할 뿐만 아니라 동성애자들을 고층 건물에서 던져 버려야 한다고 생각했다. 핌 포르퇴인과 마찬가지로 바워도 자유주의를 자랑스럽게 여기는 사회가 왜 동성애자를 보호하는 일보다 무슬림의 심기를 건드리는 일을 더 걱정하는 것처럼 보이는지 의아해했다. 이슬람의 동성애 혐오 — 주류 언론은 말할 것도 없고 동성애 언론에서도 거의 포착하지 못한 문제다 — 가 미약하게나마 거론되기 시작했다. 하지만 가톨릭을 비롯한 기독교 교회를 격렬하게 공격했던 동성애자 권리 단체들은 더 심각한 이 문제에서는 발을 뺄 뿐만 아니라 오히려 사실을 제기한 바워 같은 사람들을 공격하려는 것 같았다. 바워는 두 권의 책과 여러 편의 글을 통해 단지 이민자 공동체에서 나온 것이라는 이유로 자유주의 사회가 이런 편협한 신앙에 대해 입을 다무는 기묘한 현상을 부각시키려 했다. 그러면서 경합하는 일군의 피해자 서사들이 존재하는 것처럼 보이지만 그런 서사에서 동성애자들이 무슬림에게 패배하고 있음을 보여 주었다.

조기 경보 사이렌이 대개 그렇듯이 바워도 그가 일으킨 분쟁 때문에 상당한 비방을 받았다. 자유주의적인 동성애자 언론을 비롯해 그의 호소에 귀 기울였을 법한 이들이 종종 그를 비방했다. 그는 사람들이 메시지를 전한 사람에게 실제로 화를 내지 못할 때 다른 방식으로 어떻게든 그 사람을 침묵시킨다는 사실을 보여 주는 또 하나의 증거에 지나지 않았다.[1] 하지만 21세기의 처음 10년 내내 마침내 최전선에서 가장 크게 들린 것은 신성 모독과 표현의 자유에 관한 조기 경보 사이렌이었다.

많은 발행 부수를 자랑하는 덴마크 신문 『윌란스포스텐Jyllands-Posten』에서 이슬람 예언자를 다룬 만평을 게재한 것은 그 시대의 일촉즉발의 위기를 보여 주었다. 〈만평 사태〉는 16년 전의 루슈디 사건처럼 대규모 이주에 의해 초래된 문제들이 계속해서 유럽인들을 놀라게 할 것임을 보여 주는 또 다른 증거였다. 만약 1990년대에 어느 덴마크인이 다음 10년 동안 이 나라에 가장 큰 관심을 초래할 이야기가

〈만평 사태〉(사람들은 점차 정색을 하고 이 구절을 입 밖에 내게 된다)일 가능성이 농후하다고 말했다면, 아마 그 사람은 제정신이 아니라고 여겨졌을 것이다.

하지만 2005년 『윌란스포스텐』의 한 편집자가 덴마크의 어린이 책 출판사에서 세계 종교에 관한 아동 도서 시리즈에 들어갈 만화를 그릴 작가를 찾지 못한다는 것을 알았을 때 그 〈위기〉가 시작되었다. 자유 사회에서 그런 금기가 존재한다는 사실을 알고 깜짝 놀란 신문사는 그 금기를 깨뜨릴 수 있을지 시험했다. 신문사는 금기를 깨뜨릴 수 있음을 보여 주었지만 커다란 대가를 치러야 했다. 이슬람 세계 전역에서 폭동과 대사관 방화로 이어졌을 뿐만 아니라 유럽 각지에서도 무슬림들이 시위를 벌였다. 런던에서는 덴마크 대사관 앞에 모인 시위대가 〈지옥으로 갈 자유〉, 〈7·7*이 오고 있다〉, 〈이슬람을 모욕하는 이들을 참수하라〉 등의 피켓을 들었다. 덴마크 만화가 쿠르트 베스터고르Kurt Westergaard의 생명을 노린 몇 차례의 시도가 실패로 돌아간 뒤, 아프리카에서 알샤바브al-Shabaab**로부터 훈련을 받은 무슬림 한 명이 2010년 새해 첫날 그를 참수하려고 도끼를 들고 자택에 침입했다. 베스터고르는 주변의 설득으로 집에 안전 대피실을 설치해 놓은 덕분에 목숨을 건질 수 있었다. 이윽고 유럽에서는 이런 현상이 새로운 표준이 되었다. 덴마크 사태 직후에 유럽 각지에서 〈만평 사태〉가 발발하기 시작했다.

---

* 2005년 7월 7일 출근 시간에 런던 각지 대중교통에서 동시다발로 벌어진 폭탄 테러. 시민 52명이 사망했다.
** 알카에다와 연계해서 동아프리카를 근거지로 활동하는 지하드 근본주의 단체.

2006년 노르웨이에서 기독교 신문『마가지네트*Magazinet*』의 편집인이 덴마크 만평을 재수록해서 독자들에게 이 모든 소동의 진원지를 보여 주기로 했다. 노르웨이 총리 옌스 스톨텐베르그 Jens Stoltenberg는 신문 편집인인 베비에른 셀베크 Vebjørn Selbekk의 결정을 비판하면서 고발하겠다고 위협했다. 폭도들이 다마스쿠스 주재 노르웨이 대사관을 불태웠을 때 총리는 셀베크에게도 그런 폭력 행위의 책임이 있다고 주장했다. 정치권과 문화계의 다른 인사들도 이 신문이 보인 존중의 결여와 〈도발〉을 줄 지어 공격하는 동안, 셀베크는 몸을 숨긴 채 경찰의 보호를 받아야 했다.

이듬해 스웨덴에서도 만화가 라르스 빌크스 Lars Vilks가 무함마드 초상을 그린 뒤 추적을 피해 몸을 숨기면서 만평 사태가 발발했다. 『윌란스포스텐』의 만화가들과 마찬가지로, 이후 몇 년간 그를 살해하려는 테러 시도가 여러 차례 있었다. 2011년 프랑스의 풍자 잡지 『샤를리 에브도 *Charlie Hebdo*』 ― 덴마크 만평을 재수록한 몇 안 되는 간행물 중 하나다 ― 의 사무실 몇 곳이 파리에서 화염병 공격을 받았다. 2013년에는 덴마크 언론인이자 역사학자인 라르스 헤데고르 Lars Hedegaard ― 유명한 이슬람 비판자 ― 의 집에 어느 날 아침 총을 든 사람이 찾아와서 그의 머리에 두 발을 쏘았다. 암살자의 총이 두 번째 발사할 때 고장 나서 70세 노인은 생명을 부지할 수 있었다. 헤데고르가 가까스로 남자에게 주먹을 날리자 남자는 도망쳤다. 그 남자는 터키에서 은신처를 찾았다.

이 사례들은 2005년부터 벌어진 공격들 중 일부일 뿐이다. 더 많은 공격이 기다리고 있었다. 2015년 1월 7일 암살자들이 파리『샤를리 에브도』의 몇몇 사무실에서 운 좋게도 건물의 보안 시설을 통과할 수 있었다. 그들은 국가가 편집장을 보호하기 위해 배치한 경호원들을 살해하고 편집진 대부분을 일터에서 학살했다.『샤를리 에브도』편집진은 이슬람 예언자 무함마드를 묘사했다는 이유로 몇 년 동안 생명을 위협받았을 뿐만 아니라 프랑스의 무슬림 단체들이 제기한 소송 때문에 그 와중에 법정을 들락거려야 했다.『샤를리 에브도』학살이 일어난 그달 ─ 2월 15일 ─ 에 코펜하겐에서 열린 스웨덴 만화가 라르스 빌크스를 지지하는 모임이 덴마크 태생의 스물두 살 총잡이로부터 공격을 받았다. 전달에 파리에서 벌어진 공격과 마찬가지로, 광란의 살인극은 만화가들의 사무실에서 시작되어 유대교 장소 ─ 파리에서는 유대인 식품점, 코펜하겐에서는 유대교 회당 ─ 에서 끝이 났다.

이런 법적, 물리적 공격은 끝이 없는 것 같았기 때문에 2015년 잡지『애틀랜틱』에 실린 한 기사에서 지나가는 길에 〈유럽을 약화시키는 끝없는 신성 모독 전쟁〉을 언급했을 때 아무도 움찔하지 않았다.[2] 루슈디 사건 이후 줄곧 20년 넘게 경고가 있었는데도 당국자나 권력자 어느 누구도 이런 사태의 물결을 예측하지 못했다. 제3세계에서 오는 대규모 이주에 유럽 국경을 개방한 사람들 중 누구 하나 그것을 이슬람 문제로 여긴 적이 없었다. 어느 누구도 새로 들어오는 사람들이 사회에 통합되지 않을 뿐만 아니라 자신들의 사회적, 종교적 견해를 가지고 올 가능성, 그리고 이런 예측의 부재로 다른 소수자들이 첫 번째 희생자가 될 가능성에 대비하지 않았다. 영향력 있는 지위를 가진 어느 누구도 이민자 급증이 반유대주의와 동성애자 때리기의 증대로 이어질 것이라고 예상하지 못했다. 느슨한 이민 정책을 승인한 사람들 중 누구 하나 이슬람 신성 모독이 21세기 유럽에서 가장 심각한 문화, 안보 문제로 대두될 것임을 예측하지 못했다. 이를 경고한 사람들은 무시되거나 비방을 받거나 왕따를 당하거나 박해받거나 살해당했다. 진실이 드러난 뒤에도 피해자들은 거의 공감을 받지 못했다.

2000년대까지, 그리고 2000년대 내내 주류 정치인들과 대다수 언론이 한 일은 〈불이야!〉라고 다급하게 외치는 유럽 사람들이 실은 방화범이라는 인식을 부추긴 것이었다. 목소리를 높이는 사람들을 침묵시키려는 시도 — 폭력이나 협박, 법원을 통해 — 가 지속된 결과, 루슈디 사건 이후 30년 동안 유럽의 어느 누구도 무슬림을 분노하게 만들 위험이 있는 소설을 쓰거나 음악을 만들거나 그림 한 장 그리지 못했다. 그러기는커녕 사람들은 다른 방향으로 달렸다. 정치인들을 비롯해 거의 모든 이들이 자신이 이슬람을 얼마나 존중하는지를 보여 주기 위해 비상한 노력을 기울였다.

물론 대규모 테러 공격 — 2004년 마드리드, 2005년 런던, 2015년 파리 — 직후에 각국 정부는 행동에 나서야 했고, 뭔가 하는 것처럼 보여야 했다. 대다수 정부는 구체적인 테러 대응에 관련된 측면을 다룰 수 있음이 밝혀졌다. 하지만 각국 정부는 여전히 자신들과 이전 정부가 만든 정책, 그리고 그들 스스로 만들어 낸 언어에 갇힌 무기력한 포로였다. 2007년 6월 런던 도심에 차량 폭탄 두 대가 놓였다. 둘 다 무슬림인 국민의료보험 소속 의사와 박사 과정 대학원생이 설치한 것이었다. 첫 번째 장치는 〈여성 우대의 밤〉에 인기 나이트클럽 앞에 놓였다. 못을 가득 채운 이 폭탄은 유리로 된 건물 전면 앞에 설치되었다. 두 번째 차량 폭탄은 첫 번째 장소에서 도로 아래쪽에 설치되었는데, 첫 번째 폭발에서 도망치는 사람들을 날려 버리기 위한 것이었다. 천만다행으로 지나던 시민이 첫 번째 차량에서 연기가 나는 것을 알아챘고, 두 폭탄 모두 폭발하기 전에 발견되었다. 노동당 신정부의 내무 장관 재퀴 스미스Jacqui Smith는 테러리스트들이 사실 그들의 신앙에 위배되는 행동을 한 것이므로 이번 공격을 〈이슬람 테러〉라고 규정하는 것은 잘못이라고 말했다. 그러면서 이제부터는 이런 사건을 〈반이슬람 활동〉이라고 규정하는 게 더 적절할 것이라고 언급했다.[3]

그로부터 6년 뒤 영국의 또 다른 무슬림 두 명이 런던 울리치에서 백주대낮에 왕실 퓨질리어 연대의 고수(敲手)인 리 릭비Lee Rigby를 칼로 난도질해서 살해했다. 보수당 총리(데이비드 캐머런)는 다우닝가 관저 계단에 올라서서 이렇게 발표했다. 〈이번 사건은 단지 영국에 대한 공격이 아닙니다. 그리고 우리의 영국적 생활방식에 대한 공격만도 아닙니다. 이는 또한 이슬람에 대한 배신, 우리 나라에 대단히 많은 기여를 하고 있는 무슬림 공동체에 대한 배신이기도 합니다. 이슬람의 그 어떤 내용도 참으로 끔찍한 이런 행동을 정당화해 주지 않습니다.〉[4] 이듬해 영국인 구호 활동가가 영국 태생의 지하드주의자에게 참수된 사건에 대해 총리는 또 이렇게 말했다. 〈그들은 이슬람의 이름으로 이런 짓을 한다고 주장합니다. 말도 안 되는 소리예요. 이슬람은 평화의 종교입니다. 그들은 무슬림이 아니라 괴물입니다.〉[5]

언론에서도 실제 벌어진 일들을 다루지 않으려고 기를 썼다. 런던 거리에서 리 릭비가 코란을 인용하는 개종자들*의 손에 살해된 다음

날, 영국의 『데일리 텔레그래프』 —중도우파 성향의 일간지 —는 캐머런 노선을 따랐다. 한 칼럼니스트는 〈울리치에서 피 묻은 칼을 든 채 비디오카메라에 대고 말한 남자에게는 어떤 뚜렷한 의제도 없었다. (······) 어느 것 하나 말이 되는 게 없었다.〉[6] 같은 신문의 또 다른 필자는 이렇게 말했다. 〈내가 보기에, 어제 울리치에서 벌어진 야만적인 행동은 말 그대로 무의미하다. 벌어진 일 중 어느 것도 실제로 앞뒤가 맞지 않았다. (······) 칼과 헬리콥터, 총과 시체가 있었다. 전혀 말이 되지 않았다.〉 필자는 그날 현장에서 벌어진 일들을 길게 나열하면서 이 또한 말이 안 된다고 주장했다. 〈그는 《우리 땅》이라고 말했다. 하지만 그는 런던 동남부 억양을 썼다. 그건 말이 되지 않았다. (······) 어느 것 하나 말이 안 되었다. 어느 것 하나.〉 필자는 〈어제는 말이 안 되는 날이었다〉라고 당당하게 결론지었다.[7] 정치 스펙트럼의 반대편 끝에서는 『가디언』의 정치 평론가가 그날 벌어진 일은 단지 〈세속적인 폭력 행위〉일 뿐이라고 말했다.[8]

정치인들과 마찬가지로, 유럽 각지의 대다수 언론 역시 무슨 일이 벌어지고 있는지를 이해하거나 공개적으로 발언하려는 의욕을 거의 보이지 않았다. 언론의 경우에 원인은 분명했다. 공포와 비겁함, 위협의 내면화가 결합한 결과였다. 한편 정치인들은 문제를 유럽에 들여온 책임이 있으므로 문제를 직시할 수 없었다. 그전까지 수십 년 내내 거의 어느 누구도 유럽으로 들어오는 사람들이 신봉하는 이데올로기나 신앙에 주의를 기울이거나 그런 일에 크게 관심을 갖지 않았

---

* 두 살해범은 나이지리아계 영국인으로 기독교도로 자란 뒤 이슬람으로 개종했다.

다. 정치인들과 언론 일반은 이슬람과 다른 종교의 차이를 얕잡아 보았다. 그리고 줄곧 이 문제의 해법이 존재한다면 그것은 유럽 각국 사회의 미래를 이슬람의 미래와 한데 묶으면서 〈개혁된 이슬람〉이 우세할 수 있도록 〈온건파〉를 지원하는 것이라고 주장했다. 정치인들은 이렇게 하면 유럽과 이슬람 전체를 위해 문제가 해결될 것이라고 주장했다. 그들은 10세기의 무타질라파Mu'tazilites** 부터 20세기 이란의 알리 다슈티Ali Dashti에 이르기까지 이슬람의 역사에서 많은 개혁 운동과 개혁적 사고를 가진 개인들이 있었지만 모두 근본주의자들의 무력과 논쟁, 권위에 대한 호소에 패배했다는 사실을 전혀 인식하지 못한 것 같았다. 이 시기 동안 유럽 정치인들이 한 일은 유럽 안전의 미래를, 역사적으로 줄곧 실패했으며 기껏해야 다시 실패할 게 빤한 개혁 운동과 한데 묶은 것이었다. 그런데도 정치인들은 아무런 제지를 받지 않고 이런 주장을 펼쳤다. 2014년 보수당 전당대회 연설에서 당시 영국 내무 장관이던 테레사 메이는 여느 정치인들과 똑같은 행동을 했다. 이슬람의 평화성을 강조하고 코란에서 즐겨 인용하는 구절을 읊은 것이다. 많은 무슬림들이 무력을 동원해서라도 신앙을 지키려는 모습을 목격하고 나서도 주류 정치인들의 태도는 이슬람 종교가 적어도 부분적으로 옳고 지혜와 인도의 원천인 척하는 식이었다. 2016년에 이르러 앙겔라 메르켈의 핵심 동맹 세력 중 한 명인 재무 장관 볼프강 쇼이블레Wolfgang Schäeuble는 〈독일 이슬람〉을 창조하자고 호소했다.

정반대의 견해를 가진 사람들이 거친 경력의 궤적은 똑같은 식으

** 8~10세기에 번창한 이슬람의 선구적인 합리주의 신학파.

로 번성하지 못했다. 네덜란드의 아얀 히르시 알리는 오랫동안 군부대와 정부 안전가옥에서 살다가 마침내 정보기관의 허락을 받아서 특별히 보호를 받는 건물에서 살 수 있었다. 하지만 새로운 이웃들이 이사 가라고 고소했다. 이 골칫거리 인물이 너무 가까이 살면 자신들의 목숨까지 위험해질까 두려웠기 때문이다. 그 직후 히르시 알리가 속한 자유민주국민당의 이민통합부 장관은 한 텔레비전 방송국이 퍼뜨린 가짜 주장을 근거로 그의 시민권을 박탈했다. 사회에 통합될 것이라는 기대도 없이 수십만 무슬림을 받아들이고 가장 극단적인 일부 설교자들과 세포들에게 은신처를 제공하던 나라가, 완전히 통합된 이민자의 모범을 보여 준 몇 안 되는 이들 중 한 명의 시민권을 빼앗은 것이다. 히르시 알리는 미국으로 갔고, 후에 살만 루슈디가 말한 것처럼, 〈아마 홀로코스트 이후 서유럽에서 탈출한 첫 번째 난민〉이 되었다.[9]

유럽은 한동안 극단주의 문제를 지적하는 사람들이 사라지면 그 문제가 없어질 것이라는 결론에 다다른 듯 보였다. 하지만 비판자들이 살해되든, 쫓겨서 은신하거나 유럽에서 쫓겨나든 극단주의 문제는 사라지지 않았다. 당연한 이야기지만 특히 이민자들이 계속 머무르면서 떠날 생각이 없었기 때문이다. 많은 이들은 고국으로부터 들려오는 조언, 즉 유럽에 살되 유럽인이 되지 말라는 암묵적이면서도 공공연한 조언에 주의를 기울였다. 2008년 쾰른 집회에서 터키의 레제프 타이이프 에르도안 총리(나중에 대통령이 된다)는 독일, 벨기에, 프랑스, 네덜란드에 사는 2만 명의 터키인 군중에게 이렇게 말했다. 〈여러분이 동화에 반대한다는 걸 아주 잘 압니다. 누구든지 여러분에게 동화할 것을 기대해서는 안 됩니다. 동화는 반인도적 범죄입니다.〉그렇지만 그는 청중에게 독일 정치에 관여해서 영향력을 확보해야 한다고 말했다. 그래야 당시 유럽에 살고 있는 5백만 터키인이 단순한 〈손님〉이 아니라 〈입헌적 영향력〉을 행사할 수 있으리라는 것이었다.[10]

2016년 암스테르담에는 다른 많은 유럽 도시들과 마찬가지로 무슬림 고립 영토인 교외가 존재했다. 화창한 날에 보면 이 지역의 건물들은 여느 유럽 교외에 비해 전혀 열악하지 않다. 실제로 대부분의 주택은 서유럽의 젊은 부부들이 주거 사다리의 첫 단계로 구입하려고 애쓰는 수준에 속한다. 여기는 터키계 손님 노동자들이 60년 전에 네덜란드로 이주할 때부터 모여 산 곳이다. 오늘날 암스테르담과 로테르담 교외의 다른 많은 지역들처럼 이 교외들도 작은 터키와 작은 모로코를 형성하고 있다. 식품점은 대개 할랄이다. 여자들은 전부 이런저런 머리 가리개를 쓰고 있고, 터키나 모로코와 별반 다르지 않은 삶이 이어진다. 조용하고 쾌적한 거리에 늘어선 주택 중 하나가 모하메드 부예리가 살던 곳이다. 10년 전 그는 아침에 이 집을 나서서 테오 반 호흐를 찾아내 살해했다. 특별히 험악한 지역은 아니다. 집 창문마다 선거 포스터가 붙어 있는데, 하나같이 레제프 타이이프 에르도안의 얼굴이 들어 있다.

10

죄책감의 폭정

세 살짜리 시리아 소년 아일란 쿠르디의 주검이 터키 해변으로 밀려
온 9월 초 며칠 동안 유럽에서는 거의 만장일치의 반응이 나타났다.
몇몇 신문이 뽑은 헤드라인처럼 그것은 〈유럽의 수치〉였다. 쿠르디
가족이 캐나다에 사는 가족을 찾아가려 했고 이미 캐나다에 비자 신
청을 했다가 거절당했다는 보도가 나오자 아일란 쿠르디의 죽음은
북미에서 쟁점이 되었다. 다음 달로 예정된 캐나다 총선의 일부 선거
운동은 중단되었다. 당시 집권하던 스티븐 하퍼Steven Harper 정부의
정치적 반대파는 세 살짜리 아이의 생명을 구하지 못한 캐나다의 실
책을 한껏 활용했다. 하퍼 정부는 이어진 선거에서 패배했다.

　이처럼 죄책감과 부끄러움이라는 전반적인 감정이 유럽과 북미 전
역에 퍼지면서 정작 쿠르디 가족이나 뒤이어 오려는 다른 이민 가족
들을 위해 구체적으로 무엇을 할 수 있는지에 관한 모든 현실적인 문
제들이 밀려났다. 이런 죄책감이 워낙 크게 분출된 탓에 관련된 몇몇
사실들이 완전히 실종되어 버렸다. 특히 쿠르디 가족이 애초에 안전

한 나라—터키—에서 출발했다는 사실은 묻혀 버렸다. 쿠르디의 아버지는 멀쩡한 일터가 있는 그 나라를 떠나 가족을 유럽으로 데려가려 했다. 어린 아들의 주검은 유럽 해안이 아니라 터키 해안에 떠밀려 왔다. 터키의 일부 언론도 이 비극에 애도를 표했지만, 서구 정치인들이나 언론이 자기반성과 자기 고발에 빠져든 것과는 분위기가 한참 달랐다.

아랍과 이슬람 세계의 일부 지역도 이 비극에 주춤거리긴 했지만, 서구에서처럼 이 사건이 정책 변화로 이어지지는 않았다. 실제로 이 비극을 계기로 유럽과 중동의 반응만이 아니라 이들의 난민에 대한 태도에서도 적어도 한 가지 이례적인 차이가 극명하게 드러났다. 레바논과 요르단, 터키는 이웃한 시리아와 이라크에서 벌어진 전쟁으로 생긴 거대한 수의 난민을 받아들이고, 이 과정에서 국제 사회로부터 상당한 재정 지원을 받긴 했지만, 아프리카와 극동 각지의 수많은 인도적, 경제적 위기는 말할 것도 없고 이러한 인도적 위기를 바라보는 중동 일반의 태도는 유럽 각국 정부와 언론의 태도와 정면으로 대립되었다. 유럽 각국이 세 살짜리 아이의 죽음을 양심의 가책으로 받아들인 반면, 이 아이의 고향인 아랍 세계 — 그리고 폭넓은 무슬림 〈공동체ummah〉—는 냉정을 유지한 채 꼼짝도 하지 않았다.

한 예로 쿠웨이트, 바레인, 카타르, 아랍에미리트연합, 사우디아라비아, 오만 등 페르시아만협력회의Gulf Cooperation 6개국이 2016년까지 난민 자격을 부여한 시리아인은 0명이었다. 에리트레아, 나이지리아, 방글라데시, 파키스탄 출신 난민들에 대해 이 나라들이 보인 태도는 그만큼도 관대하지 않았다. 아일란 쿠르디가 죽기 불과 몇 달 전에 쿠웨이트 관리 파하드 알샬라미Fahad al-Shalami는 프랑스24*와 한 인터뷰에서 자국을 포함한 페르시아만 국가들이 시리아 난민들에게 조차 피난처를 제공하지 않는 이유를 설명했다. 〈쿠웨이트와 페르시아만 나라들은 돈이 많이 들어서 난민들한테 적합하지 않습니다. 이 나라들은 노동자한테 적합합니다. 교통비가 비싸요. 쿠웨이트는 생활비가 많이 드는 반면, 레바논이나 터키는 생활비가 덜 들 겁니다. 그러니까 난민들한테 (그곳에 그냥 있으라고) 돈을 주는 게 훨씬 쉽지요. 결국 중요한 건 다른 나라 사람들, 다른 환경, 다른 장소에서 온 사람들을 받아들일 수 없다는 겁니다. 이 사람들은 트라우마 때문에 심리적 문제를 겪고 있어요.〉 그는 이 사람들을 페르시아만 각국 사회에 받아들일 수 없다고 설명했다.[1]

이런 태도는 놀랍지 않다. 알샬라미는 많은 수의 난민이 들어오면 생겨날 갖가지 문제들로부터 자기 사회를 보호하려고 했을 뿐이다. 이상한 점은 유럽이 페르시아만 국가들이나 다른 나라들은 사회가 허약한 반면 유럽은 무한정 탄력성이 있다는 기본적인 태도를 갖고 있다는 것이다. 유럽의 어느 누구도 아일란 쿠르디의 죽음에 대해 터키나 오만을 탓하지 않았다. 스페인 총리 마리아노 라호이Mariano Rajoy가 이주자들을 태운 또 다른 배가 지중해에서 가라앉고 있다면서 〈만약 우리가 이런 비극적 상황을 막지 못한다면 우리의 신뢰도가 손상될〉 위험이 있다고 말했을 때도 아랍이나 아프리카의 신뢰도가 위태롭다고 주장하는 사람은 거의 없었다. 실제로 시리아 난민 사태가 벌어지는 내내 내전에 따른 인적 희생에 대해 그 분쟁에 실제로 관여

* 프랑스의 국제 보도 전문 채널.

한 나라들 — 이란, 사우디아라비아, 카타르, 러시아 — 을 비난한 이는 거의 없었다. 시리아 내전으로 발생한 난민을 받아들이라고 유럽 차원에서 이란에 요구한 적은 없었고, 카타르에 자기 몫의 난민을 받아들이라고 압력을 가한 일은 더더구나 없었다.

이렇게 요구하지 못한 이면에는 여러 가지 정치적, 전략적 가정이 있다. 하지만 또한 그 모든 것보다 우선하는 도덕적 자기도취가 존재한다. 이런 도덕적 자기도취는 난민 사태를 계기로 시작된 게 아니다. 그보다는 현대 유럽 전체의 밑바탕에 흐르는 주제 선율에 가깝다. 독특하고 지속적이며 어쩌면 치명적인 죄책감과 강박적 죄의식이 그것이다.

또 다른 이주선이 지중해 바다으로 가라앉은 뒤인 2015년 4월, 스웨덴 유럽의회 의원 세실리아 빌크스트롬Cecilia Wilkstrom은 이주민에게 유럽으로 들어오는 〈합법적이고 안전한〉 통로를 만들어 주기 위해 기존에 진행하던 캠페인을 강화했다. 그러면서 이런 통로를 마련하지 못한다면 미래 세대들이 제2의 홀로코스트로 규정할 것이라고 주장했다. 〈내 자녀와 손자들은 IS를 벗어나기 위해, 에리트레아나 다른 나라의 폭력 사태를 피해 도망치는 사람들이 몇천 명씩 죽어 나가는 걸 알면서도 왜 그들을 돕기 위해 더 많은 일을 하지 않았느냐고 물을 것이다. 사람들은 전쟁이 끝난 뒤에 하는 것과 똑같은 질문을 던질 것이다. 《알고 있었는데도 왜 뭔가 행동을 하지 않았나요?》스웨덴에서 우리는 유대인을 죽음의 수용소로 이송하기 위해 우리 철도를 사용하게 했다. 오늘날 세계에는 제2차 세계 대전 당시와 직후보다도 더 많은 난민이 존재한다. 지금 전 세계가 불타고 있고, 우리는 이 사

태에 대처해야 한다.〉[2]

독일 정치인들은 그렇게 노골적으로 말할 필요가 없었다. 2015년 8월 31일 메르켈이 중대 발표를 할 때 귀를 기울인 독일인들은 총리가 무슨 말을 하는지 정확히 이해했을 것이다. 〈세계는 독일을 희망과 기회의 땅이라고 봅니다. 그런데 독일이 항상 그랬던 것은 아닙니다.〉 독일인들은 총리의 발언에 공감했고 타당한 말이라고 느꼈다. 8월 말의 그 결정적인 시기에 난민 센터 앞에서 항의 시위가 있었고, 독일 동부 도시 하이데나우에서는 이주자 시설에 대한 방화 공격이 벌어졌다. 그 후 총리가 도시를 방문했을 때 군중은 야유와 조롱을 퍼부었다. 다른 독일인들은 무서운 표정으로 이를 바라보면서 자기 나라의 다른 면을 보여 주는 행동을 하려고 마음먹었다. 9월의 처음 며칠 동안 남유럽으로부터 세르비아, 헝가리, 오스트리아를 거쳐 독일로 수십만 명이 넘어오고 있었다. 그리고 총리가 국경을 개방하자 이 독일인들은 도전에 응했다. 국경과 뮌헨, 프랑크푸르트 같은 기차역에서 수백 명의 군중이 모여 도착하는 이주자들을 환영한 것이다.

이런 장면이 전 세계로 퍼져 나갔다. 여기 모인 독일인 군중은 단순히 도착하는 이주자들에게 지원을 제공할 뿐만 아니라 일종의 환영 파티를 열어 주고 있었다. 최소한 한 대륙을 가로질러 온 이주자들은 독일인 군중 사이로 발걸음을 내딛는 순간 사방에서 박수갈채와 환호성이 터져 나오자 얼떨떨하고 종종 기쁨에 겨운 표정을 지었다. 환영 위원회는 〈환영합니다〉, 〈난민 여러분 사랑해요〉 같은 글귀가 적힌 풍선과 플래카드를 흔들었다. 기차가 역으로 들어오고 이주자들이 내려서 군중 사이를 지나는 동안 일부 현지인들은 휘파람을 불면서 하이파이브를 청했다. 자원봉사자들이 인간 띠를 만들어 어린이들을 위한 사탕과 테디베어 등 식료품과 선물을 건넸다. 독일이 즐겨 한다고 말하는 환대 문화Willkommenskultur의 표현만이 아니었다. 이 이주자들은 단순히 환영받는 것이 아니었다. 마치 지역 축구 팀이 승리를 거두고 돌아오거나 전쟁 영웅이 귀환하는 것처럼 축하를 받고 있었다. 이렇게 환영을 받는 사람들 가운데 일부는 분위기에 동참해서 이 의장대를 통과하는 동안 손을 치켜 올리거나 허공에 주먹을 날렸다.

이런 분위기는 독일인들에게만 영향을 미친 게 아니었다. 유럽 각지에서 사람들이 몰려와서 이런 행사에 참여했는데, 어디서나 역사적 유사성을 분명히 볼 수 있었다. 영국 학생 두 명은 이주자들을 뮌헨으로 실어 나르기 위해 오스트리아와 헝가리 국경으로 차를 몰고 갔다. 언론과 한 인터뷰에서 그중 한 명은 이렇게 말했다. 〈우리가 여기에 온 건 텔레비전을 보면서 1940년대 생각이 났고, 또 여기 오면 지하철도 같은 일들을 떠올리게 하는 역사적으로 유사한 상황이 있기 때문입니다. 그리고 그때라면 무슨 일을 했을지 자문하게 되는데, 나는 아마 사람들을 도와주었을 거라고 말하고 싶어요. 그래서 지금 여기에 있는 겁니다.〉[3]

이런 역사적 유사성은 독일 곳곳의 사람들에게만 국한된 게 아니었다. 유럽 전역에서 제2차 세계 대전과 유사한 상황들이 터져 나오고 있었다. 덴마크에서는 이주자들이 이미 열차를 타고 국경 없는 외레순 다리를 건너 구름처럼 스웨덴으로 향하고 있었다. 국경이 없으므로 여권이 필요하지 않았다. 하지만 모두가 이런 광경에 감동을 받지는 않았다. 전쟁 당시 나치가 덴마크에서 유대인 추방 명령을 내렸을 때, 현지 덴마크인들이 나치에 맞서 저항하면서 8천 명에 달하는 유대인 공동체가 거의 하나로 똘똘 뭉쳐 한밤중에 중립국 스웨덴으로 바다를 건너간 영웅적인 일은 유명하다. 그리하여 2015년 9월 아니카 홀름 닐센Annika Holm Nielsen이라는 24세 덴마크 정치인이 자기 요트로 코펜하겐과 스웨덴 도시 말뫼를 가르는 약 8킬로미터 거리의 바다를 가로질러 이주자들을 실어 나르기 시작했다. 독일에서 올라와 코펜하겐 중앙역에서 닐센과 만난 압둘이라는 남자는 요트를 타고 파도치는 바다를 건넜다. 1943년 레지스탕스의 행동에 비견될 만한 여정이었다. 닐센은 여기엔 어떤 〈상징적〉 의미도 없다고 하면서 단지 〈가장 안전한 방법〉일 뿐이라고 주장했다.[4]

만약 닐센이 다른 사람들처럼 압둘을 그냥 말뫼행 기차에 태워 주었다면 스웨덴으로 가는 그의 여정이 더 안전하고 신속하고 편안했을 테지만, 2015년 9월에는 이 같은 〈제스처〉가 이야기에 잘 들어맞았다. 독일 곳곳의 기차역에서 환영단을 이룬 많은 사람들이 공공연하게 거론한 이야기, 즉 어떤 면에서 이번 일은 1930년대와 1940년대에 일어난 상황에 대한 교정책이라는 이야기 말이다. 군중이 거의 강박적으로 보인 행동은 안도감만이 아니라 황홀감까지 발산시켰다. 사람들이 독일에서 빠져나가는 게 아니라 독일로 들어오고 있다는 사실이 중요했다. 이제 독일은 사람들이 생명의 위협 때문에 도망치는 나라가 아니라 전쟁과 박해를 피해 도망쳐 오는 나라가 되어 있었다.

물론 여기에는 아주 심각한 몇 가지 문제가 있었다. 2015년의 이주자와 나치 시대의 유대인을 비교하는 것은 여러 가지 허점이 있다. 첫째, 히틀러를 피해 도망친 유대인들은 살 곳을 필사적으로 찾았다. 어떤 나라든 상관없었다. 2015년 독일에 온 사람들은 그전에 수많은 나라 ── 유럽 나라들을 포함해서 ── 를 거쳐 왔다. 둘째, 이주자들 가운데 다수의 시리아인은 분명 목숨을 지키기 위해 도망쳐 왔지만, 이 모든 이주자들 ── 경제적 이주자를 포함해서 ── 을 1930년대의 유대인들과 비교하는 것은 히틀러의 독일을 벗어나는 망명 생활의 고통을 줄여 주려는 것이 아니었다. 그런 비교는 유럽으로서는 이곳에 오고 싶어 하는 모든 사람을 받아들이는 것 말고는 전혀 선택의 여지가 없다고 주장하기 위함이었다. 이주자를 받아들이지 않으면 나치가 되는 셈이었다.

새로 온 사람들을 환영하기 위해 거리와 기차역으로 몰려든 독일인들과 다른 유럽 사람들은 부지불식간에 그들을 훌쩍 뛰어넘는 역사적 과정에 참여한 셈이었다. 이런 감정적인 행동조차 필요할 때는 전후(戰後) 이민자 유입 당시에 나온 온갖 주장과 동일한 지적 근거를 동반했다. 텔레비전 뉴스에서 인터뷰를 한 사람들 가운데 많은 수가 독일의 인구 통계와 노동력 부족 때문에 새로운 사람들을 수십만 명 받아들이는 게 〈타당하다〉고 설명했다. 이미 결정을 내려놓고 그 결정을 뒷받침하기 위한 설명이었다. 일부 인구 집단과 그들의 정치적 대표자들의 원초적 본능이 더 중요한 것이었고, 많은 유럽인들이 스스로 짊어지고 있다고 느끼는 역사적 부담 중에서 가장 최근의 것이자 가장 가시적인 표현이었다.

유럽의 오점

현대 유럽인들은 전 세계에서 원죄를 안고 태어났다고 느끼는 유일한 사람들일 뿐만 아니라 최악의 원죄로 고통받고 있는 게 분명해 보인다. 다른 누군가가 문제를 제기하기 한참 전부터 오늘날의 유럽인들은 전쟁과 특히 홀로코스트뿐만 아니라 그에 앞서 벌어진 온갖 죄악으로 얼룩진 특별한 역사적 죄의식을 스스로 떠안는다. 여기에는 식민주의와 인종주의에 대한 영원한 죄의식이 포함되지만 결코 이 두 가지에만 국한되지 않는다. 그리고 이 모든 것이 무거운 부담이 되기는 하지만, 이제 우리만이 그 부담을 짊어져야 하는 것은 아니다. 최근 수십 년 동안 눈에 띄게 균일한 일군의 나라들 또한 현대 유럽을 괴롭히는 것과 동일한 역사의 협박을 받고 있다. 눈에 띄는 점은 똑같은 죄 때문에 고통받을 것이라고 여겨지는 다른 모든 나라들이 유럽이 탄생시켰다고 비난받는 나라들이라는 사실이다. 따라서 유럽인들의 오점이 전 세계에 그 흔적을 남기는 것처럼 보인다.

현대 유럽인들에게 식민주의는 어지간한 중간급의 죄 가운데 하나일 뿐이지만, 오스트레일리아 사람들에게 식민주의는 국가 창건의 원죄가 되었다. 그리고 유럽 각국처럼 부를 추구하는 과정에서 다른 나라들을 약탈했다고 비난받기 때문이 아니라 자기 나라를 스스로 약탈했다고 — 식민주의 기획이 여전히 그 식민지를 깔고 앉아 있다고 — 비난받기 때문이다. 오스트레일리아의 식민주의는 국내에서 시작되었다고들 한다. 오늘날 오스트레일리아 학생들은 그 나라가 현재 어떤 미덕이 있든 간에 종족 학살과 도둑질을 기반으로 창건된 국가라고 배운다. 최초의 식민 세력이 백인이자 유럽인이라는 사실 때문에 피부가 검은 사람들이 역시 검은 피부색의 다른 사람들로 부터 땅을 빼앗았다는, 역시 익숙한 이야기에 비해 월등히 나쁜 행동이 되어 버린다. 한 집단이 다른 집단을 정복하고 승자가 패자를 학대하는 것은 지구상 대다수 나라의 이야기다. 하지만 오스트레일리아 사람들에게 애버리지니를 비롯한 〈선주민들〉에 대한 역사적인 대우는 최근 수십 년간 공적 토론의 주변부에서 핵심 — 국가의 가장 뿌리 깊은 원죄 — 으로 옮겨 온 주제다. 기묘하게도 오스트레일리아 사회는 이런 죄의식의 서사를 바라고 환영하는 것처럼 보인다.

사람들이 정말로 바라는 것들이 모두 그렇듯이, 이 과정에서 사실이 어느 정도 부풀려지는 게 필연적이다. 그리하여 오스트레일리아에서는 선교사들과 관리들이 일부 애버리지니 아이들을 부모에게서 떼어놓은 정책(〈도둑맞은 세대stolen generation〉)이 심지어 〈종족 학살〉로 승격되고 있다.[5] 이 사건은 수많은 대중적인 책과 영화, 정부 조사, 그리고 총리를 비롯한 정치인들의 반복된 사과의 초점이었다.[6] 피해 주장은 아무리 극단적인 내용이라도 환영을 받는 반면 이런 주장들의 모순을 지적하는 것은 가해자의 지속적인 부인과 인종주의의 증거로 간주되기 때문에 가해자의 항변은 받아들여지기 어렵다. 그 결과 오늘날 오스트레일리아에서 논의할 여지가 있는 문제라고는 이런 역사적 상처를 입은 애버리지니 공동체들에 어떤 보상을 해주어야 하는가이다. 이처럼 깊이 스며든 죄의식이 누적된 결과로 오스트레일리아에 대한 전 세계의 인상과 이 나라의 자아상에서 가시적인 변화가 생겼다. 자국의 과거에 대해 감상에 빠지는 것은 말할 것도 없고, 전반적으로 밝고 낙관적이던 나라가 눈에 띄게 어두워졌다.

최근 연간에는 이런 죄의식이 〈손들의 바다Sea of Hands〉 같은 대중적 행동으로 나타나고 있다. 수십만 명의 시민이 애버리지니 색깔의 플라스틱 손바닥을 만들어서 캔버라 의회를 비롯한 공공건물 앞 잔디밭에 꽂아 둔 것이다. 수많은 사람들이 참여하는 또 다른 의식은 국가적인 〈사죄의 책Sorry Books〉에 서명하는 것이다. 또한 1998년 이래 오스트레일리아에서는 매년 〈사죄의 날National Sorry Day〉을 거행한다.[7] 모든 원죄가 그렇듯이 오스트레일리아 사람들이 계속해서 사과를 요구받고 있는 원죄 역시 당연히 바로잡을 수 없는 것이다. 오늘날 오스트레일리아에 사는 사람들은 대부분 유럽인을 비롯한 정착민의 후손이겠지만, 그들 자신은 어떤 땅도 빼앗지 않았고 어떤 세대도 도둑질하지 않았다. 설령 그들이 어떤 땅이든 물려받았다 할지라도 이 과정에서 누군가를 억압하거나 강탈하지 않았다. 그리고 이 나라 애버리지니들의 경제적 기회와 고용 기회가 지금도 여전히 백인들에 비해 훨씬 뒤처진다 할지라도 이는 극복할 수 없는 난제를 부활시키는 셈이다. 예나 지금이나 애버리지니에 대한 정책을 〈바로잡기〉를 바라는 일부 오스트레일리아 사람들은 애버리지니에게 다른 모든 국민들과 똑같은 생활방식을 향유하라고 부추기거나 강요하지 않고, 또 이 과정에서 원주민 문화를 지워 버리지 않으면서도 전통적 생활방식을 〈보전〉할 수 있는 불가능한 시도에 매달릴 수밖에 없다.

오스트레일리아의 자학 유행은 이제 더 이상 이례적인 일이 아니다. 실제로 2008년 케빈 러드 총리가 원주민들에게 사과한 것은 캐나다 총리 스티븐 하퍼가 자국 원주민들에게 비슷한 사과를 한 지 불과 몇 달 뒤의 일이었다.[8] 두 사과 모두 고통스러운 과거사에 대해 정치인다운 속죄를 보여 준 사례로 널리 환영받았다. 반대하는 목소리는 거의 주목을 끌지 못했고, 한동안 역사적 기록조차도 정직하게 평가할 수 없는 것 같았다. 오스트레일리아나 비슷한 모든 사례에서처럼, 캐나다에서도 사죄를 하는 범죄의 규모를 과장하려는 욕망 때문에 은연중에 진실이 드러났어야 한다. 만약 실제 범죄를 저질러서 법정에 선 사람이 기소된 내용보다 더 나쁜 죄를 저질렀다고 자랑한다면 그 사람은 재판을 받기에 적합하지 않다고 간주될 것이다. 하지만 피고석에 앉아 있거나 죄를 저지른 게 아니고 단지 죽은 조상들을 대변하는 것이라면 아마 과장하고 싶은 마음이 커질 것이다. 현대의 정치인들은 이런 발언을 통해 정치적 점수를 딸 수 있으며, 죄가 클수록 분노도 커지고, 사과도 커지고, 비탄의 표현으로 얻게 되는 정치적 이득도 커진다. 정치 지도자들은 이런 발언을 통해 자신이 연루되는 오점을 남기지 않고도 너그러운 태도를 보이는 이득을 얻을 수 있다. 사과를 하는 사람은 아무런 잘못도 한 게 없고, 그 사과를 받을 수 있었던 사람들은 모두 이미 죽었기 때문이다.

이것은 분명 열광적인 현상이다. 특히 유럽에서 흔히 나타나는 열광적인 현상이다. 이런 발언은 전혀 비용이 들지 않는다는 정치적 계산이 있는 것 같다. 하지만 그렇지 않다. 지도자들이 과거사에 대해 끊임없이 사과하는 것처럼 보이는 나라는 결국 (일부 나라에서는 이런 사과가 쏟아져 나오지만 다른 나라에서는 전혀 사과하지 않는 세계에서) 죄의식을 가질 특별한 이유가 있는 나라처럼 보일 것이다. 만약 오스트레일리아는 영원히 자국의 과거를 열어 놓고 사과를 하는 반면 중국은 침묵을 지킨다면, 오스트레일리아의 아이들은 결국 이 나라가 사과할 게 많은 나라라는 인상을 주입받게 될 것이다. 그리고 역사적인 큰 실수를 종족 학살로 승격시키는 게 논쟁적 학자나 야심 찬 정치인들에게는 아무 비용이 들지 않을지 몰라도 결국 특정한 나라에 대한 세계의 심상만이 아니라 그 나라의 자아상에도 범죄의 인상이 깊이 각인될 것이다.[9]

이런 극단적인 경향은 적절한 수준의 역사적 겸양 이외에 실제로 어떤 성과를 이룰 수 있을까? 설령 오스트레일리아라는 나라가 원죄를 안고 태어났다 할지라도 — 창건된 지 여러 세기가 지난 지금 — 모든 오스트레일리아 사람을 인종별로 분류해서 초기 정착민의 후손으로 여겨지는 이들은 (적절한 유전자 검사를 한 뒤) 원주민의 후손으로 여겨지는 이들에게 재산을 양도하라고 명령하는 게 아니라면, 그 원죄를 시정하기 위해 할 수 있는 일은 아무것도 없다. 혼혈 인종의 유전 암호는 아마 유전자 법원에서 판결을 받을 텐데, 법원은 — DNA 검사 결과에 따라 — 사람들에게 일부 재산을 포기하거나 뜻밖의 현금을 받거나 정확한 몫을 가지라고 명령할 것이다. 도둑질이 범죄라면 반환이 유일하게 가능한 처벌이 된다.

그런 불가능한 결론을 내릴 수 없는 가운데 유일하게 가능한 잠정적 합의는 오스트레일리아 사람들은 영원히 양심의 가책을 느낄 때만 오스트레일리아에서 계속 살 수 있다는 것이다. 그리고 예술을 비롯한 애버리지니 문화에 정기적으로 찬사를 보내고, 원주민 문화는 특별한 순수성이나 진실성이 있으므로 현대 오스트레일리아와 비판적으로 비교할 수 있다고 일반화하는 것으로 이런 태도를 보완한다. 최근 연간에 이런 수사적 비유가 오스트레일리아식 〈고결한 야만인

noble savage〉 신화로 발전하고 있다.[10] 이 신화는 과거에 존재했던 것이 더 나쁜 게 분명한데도 더 좋거나 순수한 것으로 묘사한다. 보통이라면 사람들이 공감하지 못할 행동들도 공감하게 그린다. 이런 식의 낭만적 원시주의는 현대 오스트레일리아에서 결실을 맺었을 수 있지만, 이곳에서만 존재하는 것은 아니다. 오늘날 유럽인들을 수출했다고 비난할 수 있는 또 다른 나라는 또한 지구상에서 가장 성공한 나라이기도 하다.

크리스토퍼 콜럼버스가 바하마 제도 어딘가에 상륙한 뒤 수백 년 동안 그의 〈아메리카〉 발견은 좋은 일로 간주되고 콜럼버스 자신은 영웅적 업적을 이룬 것으로 찬양받았다. 콜럼버스가 아메리카에 도착한 뒤 여러 세기 동안 아메리카로 간 이민자들은 여전히 대중적인 모금 운동을 해서 그를 기리는 동상을 세웠다.[11] 그런데 콜럼버스의 아메리카 상륙 5백 주년인 1992년에 이르자 계산법이 바뀌었다. 콜럼버스는 이제 아메리카 대륙 〈발견자〉가 아니라 사실은 아메리카 파괴자였다. 이제 점점 아메리카는 콜럼버스가 애당초 이 나라를 발견하지 않았기를 바라는 것 같은 사람들로 가득했다. 어느새 콜럼버스 자신은 성공한 탐험가이자 모험가에서 식민주의자와 종족 학살자로 바뀌어 있었다.

5백 주년에 맞춰 출간된 수많은 책들이 콜럼버스의 행동이 실은 나치가 한 행동의 조상이라는 강압적인 주장을 폈다. 한 저자는 〈아우슈비츠로 가는 도중에 이 길의 경로는 서인도 제도와 남북아메리카의 심장부를 곧바로 관통했다〉라고 말했다.[12] 또 다른 인기 있는 저자는 『낙원의 정복 The Conquest of Paradise』이라는 책에서 콜럼버스가 도착하기 전의 아메리카를 말 그대로, 그리고 동시에 은유적으로 에덴동산으로 제시했다. 아메리카는 사람과 자연이 조화롭게 살던 땅이라는 것이었다. 이와 대조적으로 콜럼버스가 낳은 나라는 너무도 끔찍해서 이제 〈눈앞에 닥친 지구의 파괴〉는 이 나라에 책임이 있는 것처럼 보이게 되었다.[13]

이후 몇 년 동안 미국에서는 콜럼버스와 관련된 모든 것이 검토 대상이 되었다. 국경일인 콜럼버스의 날조차 공격을 받았다. 오늘날 시애틀과 미니애폴리스를 필두로 수많은 도시가 〈콜럼버스의 날〉을 〈원주민의 날〉로 변경하는 법률을 제정하면서 콜럼버스 이전에 아메리카에 살았던 사람들에게 초점을 맞출 기회를 제공하고 있다. 한 원주민 후손은 오클라호마시티의 지역 라디오에 출연해 이 논쟁을 검토하면서 이렇게 말했다. 〈이 문제는 내가 오랫동안 분투해 왔던 주제입니다. 우리 나라, 우리 주, 우리 도시가 원주민을 살해하고 노예로 삼고 강간한 이 남자, 전체 인구를 대학살한 이 남자를 중심으로 이 국경일을 기린다는 사실 말입니다.〉[14] 물론 이중 어떤 일도 그의 생애나 그가 아는 어느 누군가의 생애에 벌어진 게 아니다.

이번에도 역시 가해자와 피해자 모두 이미 죽었고, 그런 감정을 덜어 줄 방법도 거의 없다. 오스트레일리아의 경우처럼 한 가지 선택지는 세계 각지에서 특징적으로 나타나지만 서구 탈산업 사회에서 딱 맞는 역할이 있는 그런 농경 신화와 로맨스에 영합하는 것이다. 이런 신화에서는 현대 문명의 수립으로 한때 아름다웠던 풍경이 파괴되었을 뿐만 아니라 이제까지 더럽혀지지 않은 인간이 가장 치명적인 탐욕의 죄로 물들게 되었다고 본다. 이런 시각은 장자크 루소가 직접 발명한 것은 아니라 할지라도 절묘하게 요약한 것으로, 20세기 말과 21세기 초에 특히 인기를 끌었다. 이런 판단에 따르면, 유럽인들은 세계 곳곳을 돌아다니면서 식민지로 삼는 과정에서 결국 에덴동산을 파괴하는 종자가 되었다.

　오늘날 유럽인들이 세계 전역에 퍼뜨렸다고 비난받는 여러 죄 중에는 미국 창건의 죄를 구성하는 죄도 있다. 노예제와 노예제를 통한 인종주의가 그것이다. 미국 대통령들이 수십 년 동안 이 죄에 대해 사과를 했다고 말하는 것은 오히려 절제된 표현이다. 미국은 거의 2백 년 전에 이 문제를 놓고 내전을 벌여 승리했다. 그런데도 클린턴 대통령은 1998년 우간다를 방문했을 때 노예무역에 대해 또다시 지나칠 정도로 사과를 했다. 만약 클린턴이나 보좌진 중 누구든 이번 사과로 이 문제가 가라앉을 것이라고 생각했다면 그보다 더 큰 오판도 없을 것이다. 최소한 미국 쪽만큼이나 우간다 쪽에서도 많은 이들이 노예제 사슬에 관여했지만, 오늘날에는 유럽계 사람들만이 자기 조상들이 한 행동에 대해 지속적으로 죄책감을 느껴야 한다는 사고가 깊이 박혀 있어서 유죄 국가의 국민을 제외한 모든 사람에게 도움이 된다. 지난 몇십 년 동안 미국 흑인들의 상황이 서서히 개선됨에 따라 수치의 언어가 몸집을 키웠을 뿐이다. 미국에서는 민주당, 공화당 양당의 흑인 국무 장관, 흑인 대법관, 흑인 대통령이 나왔지만, 버락 오바마의 두 번째 임기에서도 흑인 미국인 전체에게 〈배상금〉을 지불해야 한다는 요구가 한층 더 높았다. 실제로 이 주장은 여러 세대에서 과거보다 더 많은 주류를 확보했다.[15] 그 어떤 행동으로도 과거에 저지른 죄를 덜 수 없음을 증명이라도 하는 것처럼, 오바마 집권 6년째가 된 시점에서 많은 백인 미국인의 조상들이 수백 년 전에 한 행동 때문에 그 후손들이 대다수 흑인 미국인에게 현금 배상을 해야 한다는 것이 주류의 사고가 되었다. 역사적 악행으로 고통받은 다른 종족 집단에 대한 배상 문제는 이어지는 논쟁의 일부가 되지 못했다. 오직 유럽인과 그 후손만이 죄를 기억한다. 따라서 오로지 유럽인과 그 후손만이 과거에 대해 지속적으로 속죄하고 있다.

오스트레일리아의 경우처럼 미국에서도 이처럼 죄의식의 목소리가 요란하게 울려 퍼지면 과거사에 관한 사람들의 자연스러운 감정이 바뀌게 된다. 애국심의 감정이 수치심이나 최소한 복잡하게 뒤섞인 감정으로 변형되면서 이로부터 곤란한 결과가 생겨난다. 나쁜 짓은 전혀 한 적이 없다고 믿는 나라야말로 언제든 나쁜 짓을 할 수 있는 나라다. 반면 과거에 나쁜 짓만 했거나 그토록 많은 끔찍한 짓을 저질렀다고 믿는 나라는 미래에 좋은 일을 할 수 있다고 믿지 못하는 나라가 될 공산이 크다. 그렇게 되면 자신이 과연 분별 있는 행동을 할 수 있는지 의심하게 된다. 한 나라가 원죄 개념을 깊이 간직하는 것이야말로 자기 의심을 키우는 가장 좋은 방법이다. 국가적 원죄가 자리를 잡으면 애당초 나라가 썩었기 때문에 좋은 일을 할 수가 없다.

유럽인들에게 〈비난〉의 화살이 돌아가고 따라서 종종 똑같은 〈원죄〉를 갖고 있다고 간주되는 마지막 나라는 이스라엘이다. 1948년 국가 창건 이래 이스라엘을 건국한 〈죄〉는 시끄러워지기만 했다. 이스라엘 건국과 같은 해에 이루어진 파키스탄 창건 과정에서도 상상하기 힘든 대량 학살이 일어나고 수백만 명의 강제 이주가 이루어졌다는 사실은 아무도 신경 쓰지 않는다. 반면 1948년 이스라엘을 창건하기 위해 팔레스타인 사람 수천 명을 이동시킨 — 때로는 추방한 — 것은 세계에서 유일한 유대 국가의 〈원죄〉가 되었다. 시간이 흐르면서 이 사실을 가리키는 아랍어 단어, 나크바nakba(재앙)가 대중화되었다. 역사를 보면 사람들의 이동 없이 창건된 나라는 거의 없다. 20세기에 창건된 많은 나라(가령 방글라데시)는 이스라엘 창건 이래 몇십 년 동안 목도된 사건을 모두 합친 수준을 훌쩍 뛰어넘는 사람들의 이동과 유혈 사태를 목격했다. 하지만 오늘날 이런 〈원죄〉를 안고 태어났다고 계속해서 거론되는 나라는 이스라엘뿐이다. 파키스탄이나 방글라데시 사람들은 영국인들을 탓할지는 몰라도 오늘날 전체 유럽인이나 그 후손들처럼 죄의식을 느낄 것으로 기대되는 법이 없다.

물론 비교적 새롭게 만들어진 국가인 이스라엘의 경우에 이 상황을 어떻게 치유할 것인지에 대한 아무리 극단적인 제안이라도 더 그럴 듯해 보일 수 있다. 아메리카 대륙에서 유럽계 후손을 전부 추방해야 한다고 진지하게 요구하는 사람은 거의 없는 반면, 이스라엘에서 유럽계 후손을 추방하고 이 땅을 원래 그곳에 살던 (많은 경우에 지금도 살고 있는) 아랍 부족들의 단독 소유로 〈돌려주어야〉 한다는 요구가 존재하는 것은 이례적인 일이 아니다(실제로 이 요구는 많은 중동 나라들의 정책이다). 그리고 중동의 역사는 그 어떤 지역보다도 여러 부족과 민족이 서로 강탈하고 대체하면서도 보상을 위해 역사적 조사의 법정에 호소하지 않은 사례인데, 팔레스타인 〈원주민〉에 관한 한 해답이 있다고 추정된다. 피해의 원인을 유럽인들에게로 추적할 수 있기 때문이다. 이 지역을 여행해 본 사람이라면 알겠지만, 이스라엘 국가가 어떻게 생겨났는지에 대해 지역에서 가장 우호적인 견해는, 홀로코스트에서 나쁜 짓을 한 건 유럽인들인데 지금 아랍인들이 그 대가를 치르고 있다는 것이다.

오스트레일리아, 미국, 이스라엘은 유럽에 의해 하나로 묶이는 완전히 다른 대륙에 있는 전혀 다른 세 나라다. 아메리카 정착민들은 유럽에서 왔다. 오스트레일리아 정착민들은 유럽에서 왔다. 그리고 이스라엘 인구의 절반은 아랍 땅에서 도망친 유대인이지만, 대개 이스라엘 유대인들은 유럽에서 온 것으로 여겨진다. 따라서 유럽인들이 이 모든 사례를 관통하는 〈악〉이 단지 역사 속에서 나쁜 짓을 한 인간 일반이 아니라 나쁜 짓을 한 유럽인들이라고 결론을 내리는 것은 유달리 박해를 환호하고 열광하기 때문이 아니라 단순히 사실을 관찰한 결과일 뿐이다. 그리고 ─ 그렇게 대규모로 그토록 많은 악행을 저지른 사람들을 생각할 때 ─ 도대체 누가 유럽인들이 실은 그냥 악마라는 사실을 의심하지 않을 수 있을까?

현대 유럽인들이 자신들에게 어느 정도 독성이 있다고 느끼는 것은 이해할 만한 일이다. 전 세계 모든 민족 가운데 거의 유일하게 유럽인들은 자기네 대륙에서 끔찍한 일을 저지를 뿐만 아니라 세계 곳곳에 악을 퍼뜨릴 것만 같다. 그리고 이 악이 전이됨에 따라 일반화된다. 유럽에서는 세계의 다른 민족 집단을 〈일반화〉하거나 〈본질화〉하는 것보다 더 나쁜 지적 죄악은 없다. 하지만 세계가 유럽인들에 관해 말할 때면 일반화와 본질화가 넘쳐 나도 괜찮다. 만약 어떤 유럽인이 아프리카인에게 다른 아프리카인이 저지른 범죄의 책임을 묻거나 아시아인에게 다른 어떤 아시아인이 저지른 범죄의 책임을 씌운다면 야단이 날 것이다. 하지만 역사적으로 유럽이 저지른 잘못과 범죄를 유럽인 전체에 일반화하거나 분산시키는 것은 정상적이고 받아들일 만한 일이 된다.

따라서 심지어 런던에서 서구 문화를 둘러싸고 벌어지는 토론에서 발언자들이 청중에게 나치즘과 홀로코스트의 책임은 〈우리〉— 유럽만이 아니라 서구 전역 — 에게 있다고 말하는 것을 듣는다고 해도 전혀 놀랄 일은 아니다.[16] 런던의 청중이 나치 독일에 — 공모하거나 책임이 있기보다는 — 맞서 싸운 사람들의 후손일 가능성이 더 높다는 — 그리고 아마 당사자들도 그 자리에 있을 것이라는 — 사실은, 완전히 간과되거나 한낱 배경 정보가 된다. 세계는 서구, 그리고 특히 유럽인들을 일반화할 수 있다. 이 일반화가 서구 역사에서 일어난 최악의 일과 관련되더라도 아무 문제가 없다. 그리고 정직한 역사학도라면 모든 공동체와 인종과 인간 집단은 끔찍한 일을 할 수 있을 뿐만 아니라 그런 일을 한 적이 있다고 결론 내리겠지만, 어떤 특정한 집단이나 시대가 어디에 초점을 맞추기로 결정하는지를 보면 많은 것을 알수 있다. 어디에 초점을 맞추지 않고 어떤 것이 유의미한 관심을 충분히 받지 못하는지도 마찬가지로 중요하다.

이중 잣대와 마조히스트들의 승리

오스만 제국은 세계사에서 가장 크고 오래 지속된 제국으로 손꼽힌다. 6백 년 넘는 시간 동안 제국은 광대한 영토를 통치하면서 자신이 다스리는 사람들에게 이슬람의 종교적, 문화적 견해를 강요했고, 고유한 법률 체계에 따라 저항하는 이들을 벌했다. 제국의 군대는 동남부 유럽과 중동, 북아프리카에 진출했고, 유럽 각국의 군대가 힘을 합쳐 1683년 빈 전투를 치른 뒤에야 유럽은 오스만의 지배를 피할 수 있었다.

물론 제1차 세계 대전의 여파로 제국은 산산이 무너졌다. 하지만 제국은 무너지는 와중에도 역사상 손꼽히는 잔학 행위이자 20세기 최초의 종족 학살을 자행했다. 터키 아나톨리아 지방에서 아르메니아 사람들을 절멸시키는 과정에서 불과 몇 년 사이에 1백만 명 정도가 대량 학살을 당했다. 또한 수십만 명이 무국적자 신세가 되었다. 오스만 제국이 무너지고 50년 뒤인 1973년, 터키는 유럽의 한 민족국가인 키프로스를 침공했다. 섬의 절반을 점령한 터키 군대는 그리스계 키프로스인들을 도살하고 다른 사람들을 고향에서 몰아냈다. 터키는 나토 회원국이고 그리스계인 키프로스 남부 지역은 유럽연합 회원국인데도 오늘날까지 점령이 계속되고 있다. 우리는 역사적 세력으로서 터키가 세계 다른 어느 나라보다 분명 더 좋지는 않겠지만 더 나쁠 것도 없다고 인정할 수 있다. 누가 실제로 종족 학살을 저지르고, 영국보다 두 배 오랜 기간 동안 제국을 운영하며, 최근 수십 년 동안 주권국가를 침략하지 않았는가? 이런 사실은 놀라운 게 아니다. 놀라운 점은 이런 사실이 거의 제기되지 않으며, 터키 사람들은 세계 역사에서 터키가 행한 역할에 대해 죄의식을 거의 느끼지 않는다는 것이다.

한 가지 이유는 터키 정부가 그렇게 해도 된다고 확신을 주기 때문이다. 현대 터키가 언론인을 투옥하는 데서 세계에서 으뜸인 이유 중 하나는 터키 형법 301조에 따라 〈터키 국가를 모욕하는〉 것은 범죄이기 때문이다. 아르메니아 종족 학살에 대해 조금이라도 언급하면 이 법을 위반한 셈이 되어 투옥된다. 그리고 그리스계 키프로스인들이 자국의 북부 지역을 계속 점령하는 데 대해 지속적으로 불만을 토로하긴 하지만, 대표적으로 영국 정부는 이런 상황에도 아랑곳하지 않고 터키에게 유럽연합의 정식 회원국이 되라고 계속 요구하고 있다.[17]

터키 정부가 오스만 제국이 저지른 잔학 행위에 대해 사과한 적이 없는 것도 놀랄 일은 아닐 것이다. 이 나라가 점령과 종족 청소로 점철된 최근 역사를 언급하는 것 자체를 여전히 법으로 금지하고 있는 것도 놀랄 일은 아니다. 더욱 놀라운 것은 한 민족으로서 터키인들에 대해 이런 사례를 들이대는 경우가 거의 없다는 사실이다. 오늘날 유럽 대부분 나라에서 가르치고 내면화하는 종류의 역사가 그런 역사의 잘못이 재발하는 것을 막기 위해서라면, 우리는 다른 나라들도 이런 식으로 다루고 있는지 물어야 한다. 다른 나라들도 자국의 과거에 대해 수치심을 느끼도록 부추겨야 하지 않는가? 그리고 만약 그 나라들은 전혀 수치심을 느끼지 않으면서 자연스러운 자부심에 의존할 뿐만 아니라 역사적 조사를 불법화한다면, 유럽은 단지 일반적인 나라와 다를 게 없는데도 이례적으로 죄의식을 느끼는 이상한 상황에 처해 있는 게 아닐까?

이 문제는 더 나쁘다. 역사적 악행이 현재의 속죄로 이어져야 한다면, 공소시효는 언제까지이며 다른 누군가에게 이를 적용할 수 있는가? 〈제국의 역습〉 이론과 마찬가지로, 흔히 유럽은 대규모 이주에 따르는 모든 결과를 감당해야 한다는 이야길 듣거나 은연중에 함축된다. 대규모 이주는 역사적 악행에 대해 속죄하는 과정의 일부이기 때문이다. 하지만 만약 대규모 이주가 제국주의 같은 역사적 악행에 대한 속죄의 일부라면, 왜 현대 터키는 그런 식으로 대하지 않는가? 터키 역시 완전히 바뀌어야 마땅한 나라가 아닌가? 만약 그렇다면 우리는 어디에서 이민의 물결이 나오도록 장려해야 할까? 터키인들이 이 과정에 불만을 품으면 〈인종주의자〉라고 외치면서 입을 닫게 해야 할까? 그리고 이 과정을 언제쯤 중단시켜야 하는 걸까? 아니, 중단시킬 수는 있는 걸까? 실제로 만약 지금 우리가 역사적 악행의 대가로 사람들에게 〈다양성〉을 강제하는 단계라면, 왜 사우디아라비아에는 이런 〈다양성〉을 강제하지 않는가? 왜 이란한테는 전 세계 소수민족을 그 나라로 향하게 만드는 식으로 역사에 대해 속죄하라고 강요하지 않는가? 모든 나라와 민족, 종교와 인종은 한창때 끔찍한 짓을 저지른 적이 있고, 또 대다수 인종과 문화는 아무런 처벌을 받지 않는 가운데 최근의 이런 이동의 이면에서 특정한 반서구적, 특히 반유럽적 동기를 찾지 말아야 할 이유가 무엇인가? 그 이면에는 기묘하고 거슬리는 사고가 숨어 있다.

만약 역사적 죄의식 개념이 어떤 의미가 있다면, 그것은 범죄에 공모한 유전적 오점이 한 세대에서 다음 세대로 전해진다고 어떤 식으로든 말할 수 있음을 의미한다. 기독교 복음서에 나오는 한 구절 때문에 수백 년 동안 일부 기독교인들이 유대인에게 바로 그런 식으로 책임을 물은 것은 사실이다.[18] 그리고 1965년이 되어서야 가톨릭 교황은 이런 역사적 짐을 공식적으로 덜어 주었다.[19] 하지만 이를 비롯해 거의 모든 비슷한 사례에서 현대 시대는 이처럼 후손을 비난하는 것을 도덕적으로 혐오스럽다고 생각한다. 유대인의 사례가 특히 거슬리는 것은 이런 복수가 얼마나 오래 지속될 수 있는지를 보여 주기 때문이다. 이와 대조적으로 오늘날 현대 유럽인들이 짊어지고 있는 죄의식은 최근 수십 년 사이에 시작된 것에 불과하다. 이것은 20세기 말부터 이어지는 병리 현상이다. 따라서 어쩌면 ─ 유대인들이 죄를 물려받았다는 기독교의 사고처럼 ─ 또다시 수천 년 동안 지속될 수 있다. 하지만 그렇다 하더라도 이 죄의식을 어떻게 덜어 줄지는 알기 어렵다.

첫째, 그토록 많은 유럽인들이 죄의식이 지속되기를 바라는 것 같기 때문이다. 프랑스 철학자 파스칼 브뤼크네르Pascal Bruckner가 『죄의식의 폭정 *La Tyrannie de la pénitence*』이라는 책에서 진단한 것처럼, 죄의식은 서유럽에서 도덕적 마취제가 되었다.[20] 사람들은 스스로 좋아서 죄의식을 들이마신다. 죄의식에 취하는 것이다. 죄의식은 사람들을 황홀하게 만들고 자극한다. 그들은 자기 자신을 책임지고 아는 사람들에게 책임을 다하는 사람이 되기보다는 산 자와 죽은 자의 대표자이자 끔찍한 역사의 전달자, 인류의 잠재적인 대속자를 자임하게 된다. 이제 이름 없는 존재에서 벗어나 대단한 존재가 된다. 2006년 영국은 앤드루 호킨스Andrew Hawkins라는 흥미로운 사례를 배출했다.

연극 연출가인 호킨스 씨는 중년에 이르러 자신이 존 호킨스라는 16세기 노예 상인의 후손임을 알아냈다. 2006년 〈생명줄 원정대 Lifeline Expedition〉(〈과거 치유〉 여행을 조직하는 단체다)라는 자선 단체는 그에게 감비아로 〈사죄〉 여행을 가자고 권유했다.[21] 결국 호킨스는 그해 6월에 다른 노예 상인의 후손 스물여섯 명과 함께 손에 사슬을 차고 목에는 멍에를 찬 채 수도 반줄 거리를 행진했다. 2만 5천 석 규모의 경기장에 들어설 때 호킨스를 비롯한 참가자들은 〈대단히 미안합니다So Sorry〉라는 문구가 적힌 티셔츠를 입고 있었다. 일행은 눈물을 흘리며 무릎을 꿇은 채 경기장을 메운 1만 8천 명에게 영어와 프랑스어, 독일어로 사과했고, 감비아 부통령 이사투 은지에세이디 Isatou Njie-Saidy가 그들의 사슬을 〈풀어 주는〉 의식을 거행했다.[22]

이런 의식은 도덕적 고뇌만이 아니라 심리적 고뇌도 보여 준다고 말하는 게 공정할 것이다. 호킨스 씨와 그의 친구들은 그들을 보고 곤혹스러운 표정을 지었던 감비아 사람들만큼 사죄 여행을 우호적으로 받아들이는 이들을 만나서 다행이었다. 서구의 자책하는 습관 앞에서 모든 이가 그렇게 우호적인 것은 아니다. 오래전 이스라엘과 팔레스타인의 평화 회담이 흔히 그렇듯이 결렬됐을 때, 한 언론인이 라말라에 있는 야세르 아라파트 의장 집무실에서 그를 인터뷰하고 있었다. 인터뷰가 끝나 갈 무렵 아라파트의 보좌관이 집무실로 들어와서는 미국 대표단이 도착했다고 전했다. 특종을 건진 것인지 궁금해진 언론인은 의장에게 옆방에 있는 미국인들이 누구냐고 물었다. 〈십자군 전쟁에 대해 사죄하기 위해 이 지역을 돌고 있는 미국 대표단〉이라고 아라파트가 말했다. 아라파트와 언론인은 웃음을 터뜨렸다. 두 사람 다 미국은 11세기부터 13세기까지 벌어진 전쟁에 거의 또는 전혀 관여하지 않았다는 것을 알고 있었다. 하지만 어쨌든 아라파트는 그렇게 믿는 사람들의 고뇌를 기꺼이 들어주고 자신의 정치적 이익을 위해 이를 활용했다.

끊임없이 죄의식을 느끼려는 욕망은 현대 유럽 각국의 자유주 사회에서 그 종점을 발견할 게 분명하다. 유럽 사회는 구타를 당하면서도 자신들이 과거에 무슨 맞을 짓을 했는지부터 묻는 인류 역사상 최초의 사회다. 그리하여 유럽인들은 실제로 구타를 당하거나 더 심한 일을 당할 때도 가해자가 된다. 최근 이주 위기가 가파르게 치닫기 몇 년 전에 노르웨이의 좌파 정치인 카르스텐 노르달 헤우켄Karsten Nordal Hauken(자칭 〈페미니스트〉이자 〈반인종주의자〉인 이성애자)이 자기 집에서 소말리아 난민 남자에게 잔인하게 강간을 당했다. 가해자는 이후 붙잡혔고 DNA 증거 덕분에 유죄 판결을 받았다. 가해자는 4년 6개월을 복역한 뒤 국외 추방되어 고국인 소말리아로 돌아갈 예정이었다.

이후 노르웨이 언론에 쓴 글에서 헤우켄은 이에 대해 죄책감을 느낀다고 말했다. 실제로 그가 우선 본능적으로 떠올린 것은 강간범이 소말리아로 돌아가는 데 대해 〈책임〉을 느낀다는 사실이었다. 〈강렬한 죄의식과 책임감이 느껴졌다. (……) 그가 더는 노르웨이에 살지 못하고 소말리아의 캄캄하고 불확실한 미래로 보내지는 것은 바로 나 때문이었다.〉[23] 적을 용서하려고 노력하는 것과 잔인하게 강간을 당하고 나서 강간범의 미래를 걱정하는 것은 전혀 다른 문제다. 아마 어느 때든 일정한 수의 사람들은 언제나 마조히즘에 시달리는 것 같다. 아마 마조히스트들은 가난한 사람들처럼 언제나 우리 곁에 있을 것이다. 하지만 그런 경향을 가진 사람들에게 상을 주고, 실제로 그런 사람들에게 그들이 가진 성향은 단지 타고난 게 아니라 도덕의 증거라고 말하는 사회에서는 마조히스트들이 더 많이 양산될 가능성이 높다.

물론 수가 많든 적든 간에 모든 마조히스트는 언제나 한 가지 독특한 문제에 직면한다. 실제 사디스트를 만날 때 벌어지는 문제 말이다. 마조히스트를 만난 누군가가 이렇게 말한다. 〈당신은 자기가 비참하고 끔찍한 데다가 그런 단점을 보완할 어떤 특징도 없다고 생각하지요? 음, 우리도 그렇게 생각해요.〉 오늘날 유럽과 유럽인들이 어느 정도 책임감을 느끼는 나라들에는 마조히스트가 전혀 부족하지 않을 것이다. 하지만 사디스트 역시 부족하지 않아서 우리 자신이 형편없다는 사실에 대해 우리 마음속에 품은 생각을 강화하고 우리에게 강요하려 한다. 그리고 이런 점이 실존적 죄의식이 — 당분간은 — 여전히 일방통행로인 또 다른 이유다. 대다수 사람들은 죄책감을 느끼려 하지 않으며, 악의를 품은 이들은 말할 것도 없고 다른 이들이 자기에게 죄가 있다고 비난하는 것도 원하지 않는다. 오직 현대 유럽인들만이 사디스트들로 이루어진 국제적 시장에서 기꺼이 자기혐오에 빠져 있다.

서구와 유럽의 각국은 스스로 학대하면서 세계가 자기 조상들의 행동에 대해 자신들을 괴롭히기를 기대하고 있는 반면, 진지한 어떤 당국이나 정부도 다른 어떤 민족이 물려받은 범죄에 대해 그들 스스로 책임을 져야 한다고 충고하지 않았다. 아직 사람들이 기억하는 범죄에 대해서도 그렇다. 아마 서구에는 사디스트가 거의 없기 때문일 것이다. 또는 다른 나라들에는 마조히스트가 많지 않아서 그런 과제가 성공할 가능성이 없기 때문일 수도 있다. 13세기 몽골의 중동 침략은 지금까지 역사 기록에서 최악의 잔학 행위로 손꼽힌다. 1221년 니샤푸르 학살, 알레포와 하림 학살, 1258년 바그다드 약탈 등에서 남녀노소 수십만 명이 도살됐을 뿐만 아니라 상상할 수 없는 양의 지식과 학문이 약탈당했다. 오늘날 우리가 십자군에 관해서는 많이 듣고 이 야만 행위에 대해서는 거의 듣지 못한다면, 그것은 몽골의 후손들을 추적해서 그들에게 책임을 묻는다는 착상이 어려울 뿐만 아니라 몽골 후손들 중 누구도 선조들이 자행한 잔학 행위에 책임을 져야 한다고 생각하지 않을 것이기 때문이다.

오직 유럽 민족들과 그 후손들만이 가장 추잡한 시기를 기준으로 자신들을 판단하는 것을 허용한다. 하지만 이런 자기 학대를 더욱 불길하게 만드는 것은 유럽인들이 다른 모든 민족에 대해서는 가장 뛰어난 시기를 기준으로 대할 것으로 여겨지는 것과 동시에 이런 자기 학대가 계속된다는 것이다. 종교적 극단주의에 관한 어떤 토론에서든 15세기 스페인 종교재판이나 십자군을 들먹이는 것은 흔한 일이지만, 안달루시아*나 이슬람의 신플라톤주의자들을 거론하는 것 역시 흔한 일이다. 이 두 사례가 나란히 — 우리 자신은 최악의 순간을 기준으로 판단하고, 다른 이들은 최고의 순간을 기준으로 판단하면서 — 제시되는 것은 우연의 일치일 리가 없다. 이런 점이야말로 서구에서 벌어지는 일이 심리적인 동시에 정치적인 고뇌라는 증거다.

그렇지만 현대 유럽의 죄의식이 현재 절망적인 상태인 것처럼 여겨지지만, 반드시 그럴 것이라고 믿어서는 안 된다. 향후에 젊은 독일인들, 1940년대를 살았던 이들의 손자들과 증손자, 고손자들도 자신들이 물려받은 오점을 느낄까? 아니면 어느 시점에 이르러 스스로 아

---

* 중세에 8백 년 동안 이슬람이 지배한 스페인 남부 지역. 이슬람이 관용적으로 통치하면서 무슬림, 기독교인, 유대인이 평화적으로 공존했다고 여겨진다.

무런 나쁜 짓을 하지 않은 젊은이들이 이런 죄의식에 대해 〈이제 그만〉이라고 말하는 순간이 올까? 이런 죄의식이 그들에게 강요하는 비굴한 감정은 〈이제 그만〉, 자신들의 과거가 유별나게 나쁘다는 사고는 〈이제 그만〉, 자신과 무관한 역사를 들먹이면서 현재와 미래에 자신들이 무엇을 해야 하고 하지 말아야 하는지를 규정하는 태도는 〈이제 그만〉이라고 말해야 한다. 충분히 가능한 일이다. 어쩌면 죄의식 산업guilt industry은 한 세대에 국한된 현상일지 모르며, 무엇으로 대체될지 아무도 모른다.

11

겉치레뿐인 본국 송환

1795년 임마누엘 칸트는 〈보편 군주제universal monarchy〉*보다 여러 국가가 존재하는 상황을 선호한다고 썼다. 그가 인정한 것처럼, 〈관할 구역이 넓을수록 법의 힘이 미치지 않으며, 영혼 없는 전제정이 선(善)의 씨앗을 고사시키면서 마침내 무정부 상태로 가라앉기〉 때문이다.[1] 그러나 지난 사반세기 동안 유럽을 통치한 정치인들은 그렇게 생각하지 않았다. 2016년 8월 유럽이사회 의장 장클로드 융커Jean-Claude Juncker는 〈국경은 정치인들이 만들어 낸 사상 최악의 발명품〉이라고 선언했다. 정치인들이 실제로 국경을 〈발명한〉 것인지는 논의의 여지가 있지만, 융커가 이 발언을 할 때쯤이면 정치인들이 확실히 국경을 없앨 수 있다는 게 분명했다.

2015년 앙겔라 메르켈이 이미 약간 열려 있는 문을 활짝 열었을 때, 대륙 내부의 합의는 확실히 칸트보다는 융커의 견해 쪽으로 기울어

---

* 고대 로마나 중국처럼 한 군주가 지역 전체에서 유일한 통치자이거나 다른 모든 국가들에 대해 특별한 우위에 있는 경우를 가리킨다.

있었다. 그해에 유럽으로 들어오는 사람은 이제 국경이 존재하지 않는다는 사실을 알고 놀랐을 것이다. 1995년 26개국이 국경 없는 지대를 창설하는 셍겐 협정Schengen Agreement에 참여했다. 남부의 포르투갈, 스페인, 이탈리아, 그리스에서부터 헝가리, 슬로바키아, 오스트리아, 프랑스, 네덜란드를 거쳐 북부의 스웨덴, 핀란드, 에스토니아에 이르기까지 이 협정에 따라 유럽의 4억이 넘는 인구가 여권을 보여줄 필요도 없이 대륙 곳곳을 자유롭게 이동할 권리를 갖게 되었다. 한 가지 조건은 회원국이 외부 국경을 경비하는 공동의 책임을 갖는다는 것이었다. 하지만 다른 점에서 대륙 ─ 셍겐 협정에 참여하기를 거부한 영국을 제외하면 ─ 은 1995년부터 줄곧 하나의 거대한 국경 없는 지대가 되었다. 유럽의 조화와 통합이라는 꿈이었다.

셍겐 협정은 평화와 통합의 새 시대를 예고하려는 시도였다. 이처럼 〈사람과 재화, 서비스와 자본이 자유롭게 제한 없이 이동〉하면 손실이 생길 것이라고 생각하기는 어려워 보였다. 무역에 유리하고, 브뤼셀에 가서 저녁을 즐기려는 프랑스인에게도 유리했다. 부정적인 면이 무엇이든 간에 셍겐 협정은 현실적으로 여행을 용이하게 만들었을 뿐만 아니라 어떤 메시지를 보내기도 했다. 국경이 문제라고 사람들을 설득할 수 있는 대륙이 존재한다면 그것은 바로 유럽이었다. 20세기에 관한 한 가지 해석은 불과 25년 사이에 두 번이나 유럽 대륙이 국경을 둘러싸고 전쟁을 벌였다는 것이다. 1914년에, 그리고 1930년대 말에 국경 문제는 한 대륙의 파국을 예고한 바 있었다. 유럽이 한 세대의 젊은이들을 잃은 이런 충돌이 정말로 국경의 존재 때문에 일어난 것이라면, 국경이 없어지기를 바라지 않을 사람이 어디 있겠는가? 마찬가지로 만약 민족국가가 전쟁의 원인이라면 그 누가 민족국가를 없애려 하지 않겠는가?

이런 주장의 결함 가운데는 (여러 복합적인 요인들 가운데) 독일의 군국주의가 아니라 국경 때문에 제1차 세계 대전이 벌어졌고, 나치의 침공이 아니라 국경 때문에 제2차 세계 대전이 일어났다는 오도된 관념이 있다. 일부, 특히 일부 독일인들은 다른 설명을 채택하는 게 편리할지 몰라도 20세기에 벌어진 전쟁을 국경 탓으로 돌리는 것은 모든 교통사고를 자동차 탓으로 돌리는 것과 비슷하다. 설령 때로 국경 때문에 충돌이 일어난다고 할지라도 국경이 없어지면 세계에서 충돌이 사라질 것이라는 결론이 나오는 것은 아니다. 어쨌든 유럽에서 민족국가들끼리 전쟁을 벌이기 전에 이 대륙은 종교 전쟁에 시달렸다.

하지만 솅겐 협정의 결함은 역사에 관한 가정에만 있지 않았다. 솅겐의 끔찍한 결함은 그 원리를 실행하는 방식에 있었다. 한 예로 회원국들은 대륙 외부 국경을 경비하는 데 협조하기로 약속했지만, 실제로 이 일은 최전선에 있는 나라들의 몫이 되었다. 1990년대 말과 2000년대 내내 이탈리아와 스페인, 그리스는 이주자 유입에 대처하기 위해 고군분투했다. 2004년 유럽연합 국경 경비대인 프론텍스가 창설된 뒤에도 남부 국가들은 계속 부담을 떠안았다. 2014년 람페두사 사태 당시 분노한 이탈리아 내무 장관 안젤리노 알파노Angelino Alfano가 다른 나라 장관들에게 상기시켜야 했던 것처럼, 〈지중해 국경이 유럽 국경〉이었다.

하지만 이 시기 동안 지중해 국가들을 힘들게 만든 것은 대륙 전체의 국경을 단속하는 부담만이 아니었다. 1990년대부터 지속적으로 제정된 유럽연합 차원의 협정인, 난민에 대한 더블린 규정이 (지금까지) 세 차례 개정된 것도 부담이 되었다. 더블린 규정이 몇 차례 개정된 목적은 이주자가 유럽연합 회원국에 난민 지위를 신청하면 그 나라가 신청을 처리할 법적 의무가 있음을 보증하기 위함이었다. 이론상 이주자들이 중복 신청하거나 국가들이 이주자를 서로 떠넘기는 사태를 막기 위한 것이었다. 그런데 현실을 보면 더블린 규정은 남부 국가들에게 책임을 떠넘긴 셈이었다. 이민 서류가 있든 없든 배에 가득 탄 사람들이 처음 도착하는 곳이 네덜란드나 독일이 아니라 이탈리아와 그리스이고, 처음 도착한 나라에서 난민 자격을 신청해야 하는 상황에서 이탈리아나 그리스 같은 나라들에게는 몇 가지 선택지만이 가능했다.

이 나라들은 자국 땅에 상륙한 모든 이주자의 난민 신청을 처리해야 한다는 압박을 느꼈다. 그렇지 않으면 이주자들에게 상륙한 나라에서 난민 신청을 하지 말고 북쪽 다른 회원국으로 가서 신청하라고 권유할 수 있었다. 더블린 조약 III (2013년 발효)에 따르면, 지문과 난민 신청서가 보관된 나라에 난민 신청을 처리하고 난민 자격을 부여하는 의무가 부과된다. 매일 남유럽에 수천 명의 사람들이 도착하는 상황에서 이 개정이 도입될 무렵이면, 북부 국가들로서는 남부 국가들이 이 의무를 회피할 방법을 찾지 않을 것이라고 예상하는 게 오히려 이상해 보인다. 남부 국가들이 의무를 회피한 방법 중 하나는 처음 도착한 나라에서 새로 온 사람들의 지문을 다 기록하지 않는 것이었다. 일단 지문을 기록하면 나머지 난민 신청 과정을 감독해야 하고 결국 난민 지위를 부여할 수밖에 없기 때문이다. 서류와 지문을 남기지 않고 신원 확인도 하지 않은 채 이주자들을 북부로 떠미는 게 훨씬 쉽다. 그런 사람들의 수가 얼마나 될지는 확인되지 않으며 확인할 수도 없지만, 최전선의 활동가들은 항상 이런 일이 벌어진다고 개인적으로 인정한다. 따라서 처리 과정을 더 투명하게 만들기 위해 고안된 더블린 조약 III은 실제로 각국으로 하여금 아예 이 시스템에 참여하지 않도록 유도하는 결과를 낳았다.

게다가 2015년에 들어온 이주자들은 일단 지문을 찍으면 그 나라에 계속 머물러야 한다는 것을 알고서는 점차 지문 찍기를 거부했다. 이탈리아와 그리스 당국은 이주자들에게 지문 날인을 강요할 수 없었고, 이주자 유입이 늘어남에 따라 이주자들과 남부 국가들 공히 절차를 따르지 않을 비슷한 이유가 생겼다. 만약 어떤 이주자가 북유럽으로 가고 싶다고 하면 그리스와 이탈리아로서는 지문 날인을 받지 않는 게 더 좋았다. 지문 날인을 받으면 이주자와 도착국 모두 서로 원하지 않는 가운데 난민 신청 절차를 진행해야 했기 때문이다.

셍겐 협정처럼 더블린 규정 역시 유럽 대륙으로 들어오는 이주자 수가 당시 기준으로 통상적인 수준이 됐을 때는 매력적인 것으로 밝혀졌다. 하지만 2015년 이주가 엄청난 현상으로 바뀌자 더블린 규정은 재앙이 되었다. 모든 곳에서 감정이 현실을 압도하는 것처럼 보였다. 불과 몇 달 전만 해도 레바논 소녀에게 〈정치는 어려운 문제〉라고 설명했던 독일 총리가 9월 1일 부다페스트 기차역에 모인 알바니아인, 시리아인, 이라크인들이 〈독일, 독일, 메르켈, 메르켈〉이라고 소리 높여 외치는 영상을 보고 〈감동을 받았다〉라고 말한 것으로 보도되었다. 나중에 독일에 들어오는 이주자들을 직접 환영하러 간 총리는 느긋하고 만족스러운 모습으로 미소를 지었고, 이주자들의 휴대 전화로 함께 셀카를 찍으려고 포즈를 취했다.

그때쯤이면 가능한 경로가 무수히 많았다. 이주자들은 그리스에서부터 마케도니아*를 통과한 뒤 세르비아를 거쳐 북쪽으로 올라갔다. 세르비아에서는 계속 위로 가서 헝가리에 이어 오스트리아를 통과해서 마침내 독일에 도착하거나 보스니아, 크로아티아, 슬로베니아, 오스트리아를 거쳐 역시 독일까지 갈 수 있었다. 이탈리아에서 독일이나 북유럽 국가들로 가려는 사람들은 제노바를 지나 벤티밀리아를 통과하는 식으로 이탈리아를 벗어나 북쪽으로 향한 뒤 서쪽으로 방향을 틀거나 아니면 연안을 따라 프랑스로 가는 다른 경로를 선택했다. 이탈리아 반대편으로 가서 오스트리아 쪽 국경을 넘을 수도 있었다.

2015년 9월 초에 이르자 가장 먼저 헝가리 당국이 자국으로 유도되는 난민의 수에 압도당하고 있다고 발표하고는 이제 상황을 통제하기 어렵다고 선언했다. 헝가리 정부는 헝가리발 독일행 열차 운행을 중단하는 것으로 인구 유입을 막으려고 했다. 매일 뮌헨에 도착하는 사람의 수가 1만 4천 명에 달했다. 어느 주말에는 4만 명이 새로 도착할 것으로 예상되었다. 독일 총리는 부대변인을 통해 난민을 돌려보내는 일은 없을 것이라고 발표했다. 그러자 이주자들이 헝가리의 고속도로와 철로를 따라 걸어서 독일로 향했다. 남자가 대부분인 거대한 이주자 대열이 유럽 전역에서 급증하는 모습을 전 세계가 지켜

* 그리스와 명칭을 둘러싸고 갈등이 벌어지면서 2019년 2월에 국명이 북마케도니아로 바뀌었다.

보았다. 바로 그 2015년 가을 동안 국경 없는 대륙이라는 유럽의 꿈이 종언을 고하기 시작했다. 수십 년 동안 유럽인들 사이의 국경을 허물기 위해 노력한 끝에 이루 헤아릴 수 없는 수의 비유럽인들이 유입되자 유럽 각국은 국경을 다시 세우기 시작했다.

독일 총리와 유럽연합 각국의 수반은 특히 헝가리를 콕 집어서 국경이 높았던 시절로 돌아가고 있는 것 같다고 비판했다. 하지만 헝가리는 스스로 초래하지도 않은 압박을 상당히 크게 받고 있었다. 2013년 헝가리는 이미 난민 신청자 2만 명 정도를 등록했다. 2014년에는 그 수가 4만 명으로 늘어났다. 2015년 처음 석 달 동안 헝가리에는 전년도에 입국한 사람들 전체보다 많은 수가 들어왔다. 그해 말에 이르러 경찰은 40만 명 정도의 난민을 등록했다. 거의 모두 독일이나 스칸디나비아로 향하는 이 이주자들은 세르비아나 크로아티아에서 헝가리에 들어오고 있었는데, 그 수가 하루에 최대 1만 명에 달했다. 대부분은 그리스를 통과해 온 사람들로 원래 거기서 등록을 했어야 한다. 헝가리 당국은 자국 영토로 들어오는 전체 인원 가운데 열 명 중 한 명꼴로 그리스에서 적법한 등록 절차를 거쳤을 것이라고 판단했다. 헝가리가 볼 때는 그리스가 셍겐 협정과 유럽연합 법률을 제대로 따르지 않은 것이었다.

7월에 이르러 헝가리 정부는 세르비아 쪽 국경을 따라 보호 장벽을 건설하기 시작했다. 그러자 크로아티아 쪽 국경을 건너서 들어오는 숫자가 늘어났다. 그리하여 그쪽 국경에도 장벽이 건설되었다. 이번에는 이주자들이 슬로베니아 쪽 국경으로 몰려갔다. 수백 킬로미터에 달하는 장벽이 헝가리 정부가 이주자들의 유입을 막을 유일한 방법이었다. 오스트리아 정부를 필두로 여러 정부가 장벽 건설을 호되게 비난했다. 하지만 얼마 지나지 않아 모두들 장벽 건설에 나섰다. 8월에 불가리아가 터키 쪽 국경을 따라서 새로 장벽을 세우기 시작했다. 9월에는 오스트리아가 헝가리 쪽 국경을 통제했고, 독일은 오스트리아 쪽 국경에 일시적으로 통제를 도입했다. 9월 13일 독일 내무장관 토마스 데메지에르가 국경 통제를 다시 도입할 것이라고 발표했을 때, 아무도 그가 누구를 대변해서 말하는 것인지 알지 못하는 것 같았다. 독일 정부 내의 사람들조차 총리가 시행한 조치를 보고 기겁을 한 것 같다.

9월 중순 헝가리는 비상사태를 선포하고 오스트리아 쪽 국경을 폐쇄했다. 뒤이어 크로아티아도 세르비아 쪽 국경을 폐쇄했다. 그 직후 오스트리아는 슬로베니아 쪽 국경을 따라 장벽을 건설하기 시작했다. 오스트리아가 세운 이 장벽은 전에 헝가리가 세운 것과 무엇이 달랐을까? 오스트리아 정부가 부끄러운 듯이 밝힌 바에 따르면, 그 차이는 오스트리아 국경 장벽은 〈옆 부분이 넓은 문〉이라는 것이었다. 곧이어 슬로베니아도 크로아티아 쪽 국경을 따라 담장을 건설했고, 마케도니아도 그리스 쪽 국경을 따라 장벽을 세우기 시작했다. 이 시점에 이르면 유럽연합 집행위원회 스스로 마케도니아 당국에 유럽연합 전체를 위해 그리스 쪽 국경을 봉쇄하라고 촉구하고 있었다. 사실상 일방적으로 그리스를 셴겐 협정 지역과 차단해 버린 셈이다.

베를린에서 어떤 행동을 할 때마다 대륙 전체에 연쇄 반응이 일어났다. 대부분 스스로 생계를 꾸릴 방편이 전혀 없는 수십만 명이 밀려오자 충분히 예상 가능한 결과가 나타났다. 그중 일부는 현실적인 문제, 즉 새로 도착한 이 모든 사람들에게 의식주를 어떻게 제공할 것인가 하는 문제였다. 독일 정부는 빈 건물 소유주들이 이주자 수용 용도로 정부에 건물을 임대하지 않으면 강제 징발 명령을 내릴 수 있다고 을러대기 시작했다. 대륙 곳곳에서 속속 들어오는 이 사람들이 실제로 정체가 뭐냐는 문제를 놓고 우려가 커졌다. 헝가리 공무원들은 2015년 초에 온 사람들의 절반 정도가 발칸 서부, 특히 코소보 출신이라고 추정했다. 다른 나라들에서도 그런 것처럼, 이주자들은 대부분 서류도 전혀 구비하지 않았다. 부다페스트 켈레티역에서 대기하는 사람들 가운데 절반 정도는 자신이 시리아인이라고 주장했지만, 공무원과 자원봉사자들이 시리아에 관해 질문을 하자 그들은 거의 또는 전혀 알지 못했다. 이번에도 역시 다른 나라들에서 그런 것처럼, 이주자의 절대 다수(항상 60퍼센트 이상)가 젊은 남성이었다.

메르켈 총리조차 이제 자신이 무슨 일을 벌인 것인지 걱정하기 시작한 듯 보였다. 독일 총리와 프랑스의 올랑드 대통령 둘 다 독일을 점점 짓누르는 압력을 일부 덜어 줄 유일한 해법을 추진했다. 두 사람은 — 유럽연합 집행위원회와 함께 — 유럽연합 모든 회원국에 일정 수의 이주자를 할당해서 받아들이도록 설득하려 했다. 하지만 영국부터 헝가리에 이르기까지 모든 회원국이 거부했다. 한 가지 이유는 수용을 요청받은 숫자가 실제 수치를 반영하지 못한다고 보았기 때문이다. 유럽연합 집행위원회와 메르켈은 이미 유럽에 들어온 이주자 수를 처리하는 데 불충분한 할당제에 서명하라고 각국을 설득하고 있었던 것이다.

메르켈과 유럽연합 집행위원회의 요구를 거부한 각국 정부는 또한 국민들의 의지를 반영하는 것이었다. 이 시기 동안 헝가리 국민의 3분의 2가 브뤼셀이나 베를린에서 제시하는 할당치를 정부가 거부해야 한다고 생각했다. 하지만 헝가리가 낳은 가장 유명한 사람 한 명은 여기에 동의하지 않았다. 2015년 한 해 동안 억만장자 금융가 조지 소로스George Soros는 이주자들이 유럽으로 들어오고 유럽 내에서도 자유롭게 이동할 수 있도록 국경을 개방해야 한다고 주장하는 압력 단체와 기관들에 상당한 액수를 쏟아 부었다. 〈웰컴2EU〉라는 웹사이트뿐만 아니라 그가 운영하는 오픈 소사이어티 재단 또한 이주자들에게 어떻게 해야 하는지를 알려 주는 전단 수백만 장을 찍어 냈다. 유럽에 들어오는 법, 일단 유럽에 들어오면 갖게 되는 권리, 당국이 할 수 있는 일과 할 수 없는 일 등을 알려 주는 내용이었다. 재단은 〈유럽 국경 체제에 맞선 저항〉을 공공연하게 옹호했다.

　2015년 10월 헝가리 총리 오르반 빅토르Orbán Viktor는 소로스가 〈민족국가를 약화시키는 것이라면 무엇이든 지지하는〉 활동가 진영의 일원이라며 공개적으로 비판했다. 소로스는 비판에 대한 답변에서 자신이 재정을 지원하는 많은 단체들이 실제로 오르반이 설명하는 목표를 위해 활동하고 있음을 공개적으로 시인했다. 『블룸버그』에 보낸 이메일에서 소로스는 자신의 재단은 〈유럽적 가치를 지탱하기〉 위해 노력하고 있다고 말하는 한편, 오르반이 〈이런 가치를 훼손하려〉 한다고 비난했다. 그리고 계속해서 오르반에 관해 말했다. 〈그가 추진하는 계획은 국경 보호를 목표로, 난민을 장애물로 간주한다. 반면 우리가 추진하는 계획은 난민 보호를 목표로, 국경을 장애물로 간주한다.〉[2] 누군가 일단 세계 각지에서 사람들이 유럽으로 걸어서 들어올 수 있으면 과연 그런 유럽적 가치가 얼마나 오랫동안 지속될 수 있는지 묻기 전에 대화는 끝났다.

하지만 이내 논점이 바뀌었다. 11월 13일 금요일 저녁 세 시간 동안 파리에서 일사불란한 테러 공격이 일어났을 때 세계 각지의 언론은 이미 유럽이 새로운 이주자들의 압박 때문에 〈뒤틀리고 있다〉고 설명하고 있었다. 돌격소총으로 무장한 테러리스트들이 자동차를 몰고 가면서 술집과 식당에서 식사를 하고 술을 마시는 파리 시민들에게 총격을 가했다. 그와 동시에 생드니의 스타드 드 프랑스 경기장에서 자살폭탄 공격이 일어났다. 당시 경기장에는 올랑드 대통령도 축구 경기를 관전하던 중이었다. 다른 식당들에서도 총격이 벌어지고 자살폭탄 공격이 일어난 것 외에도 총으로 무장한 세 명이 볼테르 대로에 있는 바타클랑Bataclan 공연장에 진입했다. 1천여 명이 헤비메탈 공연을 보는 가운데 테러리스트들이 돌격소총을 발사하기 시작해서 최대한 많은 사람을 쓰러뜨렸다. 테러리스트들은 휠체어 사용자들을 공연장 장애인 구역에 나란히 세워 놓고 한 명씩 총을 쐈다. 다른 곳에서는 건물을 배회하면서 부상을 입고 쓰러져 있거나 숨어 있는 사람들을 사냥하듯 쐈다. 현장에서 살아남은 한 젊은 여성은 나중에 이렇게 말했다. 〈모르는 사람들의 피가 흥건한 바닥에 누워서 스물두 해에 불과한 삶을 끝낼 총알을 기다리고 있자니 내가 사랑했던 모든 이의 얼굴이 떠올랐다. 나는 사랑해요, 라고 몇 번이고 되풀이해 말하면서 내 인생의 행복한 나날들을 곱씹었다.〉 총격범들은 공연장 구석구석을 돌며 계속 사람들을 쏘다가 경찰이 도착하자 자살용 폭탄 조끼를 터뜨렸다. 그날 저녁 파리에서 129명이 살해되고 수백 명이 부상을 입었다.

시리아의 IS가 자신들의 소행이라고 주장했다. 유럽에서 전에 일어난 모든 테러 공격에서 그러했듯이 대륙 전체가 숨을 죽이고 최악의 시나리오를 신중히 고려했다. 이윽고 범인들이 프랑스와 벨기에 출신이라는 사실이 알려졌다. 하지만 공격 이후 주모자 중 한 명이 벨기에로 무사히 돌아갈 수 있었다. 또한 의미심장한 사실 하나는 스타드 드 프랑스 자살폭탄범 중 하나가 〈아마드 알모하마드〉라는 이름의 가짜 시리아 여권을 갖고 있었다는 것이다. 공무원들은 테러 공격이 벌어진 그달에 그 이름을 가진 사람이 난민 신청자로 유럽에 들어온 사실이 있다고 인정했다. 지문을 조회한 결과 10월에 그 이름으로 그리스에 입국한 남자와 일치했다. 그 이름을 사용한 사람은 그달 초에 이주자 70명이 가득 탄 채 가라앉는 배에서 그리스 해안 경비대에게 구출되었다. 그리고 11월에 레로스섬에서부터 세르비아, 크로아티아, 오스트리아, 헝가리를 거쳐 마침내 생드니로 온 것으로 드러났다. 뉴스가 이례적으로 느리게 나오긴 했지만, 테러 공격 1년 뒤에 이르면 주모자들을 비롯한 파리 테러리스트들의 다수가 테러 훈련을 받기 위해 시리아로 들어갔을 뿐만 아니라 이주자 행세를 하면서 유럽을 몰래 드나든 것이 분명했다.

그렇게 허술한 대외 국경에 찬성하던 대중의 분위기가 차갑게 식기 시작했다. 공격이 벌어진 날 밤에 테러 세포들이 프랑스를 자유롭게 드나들었다는 뉴스가 전해지자 유럽 내에서 국경을 완전히 없애는 데 찬성하던 분위기도 싸늘하게 식어 갔다. 하지만 파리 공격 이틀 뒤 터키 안탈랴에서 열린 기자회견에서 장클로드 융커는 이렇게 주장했다. 〈난민 문제에 관한 유럽의 정책을 수정할 근거는 전혀 없습니다.〉 계속해서 그는 파리 공격범들은 〈범죄자〉이지 〈난민이나 난민 신청자〉가 아니라면서 이렇게 덧붙였다. 〈우리가 채택한 이주 의제를 바꾸려는 유럽 사람들을 초대하고 싶습니다. 그 사람들에게 이 문제를 진지하게 생각하고 제가 좋아하지 않는 이런 기본적인 반응에 굴복하지 말 것을 상기시키고 싶습니다.〉 그가 좋아하든 말든 바야흐로 대중과 정치권의 태도가 바뀌고 있었다. 파리 시민이 브뤼셀에 가서 밤을 보낼 수 있다는 사실이 매력적인 것은 분명했지만, 이제 사람들은 벨기에의 무슬림이 저녁을 보내러 파리로 왔다가 그날 밤에 돌아갈 수 있는 시스템의 위험도 인식하게 되었다. 파리 테러 공격을 계기로 이미 진행 중이던 신속한 역전 과정이 더욱 가속화되었다. 노르웨이는 서둘러 난민 정책을 바꾸기 시작했고, 파리 사태가 일어나고 2주 만에 스웨덴조차 이제부터 국경 감독을 도입하겠다고 발표했다. 앞으로 이 나라에 들어오는 사람들은 일정한 양식의 신분증을 보여 주어야 했다. 마치 그때까지 아무도 들어 본 적이 없는 일을 발표하는 것처럼, 스웨덴 부총리인 녹색당의 오사 롬손Åsa Romson은 눈물을 쏟았다.

한편 올랑드 대통령은 프랑스가 〈국내외에서〉 전쟁을 치르고 있다고 발표했다. 프랑스는 곧바로 시리아 내에 있는 IS 진지에 대한 폭격을 강화했다. 해외의 전쟁은 오히려 쉬운 편이었다. 어려운 것은 국내에서 치르는 전쟁이었다. 곧바로 비상사태가 선포되어 무한정 지속되었다. 공격 직후 이틀 동안 프랑스 경찰은 전국 각지에서 168회의 불시 단속을 실시했다. 리옹에서는 단속 중에 로켓 발사기가 하나 발견되었다. 생드니에서는 단속 중에 한 여성이 자살 폭탄 조끼를 터뜨려서 산산조각이 나는 사건이 있었다. 바타클랑 폭탄 공격범 중 한 명은 샤르트르 대성당 바로 근처에서 살고 있음이 밝혀졌다. 앞서 1월에 『샤를리 에브도』 사무실과 유대인 식품점을 겨냥한 공격의 경우처럼, 프랑스 정치인들은 지금이야말로 유권자들의 심중에 구체적인 안보 우려가 생기는 순간임을 알았다. 하지만 또한 프랑스 대중이 자기 나라가 어쩌다 이런 상황에 봉착하게 됐는지를 숙고하는 것이 당연하다는 사실도 알았다.

테러 공격이 벌어진 지 2주도 되지 않아 프랑스 총리 마뉘엘 발스Manuel Valls는 프랑스는 향후 2년 동안 난민 신청자를 3만 명 이상 받지 않을 것이라고 밝혔다. 파리에서 메르켈 총리와 회동한 뒤, 발스는 신랄하게 선언했다. 《《오라!》고 말한 건 프랑스가 아닙니다.》 메르켈 총리는 각국이 할당제를 고수하는 게 중요하다고 계속 주장했지만, 발스 총리는 언론인들에게 이렇게 말했다. 〈우리는 유럽에 더 이상 난민을 수용할 수 없습니다. 그건 불가능한 일입니다.〉 프랑스 총리실은 나중에 통역에 오류가 있었고, 총리가 하려던 말은 유럽이 더 이상 〈그렇게 많은 난민〉을 받을 수 없다는 것이었다고 해명했다.

영국과 다른 유럽 나라들처럼, 프랑스 대중 역시 이런 말장난과 선언의 실체를 제대로 간파하고 회의적으로 보았다. 이민이나 통합과 관련된 모든 문제에 관해 이미 국민들은 수십 년 동안 똑같은 말을 들어 왔기 때문이다. 해마다 외국 태생 인구 비율이 계속 늘어나는 가운데 프랑스 정치인들은 유럽 다른 나라의 정치인들처럼 이 문제에 관해 서로 강경한 목소리를 내려고 앞을 다투고 있었다. 1970년대와

1980년대 내내 발레리 지스카르 데스탱과 프랑수아 미테랑을 비롯한 정치인들은 이 문제에 대해 더 단호한 태도를 취하기 위해 경쟁했다. 1984년 당시 파리 시장이던 자크 시라크는 공개적으로 경고했다. 〈유럽을 다른 대륙들과 비교해 보면 끔찍합니다. 인구 통계 면에서 볼 때 유럽은 이제 사라지는 중입니다. 지금부터 20년 정도 지나면 유럽 나라들은 텅 비게 될 테고, 우리의 기술력이 어떻든 간에 그 기술력을 사용하지 못하게 될 겁니다.〉

1989년 사회당 소속 총리 미셸 로카르는 난민 문제에 관한 텔레비전 인터뷰에서 프랑스가 〈전 세계의 모든 비참한 사람들을 환영할 수는 없다〉라고 말했다. 그러면서 자기 정부가 많은 사람들을 돌려보냈다고 자랑하면서 향후에도 더 많은 수를 추방할 것이라는 공허한 약속을 했다. 전임자인 미테랑과 똑같이 로카르도 선거를 앞두고 프랑스 좌파가 현명하게 구사하는 선거용 책략을 실행한 것이었다. 이 모든 선언은 정치 게임의 일환이었다. 실제로는 거의 영향을 미치지 않았다.

1985년 장 라스파유와 제라르 뒤몽이 2015년에 프랑스가 어떤 모습일지를 묻는 글을 썼을 때, 미테랑이 이끄는 프랑스 좌파는 혼란에 빠져 있었다. 강한 사회주의 성향에서 자유시장 경제 정책에 가까운 쪽으로 이동한 것은 정치적 재앙으로 작용하면서 최대 유권자를 형성하는 노동조합 계급을 소외시켰다. 좌파는 이미 사회주의자들과 조르주 마르셰Georges Marchais가 이끄는 공산주의자들로 갈라졌고, 1986년 총선을 앞둔 시기에 제5공화국의 선거 제도 아래서는 좌파의 승리가 불가능해 보였다. 미테랑 대통령은 제4공화국에서 장관으로 일하면서 선거용 책략 경험을 쌓았던 터라 1980년대 중반에 1988년 선거에서 우파를 무력화하고 대통령에 오르기 위한 계획을 수립했다. 사회당이 장악한 의회가 비례대표제에 근거한 새로운 선거법을 통과시키고 이민이 큰 쟁점이 되도록 만드는 것이 골자였다.

이 순간 장마리 르펜과 이민 반대를 내세운 그가 속한 국민전선이 미테랑에게 큰 도움이 되었다. 미테랑은 르펜 — 이전까지 주변부에 처박힌 인물이었다 — 이 최대한 많이 노출될 수 있도록 확실히 밀어 주었다. 처음으로 르펜은 텔레비전에 정기적으로 출연 요청을 받아서 자기 견해를 밝힐 수 있었다. 그 이면에서 사회당이 조직한 반인종주의 운동(〈내 친구에게 손대지 마Touche pas à mon pote〉) 또한 최대한 노출될 것이었다. 이 과정에서 미테랑은 흠 있는 좌파가 흠 있는 우파를 창조하게 만들었다. 그는 국민전선이 우파에게 상처만 주고 표의 향방을 바꿀 수 있으며, 우파의 어떤 정당도 국민전선과 연대하거나 심지어 이민과 국가 정체성, 애국에 관련된 국민전선의 노선에 감히 근접하지도 못할 것임을 알았다. 만약 우파 정당들이 국민전선과 가까워진다면 그들 역시 파시스트이자 인종주의자, 공화국 가치의 배신자로 낙인찍힐 것이기 때문이었다.

미테랑의 계획은 1986년과 1988년에 제대로 효과를 발휘해서 이후 시기 내내 좌파의 전략이 되었다. 선거 때마다 국민전선을 강하게 부각시킴으로써 우파를 권력에서 배제하는 한편, 우파가 유독해지지 않는 가운데 이민과 정체성에 관한 우려에 고개를 끄덕이는 것 말고 달리 할 게 없게끔 하는 최선의 방법이었다. 그동안 내내 미테랑과 좌파의 후임자들은 이민에 관해 자신들이 얼마나 강경해질 수 있는

지를 힘주어 강조했다. 하지만 프랑스의 이주자 공동체는 계속해서 커졌다. 결국 주류 우파의 정치인들 역시 이민에 관한 강경한 발언으로 유명세를 떨치려 했다.

1993년 이민 문제를 관할하는 장관인 샤를 파스쿠아Charles Pasqua 가 프랑스는 국경을 폐쇄할 것이고 〈이민자 유입을 불허하는〉 나라가 될 것이라고 발표했다. 같은 해에 그는 조만간 불법 체류자들에 대한 일제 단속을 실시할 것이라고 자랑했다. 〈우리가 비행기와 선박, 열차에 가득 태워 불법 이민자들을 돌려보내면 전 세계가 그 메시지를 받게 될 겁니다.〉 하지만 당시에도 그가 정말 이렇게 생각했는지는 의문이다. 바로 그 파스쿠아가 얼마 뒤에는 이렇게 말했다. 〈이민 문제는 과거가 아니라 미래의 문제입니다.〉 머지않은 미래에 〈미래가 없는〉 아프리카의 수천만 젊은이들이 북쪽으로 오고 싶어 할 것이라는 말이었다.[3]

이 시기 내내 프랑스 정치권에서 벌어진 논쟁은 독특하면서도 유럽을 완전히 대표하는 내용이었다. 이 수십 년 동안 내내 서유럽의 주요 정당들은 대규모 이주로 인해 생겨난 커다란 문제를 다룰 능력을 키우는 대신 작고 상징적인 문제들에 집중했다. 때로는 이민자 유입이 자랑거리였고, 또 때로는 불법 이주자들에 대한 특별히 준비된 〈일제 단속〉이 문제가 되었다. 이런 문제들이 있는 한 정치인들이 어떤 일에 대해 유독 강경한 척 행세할 수 있을 뿐만 아니라 일정하게 대중적 추진력을 얻을 수도 있다는 판단이 깔려 있었다. 프랑스의 세속적 전통 때문에 옷차림을 둘러싼 논쟁이 특히 시금석 같은 쟁점으로 비화되었다.

그리하여 1989년에 첫 번째 히잡 논쟁이 벌어졌다. 파리 북쪽에 있는 크레이시의 여학생들이 학교에 히잡을 쓰고 갔는데, 학교 당국이 이를 금지한 일이 계기였다. 이어진 논쟁에서 당시 정부는 히잡에 대한 정책을 결정하는 것은 개별 학교의 권한이라고 권고했다. 2000년대에 프랑스 사회에서 히잡이 점점 가시화되면서 정부가 뭔가 행동하는 모습을 보여 줄 필요가 생기자 결국 시라크 대통령은 (2004년에) 공공건물에서 두드러지는 종교적 상징을 착용하는 것을 금지하는 법을 통과시켰다. 그전까지 프랑스 국가는 공립학교나 법원에서 이런 상징을 금지하는 결정을 내리지는 않았다. 많은 유대인들이 키파kippah*를 쓰거나 기독교인이 작은 십자가 목걸이를 했기 때문이다. 그런데 공공장소에서 히잡을 쓰는 여성이 늘자 이런 결정을 내린 것이다. 프랑스 정부는 이런 현상이 어디서든 보수적인 이슬람 정서의 고조를 상징한다는 것을 인식하고 이런 추세를 저지하기 위해 확고한 선을 그었다. 그리고 다른 종교까지 이 사태에 연루되는 것은 어쩔 수 없이 치러야 하는 희생이라고 판단했다.

그로부터 몇 년이 지난 2009년, 스위스 국민들도 비슷한 맥락에서 가치 있는 이정표라고 생각하는 기준을 상정했다. 스위스 정부는 이슬람 첨탑 건설 금지를 통과시킨 헌법 수정안을 국민투표에 부쳤고, 57.5퍼센트 대 42.5퍼센트로 가결되었다. 이듬해 시라크의 후임자인 니콜라 사르코지는 얼굴 전체를 덮는 가리개를 쟁점으로 만들 기회가 있었다. 2010년 거리나 쇼핑 센터 같은 공공장소에서 얼굴 전체를 덮는 가리개를 쓰는 것이 불법화되었다. 마침내 2016년 여름 많

---

* 유대인 남성이 쓰는 작고 테두리 없는 모자.

은 프랑스 도시가 해변에서 이른바 〈부르키니〉를 입는 것을 금지했다. 프랑스 최고 행정법원은 이 금지를 유예했지만, 부르키니 문제는 2016년 8월 뉴스를 도배했다. 이 복장(얼굴만 드러내고 몸 전체를 가리는 복장)을 금지한 시청 중 한 곳은 니스였다. 대규모 이민자 유입으로 생겨난 질문들에 대한 프랑스의 해답은 이런 식으로 압축되었다.

니스에서 부르키니가 금지되기 불과 한 달 전에 모하메드 라후에 유불렐Mohamed Lahouaiej-Bouhlel이라는 튀니지인이 프랑스 혁명 기념일을 축하하러 해안 거리에 모인 군중을 향해 트럭으로 돌진하는 일이 있었다. 그날 저녁 프롬나드 데장글레 거리에서 86명이 사망하고 많은 이들이 부상을 입었다. 이후 IS는 그런 테러 공격은 유럽 어디서든 공격을 실행하라는 자신들의 호소에 부응한 것이라고 주장했다. 프랑스 정부는 전년 11월부터 시행되고 있던 비상사태를 다시 한 번 연장했지만, 그런 잔학 행위가 벌어진 뒤 몇 주 동안 가장 시끄러운 대중적 논쟁이 불과 10년 전에 발명된 이슬람 수영복을 둘러싸고 벌어진 것은 전형적인 일이었다. 더 큰 문제들에 대한 답을 찾지 못하는 상황에서 상대적으로 사소한 그런 문제에 몰두하려는 유혹이 생긴 것은 당연한 일이다. 사람들이 칼라시니코프 소총을 집어 드는 것은 막을 수 있겠지만 트럭을 구하는 것은 어떻게 막겠는가? 그리고 더 많은 극단주의자들이 당신네 나라로 들어오는 것은 막을 수 있을지 몰라도 이미 당신네 나라의 시민인 극단주의자들은 어떻게 하겠는가?

12

같이 사는 법 배우기

니스시는 2016년 여름에 하루가 멀다 하고 일어나는 공격의 첫 번째를 경험했을 뿐이다. 니스 공격이 벌어진 다음 주 월요일에 모하메드 리야드Mohammed Riyad라는 이름의 17세 난민이 독일 바이에른주를 달리던 기차 안에서 도끼와 칼을 꺼내며 〈알라후 아크바르Allahu Akbar(신은 위대하시다)〉라고 외치고는 승객들에게 휘두르기 시작했다. 승객 다섯 명에게 중상을 입힌 뒤 그는 경찰이 쏜 총에 맞아 숨졌다. 공격범이 IS에 충성을 맹세한 사실이 밝혀졌다. 또한 그는 독일에서 난민 신청을 할 때 아프가니스탄 출신이라고 주장했지만, 그 장면이 담긴 녹취록을 보면 파키스탄 출신임이 밝혀졌다. 프랑스가 이 문제들을 논의하는 데 서툴렀다면, 독일은 다른 어느 나라보다도 서투른 것으로 드러났다. 기차 승객 공격 이후 벌어진 공개 토론에서 독일 녹색당 하원의원인 레나테 퀴나스트Renate Künast는 왜 열차에 있던 경찰이 총으로 부상을 입히지 않고 살해했느냐고 물었다.

다음 날 프랑스 몽펠리에 근처에서 모하메드 부파르쿠흐Mohamed

Boufarkouch라는 사람이 〈알라후 아크바르〉라고 외치고는 프랑스 여성과 세 딸(8세, 12세, 14세)을 칼로 찔렀다. 〈상스러운〉 옷을 입었다는 게 이유였다. 범인은 모로코 태생이었다. 그로부터 며칠 뒤 뮌헨에 사는 이란계 이민자 2세인 알리 다비드 손볼리Ali David Sonboly가 맥도날드에서 10대 일곱 명을 죽인 것을 시작으로 총기 난사로 아홉 명을 살해했다. 며칠 뒤에는 슈투트가르트에서 시리아 난민이 마체테 칼로 임신한 여자를 난도질해 죽였다. 이 사건은 순간적인 흥분으로 벌어진 충동 범죄라고 알려졌다. 다음 날 또 다른 시리아 난민 모하마드 달릴Mohammad Daleel이 바이에른주 안스바흐에서 열린 음악 축제에서 표가 없다는 이유로 입장을 거부당했다. 그는 못과 나사로 속을 채운 폭탄을 갖고 있었는데, 결국 와인바 앞에서 폭탄을 터뜨렸다. 스물네 시간이 약간 지난 뒤 루앙에서 미사 중인 성당 안으로 남자 둘이 IS의 이름을 외치면서 들어가서는 수녀들과 신도들을 인질로 잡고 신부인 자크 아멜Jacques Hamel을 살해했다. 현장에 있던 한 수녀는 열아홉 살의 두 살인자 — 아델 케르미슈Adel Kermiche와 압델 말리크 프티장Abdel Malik Petitjean — 가 칼로 신부의 목을 베고는 죽어 가는 그의 몸 위로 아랍어 구호를 외치면서 녹음하는 내내 웃음을 띠었다고 말했다. 신부가 죽어 가면서 마지막으로 남긴 말은 〈사탄아, 저리 가라〉였다.

이런 공격 가운데 일부는 최근 이루어진 이주 물결 속에서 유럽에 온 사람들의 소행이었다. 나머지 뮌헨 사건 같은 공격은 유럽에서 태어난 사람들이 벌인 짓이었다. 손쉬운 답을 찾는 것은 여전히 쉽지 않았다. 테러의 원인을 유럽의 통합 전략이 부족한 탓으로 돌리려는 사람들은 앞선 이주자들을 통합하는 데 그토록 서투른 대륙이 그렇게 많은 새로운 이주자를 수입한 이유를 설명하는 데 애를 먹었다. 최근의 이주 물결에 관해서만 이야기하려는 사람들은 유럽에서 태어나고 자라난 이들조차 왜 그런 공격을 저질렀는지 설명하는 데 애를 먹었다. 동기를 설명하려는 사람들은 공격 대상이 워낙 다양해서 어쩔 줄을 몰랐다. 세속주의와 반(反)유신론을 표방하는 시끄러운 잡지인 『샤를리 에브도』의 편집진이 어떻게 보면 〈자업자득인 셈〉이라고 생각하는 사람들은 그로부터 18개월 뒤에 미사를 집전하던 신부가 제단에서 살해당할 만한 일을 한 게 무엇인지를 설명하지 못했다. 2015년 11월 파리 테러 공격 이후 언론과 인터뷰를 한 마흔여섯 살의 파리 시민은 프랑스 사회가 학습 곡선의 어디에 있는지를 무심코 드러냈다. 〈단지〉라는 단어를 골치 아프게 사용하면서 그는 말했다. 〈파리 사람이라면 누구나 이번 공격에 마음이 움직였어요. 전에는 단지 유대인이나 작가, 만화가였거든요.〉[1]

만약 이 모든 사태가 유럽이 자신과 자신의 미래를 바라보는 시각에 끔찍하게 비춰졌다면 아직 더 나쁜 일이 남아 있었다. 테러 공격은 대중에게 우려가 점점 커지는 가장 분명한 이유를 보여 주었을 것이다. 하지만 어쩌면 훨씬 더 말하기 힘든 일에 관해 이에 못지않게, 그리고 어떤 면에서는 한층 더 기본적인 우려가 나타났다. 테러 공격이 일어났을 때 그 원인을 놓고 왈가왈부했을지는 몰라도 거의 모든 사람이 공격을 인지할 수 있었다. 하지만 모든 사람이 점점 커지는 안보 관련 우려를 다룰 필요가 있다고 동의하는 한편에서 아무도 논의하려 하지 않고 모두들 다루기를 꺼려 하는 또 다른 문제가 생겨났다.

2000년대 내내 이민자 무리가 현지 여성들을 성폭행하는 것은 공공연한 비밀이었다. 어느 누구도 이런 일에 관해 말하려 하지 않았다. 이런 사건을 언급하는 것만으로도 뭔가 천하고 어쨌든 상스러운 일이었다. 피부색이 짙은 남자들은 백인 여성을 능욕하는 성향이 있다고 은연중에 말하는 것조차도 불쾌한 인종주의적 텍스트에서 유래한 게 너무도 분명해서 우선 그런 일이 일어날 수 있다고 상상하는 것, 그리고 그런 일을 논의해야 한다는 것조차 불가능해 보였다. 영국 공무원들은 이런 범죄를 언급하는 것을 너무나 두려워했기 때문에 어떤 국가 기관도 오랫동안 전염병처럼 퍼진 성폭행에 제대로 대처하지 못했다. 동일한 현상이 대륙에서 일어났을 때에도 정확히 똑같은 우려와 문제가 나타났다.

2015년에는 최근 유럽에 온 이주자들의 대다수가 젊은 남성인 것 같다고 언급하는 것조차 비난을 자초하는 일이었다. 이 모든 사람들이 현대적인 여성관을 갖고 있는지 묻는 것은 천박한 인종주의적 비방에 영합하는 것처럼 보이기 때문에 (영국에서와 똑같이) 일종의 금기였다. 유럽 각국 당국과 대중은 인종적 편견에 빠지거나 인종주의라는 비난을 받을까 두려워서 이미 대륙 전체에 퍼진 문제를 인정하려 하지 않았다. 그리고 한 나라가 더 많은 난민을 받을수록 이 문제는 더욱 커졌다.

2014년 독일에서도 여성과 소년에 대한 성폭행 건수가 늘어나고 있었다. 뮌헨에서 30세 소말리아 난민 신청자가 20세 독일 여성을 강간한 사건, 드레스덴에서 30세 모로코인이 55세 독일 여성을 강간한 사건, 뮌헨에서 25세 세네갈 난민 신청자가 21세 독일 여성을 강간하려 한 사건, 슈트라우빙에서 21세 이라크 난민 신청자가 17세 소녀를 강간한 사건, 슈투트가르트 근처에서 아프가니스탄 난민 신청자 둘이 21세 독일 여성을 강간한 사건, 슈트랄준트에서 28세 에리트레아 난민 신청자가 25세 독일 여성을 강간한 사건 등이 있었다. 이 사건들을 비롯한 여러 건이 법원으로 갔지만, 다른 많은 사건은 법원으로 가지 않았다.

독일인이 강간당하는 사건이 증가하는 것과 나란히 난민 보호소에서도 강간과 성폭력 건수가 점점 늘어났다. 2015년 독일 정부는 이주자를 수용할 시설이 너무 부족해서 처음에는 여성 전용 숙소를 제공할 수 없었다. 그러자 여성 단체들이 헤센주 의회에 서한을 보내 이런 보호소 시설 때문에 〈강간과 성폭력이 빈발〉한다고 지적했다. 〈또한 우리에게 접수되는 성매매 강요 신고도 늘고 있습니다. 이 사건들은 고립된 사례가 아님을 강조하고 싶습니다.〉이후 몇 주 동안 바이에른주 전역의 난민 보호소에서 강간 사건이 기록되었다. 그리고 10년 전 영국에서 그랬던 것처럼, 당국은 이런 사실에 담긴 함의를 크게 우려한 나머지 많은 사건을 의도적으로 은폐한 것으로 드러났다. 난민 신청자가 열세 살 무슬림 소녀를 강간한 데트몰트에서 지역 경찰은 이 사건에 관해 침묵으로 일관했다. 『베스트팔렌블라트*Westfalen-Blatt*』는 조사 결과를 바탕으로 이주자가 관련된 성폭행 사건이 정부의 문호 개방 정책에 대한 비판의 빌미가 될 수 있는 경우에 지역 경찰이 사건을 은폐하는 일이 다반사라고 주장했다. 그럼에도 불구하고 브레멘의 시설을 비롯한 여러 도시에서 아동 강간 사건이 기록되었다.

2015년 내내 사건이 증가함에 따라 독일 당국은 최근 난민이 독일 여성과 소년을 상대로 저지른 강간 신고 건수가 증가하는 것을 막을 수 없었다. 메링의 16세 소녀, 함의 18세 소녀, 하일브론의 14세 소년, 카를스루에의 20세 여성 등이 난민에게 강간을 당했다. 이 많은 사례 —카를스루에 사건 포함—에서 경찰은 지역 신문이 공개하기 전까지 사건 내용에 관해 침묵으로 일관했다. 드레스덴, 라이스바흐, 바트크로이츠나흐, 안스바흐, 하나우, 도르트문트, 카셀, 하노버, 지겐, 린텔른, 묀헨글라트바흐, 켐니츠, 슈투트가르트 등 전국 각지의 도시에서 무수히 많은 성폭행과 강간 사건이 신고되었다.

결국 쉬쉬하던 문제가 너무도 악화되자 2015년 9월 바이에른주 공무원들은 현지 학부모들에게 딸이 공공장소에서 노출이 심한 옷을 입지 못하게 하라고 경고하기 시작했다. 현지 주민들에게 발송된 한 편지는 〈노출이 심한 상의나 블라우스, 짧은 반바지나 미니스커트는 오해를 야기할 수 있습니다〉라고 경고했다. 메링을 비롯한 바이에른주 일부 도시들에서는 경찰이 학부모들에게 자녀를 밖에 혼자 내보내지 말라고 경고했다. 현지 여성들은 기차역까지 혼자서 걸어가지 말라는 조언을 받았다. 2015년부터 매일같이 독일 거리와 아파트, 공공 수영장, 기타 여러 장소에서 강간 사건이 접수되었다. 오스트리아와 스웨덴, 그 밖에 다른 나라들에서도 비슷한 사건들의 신고가 들어왔다. 하지만 모든 곳에서 강간범의 정체는 알려지지 않았고, 당국은 사건을 은폐하고 대다수 유럽 언론은 모양새 좋은 뉴스 기사가 되지 못한다고 판단했다.

이례적으로 2015년 12월 『뉴욕 타임스』는 노르웨이가 이주자들에게 신청을 받아서 여성을 대하는 법에 관한 수업을 제공한다는 뉴스를 전했다. 수업은 난민들에게 가령 어떤 여자가 그들에게 미소를 짓거나 맨살을 드러내는 옷을 입고 있다 하더라도 여자를 강간해서는 안 된다고 설명하는 식이었는데, 이는 노르웨이에서 늘어나는 강간 문제에 대처하기 위한 시도였다. 수업을 주관하는 사람의 표현을 빌리면, 그전까지 부르카를 입은 여자만 보았지 미니스커트를 입은 여자를 본 적이 없는 사람들 가운데 일부는 이 수업을 듣고 혼란에 빠졌다. 서른세 살의 난민 신청자는 이렇게 설명했다. 〈남자는 약점이 있어서 누군가 미소 짓는 걸 보면 통제하기가 힘듭니다.〉 그의 고향인 에리트레아에서는 〈누군가 어떤 여자를 원하면 그냥 차지해도 벌을 받지 않는다〉라고 했다.[2] 이 같은 성적 문화의 충돌이 여러 해 동안 유럽 각지에서 부글부글 끓어올랐지만, 이는 주류 사회가 논의하기에는 너무 노골적이고 불쾌한 주제였다. 2015년 마지막 날이 되어서야 이제 더는 무시할 수 없는 규모로 문제가 불거져 나왔다.

2015년 새해 전야 쾰른에서 벌어진 사건도 서서히 알려졌을 뿐이다. 우선 주류 언론은 이 사건을 보도하지 않았고, 며칠 뒤에야 블로그 세상 덕분에 유럽 대륙은 무슨 일이 벌어졌는지 알게 되었다. 나머지 세계는 말할 것도 없다. 새해를 맞이하려는 인파들로 북적거리는 중앙역 앞 메인 광장과 쾰른 대성당, 인접한 거리에서 2천 명에 달하는 남자들이 무리를 이루어 현지 여성 1천2백 명을 대상으로 성폭력과 강도 행각을 벌였다. 얼마 지나지 않아 북부 함부르크에서부터 남부 슈투트가르트에 이르기까지 다른 독일 도시들에서도 비슷한 성폭력 사건이 벌어진 사실이 밝혀졌다. 성폭력 사태가 일어난 뒤 사건의 규모와 심각성이 충분히 인지되자 쾰른과 다른 지역의 경찰은 가해자들의 신원을 감추려고 전전긍긍했다. 현장에서 찍힌 동영상과 사진 증거가 소셜 미디어에 공유되고 나서야 경찰은 용의자들이 전부 북아프리카와 중동 출신의 외모라는 점을 인정했다. 2000년대 초 영국에서 그런 것처럼, 2016년 독일에서도 가해자들의 인종적 출신이 알려지면 어떤 결과가 생길지에 대한 두려움이 경찰의 성실한 직무 수행보다 우선시되었다.

이 모든 양상은 이후로도 끝없이 지속되었다. 2016년 내내 독일 연방 16개 주 전체에 수많은 강간과 성폭력 사건이 퍼져 나갔다. 말 그대로 하루가 멀다 하고 성폭력이 발생했지만 대부분 가해자를 찾지 못했다. 법무 장관 하이코 마스Heiko Maas에 따르면, 독일에서 벌어지는 강간 사건 가운데 10퍼센트만이 신고가 되고, 재판까지 가는 사건 중에서 유죄 판결을 받는 비율은 8퍼센트에 불과했다. 특히 용의자가 이주자인 경우에 공식 당국이 하나로 똘똘 뭉쳐 범죄 관련 데이터를 밝히지 않으려 하면서 몇 가지 문제가 생겨났다. 『디 벨트_Die Welt_』가 결국 인정한 것처럼, 이것은 〈전체 독일 차원의 현상〉이었다.[3] 10년 전 영국의 경우와 마찬가지로, 이 과정에서 독일의 〈반인종주의〉 단체들이 관여했다는 사실이 밝혀졌다. 이 경우에 단체들은 집단 전체를 〈낙인찍는〉 위험이 있다면서 독일 경찰에 모든 용의자 사건에서 인종 표시를 빼라고 압력을 가했다.

독일에 국한된 것은 아니지만, 일부 여성과 심지어 소녀들이 가해자의 신원을 감추려 한다는 흥미로운 문제도 있었다. 가장 두드러진 사례는 2016년 1월 만하임에서 이주자 세 명에게 강간당한 24세 여성과 관련이 있다. 피해자 자신이 반은 터키계였는데, 공격 당시 가해자들이 독일 국민이라고 주장한 바 있었다. 나중에야 여자—또한 독일 좌파 청년 운동의 대변인이었다—는 가해자들의 신원에 관해 거짓말을 한 사실을 인정했다. 〈호전적인 인종주의에 기름을 붓는 데 일조하고〉 싶지 않았다는 것이었다. 가해자들에게 보낸 공개 서한에서 그 여성은 그들에게 사과를 하면서 이렇게 말했다.

나는 열린 유럽, 친절한 유럽을 원했습니다. 내가 기꺼이 살 수 있는 유럽이자 우리 모두 안전한 유럽을요. 유감입니다. 우리 모두에게 정말 유감입니다. 당신들, 당신들은 여기서 안전하지 않습니다. 우리는 인종주의 사회에 살고 있기 때문입니다. 나, 나는 여기서 안전하지 않습니다. 우리는 성차별주의 사회에 살고 있기 때문입니다. 하지만 내가 정말 유감스럽게 생각하는 건 나에게 가해진 성차별적이고 경계를 넘어선 바로 그 행동이 점점 공격성과 빈도가 높아지는 인종주의로 당신들을 화나게 만드는 지금의 상황입니다. 약속합니다. 나는 소리 지를 겁니다. 이런 일이 계속되도록 가만히 있지 않을 겁니다. 인종주의자들과 사회 문제에 관심을 갖는 시민들이 당신들을 문젯거리라고 부르는 것을 그냥 지켜보지 않을 겁니다. 당신들은 문젯거리가 아닙니다. 전혀 아니에요. 당신들은 대부분 놀라운 인간이며, 다른 모든 이들처럼 자유와 안전을 누릴 자격이 있습니다.[4]

독일에서만 이런 일이 일어난 게 아니다. 2015년 여름 이탈리아와 프랑스를 가르는 벤티밀리아 국경 검문소에서 〈국경 반대No Borders〉 운동 소속의 젊은 여성 활동가가 수단 이주자 무리에게 집단 강간을 당했다. 동료 활동가들은 운동의 대의에 손상이 가지 않도록 피해자에게 성폭행 사건을 비밀로 해달라고 설득했다. 여자가 결국 성폭행을 인정하자 그들은 여자가 〈악의〉를 품고 강간 신고를 했다고 비난했다.[5]

유럽 다른 나라들처럼 독일에서도 이 모든 과정에서 발생한 문제들에 대한 답을 찾는 일은 대개 지역 당국의 몫이었다. 지역 당국은 사용 가능한 시설을 찾아야 할 뿐만 아니라 적합한 정책도 내놓아야 했다. 튀빙겐 시장은 지역 수영장에서 여성과 아동 강간 사건이 급증하는 문제에 대해 더 많은 이주자들이 수영장 안내인이 될 것을 호소하는 식으로 대응했다. 시장은 페이스북에 이렇게 썼다. 〈우리 시는 막대한 예방 및 통합 조치를 채택했습니다. 어떤 행동은 해도 되고 어떤 행동은 하면 안 되는지를 아랍어로 권위 있게 말해 줄 시리아인 구조 요원을 뽑았습니다.〉[6] 대중 또한 정치인들이 제시하는 문제에 대한 답을 찾아야 했다 — 그리고 정책이 갑자기 바뀐다고 해도 사회에 미치는 효과는 뒤집을 수 없다는 것을 확실히 알았다.

어쨌든 어떤 정부든 간에 일단 정책이 이 같은 효과를 발휘한다는 것을 깨달으면 무엇을 할 수 있을까? 수년간 대륙 전역의 정부들이 내놓은 해답처럼, 독일의 해답 역시 문제의 한 부분에만 대처하는 것이었다. 역대 프랑스 정부가 히잡이나 부르카, 부르키니 금지를 도입한 것처럼, 독일 당국도 대테러 활동이라는 협소한 문제에 초점을 맞추었다. 이주자 급증 사태 전후 시기에 정보기관은 가장 급진적인 단체에 관여한다고 여겨지는 사람들에 대해 인상적인 감시 역량을 유지했다. 프랑스나 벨기에와 비교해서 이 분야에서 독일이 보여 준 능력은 유럽 전역에서 존경을 받았다. 하지만 이런 성과는 또한 논쟁을 불가피하게 협소하게 만들었다. 독일 정치인들은 대테러 활동 담당자들처럼 이른바 〈급진화 경로〉와 같이 모든 나라가 이미 논의했지만 독일의 논의에서 중심을 차지하게 된 극히 제한된 문제들에 초점을 맞추었다. 가짜 과학이 성장하는 한편에서 정책 입안자들은 줄곧 이면에 숨은 커다란 질문들 ─ 대중이 오래전부터 제기한 질문들 ─ 을 놓쳤다. 대중은 공무원들이 인정하려 들지 않는 사실, 즉 〈급진화〉는 특정한 공동체와 함께 생겨났으며 그 공동체가 성장하는 한 〈급진화〉도 성장한다는 사실을 알고 있었기 때문이다. 어쨌든 유럽에서 1인당 무슬림 공동체 규모가 가장 큰 나라 ─ 프랑스 ─ 가 〈급진주의자들〉의 공격을 받는 횟수도 가장 많은 반면, 가령 슬로베니아 같은 나라는 그런 문제를 겪지 않는 데는 이유가 있었다.

이 시기에 대중이 눈으로 목격하는 사실과 정치인들이 행동은 고사하고 말할 수 있는 사실 사이의 간극은 위험할 정도로 벌어졌다. 2016년 7월 입소스는 이민자 유입에 대한 대중의 생각을 물었다. 조사 결과 이민자 유입이 사회에 좋은 영향을 미치고 있다고 생각하는 사람이 얼마나 적은지 드러났다. 〈이민자 유입이 대체로 당신 나라에 긍정적인 영향을 미친다고 생각합니까? 아니면 부정적인 영향을 미친다고 생각합니까?〉라는 질문에 대해 긍정적인 영향을 미친다고 대답한 비율은 이례적으로 낮았다. 영국은 36퍼센트가 이민자 유입이 자국에 아주 또는 꽤 긍정적인 영향을 미친다고 답해서 비교적 호의적인 태도를 보여 주었다. 한편 스웨덴인은 24퍼센트만이 긍정적인 영향을 미친다고 답했고, 독일인은 18퍼센트에 불과했다. 이탈리아와 프랑스, 벨기에는 전체 인구의 10~11퍼센트만이 이민자 유입이 자국에 꽤 긍정적인 영향을 미친다고 생각했다.[7]

이처럼 이주자가 급증한 상황에서, 그것도 수십 년 동안 같은 주제가 변주된 끝에 유럽 각국 정부가 이민 유입과 통합 문제에 관해 아무리 힘주어 단호하게 말한다고 해도 누가 귀를 기울일 것이라고 기대할 수 있을까? 독일 같은 정부로서는 결국 불과 몇 달 전에 결정한 정책을 부인하는 결과가 될 것이라는 사실을 제쳐 두면, 이런 수사(修辭)는 이미 오래전에 닳아빠진 것이라는 문제가 있다. 마이클 하워드와 토니 블레어, 미셸 로카르와 니콜라 사르코지 등 유럽 각지의 우파와 좌파의 모든 정치인들이 입에 올리면서 닳아빠진 것이다. 유럽인들은 이미 수십 년 동안 수사와 현실 사이의 간극을 목도했다. 허세로 가득한 주장과 동시에 그런 주장의 실행 불가능성을 본 것이다. 심지어 〈그들을 돌려보내자〉라는 ─ 추한 ─ 수사도 들었지만, 다른 주장들만큼이나 진실이 아님을 깨달았다.

일찍이 1992년에 배를 타고 온 불법 이주자들이 스페인 남부 해안에 상륙하는 일이 급증한 적이 있었다. 스페인에 불법으로 입국한 모로코 사람들을 돌려보내고 비교적 우호적으로 협조하는 모로코 정부와 교섭을 하는 게 정부 정책이었다. 하지만 라바트 정부는 자국 해안에서 출발했다고 해도 모로코 국민이 아닌 경우는 받아들이기를 거부했다. 그리고 이런 불법 입국자들은 스페인에서 최대 40일 동안 잡아둘 수 있었지만, 이후에는 추방 서류를 받고 추가로 30일 안에 출국해야 했다. 그 전후 시기처럼 절대 다수는 추방 서류를 받든 안 받든 그냥 체류했다. 1992년 이 문제를 다룬 한 기자는 19세의 알제리인을 인터뷰했다. 기자가 어디로 갈 생각이냐고 물었다. 「프랑스에 가족이 많아요.」「어떻게 프랑스로 갈 거죠?」「산을 넘어 가야죠.」 그는 도중에 여권을 빼앗기지 않도록 친척들에게 미리 우편으로 보낸 상태였다. 스페인 당국에 일시적으로 억류된 다른 사람들은 거의 전부 사하라 이남 아프리카인이었는데, 모두들 일단 고국을 떠나고 나면 북쪽으로 향한다고 말했다.[8] 지금처럼 그때도 스페인과 모로코 당국은 새로운 정책과 틀, 해법을 발표했다. 또 지금처럼 그때도 각국의 공무원들이 인신매매에 눈을 감고, 일단 이주자들이 유럽에 들어오면 대륙 안으로 계속 흘러 들어가게 내버려 두는 게 더 쉬웠기 때문에 이 모든 정책과 해법은 무의미한 것이나 다름없었다.

이미 유럽 전역에서 비슷한 이야기가 펼쳐졌다. 토니 블레어는 이민자 유입을 나라가 바뀌는 수준으로 받아들이면서도 때로 강경한 모습을 보이려고 했다. 2000년 영국에서는 3만 명의 난민 신청이 기각되었다. 1999년에 난민 신청을 한 사람은 9만 명이었다. 그해에 난민 신청이 기각된 사람들 중 7천645명만이 영국에서 출국했다. 이 목표는 달성하기 불가능하고, 국가를 분열시키며, 정치적으로 곤란하고 재정적으로 비용이 많이 드는 것으로 결론이 났다.[9] 동기가 불순하다는 비난을 두려워한 우파 정당들로서는 이 문제를 억제하는 게 한층 더 어려웠다. 2013년 (보수당 다수 정부의) 내무부는 이목을 끌기 위한 행동으로 불법 이민자들이 다수 거주하는 런던 자치구 여섯 곳에서 홍보 포스터를 붙인 승합차를 여러 대 운행하게 하는 사업을 조직했다. 포스터에는 〈영국에 불법 체류 중입니까? 고국으로 돌아가지 않으면 체포됩니다〉라는 문구 뒤에 정부 상담 전화가 적혀 있었다. 포스터는 곧바로 정치적 파장을 일으켰다. 노동당 그림자 내각 내무 장관 이베트 쿠퍼Yvette Cooper는 포스터가 〈분열을 야기하는〉 〈수치스러운〉 내용이라고 비판했다. 캠페인 그룹 리버티Liberty는 승합차의 메시지가 〈인종주의적〉일 뿐만 아니라 〈불법〉이라고 규정했다. 몇 달 뒤 이 시험적 사업에 설득되어 영국에서 자발적으로 출국한 불법 이민자는 열한 명에 불과했다. 당시 내무 장관 테레사 메이는 이 사업이 지나치게 〈노골적〉인 실수였고, 다시 실행되지 않았다고 인정했다. 물론 이 사업은 정말로 영국에 거주하는 최대 1백만 명의 불법 이주자를 설득해서 귀국시키려는 의도가 아니라 국민들에게 정부가 강경하게 대응한다는 것을 보여 주기 위한 것이었다. 이후 불법 이주 노동자를 체포하려는 시도가 이루어지자 좌파 활동가들이 거리에서 격렬하게 반대 시위를 벌였다. 영국 전체에 불법 체류자 수용 공간이 5천 명 정도의 규모에 불과하고 강제 출국되는 수가 연간 4천 명 정도 ─ 이 수는 수형인, 난민 신청이 기각된 사람, 이민법 위반자의 약 3분의 2에 해당한다 ─ 에 달한다는 사실에 비춰 보면 이 모든 것은 소극에 불과하다.

이주 사태가 정점에 이르기 오래전에 이미 공무원들은 난민 신청이 기각된 사람들에 대해서도 국외 추방을 포기한 상태였다. 따라서 일단 이주 사태가 진행되자 난민 자격 없이 유럽에 체류하는 이들조차 계속 머무를 것으로 기대한 것도 놀랄 일은 아니다. 이주 사태의 영향이 압도적으로 드러나기 시작하자 2016년 독일과 스웨덴 정부는 도착자와 신청자를 처리하고 체류할 사람과 출국시킬 사람을 가려내는 시스템을 갖춘 것처럼 행세하기 시작했다. 하지만 도착하는 사람들을 파악할 제대로 된 시스템조차 없었을 뿐만 아니라 난민 신청이 기각된 사람들을 다루는 데도 성공하지 못했다. 2016년 7월 안스바흐 와인바 앞에서 독일 최초로 자살폭탄 공격을 한 모하마드 달릴은 불가리아에서 난민으로 등록한 인물로 독일 당국에 의해 2014년과 2016년에 두 차례 불가리아로 돌아가라는 명령을 받은 상태였다. 스웨덴 좌파 단체들이 난민 신청이 기각된 사람들의 강제 출국을 저지하려고 나선 것처럼, 독일 좌파당Die Linke의 한 정치인도 달릴의 추방을 막는 데 개입했다고 후에 인정했다.

2016년 8월 벨기에 샤를루아 거리에서 한 알제리인이 〈알라후 아크바르〉를 외치면서 마체테를 휘둘러 여경 두 명을 공격했다. 공격범은 IS와 연계된 것으로 드러났다. 사건 직후에 벨기에 난민·이주·행정 간소화 담당 국무 장관 테오 프랑켄Theo Francken은 공격범이 2012년부터 벨기에에 거주했다고 밝혔다. 그는 두 차례 추방 명령을 받았지만, 벨기에와 알제리 사이에는 송환 협약이 체결되어 있지 않았고, 벨기에의 안전한 수용 시설에는 공간이 전혀 없었다.

이런 이야기들 ─ 테러 공격에 관련된 것으로 알려진 이들의 이야기들 ─ 은 확인하기 쉽다. 하지만 그냥 체류하면서 존재가 잊힌 수십만 명의 평범한 이주자들의 이야기야말로 이런 헤드라인 이면에 있는 진짜 이야기다. 2016년 1월 정치인 두 명이 이런 재난이 진짜로 얼마나 큰지 폭로했다. 유럽연합 집행위원회 부위원장 프란스 티메르만스Frans Timmermans는 네덜란드 텔레비전 인터뷰에서 전년도에 유럽에 온 대다수 사람들이 난민 신청자가 아니라 경제적 이주자라고 인정했다. 티메르만스는 유럽연합 국경 경비대인 프론텍스에서 나온 수치를 인용하면서 2015년에 유럽에 온 사람 중 최소한 60퍼센트는 실은 경제적 이주자로서 전 세계 다른 모든 사람들과 똑같이 유럽에 체류할 권리가 없다는 사실을 인정했다. 특히 모로코나 튀니지 같은 북아프리카 국가 출신 사람들은 〈난민 지위를 신청할 이유가 아예 없다〉는 게 티메르만스의 말이었다.

뒤이어 스웨덴 내무 장관 안데르스 위예만Anders Ygeman도 전년도에 스웨덴에 온 약 16만 3천 명 가운데 절반 정도만이 체류할 권리를 주장할 수 있다고 인정했다. 위예만은 스웨덴 정부가 전세를 내야 하는 비행기의 숫자에 관해 이야기하면서 이 불법 체류자들을 추방하려면 몇 년이 걸릴 수 있다고 경고했다. 2015년 스웨덴에 들어온 이민자 중 정부가 체류를 불허한 이들에 대해 그는 이렇게 말했다. 〈지금 우리는 6만 명에 대해 이야기하고 있지만 그 수는 8만 명까지 늘어날 수 있습니다.〉 그렇게 많은 사람들이 자국에 들어오게 놔둔 뒤에야 정부가 이런 사실을 깨달을 수 있다는 건 정말 끔찍한 일이다.

독일 정부는 결국 불법 체류자 본국 송환 프로그램을 분석하는 일을 민간 컨설팅 기업인 맥킨지에 위임하는 신세가 되었다. 아마 스스로 야기한 혼란을 검토하기 위해 신선한 시각이 필요했을 것이다. 기존에 있는 프로그램조차 제대로 실행되지 않았다. 정부가 난민 신청이 기각된 파키스탄 출신 3백 명을 본국으로 추방하려고 하자 파키스탄 정부는 그들을 받아들이기를 거부했고, 결국 독일이 다시 그들을 돌려받았다. 2016년 5월 말 당시 독일에는 국외 추방 명령을 받은 사람이 22만 명이 넘었다. 이 가운데 1만 1천3백 명만이 유럽에서 처음 입국한 나라(불가리아 등)를 포함한 다른 나라로 추방되었다. 하지만 독일 내무 장관 토마스 데메지에르가 의회에서 〈이것은 과거에 비해 훨씬 많은 숫자〉라고 자랑했을 때, 그는 이 성과가 얼마나 하찮은 것인지를 무심코 드러낸 셈이었다.

왜냐하면 만약 티메르만스/프론텍스 수치가 정확하고 2015년 입국자 수에 관한 독일 정부의 산정치가 1백만~150만 명이라면, 결국 독일은 2015년 한 해에 도착한 약 75만 명을 국외로 추방해야 할 것이었기 때문이다. 하지만 독일 정부 관료 집단 내의 어느 누구도 그런 일을 실행할 준비가 되어 있지 않았다. 아니, 도저히 준비를 할 수 없었다. 스웨덴 정부 역시 2015년 한 해에만 가짜 난민 지원자 8만 명을 국외 추방할 생각이 없었다. 스웨덴과 유럽의 모든 이들은 이런 시도조차 하지 않을 것임을 알고 있었다. 유럽에서 대규모 국외 추방 계획은 전후(戰後) 시기만큼이나 2015년과 2016년에도 전혀 의제에 오르지 않았다. 유럽 정치인들이 인정하지 못하는 사실을 지중해를 건너오는 모든 이주자가 이미 알고 있으며, 유럽 각국의 대다수 대중 역시 안다. 일단 유럽에 들어가기만 하면 계속 머무를 수 있다는 사실 말이다.

게다가 유럽은 체류를 허용할 뿐만 아니라 불법 체류를 하는 와중에도 국가에 맞서 싸울 수 있게 지원하는 데서도 여전히 세계에서 수위를 차지한다. 영국은 1993년 인도에서 두 차례 폭탄 공격으로 지명 수배된 남자를 2016년까지도 추방하지 못했다. 볼턴의 청과물 상인 타이거 하니프Tiger Hanif는 1996년 불법 입국해서 본국 송환을 피하기 위해 영국 납세자들로부터 법률 지원금으로 20만 파운드 이상을 받았다.[10] 유럽 대륙의 광기는 여기서 그치지 않는다. 벨기에 수사관들은 벨기에 국민이 가담한 수많은 테러 음모 가해자들을 살펴본 결과 대다수가 국가의 지원을 받는 동안에 공격을 음모한 사실을 밝혀냈다. 실제로 2015년 11월 파리 테러 공격에서 살아남은 주요 용의자인 살라 압데슬람Salah Abdeslam은 공격을 앞둔 시기 동안 거금 1만 9천 유로를 실업수당으로 받았다. 그는 불과 몇 주 전에 마지막 실업수당을 받았는데, 이로써 유럽 사회는 자신을 공격하도록 사람들에게 돈을 준 역사상 첫 번째 사회가 되었다.

물론 이런 사례들은 가장 두드러진 예일 뿐이다. 테러에 가담한 이유로 정체가 드러난 사람들인 것이다. 2015년 이탈리아에 입국한 수십만 명 가운데 절반 정도는 이 나라에서 난민 자격을 신청했다. 3만 명 정도가 추방 명령을 받았지만 그중 실제로 추방 시도가 이루어진 것은 절반도 되지 않았다. 이탈리아가 파악하고 있는 규모가 이 정도다. 2015년 이탈리아에서 난민 신청을 하지 않은 입국자들 중 나머지 50퍼센트는 지금 어디에 있는지 아무도 모른다. 국경을 폐쇄하기 시작하자 그들 모두가 압박을 받기 시작했다. 이탈리아–오스트리아 국경에서는 이탈리아인이 아닌 게 분명한 사람들이 오스트리아 입국을 거부당했다. 유럽연합 국경 협약에는 위배되지만 새로운 유럽의 기준에 따른 조치였다. 다른 이들은 계속해서 프랑스 국경 경비대를 피해 프랑스로 들어가려고 했다. 이 두 경로가 봉쇄되자 산을 넘어서 스위스로 가는 방법이 다시 등장했다. 하지만 오스트리아 국경의 병목 현상은 계속 이어졌고, 이탈리아는 계속 문제에 시달렸다. 그리스 역시 새로 오는 이민자들로 북적였다. 일단 이주자들이 그리스에 상륙해서 아무 방해도 받지 않고 위쪽으로 올라가자 불가리아부터 북쪽의 모든 지점에서 각국 정부가 기존 정책을 뒤집으려고 애를 썼다. 결국 그리스를 비롯한 수용국들이 이런 정책 역전의 효과를 정면으로 맞게 되었다. 이주자들을 북쪽으로 이동시키지도 못하고 고국으로 돌려보내지도 못하는 것은 바로 그리스였다.

그런데 이 모든 혼란을 일으킨 주인공은 이에 대해 무슨 말을 했을까? 2015년 9월 독일 총리는 스위스 베른 대학교에서 명예 박사 학위를 받았다. 짧은 연설이 끝나고 참석자들에게 질문 시간이 주어졌다. 총리와 같은 연배의 여성이 앙겔라 메르켈이 한 이야기에 관해 정중하게 물었다. 바로 전에 총리는 유럽인들이 난민들을 책임져야 한다고 이야기했었다. 그런데 유럽인들이 다른 유럽인들의 안녕을 보호해야 하는 책임에 대해서는 어떻게 생각하는가? 이슬람 나라들에서 들어오는 사람의 숫자가 늘어나면서 많은 유럽인들이 분명히 우려하고 있다고 그 여성은 말했다. 총리는 이런 유입에 맞서 유럽인들과 유럽 문화를 어떻게 보호할 겁니까?

메르켈은 헛기침을 한 뒤 IS 같은 단체에 합류한 유럽 출신 투사들의 숫자 때문에 유럽인들이 이 모든 것은 자신들과 무관하다고 말할 수 없다고 대꾸했다. 질문자가 물어본 내용이 아니었다. 하지만 총리는 계속 말을 이었다. 〈개인의 삶에서나 사회의 삶에서나 공포는 나쁜 조언자입니다.〉 그리고 전에 이슬람이 독일의 일부가 되고 있다고 한 자신의 발언을 거론하면서 이렇게 말했다. 〈이슬람이 독일의 일부인지 논쟁하자는 거군요. 그런데 우리 나라에 무슬림이 4백만 명 있다면, 무슬림은 이제 독일의 일부이고 이슬람은 일부가 아닌지, 아니면 이슬람도 독일의 일부인지 여부를 놓고 이렇게 논쟁할 필요가 없다고 봅니다.〉 무엇보다 놀라운 발언은 바로 다음에 이어진 말이었다.

총리는 이렇게 말했다. 〈물론 우리는 누구나 우리 자신의 종교를 믿을 가능성과 자유가 있습니다.〉

그리고 만약 내가 여기서 뭔가 빼먹은 게 있다면 아무튼 내가 어느 누구든 이슬람 신앙을 충실히 믿는다고 질책하는 게 아니라 우리는 기독교인이라고 용감하게 말하고, 대화를 시작하려는 것이라고 용감하게 말해야 한다는 겁니다. 하지만 아무쪼록 또한 전통을 유지하는 바탕 위에서 해야 하지요. 가끔 기도회에 나가고, 어느 정도 성경을 알고, 또 교회에 있는 그림을 설명하는 법도 알아야겠지요. 그리고 독일에 오순절의 의미에 관한 글이 있는지 물으신다면, 나는 서구 기독교에 관한 지식은 그만큼 깊지 않다고 말하겠습니다. 그리고 계속해서 무슬림들이 코란을 더 잘 안다고 하소연하신다면 좀 이상하다고 생각할 겁니다. 아마 이 논쟁을 통해 우리 자신의 뿌리를 고찰하고 이에 관해 좀 더 많은 지식을 얻는 기회가 생길 겁니다.

유럽의 역사는 극적이고 소름 끼치는 충돌이 워낙 많았던 터라 다른 어느 곳에서 뭔가 나쁜 일이 벌어진 건 아닌지 곧바로 불만을 토로하려면 무척 신중해야 합니다. 우리는 이런 나쁜 일에 반대하고 맞서 싸워야 하지만, 우리가 오만할 근거는 전혀 없다는 말씀을 분명히 드리고 싶습니다. 나는 지금 독일 총리 자격으로 말하고 있습니다.[11]

독일 언론은 메르켈이 이런 대답으로 용기와 지혜를 보여 주었다고 박수갈채를 보냈다.

13

피로

독일어에는 〈역사에 진력이 나다〉라는 뜻의 〈geschichtsmüde〉라는 단어가 있다. 영국은 이런 단어가 필요하지 않을지 몰라도 독일은 필요하다. 하지만 현대 유럽인들은 거의 어느 때든 이런 감정을 느낄 수 있다. 어떤 이들은 지속적으로 느끼는 반면 다른 이들은 종종 놀라운 순간에 물결처럼 이 감정을 맞닥뜨린다. 최근 나는 부다페스트로 가는 비행기에서 바로 앞 화면에 있는 내비게이션 지도를 켰다가 갑작스럽게 이 감정의 물결에 맞닥뜨렸다. 독일 상공을 나는 중이었는데, 움직이는 지도가 알려 주는 우리의 위치가 뉘른베르크, 레겐스부르크, 바이로이트 세 도시를 이은 삼각형의 중심이었다.

그 순간 여러 층위를 쉽게 확인할 수 있었다. 뉘른베르크는 전범 재판뿐만 아니라 바그너의 오페라 「뉘른베르크의 명가수」로도 유명하고, 레겐스부르크는 가장 최근에 베네딕토 교황의 신중하면서도 불길한 연설로 유명하며, 바이로이트는 문화의 정점과 깊이로 유명하다. 하지만 여러 층위의 생각이 고조되면서 특히 두 가지가 떠올랐다.

우리의 대륙은 얼마나 오래된 것이며 얼마나 많은 역사의 층위가 존재하는가. 그리고 바로 뒤에 피로를 야기하는 생각이 엄습했다. 이중 어느 것도 떨쳐 버릴 수 없고 이 역사들은 언제나 존재한다는 두려움이 떠오른 것이다. 이 역사들은 터져 나올 뿐만 아니라 우리를 밑으로 끌고 내려갈 수도 있다. 독일인이 아니더라도 이런 경험을 할 수 있지만, 독일인이 되어 보는 게 도움이 되기는 한다.

이는 완전히 새로운 현상은 아니다. 여러 세기 동안 유럽에서는 여러 가지 신경쇠약을 비롯한 개인적인 무기력과 피로를 설명하기 위한 용어가 나타났다. 19세기에는 〈신경쇠약〉 진단을 내리는 게 유행이었다. 하지만 19세기에도 쇠약은 신경 소모만이 아니라 실존적 피로와도 관련된 것이었다. 20세기의 재앙이 벌어지기 오래전에 신경쇠약은 독일 사상과 문헌의 한 주제였다. 19세기 말과 20세기 초에 프리드리히 니체, 지그문트 프로이트, 토마스 만, 라이너 마리아 릴케는 모두 신경쇠약에 관해 글을 썼다. 당시에 그와 관련된 압력의 속도와 종류를 볼 때 무엇보다도 현대인의 삶에 특유한 정신의 고갈이 존재함을 알 수 있다는 전반적인 합의가 나타났다. 이 문제를 다루거나 실제로 겪는 사람들은 진단뿐만 아니라 치료법도 추구했고, 신체적 운동에서부터 요양소 문화의 성장, 식단 변경, 뮤즐리 식사에 대한 열광 등에 이르기까지 광범위한 신체적 생활방식의 변화 속에서 치료법을 발견했다. 다른 이들은 해외에서 답을 찾으면서 특유의 〈유럽의 피로Europe-fatigue〉에서 무기력의 근원을 발견했다. 그중 일부는 문제의 해답을 찾기 위해 동양으로 눈을 돌렸다. 지친 유럽인들은 그곳에서 신경과민에 빠진 영혼으로부터 자신들의 과거와 현재가 짓누르는 엄청난 무게를 덜어 낼 수 있었다.

그 후 수십 년 동안 이 문제에 대한 관심은 종종 모습이 바뀌기는 해도 사라지지는 않았다. 오늘날 현대 기술로 무장한 글로벌한 일터에서 실존적 피로에 대한 현대적 설명 하나가 독일에서 〈번아웃〉 현상이라는 이름을 얻었다. 아마 이 용어가 유행한 것은 〈피로〉보다 듣기 좋은 말이고, 또 그 당사자들이 〈피곤〉이나 〈권태〉를 겪는다고 여겨지는 사람들에게 따라붙는 방종의 혐의를 벗을 수 있기 때문인 듯하다. 어쨌든 〈번아웃〉 현상은 당사자가 헌신적으로 자신을 너무 많이 내주었음을 의미하며, 여기에는 그가 더 큰 선을 위해 자신을 소모했다는 함의가 담겨 있다. 하지만 용어는 바뀌었을지 몰라도 과거의 피로와 현대의 번아웃은 증상과 원인이 똑같다. 그 원인으로는 현대 세계에 독특한 변화의 속도와 복잡함이 야기한 피로, 그리고 현대 자본주의와 정보기술의 결과물인 노동 습관 등이 있다. 하지만 번아웃 현상은 또한 현대 세속주의에서 생겨난 혼란 때문이기도 하다. 최근 연간에 독일 언론에서는 〈번아웃〉 현상에 관한 책과 기사가 쏟아져 나와서 어떤 이들은 심지어 〈번아웃 번아웃〉 현상에 관해 불만을 토로하기도 한다.[1]

어떤 사람이 번아웃 현상을 겪을 수 있다는 것은 대체로 받아들여지지만 사회가 그런 비슷한 현상을 겪을 수 있음을 받아들이는 경우는 상대적으로 찾기 어려워 보인다. 만약 어떤 최우선적인 목표도 없이 고립을 야기하는 사회에서 거의 보상도 받지 못하고 일하는 상황의 부담이 개인에게 영향을 미친다는 사실을 인정할 수 있다면, 사회 전체에도 그런 영향이 미친다고 왜 말할 수 없겠는가? 다른 식으로 말해 보자면, 한 사회에서 충분히 많은 사람들이 기진맥진한 상태를 겪고 있다면, 그들이 속한 사회 역시 기진맥진해지고 있다고 보아야 하지 않을까?

저술가와 사상가들이 언제나 오늘날처럼 그런 가능성을 받아들이기를 꺼려 한 것은 아니다. 20세기 초 독일 사상에서 가장 흥미로운 비관적 사고로 손꼽히는 『서구의 몰락*Decline of the West*』에서 오스발트 슈펭글러는 바로 이런 주장을 폈다. 슈펭글러는 문명 역시 사람과 마찬가지로 태어나고 번성하고 쇠퇴하고 사멸하며, 서구는 이 과정에서 후반 단계 어딘가를 지나고 있다고 주장했다. 슈펭글러주의에 대한 일반적인 거부 ─ 서구 문화의 두드러진 특징 중 하나는 언제나 스스로 쇠퇴하고 있다며 두려워한다는 것이다 ─ 가 옳다고 할지라도 그렇다고 해서 어느 순간 자기 연민에 빠진 서구가 좋은 결과를 낳지 못한다는 말은 아니다. 슈펭글러보다 한 세대 전에 니체는 바로 이런 가능성을 검토하면서 똑같은 경고 표시를 보았다. 〈우리는 이제 더 이상 부를 축적하지 못한다〉라고 니체는 『후기 노트』에 썼다. 〈우리는 심지어 앎의 방식에서도 우리 선조들이 축적한 자본을 탕진하는 중이다.〉[2]

이런 사상가들이 도와준 덕분에 이미 19세기 말 독일에 영향을 미친 것이 뮤즐리나 신선한 공기가 부족해서 생긴 피로가 아니라 의미를 상실한 탓에 생겨난 기진맥진임을 인식하는 게 쉬워졌다. 문화가 〈더 이상 부를 축적하지〉 못한 채 줄어드는 문화 자본에 의지해서 살아가고 있다는 인식이 퍼진 것이다. 19세기 말의 상황이 그러하다면 오늘날에는 그런 경향이 얼마나 더 강할까? 과거의 유산이 한결 줄어든 자투리에 의지해 살면서 그런 문화적 활기를 부여한 원천으로부터 멀리 떨어져서 숨을 쉬고 있는데 말이다.

여러 세기 동안 유럽에서 이런 활기를 불어넣은 커다란 원천 — 가장 커다란 원천은 아닐지 몰라도 — 중 하나는 대륙 종교의 정신에서 나왔다. 이 정신은 사람들을 전쟁으로 내몰고 방어하도록 부추겼다. 또한 유럽을 인간 창의성의 최고점으로 끌어올렸다. 종교 정신은 유럽인들로 하여금 로마의 성 베드로 성당, 샤르트르 대성당, 피렌체의 두오모, 베네치아의 산마르코 대성당 등을 짓게 했다. 그리고 바흐, 베토벤, 메시앙의 작품과 그뤼네발트의 이젠하임 제단화, 레오나르도 다빈치의「암굴의 성모」등에 영감을 주었다.

하지만 19세기에 이 원천은 두 차례 치명타를 입고 나서 전혀 회복하지 못하면서 다시는 메워지지 않을 간극을 남겼다. 19세기 초 독일 대학을 휩쓴 성경 비평의 물결이 미친 효과는 2세기가 지난 지금도 여전히 느껴진다. 괴팅겐의 요한 고트프리트 아이히호른Johann Gottfried Eichhorn이 구약성경 문서를 다른 역사적 문서와 똑같은 잣대를 적용해서 면밀히 검토하기 시작했을 때 그의 조사가 발휘한 효과는 지금도 제대로 인정받지 못한다. 유럽은 대단한 신화들을 알고 있었지만, 기독교의 이야기는 대륙의 토대를 이루는 신화였으며 따라서 신성불가침한 것이었다.

1825년 옥스퍼드 대학교의 젊은 에드워드 퓨지Edward Pusey가 이 독일 비평가들의 작업을 알아내기 위해 파견됐을 때, 이 영국인은 곧바로 이 작업의 중요성을 깨달았다. 그는 만년에 자신의 전기 작가에게 독일에서 발견한 사실이 자신에게 어떤 영향을 미쳤는지 술회했다. 〈나는 괴팅겐의 방에 앉아서 독일 종교 사상의 진정한 상태를 불현듯 깨달은 순간을 떠올릴 수 있다. 혼잣말이 저절로 나왔다. 《이 모든 게 영국에도 닥칠 거다. 그런데 우리는 전혀 준비가 되어 있지 않구나!》〉[3] 퓨지는 아이히호른이 말하는 〈완전한 비합리성total insensibility〉이야말로 〈이 이야기의 진정한 종교적 의미〉라고 보면서 깊은 인상을 받았다. 시간이 흐르면서 그런 비합리성 또는 합리성의 물결이 신약에까지 확대되었다. 특히 다비트 프리드리히 슈트라우스David Friedrich Strauss와 그의 『예수의 생애에 관한 비판적 검토The Life of Jesus Critically Examined』(1835)가 톡톡히 역할을 했다. 이 물결은 마침내 다른 모든 나라와 동시에 영국에까지 도달했다. 오늘날 이슬람 성직자들이 비평의 요소를 조금이라도 허용하면 전체가 어떻게 흔들릴지를 알기 때문에 신앙의 토대에서 비평의 요소를 일체 배제하기 위해 싸우는 것처럼, 유럽 각지의 기독교 성직자들도 이런 비평의 결과물을 회중으로부터 멀리 떼어 놓기 위해 애썼다. 하지만 도저히 막을 수 없었다. 오늘날 성직자들이 자신들에게 다가오는 비평의 물결을 완전히 막지 못하는 것처럼 말이다. 이 물결은 퓨지가 예상한 것처럼 대륙을 휩쓸었다.

독일 학자들은 연구를 통해 새로운 학문의 길만 발견한 게 아니었다. 비판의 물결에 맞서 성경을 빈틈없이 방어하려는 노력이 실패한 것은 독일 고등 비평가들의 머릿속에서 나온 질문들이 그들만의 것이 아니라 많은 사람들에게도 이미 똑같은 질문이 떠올랐기 때문이다. 이제 이 질문들이 제기되었고, 성경은 다른 모든 문서와 마찬가지로 비판적 탐구와 분석의 대상이 되었다. 슈트라우스 이후 세대의 신자들은 역사적 비교, 저자에 관한 질문, 오류 가능성에 관한 질문 등에 의해 갈가리 분열된 채 이런 발견 내용에 새롭게 적응하는 법을 찾아야 했다. 일부는 이런 변화가 일어나지 않았거나 큰 의미가 없거나 모두 전에 답이 나온 척했다. 하지만 대다수 성직자는 이미 근본적인 변화가 일어났고 자신들도 바뀌어야 한다는 것을 깨닫기 시작했다.

물론 오로지 문서 연구 때문에 이런 변화가 일어난 것은 아니다. 1859년 기독교 신앙에 이중고를 안겨 준 다른 한쪽, 즉 찰스 다윈의 『자연선택에 의한 종의 기원』이 등장했다. 그리고 다윈이 가속화한 과정이 이 책 자체의 내용보다 훨씬 더 중요할 것이다. 한때 두려움을 불러일으키는 모든 것이 신의 설계로 설명되었지만, 이제 다윈은 완전히 새로운 제안을 내놓았다. 리처드 도킨스가 요약한 것처럼, 〈충분한 시간만 주어지면 유전체(가끔 잘못 복제하는)의 비임의적인 생존으로 복잡성과 다양성, 미와 설계의 환상이 아주 설득력 있게 만들어지기 때문에 의도적인 지적 설계와 구분하는 게 거의 불가능하다.〉[4] 다윈이 발견한 내용을 둘러싸고 오늘날만큼이나 당시에도 격렬한 논쟁이 벌어졌다. 하지만 반발 세력은 패배할 운명이었다. 다윈 이후 신의 계획을 주장할 만한 조건이 좋지 않았다. 다윈의 이론은 어떤 하나의 발견에 관한 문제가 아니었다. 인간의 지식에 존재하는 특히 커다란 한 간극을 메우는 문제도 아니었다. 그것은 우리가 사는 세계에 대한 최초의 전체적인 설명이었고, 이 설명에서는 신이 전혀 필요하지 않았다. 그리고 생명의 기원은 여전히 수수께끼였지만, 종교에서 내세우는 주장으로 수수께끼 전체가 풀린다는 사고는 이제 점점 설득력을 잃었다. 성경에서 지혜와 의미를 찾는 것은 여전히 가능했지만, 이미 성경은 기껏해야 오비디우스나 호메로스의 작품과 흡사한 것이 되었다. 심오한 진실을 담고 있지만 그 자체가 진실은 아니었다.

이제 유럽인이라면 거의 누구나 이런 사실들을 어떤 식으로든 알지만, 그래도 우리는 이 사실들과 함께 살 길을 찾지는 못했다. 유럽 대륙 전체에서 믿음과 신앙을 잃었다는 사실은 흔히 거론되고 당연하게 여겨진다. 하지만 이런 믿음의 상실이 어떤 효과를 낳았는지는 그만큼 검토되지 않는다. 위에서 설명한 과정이 무엇보다도 한 가지 사실, 즉 유럽은 그 토대를 이루는 이야기를 상실했음을 의미한다는 점이 인식되는 경우는 혹 있더라도 드물다. 그리고 유럽은 종교를 상실함으로써 대륙 차원의 도덕적, 윤리적 관점에 구멍이 생겼을 뿐만 아니라 지리에서도 구멍이 생겼다. 이를테면 미국과 달리 유럽의 지리는 도시와 마을의 집합체다. 한 마을을 벗어난다 해도 결국은 다른 마을을 마주친다. 나지막한 지역에 들어서면 처음 눈에 들어오는 것은 그 공동체의 심장부에 자리한 교회다. 오늘날 이런 공동체의 심장부는 완전히 죽어서 주거지로 바뀐 것은 아니지만 사실상 죽어 가는 중이다. 아직 교회에 모이는 사람들은 자신들이 죽어 가는 운동에 속해 있음을 감지한다.

신앙이 아직 존재하는 경우는—복음 공동체의 경우처럼—완전히 무지하거나 아니면 상처 입고 약해진 상태다. 예전 시기에 가졌던 확신을 유지하고 있는 경우는 극히 드물고, 어떤 추세도 이런 전초기지에 유리하지 않다. 물결은 한 방향으로만 흐르고 있으며 다른 방향으로 흐르는 뚜렷한 조류는 전혀 없다. 최근 수십 년 동안 여전히 유럽에서 가장 독실하고 종교적으로 교조적 정치를 일부 유지하던 아일랜드는—어느 정도는 사제 집단 내에서 터진 대규모 추문 때문에—10여 년 사이에 신앙에 대한 반대가 지배적인 추세인 나라로 바뀌었다.

우리가 꾸는 꿈

하지만 이야기를 잃어버리긴 했어도 우리는 여전히 여기에 있다. 그리고 우리는 여전히 그 신앙이 남긴 현존하는 파편 사이에 살고 있다. 파리를 활보하는 군중 가운데 노트르담 대성당에 기도하러 가는 이는 거의 없지만, 대성당은 거기에 있다. 웨스트민스터 사원과 쾰른 대성당은 여전히 주변 지역을 압도하며, 이제 순례지 역할은 다했지만 우리가 정확히 알지는 못하더라도 여전히 무언가를 의미한다. 우리는 관광객이나 학자로서, 아마추어나 전문가로서 이 기념물들의 역사를 탐구할 수 있다. 하지만 그 의미는 이미 사라졌거나 잊혔다. 물론 우리 주변에 남아 있는 영광스러운 파편들은 물리적인 존재일 뿐만 아니라 도덕적이고 상상적인 존재이기도 하다. 영국의 신학자 돈 커피트Don Cupitt는 2008년에 〈서구의 어느 누구도 완전히 비기독교인일 수는 없다〉라는 사실에 관해 썼다. 〈당신은 비기독교인임을 자처할지 몰라도 당신이 꾸는 꿈은 여전히 기독교인의 꿈이다.〉[5]

이른바 〈유럽적 가치〉의 토대로—신앙 대신에—제시되는 것에 대한 공포만큼 이런 결과에 대한 공포가 분명하게 느껴지는 사례는 없다. 역시 커피트가 말한 것처럼, 〈현대 서구의 세속적 세계《자체》

가 기독교의 창조물〉일지 모른다.[6] 이런 관념을 종종 기쁘게 거부한 시기가 지난 뒤, 최근 연간에는 상당히 많은 수의 철학자와 역사학자들이 이 생각을 받아들이는 쪽으로 돌아섰다. 만약 그렇다면 이런 사실에 담긴 함의는 여전히 매우 불온하다. 전후의 인권 문화는 스스로 강력히 주장할 뿐만 아니라 신봉자들에 의해 마치 신앙처럼 이야기되며, 그 자체가 기독교적 양심의 세속적 형태를 실행하려는 시도다. 이 문화가 특별히 성공적일 수 있다. 하지만 이 문화는 정신적 지주를 확신하지 못하기 때문에 스스로에게 불편할 수밖에 없는 종교다. 이 문화의 언어에서 이런 점이 드러난다. 인권의 언어가 점점 원대해지고 자기주장이 점점 강해질수록 이 체제가 바라는 바를 행할 수 없는 무능력이 모든 사람에게 더욱 분명하게 드러난다.

이런 가시적인 실패와 정신적 지주를 잃어버렸다는 인식은 — 사회에 대해서만큼이나 개인에게도 — 우려의 원인일 뿐만 아니라 소모적인 감정적 과정이 될 수 있다. 한때는 (아무리 많은 곤란을 야기하더라도) 모든 것을 설명할 수 있었지만 이제는 온통 불확실성과 의문이 존재할 뿐이다. 그리고 우리는 우리가 가진 지식을 일부러 잊어버릴 수 없다. 한때 동력으로 삼았던 신앙과 연계하지 못하는 무능을 후회하는 사람이라도 단지 이런 추진력을 되찾기 위해 다시 믿음을 가질 수는 없다. 그리고 유럽이 존 로크 같은 철학자들로부터 배운 것처럼, 신앙을 〈강요〉하는 것은 불가능하다.[7] 그렇다 하더라도 우리가 사는 사회는 입을 크게 벌린 이런 질문들을 회피하거나 중요하지 않은 척하면서 앞으로 나아간다.

다른 대다수 사회에 비해 뚜렷하게 독일에서는 신이 사라졌지만 다른 대체물을 찾지 못했다. 여기서는 종교의 목적의 일부 — 특히 진리의 추구와 진리를 추구해야 한다는 인식 — 가 이 나라의 철학과 문화를 통해 일정한 형태로 지속되었다. 하지만 이 또한 종교보다도 훨씬 더 요란하게 허물어졌다. 리하르트 바그너는 루트비히 포이어바흐를 비롯한 이들로부터 종교가 멈춘 곳에서 다시 예술이 시작된다는 개념을 받아들였다. 예술이 종교의 대체물 이상일 수 있다 — 심지어 종교보다 더 훌륭할 수 있다 — 고 믿었기 때문이다. 특히 예술은 종교에 따라붙는 거추장스러운 〈방해물〉 없이도 살 수 있었다. 바그너가 에세이 「종교와 예술Religion and Art」(1880) 서두에서 말한 것처럼, 〈사제는 종교의 알레고리가 사실로 받아들여지는 데 모든 것을 거는 반면, 예술가는 그런 일에 전혀 관심이 없다. 예술가는 자신의 작품을 자기가 고안한 것이라며 자유롭고 공공연하게 내놓기 때문이다.〉 따라서 바그너는 아르투어 쇼펜하우어가 (「종교에 관한 대화 Dialogue on Religion」에서) 모든 게 은유임을 인정할 수 없는 사제의 비극에 관해 제시한 커다란 수수께끼를 자신이 해결했다고 주장했다.

바그너에게 예술의 역할은 〈종교의 정신을 구원하는〉 것이었다. 그가 음악과 에세이를 통해 말을 걸고자 한 대상은 우리를 부르고 질문을 던지며 답을 찾는 초자연적이고 무의식적인 목소리의 원천이었다. 「탄호이저」에서 「파르지팔」에 이르기까지 그의 야망과 성취는 스스로 두 발로 우뚝 설 일종의 종교를 창조했다. 어쩌면 다른 어떤 작곡가보다도 그는 그런 목표를 더 많이 달성했다. 하지만 그가 창조한 세계는 충분하지 않았고 물론 그것 역시 무너졌다. 그의 세계는 개인들에게 완전히 종교적인 상태를 달성하는 데 실패했다. 바그너의 종교에 따라 삶을 살고자 한 이들은 무척 불행한 삶을 살게 되었다. 그리고 전 세계가 ― 당연한 것이든 아니든 간에 ― 결국은 바그너 자신으로부터 문화는 그 자체로 사람을 행복하거나 선하게 만들지 못한다는 것을 배울 수 있었기 때문에 그의 작품 세계는 더욱 공공연하게 실패했다.

철학은 여전히 존재했다. 하지만 독일 철학은 거의 문제의 근원 자체였다. 19세기 말에 감지된 신경쇠약은 일부분은 철학에 대한 싫증 때문에 생겨난 것이었다. 그리고 갑자기 생각할 게 얼마나 많은지에 대한 인식이 커졌을 뿐만 아니라 독일 사상은 이미 싫증과 심지어 숙명론으로 너무 쉽게 옮겨 간다는 견디기 힘든 압박으로 규정되었기 때문이다. 물론 이렇게 된 데는 많은 이유가 있다. 하지만 무엇보다도 독일인들은 유별나게 사고를 끝점 ― 그 끝이 어디든 간에 ― 까지 지속적으로 가차 없이 추구한다.

이런 경향은 또한 독일어 표현에도 있다. Drang nach dem absoluten(절대를 향한 충동). 이번에도 역시 영국인들이나 영국 철학은 이런 구절을 사용하지 않지만, 이는 불가피하고 심지어 미리 정해진 끝점처럼 보이는 지점에 이를 때까지 사고를 계속 밀어붙이는 그런 습관을 적절하게 요약해 준다. 일단 그 끝점이 분명해지면 그것을 피하기 위해 무엇을 할 수 있을까? 사람들을 여기로 ― 역사 자체가 우리가 그저 복종해야 하는 하나의 힘이라는 사고로 ― 이끌 수 있는 헤겔에 대한 해석이 존재한다. 철학 ― 과 정치 ― 에 대한 이런 시각에서 보면, 절대를 향한 충동보다는 절대를 향한 〈인력〉으로 설명하는 게 더 정확할지 모른다. 적어도 19세기부터 독일 철학에는 일정한 관념과 이론을 계시된 진리로 제시하는 경향이 있었다. 그런 진리와 함께 사는 게 아무리 어려울지라도 이 진리는 저항할 수 없는 중력에 가까운 힘을 행사하는 것이다. 관념을 극단적인 지점까지 밀어붙이는 집요한 습관 덕분에 독일 철학은 당대의 다른 철학을 대부분 추월했다. 바로 이런 이유로 독일 철학은 유럽 전역만이 아니라 러시아 전체, 그리고 결국은 아메리카의 대학들까지 휩쓸었다. 실제로 독일 철학은 한동안 철학 세계를 거의 지배했다. 그리고 이 세계를 산산이 부수는 데에도 일조했다.

진리는 정해져 있고 사람들은 진리와 함께 사는 법을 찾기만 하면 되었다. 마르틴 하이데거는 1933년 프라이부르크 대학교 총장 취임 연설에서 청중에게 조국의 미래를 위한 중대한 결정이 이제 이루어졌다고 말함으로써 최악의 순간을 보여 주었다고 흔히 평가받는다. 그가 보기에 결정은 과거의 일이었다. 모든 중요한 문제는 이미 〈결정〉되었기 때문이다. 이제 할 일은 그 결정에 따르는 것뿐이었다.

절대와 절대의 추구에 관한 문제 가운데 하나는 절대가 산산이 부서질 때 무슨 일이 생기는가 하는 것이다. 자유주의의 허튼소리에서는 모든 사람이 뭐든 비난할 수 있는 반면, 절대가 산산이 부서지면 그 잔해 속에 모든 것이 남는다. 사람들과 나라뿐만 아니라 모든 지배적인 관념과 이론도 남는다. 이처럼 끊임없이 부서지는 이론들의 파편으로부터 일정한 권태가 생기는 것은 불가피하다. 19세기와 20세기 초에 비스마르크부터 제1차 세계 대전에 이르기까지 독일은 그런 붕괴를 거듭 겪었다. 특히 그중에는 일어날 때마다 다음 번 붕괴의 가능성을 더욱 높이는 붕괴도 있었다. 영국 작가 스티븐 스펜더Stephen

Spender는 1930년대에 한동안 베를린에서 살았는데, 1939년 일기에 그 시대에 관해 술회했다. 최후의 재앙이 시작되기 전에 그는 그곳에 살면서 만난 독일인들에 대해 숙고했다. 〈내가 독일에서 알던 그 모든 좋은 사람들의 문제는 그들이 지치거나 허약했다는 것이다.〉[8] 좋은 사람들이 왜 그렇게 지쳤을까? 실존적 피로가 문제인 것은 단지 의욕 없는 삶을 낳기 때문만은 아니다. 그것은 또한 거의 어떤 결과든 허용할 수 있기 때문에 문제가 된다.

어떤 사람들은 극소수만이 연구하게 될 철학이 그렇게 광범위한 영향을 미치는 것은 불가능하다고 생각할지 모른다. 하지만 관념과 그 관념이 만들어 내는 체계의 실패는 실제로 영향을 미친다. 종교 관념과 세속적 관념은 모두 몇 가지 영향을 미치는 것으로 시작해서 국가 전체에 스며들게 마련이다. 삶의 문제들에 대한 한 가지 익숙한 태도는 자신은 답을 알지 못한다 하더라도 어딘가에 그 답을 아는 누군가가 있다는 것이다. 예술가든 철학자나 성직자든 간에 그 답을 아는 사람들이 계속 틀린 것으로 보일 때 그 영향은 힘을 북돋우는 것과는 거리가 멀다. 그리고 현대 서유럽의 대다수 나라에서 일신교들이 그런 것처럼, 일부 체계들은 시간이 흐르면서 잠식될 수 있지만, 우생학이나 인종 이론처럼 비교적 빠르게 정체가 폭로될 수도 있다. 철학적 관념과 정치적 관념은 소수가 생각해 낼 수 있지만, 그 토대가 무너지면 대중적인 관념일수록 더 황량한 흔적을 남긴다. 가장 대중적인 철학들 — 전체론적인 정치적 미래상으로 바뀔 수 있었던 철학들 — 이 실제로 그러했다.

유럽이 20세기에 겪은 정치적 불행의 많은 부분은 정치적 절대에 도달하려는 현대의 세속적인 시도에서 나온 것이다. 실제로 마르크스주의가 일종의 종교에 가까워진 이유 중 하나는 신성한 문서와 예언자들의 일직선적인 연속에 의존했기 때문이 아니라 분열과 종교 간 전쟁의 습관 때문이다. 진짜 불의 주인이자 가장 참된 신앙의 해석자가 되기 위한 싸움은 마르크스주의의 매력이자 궁극적인 약점으로 손꼽혔다. 하지만 마르크스의 꿈과 마르크스로부터 공산주의와 사회주의가 물려받은 꿈은 만물의 이론을 찾아내고 실천하려 한, 당대의 가장 진지한 시도였다. 유럽 모든 나라에서 끝없이 나온 저작과 소책자와 복음은 의미 있는 꿈, 모든 것을 해결하고 모든 사람의 문제를 다룰 수 있는 꿈을 꾸려는 또 하나의 시도였다. T. S. 엘리엇이 기억에 남을 묘사에서 말한 것처럼, 그것은 〈어느 누구도 선해질 필요가 없을 정도로 완벽한 체제를 꿈꾸려는〉 시도였다.[9]

  늘 그렇듯이 신앙이 해체되는 과정은 단계적으로 이루어졌다. 레온 트로츠키의 이단이 등장하고 우크라이나 기근 사태가 벌어진 뒤 1930년대 많은 공산주의자들이 모범 사회가 모범이 아닐 뿐만 아니라 사회라고 보기도 힘들다는 것을 점차 깨달았다. 반대파를 비롯해 진리 세력을 방해한다고 여겨지는 세력들을 숙청하려는 시도는 일부 신자들에게 활력을 불어넣을 뿐만 아니라 인민에게 돌아갈 순수한 마음이 여전히 남아 있는 듯 행세하는 데도 한동안 성공을 거두었다. 1930년대 말에 겐리흐 야고다Genrikh Yagoda를 비롯한 이들이 여론 조작용 재판을 지휘할 무렵이면 의지와 권력 이외에 어떤 것이 남아 있는 듯한 겉치레가 순식간에 사라졌고, 결국 지각 있는 공산주의자들은 떠나갔다.

그때 떠나지 않은 이들은 1956년 헝가리 침공으로 시작된 전쟁과 1968년 프라하의 봄 진압 이후 사라졌다. 이 사건들을 거치면서 그나마 눈과 귀가 남아 있던 공산주의자들은 전에 들었던 최악의 상황과 그보다도 더 나쁜 일이 사실임을 깨달았다. 그리고 러시아와 동구권으로부터 알려진 모든 일 ─ 워낙 끊임없이 나오고 비슷해서 호전성으로 똘똘 뭉친 신자들만이 무시할 수 있는 이야기들 ─ 은 만약 공산주의가 전 세계에 악몽이었다면, 그 통치를 받은 사람들에게는 재앙이었음을 보여 주었다. 1970년에 이르러 장프랑수아 르벨Jean-Fraçois Revel은 『마르크스 없이, 예수 없이 Ni Marx, Ni Jesus』라는 기념비적 저작에서 확신을 갖고 말할 수 있었다. 〈오늘날 어느 누구도, 심지어 서구 세계의 공산당에 속한 이들조차도 소련이 다른 나라들의 혁명 모델이라고 진지하게 주장하지 않는다.〉[10] 만약 참된 신자들이 점차 사라지고 있었다면, 1989년 베를린 장벽이 무너지면서 오래전부터 경고 사이렌이 그들에게 알리려던 내용을 전 세계가 확인하게 되자 마지막 한 사람까지 사라져 버렸다. 참된 신자들이 완벽한 체제를 생각해 내려고 노력하면서 한 일의 증거는 믿기 어려웠다. 하지만 공산주의가 주요한 업적에 대한 증거로 남겨 놓은 수천 수백만의 주검과 헛된 삶 ─ 살아 있든 죽었든 간에 ─ 만으로도 제정신인 신자라면 멈춰 서기에 충분하다. 영국의 역사학자 에릭 홉스봄처럼 몇몇 참된 신자들은 남았지만, 세계는 대체로 회의적인 시선으로 그들을 보았다. 시체 더미 위에 올라서서 이제 몇 명만 더 죽으면 모든 것을 바로잡을 수 있다고 약속하는 사람을 그 누가 믿겠는가?

공산주의는 붕괴하는 단계 내내 스스로 초래한 참사를 드러냈을 뿐만 아니라 유럽 대륙에서 가장 똑똑하고 박식하다고 여겨진 사람들의 몇몇 세대가 얼마나 어리석었는지도 폭로했다. 마르크스의 시대부터 1989년에 이르기까지 자기 세대에서 가장 똑똑한 사람들이 공산주의 체제에 찬동함으로써 스스로 악에 물들었다. 조지 버나드 쇼부터 장폴 사르트르까지 거의 모든 세속적 예언자들이 당대 최악의 체제를 감싸는 변호론자였음이 드러났다.

그들 다수가 이탈하지 않고 공산주의 실험 전체가 그렇게 오랫동안 살아남을 수 있었던 이유에 대한 그나마 괜찮은 설명이 있다면, 한동안 그것이 대항하는 듯 보였던 정치 세력의 존재를 꼽을 수 있다. 공산주의라는 사촌과 마찬가지로 파시즘의 꿈 또한 당대의 심각한 문제들에 답하려는 진지한 시도로 시작되었다. 특히 제1차 세계 대전 이후 황폐화된 유럽에서 실업과 빈곤을 시정하려는 시도였다. 파시즘은 공산주의와 달리 지식인 계급을 거느리지 않았지만 비슷한 방식으로 일부 낭만주의자들과 사디스트들을 흥분시킬 수 있었다. 그리고 파시즘은 사촌인 공산주의보다 훨씬 빠르게, 그것도 주로 공산주의가 힘을 보탠 덕분에 붕괴했지만, 파시즘이 남긴 참화는 그만큼 컸다.

이탈리아가 재앙에서 살아남을 수 있었던 한 가지 이유는 이탈리아 파시즘이 독일의 그것과는 약간 다른 괴물이었기 때문이다. 또한 이탈리아 파시즘의 광신자들이 북쪽의 동맹자들만큼 많은 수가 심층까지 다다르지 못한 탓도 있다. 또한 이탈리아 파시즘은 이 나라에 만연한 혼란에 대한 응답으로서 가볍게 여겨질 수도 있었다. 전후에 이탈리아 국가를 계획한 이들은 이런 혼란이 계속되게 만들었다. 이탈리아인들은 자신들의 국가와 역할을 정당화하기 위해 이탈리아와 로마의 역사라는 우물 속으로 깊숙이 들어갔지만, 이탈리아 역사의 우물 전체는 애초부터 많은 독일인들에게 보인 것만큼 오염되거나 유독해 보이지 않았다. 독일에 관해 가장 많이 던져지는 유명한 질문, 즉〈세계에서 가장 세련된 예술적 문화가 어떻게 가장 야만적인 문화로 전락할 수 있었는가〉라는 질문은 씁쓸한 뒷맛을 남긴다. 뒤에 이어진 야만을 가능케 한 것이 바로 그 세련된 문화일 수 있다는 사실은 언제나 나중에야 드러난다. 독일의 문화와 철학이 나치즘에 의해 오염된 어떤 것이 아니라 나치즘을 허용하고 무럭무럭 자라게 한 주역일 수 있다는 사실 말이다. 우물은 언제나 오염돼 있었다.

씁쓸한 뒷맛은 무수히 많았는데, 그중 일부는 시간이 흐른 뒤에야 분명해졌다. 가령 시간이 지난 지금은 20세기에 경쟁하는 두 전체주의적 미래상이 의심하는 세계를 차지하기 위해 벌인 경쟁을 이해하기가 더 쉽다. 하지만 이 두 이데올로기만이 아니라 모든 이데올로기에 대한 공포를 느끼는 것 역시 과거 어느 때보다도 더 쉽다. 만약 (당시에 보인 것처럼) 외견상 대립되는 두 이데올로기가 현실의 결과로 이어질 수 있었다면, 어떤 이데올로기든 그런 결과로 이어질 수 있다. 어쩌면 모든 이데올로기와 확신이 문제였던 걸까?

아마 유럽의 20세기가 낳은 지적, 정치적 오염은 결코 사라지지 않을 것이다. 어쩌면 이 죄는 씻어 버릴 수 없을 것이다. 하지만 이 죄가 그 와중에 오염시킨 많은 세력들은 여전히 인정받고 있다. 일부 세력은 빤히 눈에 들어온다. 이중에서 가장 분명한 것은 1940년대까지 유럽의 일부 작가들과 유전학자들을 매혹시켰지만 나치의 베르겐벨젠 강제 수용소 이후 호소력을 상실한 인종 이론이다. 다수가 발견된 다른 세력들 중에는 향후 유럽인들에게 필요할 만한 것들도 있었다. 각종 민족주의 이데올로기뿐만 아니라 민족국가 개념과 한 민족이라는 감정도 여기에 포함된다. 초민족주의의 한 형태인 나치즘은 이 모든 것을 자신과 함께 끌어내렸다. 그곳에서 아래쪽 어딘가에서는 애국주의의 가능성도 집어삼켰다. 제1차 세계 대전의 재앙 때문에 이미 애국주의는 용서할 수 없는 몰지각한 것으로 전락했다. 제2차 세계 대전의 재앙을 계기로 애국주의는 악의 원천이 될 수 있음이 분명해졌다.

이런 갈등과 이데올로기들의 충돌은 또 어떤 것을 파괴했을까? 종교의 마지막 흔적이 아니라면 자비로운 신이라는 관념의 마지막 은신처가 파괴된 게 분명하다. 제1차 세계 대전의 전장인 플랑드르의 진흙탕에서 이 파괴가 달성되지 않았다면, 엘리 위젤Elie Wiesel이 아우슈비츠에서 묘사한 하느님의 심판에서 완수되었다. 유대인들은 하느님에 대한 믿음을 잃었다 할지라도 한 민족으로서 자신들의 전통을 지속하고 인간을 믿을 수 있었다. 하지만 기독교 세계인 유럽은 하느님만이 아니라 인간에 대한 믿음도 잃은 상태였다. 유럽에서는 인간이 인간에 대해 가졌던, 그나마 남아 있던 모든 믿음이 파괴되었다. 유럽 계몽주의 시대부터 계속해서 신에 대한 믿음과 신뢰가 약해짐에 따라 인간에 대한 믿음과 신뢰가 이를 부분적으로 대체했다. 인간만이 지닌 잠재적 지혜를 강조한 계몽주의 이래로 자율적 인간에 대한 믿음이 가속화되었다. 하지만 이성을 길잡이로 삼은 사람들은 이제 다른 모든 이들처럼 우스꽝스럽게 보였다. 〈이성〉과 〈합리주의〉는 인간으로 하여금 가장 비이성적이고 불합리한 일을 하게 만들었다. 이성 역시 인간이 다른 인간을 통제하기 위해 사용하는 또 다른 체계였을 뿐이다. 인간의 자율성에 관한 믿음은 인간에 의해 파괴되었다.

그리하여 20세기 말에 이르러 유럽인들은 일정한 피로감을 느끼거나 물려받았다고 해도 이상한 일이 아니었다. 유럽인들은 이미 종교와 반종교, 신앙과 비신앙, 인간의 합리주의와 이성의 신앙을 시험해 보았다. 위대한 정치적, 철학적 기획을 거의 모두 창시한 바 있었다. 그리고 유럽은 이것들을 모두 시도하고 겪었을 뿐만 아니라 — 아마 가장 파괴적으로 — 끝까지 밀어붙이기도 했다. 이 사상들은 어떤 식으로 시험해 보았든 간에 유럽에서만이 아니라 전 세계에서 수억 명의 죽음을 남겼다. 이런 사실을 알고 후회하면 무엇을 할 수 있을까? 한 개인이 이런 잘못을 저질렀다면 그 사실을 부인하거나 수치심 때문에 죽어야 할 것이다. 그런데 한 사회가 그랬다면 어떻게 해야 할까?

금세기의 처음 10년간 한동안 이 같은 유럽의 권태가 이른바〈근육질 자유주의muscular liberalism〉— 지구 곳곳에서 일치단결해서, 때로는 심지어 폭력을 동원해서 자유주의적 권리를 방어하는 자유주의 — 의 형태로 어느 정도 위안을 찾은 것 같았다. 특히 영국은 근육질 자유주의에 찬동했고, 가끔 프랑스를 비롯한 다른 유럽 나라들도 다수 찬동했다. 하지만 인권 수호라는 이름 아래 이라크와 아프가니스탄, 리비아 등에 개입한 뒤, 우리는 파탄 국가의 흔적을 남기고 철수했음을 깨달았다. 우리가 그 사실을 완전히 깨닫기 전에 독일 정부의 한 장관이 내게 말한 적이 있다. 자기 나라도 언젠가 어떤 가치를 지키기 위해 기꺼이 싸우고 목숨을 걸 뿐만 아니라 적을 죽여야만 하는 사실에 직면해야 한다고. 여전히 폭력적으로 군대 반대를 외치는 나라로서는 꽹장히 인상적인 말이었다. 그 말을 인용해도 되나요? 발언의 당사자를 밝히지 않고 비공개로 한 말이라고 하면 어떨까요? 〈절대 안 됩니다〉라는 답이 돌아왔다. 나는 사람들이 스스로 기꺼이 신념을 지키기 위해 싸우고, 죽고, 죽일 것이라고 선언하면서 다만 비공개로 그 선언을 하는 나라에서 과연 정책이 효과가 있을지 곰곰이 생각했다. 근육질 자유주의의 순간은 잠깐 나타났다가 사라졌고, 서구가 개입하지 않는 가운데 시리아가 갈가리 쪼개질 무렵이면 우리는 세계의 상황이 우리가 손쓸 수 있는 수준을 넘어섰으며, 행동을 하든 안 하든 간에 비난을 받을 수밖에 없다면 아무것도 하지 않는 게 최선이라고 인정하게 된 것 같았다. 유럽인들이 건드린 모든 것은 먼지처럼 사라져 버렸다.

추락한 이카로스

소련이 몰락한 뒤 프랑스 철학자 샹탈 델솔Chantal Delsol은 현대 유럽인들이 스스로 생각하는 상태를 가리키는 가장 강렬한 비유를 내놓았다. 영어로는 『추락한 이카로스Icarus Fallen』로 번역된 『현대의 걱정 Le Souci Contemporain』(1996)에서 델솔은 현대 유럽인의 상태는 이카로스가 추락에서 살아남았다면 처했을 법한 상태라고 말했다. 과거에 우리 유럽인들은 태양에 다다르려고 계속 시도하다가 너무 가까이 날아가서 지상으로 떨어져 버렸다. 우리는 분명 실패했을 테고, 멍해졌을 테지만 어쨌든 살아남았다. 우리는 지금도 여기에 있다. 우리 주변에는 우리의 모든 꿈과 우리의 종교, 우리의 정치적 이데올로기, 갖가지 열망의 파편들—은유적이고 실제적인—이 있다. 이 모든 것들은 차례차례 거짓임이 밝혀졌다. 그리고 이제 우리에게는 환상이나 야망이 남아 있지 않지만, 그래도 우리는 여전히 여기에 있다. 그렇다면 무엇을 해야 할까?

여러 가지 가능성이 있다. 첫 번째는 추락한 이카로스가 오직 쾌락에만 몰두하는 삶에 빠질 수 있다는 것이다. 델솔이 말한 것처럼, 신을 잃어버린 사람들이 쾌락에 의지하는 것은 드문 일이 아니다. 〈이상의 거대한 몰락은 종종 일종의 냉소주의를 초래한다. 모든 희망이 사라졌으니 최소한 재미나 보자는 식이다.〉 델솔이 지적하듯이 누구보다도 소련 지도자들이 자신들 특유의 유토피아적 이상에 대한 신념을 잃자 바로 이렇게 행동했다. 절대적 신념을 가지고 목숨까지 바쳐야 했던 체제가 작동 불가능할 뿐만 아니라 거짓임이 밝혀졌을 때, 소비에트 제국 내의 엘리트 카스트는 바깥세상의 상상을 초월하는 비참한 현실에도 아랑곳하지 않은 채 개인적 안락과 향락에만 몰두하는 식으로 대처했다. 하지만 델솔이 지적하는 것처럼, 우리가 처한 상황은 일단 신이 실패하자 오로지 쾌락만을 위해 살기로 선택한 소련 지도자들의 상황보다도 더 심각하다. 〈우리는 여러 확신을 이룰 수 없다는 이유로만 그런 확신을 포기하게 된 게 아니기〉 때문이다. 우리는 〈절대적〉 냉소주의자가 된 게 아니라 모든 진리를 철저하게 〈의심하게〉 되었다.[11] 우리의 모든 유토피아가 그토록 끔찍하게 실패했다는 사실은 이런 유토피아에 대한 우리의 신념만을 파괴한 게 아니다. 모든 이데올로기에 대한 신념을 파괴해 버렸다.

오늘날 서유럽 사회에는 이 특유의 세계관이 유행하고 있는 것 같다. 연예 산업뿐만 아니라 정보 산업까지도 상당히 피상적인 종류의 개인적 쾌락에만 몰두하는 사람들에게 이야기를 건다. 영국에서 유명한 무신론 버스 캠페인 광고의 문구를 보라. 〈아마 하느님 같은 건 없을 겁니다. 이제 걱정일랑 그만두고 삶을 즐기세요.〉 우리가 그 삶을 어떻게 즐겨야 하는지에 대한 답은 하나밖에 없다. 〈당신 마음대로 하세요.〉 이 공백을 무엇이 메울지 누가 알겠는가만, 당분간은 그 답이 소비주의 문화를 즐기는 데 있는 것으로 보인다. 오래가지 않는 물건을 계속해서 사들이고 그 물건을 대신하기 위해 새로 나온 똑같은 물건을 산다. 물론 우리는 휴가를 떠나서 즐거운 시간을 보내려고 노력할 수도 있다.

이런 생활방식은 그 장점이 무엇이든 간에 많은 것들에 의지한다. 우선 사회에 속한 최대한 많은 수의 사람들이 이 생활방식에 만족하면서 다른 어떤 의미도 추구하지 않아야 한다. 또한 이 생활방식이 무한정 계속되어야 한다. 왜냐하면 경제적 추세가 상승하는 동안에만 이런 생활방식이 지속 가능하다는 게 거의 확실하기 때문이다. 만약 정치적 극단주의를 피하기 위한 전제 조건 중 하나가 경제가 잘못되지 않도록 하는 것이라면, 유럽인들은 경제가 잘 돌아가도록 하기 위해 이례적으로 열심히 일해야 할 것이다. 대규모 이주가 경제적으로도 이익이라는 주장이 그토록 인기를 끄는 것도 이런 이유에서다. 만약 이주자들이 젊고 값싼 노동력을 끊임없이 공급해 줌으로써 우리가 익숙해진 생활방식을 유지하게 해준다면, 우리는 잠재적인 부정적 측면을 기꺼이 견딜지 모른다. 만약 경제가 잘되지 않고 유럽인들의 생활수준이 하락한다면, 현명한 정치 지도자라면 여러 차례 바닥으로 추락할 수 있음을 알 게 분명하다. 하지만 당분간은 이런 공포를 아슬아슬하게 피하면서 삶을 즐기려고 애쓰는 게 답이다. 우리 인류가 생각해 낸 가장 흥미로운 답은 아닐지라도 말이다.

이렇게 말한다면 끔찍한 일반화가 되겠지만, 이런 표면의 밑바닥에 있는 유럽의 사상과 철학의 다른 모든 것은 혼란뿐이다. 혼란이 너무 많아서 19세기와 20세기의 일부 사상가들이 어디서 잘못됐는지를 빤히 보면서도 일종의 시기심을 품은 채 그들의 사상을 돌아보는 게 가능하다. 그들은 얼마나 확신을 갖고 있었던가? 그들의 선배들은 또 얼마나 무한정 확신에 차 보였던가? 그들과 우리 사이에 놓인 거대한 간극이 갑자기 두드러진다. 아이작 월튼Izaak Walton이 쓴 존 던John Donne의 생애를 생각해 보라. 이 짧은 저작(1640)의 마지막 부분에서 월튼은 친구의 마지막 나날에 대해 이야기하면서 그의 육신을 묘사한다. 〈한때 성령이 머무는 성전이었으나 이제 기독교인의 먼지 한 줌이 되었다.〉마지막 줄이 이어진다.〈그래도 나는 그 먼지가 다시 소생하는 모습을 보리라.〉

때로 우리는 선조들처럼 확신을 갖고 있는 듯 행동하지만 지금 우리에게는 아무런 확신도 없고 선조들이 가졌던 위안도 없다. 19세기 독일의 냉혹하기 짝이 없는 철학자들도 오늘날의 후손들에 비하면 확신과 위안에 시달렸던 것 같다. 오늘날 독일 철학은 나머지 대륙 철학과 마찬가지로 의심(마땅히 그래야 한다)뿐만 아니라 수십 년에 걸친 해체로 인해 황폐해졌다. 독일 철학은 스스로를 갈가리 해체했다.

자신은 말할 것도 없고 무엇이든 어떻게 다시 끼워 맞춰야 하는지에 대해서는 아무 생각도 없었다. 대륙의 철학자들은 진리의 정신과 거창한 질문에 대한 탐구에 고무되는 대신 질문을 피하는 법에 매료되고 있다. 철학자들이 관념뿐만 아니라 언어도 해체하자 그 결과로 철학의 도구를 절대 넘어서지 않으려는 일치된 노력이 나타났다. 때로는 거창한 문제들을 회피하는 것이야말로 철학의 유일한 과제가 된 것처럼 보인다. 그 대신에 언어의 난점들에 대한 집착과 모든 고정된 것에 대한 불신이 들어선다. 어떤 성과도 얻지 않기 위해 모든 것을 의심하려는 욕망이 중요한 점으로 보인다. 언어와 관념이 어디로 이어질지 두려운 나머지 이 둘의 독이빨을 뽑아 버리려는 것이다. 여기에도 엄청난 자기 불신이 존재한다.

현대 독일 사상이 완전한 재앙이라는 생각이 갑자기 떠오른 것은 몇 년 전 하이델베르크 대학교에서 열린 회의에 참석했을 때였다. 한 무리의 학자들과 관계자들이 중동 및 북아프리카와 유럽의 관계의 역사를 논의하기 위해 모인 자리였다. 얼마 지나지 않아 아무것도 배울 게 없다는 사실이 분명해졌다. 참가자들이 아무 말도 할 수 없었기 때문이다. 철학자들과 역사학자들이 잇따라 나서서 최대한 성공적으로 아무 말도 하지 않으려고 지루하게 시간을 끌었다. 제대로 말하는 내용이 없을수록 안도와 박수가 더 커졌다. 어떤 관념이나 역사, 사실을 다루려는 시도도 현대 학문의 검토 과정을 우선 거치지 않고서는 통과할 수 없었다. 어떤 일반화도 시도할 수 없고, 어떤 특징도 공표될 수 없었다. 의심받는 것은 역사학과 철학만이 아니었다. 마치 범죄 현장 주변처럼 철학, 관념, 언어 자체에 차단선이 둘러쳐졌다.

외부자의 눈에는 그 현장의 가장자리가 분명하게 보였다. 학자들이 하는 일은 차단선을 경비하는 한편 어슬렁거리는 사람들이 관념의 영역에 다시 들어오는 것을 무슨 수를 써서라도 막기 위해 기분 전환용 이야기를 늘어놓는 것이었다.

관련된 단어가 나올 때마다 곧바로 깃발이 올라가고 논박이 이어졌다. 〈민족〉이라는 단어는 명백한 문제였다. 〈역사〉라는 단어 역시 나오자마자 곧바로 논의가 중단되었다. 누군가 현명하지 못하게 〈문화〉라는 용어를 입에 올리면 행사가 갑자기 멈췄다. 이 단어에는 너무 많은 상이한 함의와 용법상의 불일치가 존재해서 사용할 수 없었다. 애초에 이 단어 자체가 어떤 것도 의미할 수 없었다. 이 게임 — 정말 게임이었다 — 의 목적은 실제로 결실을 낳는 논의를 불가능하게 만들면서도 학문적 탐구를 하는 것 같은 겉치레를 유지하는 것이었다. 유럽 각지의 수많은 학회와 대학에서도 그런 것처럼, 이 게임은 참가자들에게는 만족이나 위안을 줄지 몰라도 다른 모든 사람들에게는 좌절이나 무관심을 안겨 주면서 계속된다.

어떤 지배적 관념이 여전히 존재한다면, 그것은 바로 관념이 문제라는 관념이다. 아직도 사람들이 공유하는 어떤 가치 판단이 존재한다면, 그것은 〈가치 판단은 틀렸다〉라는 가치 판단이다. 어떤 확실성이 지금도 남아 있다면, 그것은 〈확실성에 대한 불신〉이다. 그리고 이런 생각이 합쳐져서 어떤 철학이 되지 않는다 할지라도, 그것은 분명 하나의 태도로 결합된다. 지속적인 공격을 받으면 살아남기 어려울 정도로 피상적이지만 그래도 받아들이기 쉬운 태도가 만들어지는 것이다.

하지만 대다수 사람들은 자신의 삶에서 일정한 형태의 확실성을 추구한다. 지금도 종교, 정치, 개인적 관계 등은 우리 주변을 가득 채운 혼돈 앞에서 그런 확실성을 창출하기 위해 노력하는 몇 안 되는 방법으로 손꼽힌다. 유럽—또는 우리가 영향을 미친 문화—바깥의 대다수 사람들은 우리와 달리 이런 공포나 불신, 의심을 전혀 품지 않는다. 그들은 자신의 본능이나 행동을 불신하지 않는다. 그들은 자신의 이익을 위해 행동하는 것을 두려워하지 않으며, 자신들이나 비슷한 부류의 이기심을 조장해서는 안 된다고 생각하지도 않는다. 그들은 자신의 삶을 향상시키려고 하며, 다른 이들이 달성한 높은 생활수준을 열망한다. 그리고 이 과정에서 그들은 유럽에 존재하는 모든 관념만큼이나 수가 많은 광범위한 관념을 품고서 거기서 다른 결론을 이끌어 낸다.

유럽인들이 가진 의심과 직관을 물려받지 않은 사람들이 대대적으로 유럽에 들어오면 어떤 영향이 생길까? 지금은 아무도 그 답을 알지 못하며 과거에도 알지 못했다. 다만 우리는 어떤 영향이 있을 것이라고 확신할 수 있을 뿐이다. 자기들 나름의 관념과 모순을 가진 수천만 명이 고유한 관념과 모순을 가진 대륙에 들어오면 영향을 미칠 수밖에 없다. 통합 신봉자들은 시간이 흐르면 유럽에 오는 사람들이 모두 유럽인과 비슷해질 것이라고 가정한다. 하지만 이런 가정은 그토록 많은 유럽인들이 그들이 과연 유럽인이 되고자 하는지를 의심한다는 사실 때문에 신빙성이 떨어진다. 자기 의심과 자기 불신의 문화는 독특하게도 다른 이들도 그런 입장을 받아들이도록 설득하지 못한다. 한편—적어도—새로 오는 이주자의 다수가 자신의 확신을 굳게 지키거나 심지어 향후의 세대들에서는 유럽인들을 이런 확신으로 끌어당길 수도 있다. 또한 새로 오는 사람들의 다수가 유럽의 생활방식을 향유하고 경제적 상승이 지속되는 한 그 열망과 결실에 참여하면서도 자신들이 속하게 된 문화를 경멸하거나 무시할 수도 있다. 그들은 — 에르도안 터키 대통령이 민주주의에 관해 남긴 유명한 말처럼 — 유럽 문화를 마치 버스처럼 이용한다. 가고 싶은 목적지에 도착하면 냉큼 내려 버리는 것이다.

사회적 태도에 관한 여론 조사를 보면 유럽 바깥 출신의 이주자 공동체는 유럽의 자유지상주의는 말할 것도 없고 사회자유주의에 관해서도 유럽인들을 혼비백산하게 만드는 견해를 갖고 있다. 유럽 사회의 공동체 안에서 이런 견해를 내보인다면 사람들이 깜짝 놀랄 것이다. 또한 이 새로운 이주자들은 현대 유럽의 자유주의를 보면서 자신들의 입장을 정당화하는 몇 가지 표면적인 근거를 얻는다. 무슬림 아버지는 자기 딸이 서구 여자처럼 되기를 바라지 않는다. 몇몇 서구 여자들을 보면서 그들이 어떤 행동을 하는지 알기 때문이다. 그는 소비주의 문화가 만들어 내는 모든 것을 보면서 자기 딸이 이 문화에 물드는 것을 원치 않는다. 그를 둘러싼 사회에는 온통 그가 반대하는 것들뿐이다. 이런 사람들은 아마 시간이 흐르면 자신이 옮겨 온 사회와 더 비슷해지기보다는 자신만의 생활방식에 틀어박히게 될 것이다. 자신이 옮겨 온 바로 그 사회 때문에 말이다. 그와 동시에 지금까지 나타난 증거로 보면 유럽인들이 그런 사람들 앞에서 유럽 고유의 가치를 옹호할 것 같지는 않다. 영국 같은 나라에서 여성 할례에 대한 반대가 주류로 올라서는 데는 몇십 년이 걸렸다. 30년 동안 불법이었고,

13만 명이 넘는 영국 여성이 이처럼 야만적인 취급을 당했는데도 지금까지 이 범죄는 제대로 기소된 적이 없다. 만약 서유럽이 여성 할례의 경우처럼 어떤 문제에 대해 정직하게 직면하는 것조차 어려워한다면, 앞으로 몇몇 미묘한 가치의 문제들을 제대로 옹호하기는 어려울 것이다.

하지만 설령 새로 오는 이주자가 모두 명백한 위협이고, 유럽인들이 계속 들어오는 이주자들은 전부 자신들을 싫어하게 될 사람들로만 구성될 것이라고 생각한다 할지라도 그래도 피로감은 재발한다. 만약 그런 경우라면 그 상황에 대해 태도를 취해야 할 것이고 반발, 심지어는 반란이 일어나야 할 것이기 때문이다. 사실 유럽인들은 전에도 피로감을 느낀 적이 있다. 가장 분명한 사례는 제1차 세계 대전 이후다. 그토록 많은 손실을 겪고서도 어쩌면 훨씬 규모가 큰 문제가 생기는 게 가능한 일일까? 분명 이런 희생과 재난 덕분에 우리는 역사의 거대한 달력에서 일시적 휴식을 얻는 걸까?

현재 유럽에서 벌어지는 변화에 대한 질문과 논의가 부족한 이유는 대체로 이런 식으로 요약될 수 있다. 해답을 찾기 어렵기 때문에 차라리 묻지 않는 게 더 나은 것이다. 확실히 대규모 이민의 시대에 반대파의 목소리에 이례적인 수준의 악담이 쏟아지는 것도 이 때문이다. 특히 이런 요약은 〈불이야〉라고 외치는 사람들을 침묵시키거나 저지하기만 하면 어떤 불도 확산되지 않을 것이라는 완강한 믿음을 설명해 준다. 2011년『샤를리 에브도』사무실이 화염병 공격을 받은 뒤, 프랑스 외무 장관 로랑 파비위스는 이 잡지를 비난하며 이렇게 물었다. 〈불난 데 기름을 붓는 게 과연 분별 있는 짓입니까?〉 그런데 애초에 프랑스 사회를 불바다로 만든 게 누군지는 아무도 외무 장관에게 묻지 않았다.

우리 시대가 스스로 내린 결정이 어떤 결과를 낳을지 두려워하지 않았더라면 〈잠깐 멈추자〉고 말하는 목소리조차 죄다 침묵시키려고 하지는 않았을 것이다. 하지만 위험 경보를 내는 사람들에게도, 아니, 특히 이런 사람들에게 피로의 부담이 가해질 수 있다. 아얀 히르시 알리는 2016년 이탈리아 신문과 인터뷰를 하면서 제2의 조국인 네덜란드의 상황에 관한 질문을 받았다. 히르시 알리가 떠난 뒤 그가 추적을 당하기 전에 경고했던 문제들에 관해 목소리를 높였던 사람들에게 무슨 일이 벌어졌습니까? 작가, 화가, 만화가, 지식인, 언론인들에게. 그 사람들은 전부 침묵에 빠졌나요? 히르시 알리가 대답했다. 〈네덜란드에서 이슬람과 이런 문제들에 관해 글을 쓰고 이야기하던 사람들은 이제 지쳤습니다.〉[12]

동유럽은 왜 다를까?

이 모든 사실은 또 다른 질문을 제기한다. 왜 동유럽은 그렇게 다른 걸까? 이주자 사태가 벌어지는 내내 국경, 국가 주권, 문화적 응집성, 그밖에 많은 점들에 대해 동유럽이 보인 태도는 서유럽의 태도와 왜 정면으로 충돌한 걸까? 그전 시기와 마찬가지로 이주자 사태가 진행되는 동안에도 서유럽 우파 지도자가 동유럽 좌파 지도자가 하는 발언의 반이라도 말하는 것은 상상하기 어려웠다. 2015년 여름부터 현재에 이르기까지 독일 정부와 유럽연합 집행위원회가 아무리 으러대고 저주를 퍼부어도 슬로바키아, 폴란드, 헝가리, 체코공화국 등의 비셰그라드 그룹Visegrad Group은 메르켈이나 브뤼셀과는 완전히 반대되는 노선을 취했다. 이 나라들은 독일 총리의 근시안적 시각을 비판했으며 베를린과 브뤼셀이 지시하는 이주자 할당치를 굳건하게 거부했다.

2016년 1월 스웨덴 당국과 유럽연합 집행위원회, 그 밖의 나라들이 전년도에 받아들인 사람들의 대다수가 유럽에서 난민 신청을 할 권리가 전혀 없다는 사실을 공개적으로 인정하기 시작했을 때, 장클로드 융커는 유럽연합 집행위원회가 제안한 할당제대로 각국이 이주자를 나눠 받아야 한다는 주장을 굽히지 않았다. 그러나 슬로바키아 정부는 〈터무니없는 발상〉이자 〈대실패작〉이라고 규정하면서 할당제를 계속 거부했다. 이 나라는 솅겐 협정 지역의 외부 국경에 자진해서 경비대 3백 명을 추가하면서도 이주자 할당치를 조금도 받아들이지 않겠다고 주장했다. 좌파 성향의 슬로바키아 총리 로베르트 피초Robert Fico는 자포자기하는 투로 말했다. 〈내가 보기에 우리 유럽연합은 지금 자살 의식을 치르면서 구경만 하고 있다.〉[13] 비셰그라드 그룹에 속한 다른 나라들도 피초와 같은 견해였다. 서유럽 지도자들과 그들의 차이는 이보다 더 극명할 수 없었다. 같은 대륙의 동부와 서부가 이런 핵심적인 문제에 관해 그토록 생각이 다른 이유는 무엇일까?

상탈 델솔은 1990년대 중반에 이런 차이의 근원을 간파했다. 베를린 장벽이 무너진 뒤 동유럽에서 시간을 보내던 델솔은 동유럽 사람들이 〈다른 차원에서는 우리처럼 되기를 꿈꾸면서도 점차 우리를 다른 행성에서 온 생물로 취급하는 것〉을 보았다. 〈나중에 나는 바로 이런 동유럽 각국 사회에서 우리가 직면한 문제의 답을 찾아야 한다는 것을 확신하게 되었다. (……) 우리와 그들 사이의 차이를 보면서 나는 우리가 지난 50년간 행운을 누리는 동안 삶의 비극적 차원에 대한 인식이 완전히 지워졌다고 믿게 되었다.)[14] 동유럽에서는 이런 삶의 비극적 차원이 지워지지 않았다. 그리고 이주 사태에 대해 동유럽 지도자들이 국민의 지지를 받으면서 보여 준 태도만큼 이런 결과를 극명하게 드러내는 것도 없다.

이 모든 나라들은 유럽연합에 가입하고 싶어 했고, 가입에 수반되는 이동의 자유와 모든 경제적 혜택과 더불어 유럽 나라들과 최대한 통합되기를 원했다. 하지만 메르켈 총리가 유럽 외부 국경을 개방했을 때 이 나라들은 모두 반기를 들었다. 단지 반기만 든 게 아니라 저항했다. 2016년 3월 15일 헝가리 총리는 혁명 기념일 연설을 하는 자리에서 이주, 국경, 문화, 정체성 등에 대한, 전혀 다른 동유럽의 접근법을 설명했다. 오르반 빅토르 총리는 헝가리 국민에게 새로운 자유의 적은 과거의 제국 체제나 소비에트 체제와 다르며, 오늘날에는 국민이 폭격이나 투옥을 당하는 게 아니라 단지 위협과 공갈에 시달릴 뿐이라고 말했다. 하지만〈유럽 각국 국민들은 마침내 자신들의 미래가 위태롭다는 사실을 이해하게 되었다〉라고 그는 말했다.

풍요와 번영 속에 꾸벅꾸벅 졸던 유럽 국민들은 마침내 유럽을 세운 토대가 된 삶의 원리가 치명적인 위험에 빠졌음을 알게 됐습니다. 유럽은 기독교적이고 자유롭고 독립적인 민족들의 공동체이며 남녀평등, 공정한 경쟁과 연대, 자부심과 겸양, 정의와 자비 등의 원리를 바탕으로 세워졌습니다.

지금 우리를 공격하는 위험은 전쟁이나 자연재해처럼 갑자기 우리를 무력하게 만드는 게 아닙니다. 대규모 이주는 물이 서서히 흘러서 해안을 잠식하는 식입니다. 이 이주는 인도적 대의를 가장하고 있지만, 그 진정한 성격은 영토를 차지하는 겁니다. 그리고 그들이 영토를 차지하면 우리가 영토를 잃게 됩니다. 오로지 인권만 외치는 무리들은 우리를 질책하고 우리에게 혐의를 뒤집어씌우려는 충동에 사로잡혀 있습니다. 그들은 우리를 적개심에 불타는 외국인 혐오론자라고 말하지만, 사실 우리 민족의 역사 또한 포용의 역사이며 여러 문화가 한데 뒤얽힌 역사입니다. 새로운 가족 성원이나 같은 편으로, 또는 목숨을 잃을까 두려워하는 쫓겨난 사람으로서 여기에 오려는 이들은 환영을 받아 새로운 가정을 꾸렸습니다. 하지만 우리 나라를 바꾸고 우리 민족을 자기들 모습으로 만들려는 의도를 가지고 오는 이들, 폭력적으로 와서 우리의 의지에 반대하는 이들은 언제나 저항에 직면할 것입니다.

유럽에서 가장 강한 나라는 헝가리의 이런 시각을 받아들일 수 없었다. 이는 당시 독일 정부의 정책만이 아니라 제2차 세계 대전 이래 역대 독일 정부가 내놓은 모든 이민 정책에도 반기를 드는 것이었다. 베를린은 꾸준하게 압력을 가했다. 하지만 화해가 불가능할 정도로 판이한 동유럽과 서유럽의 시각은 여전했다. 슬로바키아가 유럽이사회 의장을 인계받기 불과 한 달 전인 그해 5월, 로베르트 피초는 브뤼셀과 베를린이 요구한 이주자 할당치를 받아들이는 것을 거부한다는 입장을 분명히 했다. 이주자 할당치만큼 막대한 벌금을 부과하겠다는 위협에도 불구하고 슬로바키아 총리는 꿋꿋이 버텼다. 〈슬로바키아에는 이슬람이 들어설 자리가 없다. 이주자들은 우리 나라의 성격을 바꿀 것이다. 우리는 이 나라의 성격이 바뀌는 것을 바라지 않는다.〉[15]

이 나라들은 오랜 역사를 거치면서 서유럽 나라들과 같은 우물에서 물을 마셨지만, 이제 분명 다른 태도가 굳어져 있었다. 아마 이 나라들은 서유럽처럼 죄의식을 느끼거나 서유럽으로부터 죄의식을 흡수하지도 않았고, 세계에서 벌어진 모든 잘못이 자기들 탓이라고 생각하지도 않았을 것이다. 또는 서유럽 나라들을 괴롭힌 기력 상실과 피로를 겪지 않았을 것이다. 아니, 어쩌면 전후 시기에 대규모 이민자 유입이 전혀 없었기 때문에(다른 많은 일을 겪기는 했지만) 서유럽인들이 상상하거나 기억하기 위해 분투하는 것과 같은 민족적 응집성을 유지했을 것이다. 어쩌면 단지 서유럽에서 벌어지는 일들을 지켜보면서 자기 나라에서는 그런 일이 일어나서는 안 된다고 굳게 마음먹었을지도 모른다.

어쩌면 이 모든 요인이 작용했을지도 모른다. 그리고 어쩌면 그 밑바탕에는 비셰그라드 그룹 나라들이 서유럽이 빠진 혼수상태가 미치는 효과를 전에도 한 번 겪었다는 사실이 작용했을 것이다. 확실히 유럽에서 유독 이 나라들만 서유럽 동맹국들이 이미 잊어버린 삶의 비극적 차원을 생생한 기억으로 경험한 바 있었다. 그들은 자신이 가진 모든 것이 한 방향으로부터 휩쓸려 나갈 수 있고, 또 그만큼 쉽게 다른 방향으로부터 휩쓸려 나간다는 것을 알고 있었다. 역사는 사람들이 제아무리 휴식을 누릴 자격이 있다고 생각해도 그런 휴식 시간을 주지 않는다는 것도.

한편 대륙의 나머지 지역들은 어느 때보다도 많은 수가 역사의 포로로 남았다. 2016년 여름에 오스트리아와 프랑스 당국은 람페두사와 시칠리아를 중간 기점으로 삼아 이탈리아를 통과해 끊임없이 올라오는 이주자들의 물결을 막기 위해 국경을 차단하려고 했다. 이런 제한이 시행되자 북쪽으로 가려는 더 많은 이주자들이 스위스 쪽으로 방향을 돌리기 시작했다. 겨울철에는 산악 지대의 이 통로들이 목숨을 위협할 수 있지만, 여름에는 이탈리아 - 스위스 국경을 가로지르는 외딴 산길을 통과하는 게 가능하다. 그해 여름 이탈리아 신문 『라스탐파*La Stampa*』는 마조레 호수와 스위스 국경 사이에 있는 두멘차 마을 주민들과 이야기를 나누었다. 주민들은 이주자들이 걸어가는 산길을 가리켰고, 한 노인은 지나가는 말로 한 마디 했다. 〈이 길은 이탈리아 유대인들이 전쟁 통에 도망치던 그 산길이오.〉[16]

그들은 이주자들을 보면서 과거의 이주자들을 떠올렸다. 이 길을 통해 독일로 향하는 이들을 보면 한때 다른 길로 향하던 이주자들 생각이 났다. 오늘의 이주자들을 보면 어제의 유대인들이 떠올랐다. 피할 수 없는 길이다.

14

어쩔 수 없이 떠안다

2016년 3월 19일 벨기에 경찰은 벨기에 태생의 모로코계 프랑스 시민으로, 전년도 11월 파리 테러 공격의 주모자인 살라 압데슬람을 총으로 쏜 뒤 체포했다. 파리 공격 이후 그는 벨기에로 갔는데, 무슬림이 밀집한 브뤼셀의 몰렌베크 지역에 있는 아파트 중 최소한 두 곳에서 그의 지문이 발견되었다. 마침내 그는 현지 주민 가족과 함께 살던 몰렌베크의 또 다른 주거지에서 체포되었다. 그가 체포된 직후에 벨기에 전투경찰은, 압데슬람을 영웅으로 치켜세우고 그의 체포에 항의하면서 경찰을 향해 돌과 병을 던지는 현지 〈청년들〉을 진압하기 위해 지역으로 출동해야 했다. 3일 뒤에는 벨기에 수도에서 세 명이 자살폭탄 공격을 벌였다. 나짐 라크라위Najim Laachraoui와 이브라힘 엘바크라위Ibrahim el-Bakraoui는 브뤼셀 공항 출발 게이트에서 자살폭탄 조끼를 터뜨렸고, 이브라힘의 동생 할리드 엘바크라위Khalid ell-Bakraoui는 유럽연합 집행위원회 본부 바로 옆에 있는 말베크 지하철역에서 폭탄 조끼를 터뜨렸다. 이번에도 역시 범인 세 명 모두 〈현지 주민〉이었다. 다양한 연령과 국적의 서른두 명이 테러에 희생되었다.

대륙 곳곳에서 테러 원인에 대한 전통적인 설명이 시작되었다. 일부는 공격 ─ 브뤼셀 몰렌베크 지역 출신의 벨기에 국적자들이 저지른 ─ 의 원인을 도시계획에서 찾았고, 다른 이들은 이 지역의 〈젠트리피케이션〉이 부족한 탓이라고 보았다. 또 다른 이들은 벨기에의 대외 정책, 식민주의를 비롯한 벨기에의 역사, 벨기에 사회의 인종주의 탓으로 돌렸다. 이런 대중적 논쟁이 한 차례 진행된 뒤 『뉴욕 타임스』에는 특별할 것 없는 기사가 하나 실렸는데, 공격의 원인을 벨기에의 다양한 정책 실패에서 찾는 내용이었다. 신문은 유대인 난민의 자식으로 태어나 현재 스카르베크시 의원이자 수도 브뤼셀 지구의 총리 수석 참모인 서른여덟 살의 이브 골드스타인Yves Goldstein을 인터뷰했다. 그는 공격의 책임을 이슬람에 묻는 것은 잘못이라고 주장하면서 자기 같은 사람들이 이처럼 〈젊은이들 사이에서 급진주의〉가 고조되는 것을 막지 못했다고 비판했다. 〈우리 도시들은 엄청난 문제에 직면하고 있습니다. 어쩌면 제2차 세계 대전 이래 가장 큰 문제일지 모릅니다. 이곳 브뤼셀이나 파리에서 태어난 사람들이 폭력과 테러를 자행하는 이들을 영웅시하는 건 도대체 무엇 때문일까요? 바로 이것이 우리가 직면하고 있는 진짜 질문입니다.〉

계속해서 골드스타인은 지나가는 길에 무심코 흥미로운 이야기를 했다. 무슬림이 압도적으로 많은 몰렌베크와 스카르베크 지역에서 고등학생을 가르친 친구들에게 들은 바에 따르면, 방금 전에 자기네 도시를 폭탄으로 날려 버린 테러리스트들에 대해 〈17~18세의 학생들 가운데 90퍼센트가 그들을 영웅이라고 부른다〉[1]는 것이다. 다른 예를 보면, 벨기에 보안 장관 얀 얌본Jan Jambon은 『더 스탄다르트De Standaard』와 한 인터뷰에서 이렇게 말했다. 〈무슬림 공동체의 어느 중요한 지구에서는 공격이 진행되는 동안 사람들이 춤을 추었습니다.〉예상대로 얌본은 이 발언 때문에 의회 동료들과 언론으로부터 비난을 받았다. 그는 벨기에의 여러 보안기관으로부터 관련 정보를 입수했다고 대답했다. 하지만 그가 말한 내용은, 골드스타인이 폭로한 것처럼 표면 아래의 상황을 드러내 주었다. 유럽에서 테러 행위가 벌어질 때마다 등장하는 기사는 표면적 설명만을 대중에게 제공한다. 이 기사들은 적어도 현재 유럽의 분위기가 결정적으로 바뀌는 데 대해 테러만큼이나 책임이 있다. 폭탄, 총기, 칼을 이용한 공격이 모두 커다란 관심사이긴 하지만, 두 번째 관심(장기적으로 더 중요한 관심)은 이런 공격을 자행하는 소수 극단주의자들과 출신 배경이 같은 나머지 사람들 사이의 관계에 관한 질문이기 때문이다.

덴마크에서 무함마드 만화가 발표되기 전해인 2006년 영국에서 실시된 여론 조사를 보면, 영국 무슬림의 78퍼센트가 만화를 출간한 출판사를 기소해야 한다고 생각했다. 그보다 약간 적은 수(68퍼센트)는 이슬람을 모욕하는 사람은 누구든지 기소해야 한다고 답했다. 같은 여론 조사 결과를 보면, 영국 무슬림의 거의 5분의 1(19퍼센트)이 오사마 빈라덴을 존경하며 6퍼센트는 〈매우 존경〉했다.[2] 그로부터 9년 뒤 아라비아반도에 있는 알카에다 조직원 두 명이 무함마드의 캐리커처를 출간했다는 이유로 파리의 『샤를리 에브도』사무실로 걸어 들어가 직원들을 학살했을 때, 영국 무슬림의 27퍼센트는 공격범들의 동기에 〈어느 정도 공감한다〉라고 밝혔다. 거의 4분의 1(24퍼센트)이 무함마드 이미지를 출간한 사람들을 겨냥한 폭력이 정당하다고 생각했다.[3] 여론 조사를 의뢰한 BBC는 〈영국 무슬림 다수는 《무함마드 만화에 대한 보복에 반대한다》〉라는 헤드라인을 달아 희소식처럼 보도했지만, 그만큼 좋은 소식처럼 들리지는 않았다.

매우 가시적인 사건들과 테러리즘 이면에 있는 인식의 결합이 훨씬 더 큰 문제가 되는 것을 보면, 최근 연간에 유럽 각국의 대중과 지도자들의 견해가 점점 달라지고 있는 것을 알 수 있다. 테러 공격이 발생할 때마다 유럽 각국의 정치 지도자들은 국민들에게 이 사건은 이슬람과 아무 관련이 없고, 이슬람은 어쨌든 평화적인 종교라고 이야기했다. 하지만 대중은 여기에 동의하지 않는 것 같다.

2013년 6월 컴레스ComRes는 BBC 라디오1의 의뢰를 받아 영국 젊은이 1천 명에게 세계 주요 종교에 대한 태도를 묻는 여론 조사를 실시했다. 3개월 뒤 결과가 발표되자 작은 소동이 일었다. 응답자 가운데 27퍼센트가 무슬림을 신뢰하지 않는다고 답했고, 44퍼센트는 무슬림은 전체 국민과 동일한 견해를 공유하지 않는다고 생각했다. BBC를 비롯한 영국 언론은 곧바로 무엇이 잘못되었는지, 그리고 그토록 많은 사람들이 이렇게 생각한다는 사실을 어떻게 해석해야 하는지를 파악하려고 시도했다. 여론 조사에 대한 압도적인 반응은 젊은이들의 현실 인식을 우려하는 것이었고 그런 인식을 어떻게 바로잡을지를 둘러싸고 논쟁이 벌어졌다. 여론 조사 결과보다도 더 놀라운 사실이 있었다. 응답자의 15퍼센트가 유대인을 신뢰하지 않는다고 답하고, 13퍼센트는 불교 신자를 신뢰하지 않으며, 12퍼센트는 기독교인을 신뢰하지 않는다고 답한 것이었다. 최근 몇 달간 불교 신자들이 어떤 행동을 했기에 그토록 많은 영국 젊은이들이 화가 났는지는 언급되지 않았다. 하지만 영국 젊은이들을 상대로 재교육 프로그램을 시행하는 것과 무관하게 왜 그런 응답이 나왔는지에 관한 한 가지 단서는 여론 조사가 실시된 시기와 관련된 것으로 보인다. 여론 조사 기간은 2013년 6월 7일부터 17일까지였다.[4]

아프가니스탄에서 휴가를 나온 젊은 병사인 고수 리 릭비가 백주대낮에 사우스런던의 군부대 앞에서 차에 치인 것이 불과 몇 주 전의 일이었다. 마이클 아데볼라조Michael Adebolajo와 마이클 아데보왈레 Michael Adebowale가 차에서 내려 릭비를 도로 한가운데로 끌고 가서는 마체테 칼로 그의 몸을 난자했다. 그들은 목을 자르려고 했지만 완전히 잘라 내지는 못했다. 아데볼라조는 피투성이 손에 마체테 칼을 쥔 채로 무장 경찰이 오기를 기다리면서 카메라에 대고 자신이 이런 행동을 한 이유를 거칠게 토해 냈다. 그를 연행한 뒤 경찰은 그의 몸에서 편지 한 통을 발견했다(그때쯤이면 이미 피에 흠뻑 젖은 상태였다). 자녀에게 보내는 그 편지에는 자신의 행동을 정당화하는 내용이 담겨 있었다. 편지는 재판에서 증거로 제출되었다. 무엇보다도 눈에 띄는 구절이 있었다. 〈사랑하는 아이들아. 알라의 적들에 맞서 싸우는 것은 의무임을 알아야 한다. (……) 전장에서 알라의 적들과 대결하는 것을 늦추기만 할 뿐이라면 어리석은 겁쟁이들과 끝없는 말다툼을 벌이면서 시간을 허비하지 마라.〉 편지는 코란 구절에 대한 언급을 담은 스무 개 가까운 각주로 끝을 맺었는데, 아데볼라조는 편지 내용을 뒷받침하는 증거로 이 구절들을 거론한 게 분명했다.[5]

어쩌면 라디오1의 여론 조사에 응답한 젊은이들은 근거 없는 편견으로 똘똘 뭉친 이들이 아니라 이 뉴스를 읽은 죄밖에 없는 건지도 모른다. 어쨌든 만약 유대인 극단주의자나 근본주의 기독교인이 불과 며칠 전 백주대낮에 영국 군인을 살해했다면 여론 조사에 유대인이나 기독교인을 신뢰하지 않는다고 답하는 비율이 얼마나 높았을까? 개탄이 쏟아지기는 했지만, 그 여론 조사에서 질문을 받고 이슬람과 무슬림을 폭력과 연결 지은 사람들은 바로 최근에 일어난 극단적인 폭력에 이슬람이 연관되었기 때문에 그런 답변을 한 것이다.

그 직후 스코틀랜드 던디의 한 학교에서 일부 학생들에게 무슬림 하면 연상되는 단어를 적어 보라고 했을 때도 비슷한 이야기가 등장했다. 어린 학생들이 자진해서 쓴 단어들로는 〈테러리스트〉, 〈무서운〉, 〈9·11〉 등이 있었다. 이에 충격을 받은 교사들은 지역 무슬림 센터에 전화를 걸어 사람을 보내서 학생들의 답변을 바로잡아 달라고 요청했다. 그 직후 한 자선 단체가 스코틀랜드 각지 학교에 무슬림 여성들을 파견해서 이슬람과 무슬림에 대한 학생들의 견해를 〈바로잡기〉 위해 나섰다. 이 활동을 다룬 기사에 따르면, 히잡을 쓴 무슬림 여성 둘이 학생들에게 9·11 비행기 납치범들은 〈이슬람과 아무 관련이 없다〉고 설명했다고 한다.[6]

국민 재교육에 관여하는 이들로서는 유감스럽게도, 문제의 심각성에 대한 국민의 인식이 커지면서 이런 노력은 의미를 잃고 있다. 유럽의 거의 모든 제도 정치권과 언론은 이 문제가 과장된 것이라고 대중을 설득하는 데 실패했다. 인터넷 덕분에 정보의 원천이 다양해지기도 했고, 무엇보다 사태의 진행 자체가 말을 해주기 때문이다. 유럽 정치 지도자들이 말하는 내용, 그리고 대중이 생각하는 것에 대한 지도자들의 행동을 검토해 보면, 그 차이가 놀랍기만 하다.

2013년 네덜란드에서 실시된 여론 조사를 보면, 응답자의 77퍼센트가 이슬람 때문에 나라가 풍부해지는 것은 아니라고 답했다. 73퍼센트 정도는 이슬람과 테러 공격 사이에 〈관련성이 존재한다〉라고 답했고, 68퍼센트는 네덜란드에 이미 이슬람이 〈충분히 많〉고 말했다. 이런 견해는 지지하는 정당과 상관없이 네덜란드의 유권자 다수가 공유하는 것이었다.[7] 유럽 대륙 각지에서 이와 똑같은 견해가 등장했다. 프랑스에서는 같은 해——2015년 파리 테러 공격 2년 전——에 응답자의 73퍼센트가 이슬람을 부정적으로 본다고 답했고,[8] 74퍼센트는 이슬람이 관용적이지 않다고 답했다.[9] 프랑스 국민의 약 10퍼센트가 무슬림임을 기억할 필요가 있다.

동일한 여론 조사에서 네덜란드 유권자의 55퍼센트는 자국에 무슬림이 늘어나는 것을 원치 않는다고 답했고, 독일인의 56퍼센트는 이슬람 하면 정치적 영향력을 확대하기 위한 노력이 연상된다고 답했으며, 프랑스인의 67퍼센트는 이슬람의 가치는 프랑스 사회가 추구하는 가치와 〈양립 불가능하다〉고 생각했다.[10] 2015년의 한 여론 조사 결과를 보면, 영국 국민 가운데 30퍼센트만이 이슬람의 가치와 영국 사회의 가치가 〈양립 가능하다〉는 데 동의했다.[11] 같은 시기에 실시된 또 다른 여론 조사에서는 영국 국민의 5분의 1(22퍼센트)만이 이슬람의 가치와 영국의 가치가 〈대체로 양립 가능하다〉라는 언명에 동의했다.[12]

모든 곳에서 결과는 똑같다. 2012년 독일에서 실시된 여론 조사를 보면, 응답자의 64퍼센트가 이슬람을 폭력과 관련지은 한편, 70퍼센트는 이슬람과 광신주의, 급진주의를 연관지었다. 독일인의 7퍼센트만이 이 종교를 개방성이나 관용, 인권 존중과 연결지었다.[13] 미국의 현대 이슬람 연구자인 대니얼 파이프스Daniel Pipes가 지적한 것처럼, 이 문제에 대한 여론 조사들을 보면 하나같이 찬성 비율이 꾸준히 오르고 있다. 유럽인을 대상으로 한 여론 조사에서는 이 문제에 관한 우려가 줄어든 적이 전혀 없다. 마치 일방향 도로 같다. 따라서 2010년에 〈이슬람은 독일에 속하지 않는다〉라는 언명에 동의하는 독일인이 절반에 미치지 못했다면(47퍼센트), 2016년에 이르자 독일인의 60퍼센트가 동의했다.[14]

서유럽의 지배 계급 전체가 국민들에게 틀렸다고 말하는데도 이 모든 상황이 계속되고 있다. 실제로 지금까지 서유럽의 지도자들이 가장 흔히 내놓는 답변은 그런 식으로 생각하는 사람들은 분명 다양성을 충분히 경험해 보지 못했기 때문이라는 것이었다. 지도자들은 국민이 특히 이슬람을 충분히 경험해 보지 못했으며, 만약 제대로 경험한다면 생각이 달라질 것이라고 말한다. 하지만 여론 조사 결과는 정반대다. 한 사회에 무슬림의 수가 많을수록 이슬람에 대한 혐오와 불신도 많아진다. 이에 대한 정치 엘리트들의 반응에는 공통점이 있었는데, 이 문제를 다루기 위해서는 이 같은 여론의 표출에 대응해야 한다는 것이었다. 지도자들이 우선시한 과제는 대중이 반대하는 대상이 아니라, 반대하는 대중을 탄압하는 것이었다. 정치가 어떤 식으로 잘못되는지를 보여 주는 교과서적 설명을 찾는다면, 바로 여기에 그 사례가 있다.

2009년 왕립앵글리언연대Royal Anglian Regiment는 아프가니스탄에서 귀환하던 길에 루턴에서 귀국 행진 기회를 얻었다. 루턴은 〈백인 영국인〉이 소수(45퍼센트)인 잉글랜드의 도시로 무슬림 공동체가 특히 큰 곳이었다. 많은 주민들이 행진을 보러 나왔는데, 이슬람 단체 알무하지룬al-Muhajiroun(〈이민자들〉이라는 뜻)에 속한 극단주의자들이 도심을 행진하는 군인들에게 조롱하고 항의하는 모습을 보고 격분했다. 무엇보다도 이 단체는 군인들을 〈학살자〉 또는 〈유아 살해자〉라고 불렀다. 분노한 시민들이 시위대를 막아서려고 했지만, 영국 경찰은 시위대를 보호하면서 격앙된 주민들에게 물러서지 않으면 체포하겠다고 위협했다. 이후 몇 주 동안 이 주민들 중 일부가 이슬람주의자들을 반대하는 시위를 조직하려고 했지만 알무하지룬이 앞서 행진한 바로 그 시청까지 가는 것은 금지되었다. 그리고 알무하지룬은 사원에서 항의 전단을 배포하고도 아무 처벌을 받지 않았지만, 이슬람주의자들을 반대하는 주민들이 전단을 나눠 주는 것은 경찰에 의해 저지되었다.

이처럼 이중 잣대가 적용되는 것에 깜짝 놀란 사람들은 후에 영국 수호연맹English Defence League(EDL)이라고 알려지게 된 단체를 결성했다. 이후 몇 년간 그들은 영국 각지의 수많은 도시에서 항의 시위를 조직했고, 이 시위들은 종종 폭력 사태로 번졌다. 주요 조직자(토미 로빈슨Tommy Robinson으로 알려졌다)가 인정한 것처럼, 폭력 사태가 일어난 것은 시위에 모인 사람들 때문이기도 하고, 또 그들이 가는 곳마다 대개 다수의 무슬림으로 구성된 조직적인 〈반파시스트〉 단체들이 나타나서 폭력적으로 충돌했기 때문이기도 하다. 이 〈반파시스트〉 단체들은 총리를 비롯한 지도적 정치인들에게 지지를 받았다. 이 단체들은 전에도 〈반파시스트〉 집회를 여러 차례 열었는데, 한 번은 리 릭비 살인자 중 한 명이 〈반파시스트〉 편에서 군중을 상대로 연설 하기도 했다. 하지만 영국수호연맹과 관련해서 가장 중요한 사실은 그들이 벌인 활동보다는 당국이 그들에게 보인 태도였다. 지역 경찰이나 지방 정부, 전국 경찰이나 정부는 한 번도 영국수호연맹의 주장이 일리가 있다고 생각하지 않았다. 정부 고위층은 영국수호연맹에 반대하는 단체들이 극단주의와 폭력에 관여할 때에도 이 단체들 편을 들었을 뿐만 아니라 영국수호연맹을 폐쇄하고 지도부를 기소하라는 지시를 내리기까지 했다.

한 번은 영국수호연맹 지도자가 동료 한 명과 함께 런던 타워햄리 츠의 무슬림 밀집 지역을 걸어서 통과하려고 하다가 체포되었다. 또한 번은 그가 조직한 시위가 예정 시간을 3분 초과했다는 이유로 체포되었다. 그리고 처음부터 당국은 이 단체 지도부의 생활을 불가능하지는 않더라도 어렵게 만들기 위해 갖은 노력을 다했다. 로빈슨이 시위를 조직하기 시작한 순간부터 그의 은행 계좌가 동결되었다. 그와 직계가족의 집을 경찰이 급습해서 자료와 컴퓨터를 가져갔다. 결국 주택 담보 대출 관련 부정 혐의가 발견되었고, 로빈슨은 재판에 회부되어 유죄 판결을 받고 징역형에 처해졌다.[15] 그와 동시에 이슬람주의 단체들이 끊임없이 위협을 가했다. 무슬림 폭력단이 영국수호연맹 지도자들을 거듭 습격했을 뿐만 아니라 그들을 살해하려는 진지한 시도도 있었다. 2012년 6월 경찰은 이슬람주의자 여섯 명으로 구성된 세포의 일부가 탄 자동차를 멈춰 세웠다. 차량에는 폭탄과 총신을 자른 산탄총, 식칼, 여왕을 비난하는 문구 등이 들어 있었다. 남자들은 영국수호연맹 시위 현장에 갔다가 돌아오는 길이었다. 원래이 시위를 표적으로 공격할 계획이었는데, 참가자가 적어서 시위가일찍 끝난 터였다. 다른 경우와 마찬가지로 영국수호연맹이 이런 공격을 자초했다는 전반적인 정서 때문에 대중이 별로 공감하지 않았다. 루턴 시 의회는 도시가 영국수호연맹뿐만 아니라 무슬림 폭력단의 등장 때문에 부각되는 상황에 대응해서 〈루턴을 사랑합시다Love Luton〉라는 행사를 진행했다. 루턴의 〈다양성〉과 〈다문화〉를 찬미하는 행사에서는 다양한 먹을거리와 장대 걷기 등이 등장했다.

유럽 각지에서 비슷한 이야기가 약간씩 변형되면서 재연되었다. 2014년 독일에서는 페기다라는 이름의 운동 단체가 드레스덴에서 결성되었다. 그들이 내세운 의제는 영국수호연맹을 비롯해 유럽 각지에서 등장한 대중적인 항의 운동과 비슷했다. 그들은 급진 무슬림과 대규모 이민자 유입을 반대한다고 밝히면서도 이민 일반에 대해서는 개방적임을 강조했다(특히 페기다는 합법적인 난민 신청자들에 대해서는 개방적이었다). 영국수호연맹과 마찬가지로 페기다의 구성원들 가운데는 종족적, 성적 소수 집단의 유명한 성원들도 있었지만 언론에서는 그들의 존재를 거의 언급하지 않았다. 페기다가 벌이는 항의 시위는 무차별적인 무슬림 이민자 유입에 대한 반대와, 증오를 설파하는 살라피주의Salafism*를 비롯한 극단주의에 대한 반대를 중심 과제로 삼았다. 영국수호연맹처럼 이 단체가 내세운 상징은 반

---

* 수니파 이슬람의 개혁·부흥 운동. 19세기 말 서유럽 제국주의에 대항해 이집트에서 생겨났으며 18세기에 오늘날의 사우디아라비아 지역에서 시작된 와하브 운동에 그 뿌리를 둔다.

이슬람주의만이 아니라 반나치스까지 표방했다. 처음에는 어두운 과거사를 연상시키는 어떤 주장과도 거리를 두려 했다. 언론에서는 끊임없이 이런 연계를 만들어 냈지만, 2014년 12월에 이르러 페기다 시위에 참여한 인원이 1만 명을 넘어섰고 이미 독일 각지로 퍼지고 있었다. 영국수호연맹이 영국에서 거의 전적으로 노동 계급층만 끌어당긴 것과 대조적으로, 페기다는 독일에서 중산층 전문직을 비롯해 광범위한 시민들에게 호소하는 것으로 보였다. 결국 이 운동은 (수는 훨씬 적을지라도) 유럽 다른 지역들까지 확산되었다.

독일 당국이 보인 반응은 영국과 똑같았다. 여론 조사 결과를 보면 독일인 여덟 명 중 한 명이 자기 도시에서 페기다 행진이 벌어지면 참여하겠다고 밝혔지만 — 또는 그렇게 밝혔기 때문에 — 독일 국가 전체는 이 운동에 단호하게 대처했다. 운동이 정점에 달했을 때는 드레스덴에서 크리스마스 전 월요일에 페기다가 주최한 시위에 1만 7천 명 정도가 참여했다. 국민 전체로 보면 소수가 참여한 시위였음에도 이례적으로 총리는 신년 메시지를 빌려 페기다에 대응했다. 2014년은 독일에 이례적인 해였는데, 메르켈이 막을 올리고자 한 것과는 다른 의미에서 이례적이었다. 하지만 2014년의 공식적인 난민 신청자 수(20만 명)는 불과 2년 전에 비해 네 배 규모로 20년 만에 최대였다.

총리는 신년 메시지에서 이런 공포를 불식시키기보다는 오히려 공포를 느끼는 사람들을 비판했다. 〈우리는 당연히 이주자를 도와주고 난민 신청을 하는 사람들을 받아들일 것입니다.〉 총리는 제2차 세계대전이 끝난 이래로 전 세계의 난민 수가 그렇게 많지 않았다고 힘주어 말했다. 그러면서 페기다에 관해 경고했다. 메르켈에 따르면, 페기다 같은 운동은 피부색이나 종교를 이유로 사람들을 차별했다. 〈이 운동을 조직하는 사람들을 따르지 마시라〉고 총리는 국민에게 경고했다. 〈그 사람들의 가슴은 냉정하고 대개 편견으로, 그리고 심지어 혐오로 가득 차 있습니다.〉 다음 주 월요일 페기다는 쾰른에서 항의 시위를 열었다. 쾰른 대성당은 도시에서 집회를 여는 데 항의하는 뜻으로 조명을 끄겠다고 미리 발표했다. 대성당 당국이 페기다 시위대가 걷거나 서 있거나 모이는 데 반대했던 바로 그 거리에서 거의 정확히 1년 뒤에 이주자들이 현지 여성 수백 명에게 치근거리고 강간하고 돈을 빼앗았을 때 성당이 찬란한 불빛을 밝히고 있었다는 사실에 담긴 상징적 의미를 알아차리지 못한 쾰른 사람들은 거의 없다.

근본적인 문제보다는 문제의 부차적인 증상을 공격하는 이런 습관에는 많은 원인이 있다. 그중 가장 중요한 것은 출신 배경이 무엇이든 간에 대체로 피부색이 어두운 사람들을 비판하기보다는 대체로 피부가 하얀 사람들, 특히 백인 노동 계급을 비판하는 게 굉장히 쉽다는 사실이다. 이런 비판이 더 쉬울 뿐만 아니라 비판하는 사람의 수준도 올라간다. 이슬람주의나 대규모 이민자 유입 — 심지어 테러리즘과 성폭력 — 을 비판하면 사방에서 인종주의나 외국인 혐오, 편견의 증거라고 목소리를 높인다. 아무리 사실이 아닐지라도 이런 비난은 어디서부터든 나올 수 있고 언제나 일정한 도덕적 오점을 수반한다. 이와 대조적으로, 누군가를 인종주의자나 나치라고 비난하는 사람은 반인종주의자이자 반나치주의자로서 재판관과 배심원의 지위로 올라선다. 증거 기준도 각기 다르게 적용된다.

따라서 가령 루턴 이슬람 센터 소장 압둘 카데르 바크시Abdul Qadeer

Baksh는 지역 학교의 교장이고 하원의원을 비롯한 지역 정치인들과 어울리며 종교 간 네트워크인 〈루턴종교협의회Luton Council of Faiths〉에서 지역 공무원들과 함께 일한다. 그는 또한 이슬람이 〈유대인들〉과 1천4백 년에 걸쳐 전쟁을 치르고 있고, 이상적인 사회가 되면 동성애자들을 죽일 것이며, 자신은 이슬람의 처벌법인 〈후두드Hudud〉에 따라 절도범의 손을 자르고 여자를 채찍으로 때리는 것을 옹호해 왔다고 믿는다. 하지만 이 모든 사실 — 쉽게 접할 수 있고, 모두 알려졌거나 알 수 있는 — 에도 불구하고 그는 불가촉천민으로 전락하지 않았다. 지역 경찰이 그를 체포할 구실을 찾기 위해 그의 친척들 집까지 급습한 일은 한 번도 없다. 이와 대조적으로, 토미 로빈슨이 등장한 순간부터 어떤 일을 하든 간에 그에게는 〈인종주의자〉나 〈나치〉라는 딱지가 붙었다. 영국수호연맹을 비롯한 비슷한 운동들로부터 항의를 받는 이슬람주의자들은 유죄 판결을 받아도 무고한 반면, 그들에 반대하는 사람들은 아무 죄가 없어도 유죄의 낙인이 찍혔다. 유럽 각국 정부는 이슬람주의자들에게 유죄 판결을 내리는 것은 기를 쓰고 피하면서도 그들을 반대하는 운동에 유죄 판결을 내리기 위해서는 비상한 노력을 기울였다. 대다수 언론도 이와 비슷한 우선순위를 보여 주었다. 가장 두드러진 사례를 꼽자면 이슬람 반대 운동에 대해서는 반유대주의의 증거를 찾아내려고 눈에 불을 켜는 반면, 2차 운동이 반기를 든 1차 운동에 대해서는 버젓이 보이는 반유대주의도 무시한다. 따라서 독일 언론 전체는 페기다 지도자들이나 성원들이 반유대주의자임을 증명하려고 앞을 다투면서도, 페기다가 반대한다고 말하는 살라피주의자들을 비롯한 이슬람 세력의 반유대주의에 대해서는 독일 정부만큼이나 굼뜨다는 것을 스스로 드러내고 있다. 독일 정부가 2015년 이주자 유입을 받아들인 뒤에야 정부 관료들과 언론은 중동 출신 이주자들의 반유대주의가 특히 문제가 될 수 있음을 인정하기 시작했다.

하지만 이런 현상은 정치권의 실패일 뿐만 아니라 대중의 결함이기도 하다. 서유럽 대다수 지역의 반파시즘에 관한 한, 현재로서는 공급과 수요의 문제가 있는 것으로 보인다. 파시스트들에 대한 수요는 엄청나게 많은데, 공급은 부족한 것이다. 전후(戰後) 정치의 몇 안 되는 기반 중 하나는 반파시즘, 즉 파시즘이 다시 등장하게 해서는 안 된다는 결의였다. 그렇지만 시간이 흐르면서 반파시즘이 유일하게 남은 확신이 된 것 같다. 파시즘이 역사 속으로 멀리 물러나고 눈에 보이는 파시스트들이 줄어들수록 더 많은 자칭 반파시스트들이 정치적 덕목이나 목적 비슷한 것을 유지하기 위해 파시즘을 필요로 했다. 인종주의자가 아닌 사람들을 인종주의자로 낙인찍는 게 정치적으로 유용한 것처럼, 파시스트가 아닌 사람들을 파시스트라고 규정하는 게 정치적으로 유용함이 입증되었다. 두 경우 모두 인종주의자나 파시스트라는 용어는 최대한 넓게 적용될 수 있었다. 또 두 경우에서 모두 이런 악폐로 비난받는 사람은 누구든지 엄청난 정치적, 사회적 대가를 치러야 했다. 그렇지만 사람들에게 이런 악폐를 부당하게 덮어씌워도 아무런 사회적, 정치적 대가를 치를 필요가 없었다. 아무 비용도 들지 않은 채 정치적, 개인적 이득만을 얻을 수 있는 유리한 게임이었다.

그러나 서유럽에서 이와 비슷한 〈반공〉 열풍이 오래 지속된 적이 없고 〈마녀사냥〉과 흡사하다고 의심을 받으면서 사라진 사실은 유명하지만, 유럽의 반파시스트들이 언제나 허깨비만 쫓은 것은 아니다. 이런 사실을 보면 유럽의 사회 문제에 또 다른 복잡성의 층위가 더해진다. 미국에서는 이민이나 이슬람과 관련된 것을 포함해서 어떤 종류든 간에 대중적 항의 운동에는 괴짜 기질이 있는 괴상한 사람들이나 심지어 정신 나간 사람들이 모여들기 쉽다. 하지만 초창기에 실제 나치들로 이루어지는 경우는 드물며, 처음부터 나치가 주축이 되는 일은 결코 없다. 2004년 네덜란드 하원의원 헤이르트 빌더르스가 자유민주국민당이 터키의 유럽연합 가입을 지지하자 당에서 갈라져 나왔을 때, 그는 독자 정당을 창설했다. 그가 만든 자유당은 처음으로 치른 2006년 선거에서 전체 의석 150석 중 9석을 획득했다. 2016년 각종 여론 조사에서는 자유당이 네덜란드에서 가장 인기 있는 정당으로 나타났다. 수년간 자기 당의 이름으로 출마하는 하원의원의 수가 늘긴 했지만, 빌더르스는 지금까지도 실제로 당에서 유일한 당원이다. 당을 처음 창건할 때 빌더르스 자신이 이런 규정을 마련했다. 일반 국민이나 결국 당 소속이 되는 하원의원이나 당원으로 가입할 수 없었다. 이 과정에서 빌더르스는 거액의 국가 지원금을 받지 못했다(네덜란드에서는 당의 규모가 커질수록 정당 지원금도 늘어난다). 당시 사석에서 빌더르스가 설명한 바에 따르면, 그가 이런 식으로 당을 운영하기로 한 유일한 이유는, 만약 당원 정당을 만들면 가장 먼저 네덜란드에 소수만 존재하는 스킨헤드족이 가입할 터인데 그렇게 되면 다른 집단이 가입하지 않을 것이라는 점이었다.[16] 그는 네오나치들의 소수 과격파가 나라 전체의 정치적 전망을 망치게 내버려 둘 생각이 없었다.

　이런 사실은 현대 유럽을 괴롭히는 심각한 문제를 가리키며, 현재 유럽이 우려하는 최전선에 있는 문제들을 해결하려고 노력하는 사람들의 운동에 심각한 과제를 제기한다. 여러 의회 정당과 거리 운동에서도 똑같은 이야기가 반복된다. 토미 로빈슨은 영국수호연맹을 창설한 직후에 해외에서 활동하는 나치 한 명이 들어와서 운동을 장악하려 했다고 말했다. 로빈슨은 위험을 무릅쓰고 그의 가입 요청을 거부했고, 영국수호연맹에서 활동하면서 그런 사람들을 배제하는 데 많은 시간을 할애했다. 하지만 이런 조치에 대해 공로를 인정받지는 못했다. 또한 2011년 폭력 행위로 유죄 판결을 받은 사건이 그가 네오나치라고 말한 사람을 머리로 들이받은 것이라는 사실도 주목받지 못했다. 만약 언론과 정치인들이 어떤 운동이 극우라고 주장한다면, 설령 조직자들이 정말로 극우 쪽 사람들을 배제하려고 해도 그런 사람들이 그 운동으로 몰릴 것이다.[17] 하지만 유럽 각국에는 실제로 인종주의자와 파시스트들로 이루어진 소규모 운동들이 존재하기는 한다.

　이 모든 상황은 유럽에 수많은 질문을 제기한다. 대규모 이민자 유입이 야기하는 결과들에 반대하는 이들에 대한 단기적인 답은 그들을 인종주의자나 나치, 파시스트라고 부르면서 토론에 끼지 못하게 하는 것이었다. 적어도 그들 중 일부는 그런 딱지와 무관하다는 사실이 인정된다 할지라도 그런 대가를 치를 만하다고 여겨졌다. 하지만 정치권 바깥으로 밀어내려고 한 견해들이 실은 대다수 국민의 견해라는 것이 밝혀진다면, 정치 엘리트들과 언론은 어떤 반응을 보일까?

15

반발 통제하기

답을 찾는 한 가지 방법은 대규모 이민자 유입과 그에 따른 몇 가지 부정적인 결과에 반대하는 〈보통〉 사람들이 어떤 말이나 행동을 할지를 검토하는 것이다. 이런 우려를 표현하는 적절한 운동은 어떤 모습일까? 노동 계급 사람들도 이 운동에 참여하게 될까? 운동에 참여하는 사람은 모두 대학 학위가 있어야 하나? 아니면 대학을 나오지 않은 사람들도 〈나치〉라는 낙인이 찍히지 않은 채 자기 나라가 어디로 향하고 있는지 우려를 표명할 수 있을까?

2014년 메르켈 총리는 직접 이런 과정을 시작할 수 있었다. 신년 메시지에서 페기다가 냉담한 감정을 갖고 있다고 비난하는 대신, 총리는 페기다가 반대한다고 공언하는 살라피주의자를 비롯한 급진주의자들은 소름 끼칠 정도로 냉담한 자들이라고 독일인들에게 말할 수도 있었다. 독일인들은 스스로 세계의 모든 난민을 외면하지 않은 채 바로 이 문제에 대한 답을 찾아야 한다. 최근 창설된 독일대안당에 대해 독일의 기성 정치권이 보인 반응도 마찬가지였다. 한편으로 독일

대안당이 우려하는 이유를 대대적으로 늘리면서도 그 당의 견해와 지지자들을 공격하는 데 집중하는 것이 단기적인 정책이었다. 하지만 모든 우려 표명을 공격하면서 그 원인을 시정하거나 어쨌든 막지 못하는 것 ─ 일차적 문제가 아니라 이차적 문제를 공격하는 것 ─ 은 최근에 유럽의 습관이 되었으며, 또 다른 중대한 문제들이 나타날 것임을 보여 주는 징후였다.

유럽의 주류 언론도 똑같은 병에 걸린 상태다. 루슈디의 파트와 사건과 덴마크 만평, 『샤를리 에브도』등의 교훈을 누구 못지않게 내면화한 유럽 언론은 유독 이슬람 문제를 탐구하는 데는 평판뿐만 아니라 물리적 위험도 무릅써야 한다는 것을 안다. 이런 문제들에 대해서는 〈고상한 취향〉 뒤로 숨어서 방어 자세를 취하는 한편, 언제나 관심을 돌리기 쉬운 주제들이 있다. 특히 〈극우파의 부상〉이라는 표현은 저널리즘에서 워낙 많이 나오는지라 지난 10년간 영국의 경우처럼 극우파는 붕괴하는 와중에도 언제나 부상한다고 여겨진다. 또한 우파나 극우파가 〈승승장구한다〉고 표현되는 경우처럼 이 강력한 말은 종종 그럴듯하게 윤색된다. 최근 연간에는 〈극우파가 유럽 각지에서 승승장구하고 있다〉라는 식의 단정적인 헤드라인이 제멋대로 등장한다. 해당되는 사람들이 정말 우파인지 아닌지는 중요하지 않다. 2002년 핌 포르퇴인이 부상한 시기에 저술가 마크 스타인Mark Steyn이 지적한 것처럼, 〈동성애자 교수들이 승승장구하고 있다〉라는 표현은 똑같은 뉘앙스를 풍기지 않는다.[1]

그와 동시에 유럽에 인종주의가 팽배해 있다는 강박관념 때문에 매일같이 뉴스가 그런 질문으로 도배된다. 유럽 어느 나라든 아무 날이나 골라 보면, 2016년 여름 네덜란드 일간지『더 폴크스크란트다르트*de Volkskrant*』에 전면 기사로 실린 것과 같은 헤드라인이 꼭 등장한다. 〈네덜란드는 얼마나 인종주의적인가?Hoe racistisch is Nederland?〉[2] 그 답은 대개 〈매우 심하다〉이며, 통합이나 동화에 실패한 책임은 유럽인들 모두에게 공평하게 돌아간다. 따라서 유럽인들은 자신들에게 벌어지고 있는 일에 대해 비난을 받고, 정당하게 반대할 방법을 일체 부정당하며, 다수의 의견이 위험할 뿐만 아니라 부차적인 것으로 나타나게 된다. 이런 실험을 하는 유럽 모든 나라 가운데 스웨덴이 가장 흥미롭다. 유럽 나라 중에서도 가장 엄격하게 정치와 언론의 합의를 강요하기 때문이다. 그럼에도 불구하고, 아니 어쩌면 이 때문에 이 나라에서는 정치의 방향이 어느 곳보다도 빠르게 바뀌는 중이다.

언뜻 보면 스웨덴의 상황은 다른 유럽 나라들과는 다르게 보일 수 있다. 2015년 독일과 비교되는 수준의 이민자 유입을 경험한 유일한 나라인 스웨덴은 독일과 달리 역사의 무게 때문에 굴복한 것처럼 보이지 않는다. 정반대로 스웨덴은 정치 엘리트들의 방식대로, 그러니까 자유주의적이고 자애로운 〈인도주의적 초강대국〉으로 자신을 내세운다. 인구가 1천만이 안 되는 유럽 최북단의 전초기지인 이 나라는 사회복지 지출과 높은 세금, 높은 생활수준으로 유명하다. 하지만 스웨덴이 이민자 유입과 더불어 맞닥뜨린 문제는 다른 모든 나라와 마찬가지다.

유럽의 다른 모든 나라들처럼, 스웨덴도 제2차 세계 대전 직후에 이주 노동자를 받아들이기 시작했다. 동유럽 공산주의 지배 시기에 간헐적으로(특히 1956년과 1968년에) 난민의 물결이 일어나면서 많은 스웨덴 사람들은 난민들을 받아들일 수 있을 뿐만 아니라 그들을 사회에 통합하는 데도 성공했다고 믿었다. 이 시기 내내 전 세계 난민 신청자들의 안전한 피난처로서 스웨덴의 명성은 높아졌고, 세계 곳곳에서 이미지가 좋아졌을 뿐만 아니라 스웨덴의 자아상도 좋아졌다.

하지만 이런 겉모습에 숨겨진 다른 진실이 있다. 언뜻 보기에 스웨덴은 정말로 선의에서 이주자들을 받아들이는 것처럼 보일 수 있지만, 남쪽의 이웃 나라들에 비해 스웨덴 사회에서 유럽의 죄의식이 좀 더 미묘하게 팽배해 있을 뿐이다. 최소한의 식민주의 역사를 가진 이 나라는 식민주의 죄의식의 심각한 유산으로 고통받지 않는다. 그리고 제2차 세계 대전 중에 중립을 유지한 까닭에 군사 행동에 대한 죄의식도 없다. 그럼에도 이 시기를 둘러싸고 죄의식이 남아 있다. 스웨덴은 중립을 도덕적 우위의 본보기로 내세우지만 1940년대에서 앞으로 나아갈수록 그렇게 세심하게 계획된 중립은 점점 부끄러워진다. 스웨덴이 스스로 주장하는 것만큼 계속 중립을 지킨 것은 아니라는 사실이 더욱 분명해지기 때문이다. 스웨덴은 이웃 나라 노르웨이가 점령당한 동안 나치 독일의 열차와 물자가 자국 영토를 통과하는 것을 허용했을 뿐만 아니라 독일에 원료를 제공해서 나치가 계속 싸울 수 있도록 도와주기도 했다.

전쟁의 여파로 스웨덴의 자아상에는 더 많은 상처가 생겼다. 발트 국가들에서 와서 소련을 상대로 싸운 군인들을 본국으로 인도한 것은 작지만 의미심장한 일화다. 스웨덴인들이 얻은 교훈은 난민을 돌려보내는 것은 애초에 난민을 받지 않는 것만큼이나 도덕적 오점이 될 수 있다는 것이었다. 또한 스웨덴에 일단 들어와서 체류하는 난민들은 순수한 선임이 분명했다. 아니, 스웨덴 사람들은 한동안 그렇게 생각했다.

전 세계 난민 신청자들을 위한 안전한 피난처가 될 수 있다는 스웨덴의 자부심은 1990년대에 발칸 지역 전쟁을 피해 도망친 난민 수만 명을 수용하면서 바뀌기 시작했다. 사상 처음으로 이 난민들이 중대한 사회적 문제를 야기했다. 보스니아인 폭력단은 스웨덴 뉴스에 단골로 등장하는 소재가 되었다. 이런 경고 표시에도 불구하고 21세기의 처음 15년 동안 이주 속도가 기하급수적으로 증가했다. 스웨덴 인구가 빠르게 증가 — 오직 이민자 유입 때문에 생겨난 인구 증가 포함 — 하면서 공공 서비스가 걸핏하면 압박을 받았다. 공식 수치를 보면, 1969년에 8백만 명이던 인구가 2017년에 1천만 명이 될 것으로 예상되고 (현재 증가 속도로는) 2024년에 1천1백만 명에 달할 것이다. 따라서 정상적인 인구 증가 수준에서 보면 스웨덴은 2020년에는 주택 수요를 충족하기 위해 1년에 7만 1천 채의 신규 주택을 지어야 한다. 그리고 2024년까지 총 42만 6천 채의 신규 주택을 지어야 한다.[3]

스웨덴 국민도 엘리트 정치인들처럼 언제나 이런 이주에 찬성한다는 추정이 있는데, 사실을 살펴보면 그렇지 않다. 1993년 신문 『엑스프레센*Expressen*』은 스웨덴 정치의 커다란 금기 중 하나를 깨뜨리고 이 나라 국민들의 실제 생각을 보여 주는 여론 조사 결과를 발표했다. 신문은 〈그들을 내쫓자〉라는 헤드라인 아래 스웨덴 국민의 63퍼센트가 이민자들이 본국으로 돌아가기를 원한다는 사실을 공개했다. 신문 편집인 에리크 몬손Erik Månsson은 직접 쓴 관련 기사에서 이렇게 언급했다. 〈스웨덴 국민들은 이민자 유입과 난민 정책에 관해 확고한 견해를 갖고 있다. 권력자들은 반대의 견해를 갖고 있다. 이런 현실은 말이 안 된다. 여론이라는 폭탄이 터지기 일보직전이다. 바로 이런 이유로 우리는 오늘을 시작으로 이 사실에 관해 기사를 쓰고자 한다. 현실을 있는 그대로 말하자. 인쇄된 글로. 폭탄이 터지기 전에.〉 편집인의 주장을 입증이라도 하듯, 이 여론 조사가 낳은 유일한 결과는 『엑스프레센』 소유주들이 편집인을 해고한 것이었다.

2000년대에 스웨덴으로 향하는 이주가 증가하기 시작했을 때 정치 엘리트들의 획일성만이 아니라 스웨덴 신문의 정치적 획일성 때문에도 공적 토론이 억제되었다. 아마 스웨덴 언론은 유럽 어느 나라보다도 이민자 유입에 관한 논의를 위험할 뿐만 아니라 경멸스럽다고 인식했을 것이다. 2011년 스웨덴 언론인들의 정치적 공감에 관해 조사한 결과 거의 절반(41퍼센트)이 녹색당에 공감하는 것으로 드러났다. 그와 비슷하게 언론인들의 호의를 얻는 당은 좌파당(15퍼센트)과 사회민주당(14퍼센트), 그리고 자유보수주의 성향의 중도당(14퍼센트)뿐이었다. 언론인의 1퍼센트만이 스웨덴 민주당에 공감을 표했는데, 오차 범위에 속하는 수치였다.[4]

하지만 언론인들로부터 그토록 욕을 먹은 이 당은 2016년 스웨덴 여론 조사에서 선두를 차지했다. 스웨덴 민주당이 선두에 오르게 된 사정은 현대 유럽이 직면한 딜레마의 단면을 보여 준다. 1980년대에 창설될 당시 당은 민족주의적일 뿐만 아니라 이론의 여지가 없는 인종주의 운동이었다. 당의 동맹 세력과 정책은 백인 인종의 우위를 주창하는 세력을 비롯한 유럽 각지의 진정한 극우 운동들과 일치했다.

당은 영국에서 영국국민당이 받는 것과 같은 홀대를 받았고 정치에서 어떤 유의미한 목소리도 내지 못했다. 1990년대에 당을 개혁하려는 의식적인 노력이 진행되면서 네오나치 운동과 관련된 사람들은 쫓겨났다. 2000년대에는 1970년대생이 주축이 된 네 명의 남성 그룹이 스웨덴의 현 상태를 타개할 방법을 모색했다.

지미 오케손Jimmie Akesson과 그의 동료들은 신당을 창당하든지 아니면 기존의 당을 장악하든지 선택해야 했다. 그들은 후자를 택했고, 2000년대 내내 스웨덴 민주당 운동에 남아 있는 극우적 요소들을 추방하고, 민족주의적이면서도 인종주의와는 무관한 운동으로 변신시키기 위해 노력했다. 하지만 그들은 이렇게 한 공로를 전혀 인정받지 못했다. 언론을 비롯한 정치인들은 스웨덴 민주당에 계속해서 〈극우〉, 〈인종주의〉, 〈외국인 혐오〉 등의 딱지를 붙이면서 네오나치 정당으로 묘사했다. 2010년 총선에서 당은 5퍼센트가 넘는 득표율을 얻어 사상 처음으로 의회에 입성했다. 다른 원내 정당들은 소스라치게 놀라서 새로운 하원의원들을 천민처럼 대했다. 스웨덴 민주당과는 어떤 연계도 거부하면서 자기들끼리만 협력하고 심지어 대화도 그들끼리만 했다.

하지만 선거가 끝난 뒤 몇 년간 스웨덴 민주당이 제기하는 이민자 유입과 정체성 문제가 전면에 등장했다. 그때까지 스웨덴은 유럽 나머지 나라들과 동일한 증상을 겪었지만, 확실히 다른 어떤 곳보다도 상황이 나빴다. 스웨덴의 자기부정 문화는 특히 강했다. 2006년 총리 프레드리크 라인펠트(보수 성향의 〈중도〉 당 출신)는 이렇게 선언한 바 있었다. 〈정말로 스웨덴적인 것은 야만 상태뿐이다. 이후에 이루어진 모든 발전은 외부로부터 온 것이다.〉스웨덴 교회들은 주류의 모든 정치적 견해를 강화했다. 예를 들어 스웨덴 교회Church of Sweden 의 대주교 안셰 야켈렌Antje Jackelén은 다른 저명한 성직자들처럼 이 나라의 이주 정책이 〈예수님 자신이 난민이었음〉을 염두에 두어야 한다고 주장했다.

뻔히 예상하는 것처럼, 이 시대에는 또한 스웨덴에서 반유대주의 공격이 급격하게 늘어났다. 말뫼시에서 무슬림 이민자 인구가 늘어남에 따라 도시(한때 유대인들의 안식처였다)의 유대인 수는 줄어들기 시작했다. 도시 유대인 묘지의 교회당을 비롯해서 유대계 건물들이 화염병 공격을 받았고, 도시의 유대인 공동체가 1천 명 이하로 줄어든 2010년에 이르면 현지 유대인 열 명 중 한 명꼴로 괴롭힘에 시달렸다. 비유대계 주민들이 키파를 쓴 유대인들이 예배를 비롯한 공동체 행사를 오가는 길에 동행하는 습관이 생겼다.

다른 모든 나라들과 똑같이 경고 표시가 나타났지만, 2010년부터 스웨덴으로 들어오는 이주자가 급속하게 늘어났다. 세계 각지 출신의 잠재적 이주자들은 스웨덴을 특히 선호했다. 새로운 이주자들에게 주거와 복지 혜택만이 아니라 특히 매력적인 가족 재결합 프로그램까지 제공했기 때문이다. 2014년 선거에서 스웨덴 민주당은 득표율이 두 배 이상 늘어나 거의 13퍼센트로 제3당이 되었다. 그리고 누구나 당시 진행되는 상황을 보는 가운데 스웨덴 언론은 스웨덴 민주당이 내세우는 서사를 뒷받침하거나 그들에 대한 지지를 강화할 모든 이야기를 피하기 위해 갖은 노력을 기울였다.

2014년 여름 〈우리가 스톡홀름이다We Are Stockholm〉라는 음악 축제가 평상시처럼 열렸다. 축제 행사장에서 열네 살 소녀 수십 명이 아프가니스탄 출신이 주축이 된 이민자 무리들에게 둘러싸여 추행과 강간을 당했다. 하지만 현지 경찰은 사건을 은폐하면서 5일 동안 진행된 축제에 관한 보고서에서 언급도 하지 않았다. 유죄 판결도 없었고 언론은 아예 강간 사건을 언급하는 것을 피했다. 2015년에도 스톡홀름과 말뫼를 비롯한 여러 도시에서 이주자 무리들이 음악 축제에서 비슷하게 조직적인 강간을 저질렀다. 이 수치는 특별할 게 없었다. 1975년 스웨덴 경찰에 신고된 강간 사건이 421건이었던 데 반해 2014년에는 6천620건으로 늘어난 상태였다.[5] 2015년에 이르면 스웨덴은 레소토를 제외하고 세계 어느 나라보다도 1인당 강간 건수가 가장 높은 나라였다. 스웨덴 언론은 이 사건들을 보도할 때에도 의도적으로 잘못된 보도를 했다. 가령 스톡홀름에서 핀란드 오보로 가는 여객선에서 한 소녀가 집단 강간을 당했는데, 가해자들이 실은 소말리아인인데도 언론 보도에는 〈스웨덴 남성들〉이라고 나왔다. 이웃 나라들도 전부 비슷한 상황이었다. 2016년 덴마크에서 발표된 연구를 보면, 연령을 동일하게 조정해서 비교한 결과 소말리아 남자들이 덴마크 남자들보다 강간을 저지를 가능성이 스물여섯 배 정도 높았다.[6] 하지만 다른 나라와 마찬가지로 스웨덴에서도 이 주제를 아무도 입 밖에 낼 수 없었다.

2015년 새해 전야 쾰른에서 강간 사건이 벌어지고 사건을 은폐한 스캔들이 터지고 나서야 스웨덴 언론은 여러 해 전부터 음악 축제를 비롯한 행사장에서 벌어진 사건들을 보도했다. 마침내 경찰이 사건을 은폐한 정황이 드러났을 뿐만 아니라 스웨덴 언론이 은폐한 사실도 밝혀졌다. 많은 웹 매거진과 블로그들의 활약 덕분이었다. 이 모든 일이 매일같이 새로운 이주자들이 도착하는 상황에서 벌어지고 있었다. 2014년에도 그랬는데, 결국 그해 8월 총리는 난민 신청자들이 이런 속도로 나라에 들어온다면 〈그 숫자를 전부 감당할 수 없을 것〉임을 인정했다. 그런데 라인펠트는 정부 정책을 바꾸지는 않겠다면서 덧붙였다. 〈하지만 그 사람들은 목숨을 구하기 위해 도망친 겁니다.〉 그해 성탄 전야에 이제 전 총리가 된 라인펠트는 텔레비전 인터뷰에서 스웨덴 사람들은 〈관심이 없고〉, 국경은 〈허구적인〉 구성물이며, 스웨덴은 여러 세대에 걸쳐 거기에 산 사람들이 아니라 더 나은 삶을 위해 온 사람들의 것이라고 말했다.

이런 기준으로 보아도 2015년에 스웨덴이 겪은 일은 이 나라 역사상 전무후무한 것이다. 메르켈 독일 총리의 성명이 있은 뒤 2015년 9월 며칠 동안 스웨덴에 무려 1만 명이 입국하면서 한동안 이 나라는 거의 마비 상태였다. 그해에만 16만 3천 명이 난민 신청을 했지만, 무작정 입국해서 아무 흔적도 없이 시골로 사라진 사람의 수는 파악도 되지 않았다. 말뫼의 주택 건물 세탁실에 빨래를 하러 간 사람들은 이주자들이 그곳에서 살고 있는 것을 발견했다. 도시는 이미 과세 기반이 전국에서 가장 낮았는데, 로센고르드 같은 지역은 이민자가 아닌 사람이 거의 없었고, 일부 지역은 고용 상태인 주민이 15퍼센트에 불과했다. 하지만 이곳들은 살기 나쁜 지역이 아니다. 유럽의 다른 많은 도시의 노동 계급 지역보다 정부 지원 수준이 높으며, 이 지역들이 거의 전적으로 이민자 중심이 되기 전까지 많은 스웨덴 노동자들은 여기에 집을 사기 위해 저축을 했다. 하지만 통합의 가능성은 이미 사라져 버렸다. 2015년 이전에도 14년 동안 로센고르드에서는 지역 학교에 다니는 학생 중에 스웨덴어를 제1언어로 구사하는 아이가 한 명도 없었다. 2015년 이전에도 응급구조대는 경찰의 호위 없이 이 지역에 들어가기를 거부했다. 주민들이 구급차나 소방차만 보면 공격했기 때문이다.

몇몇 도시에 이주자들이 대규모로 집중되자 경각심을 느낀 스웨덴 당국은 2015년 또 다른 방책을 시도했다. 최근 입국한 사람들을 특히 북부 지역에 있는 외딴 소도시와 마을로 이동시키기로 결정한 것이다. 당국은 솔레프테오 지역에 있는 운드롬 마을(주민 85명)에 이주자 2백 명을 집어넣었다. 칼스함 지역에 있는 트렌숨 마을(주민 106명)에는 이주자 3백 명을 집어넣었다. 다른 외딴 마을들도 하룻밤 새에 규모가 세 배 커졌다. 물론 이주자들은 그런 고립되고 생소한 지역에 살려고 스웨덴에 온 게 아니었고, 경찰은 종종 그들을 태우고 온 버스에서 일일이 끌어내야 했다. 하지만 스웨덴 정치인들은 나라에 이주자들을 수용할 공간이 충분하다고 주장했다. 이주 정책을 가속화한 뒤에야 정치인들은 이런 생각에 내재한 함정을 깨닫게 되었다. 이듬해 예산에 따르면 이주 비용은 직접적인 비용만도 504억 스웨덴 크로나에 달할 것으로 예상되었다(따라서 최종 비용은 그보다 훨씬 늘어날 터였다). 그에 비해 2016년 법무부 예산은 420억 크로나, 국방부 예산은 480억 크로나였다. 스웨덴은 이런 면에서 보기 드문 나라다. 세계 경기가 후퇴하던 시기에도 스웨덴은 흑자 예산을 운영할 수 있었다. 그런데 이제 성장기를 맞이해 적자 경제를 떠안게 된 것이다.

이런 현실에 직면하자 가장 뚜렷한 인도주의적 정당화도 사그라지기 시작했다. 2015년에 새로 온 이주자들 가운데는 특히 신분증 같은 서류가 없고 동반자도 없는 미성년자가 많았다. 그들 가운데는 어린이도 있었지만, 사회복지사들에 따르면 이 〈어린이들〉 다섯 명 중 세 명은 생일이 1월 1일이라고 주장했다. 그리고 이 어린이들의 절대 다수(92퍼센트)가 남자였다. 얼굴을 빤히 보면서도 이런 사실을 무시하는 게 스웨덴 공무원들이 정한 방침이었다. 하지만 2015년 8월 난민 신청을 거부당한 한 이주자가 베스테로스에 있는 이케아에서 칼로 스웨덴인 두 명을 살해했다. 몇 달이 지나면서 일부 스웨덴 사람들의 인내심이 무너지기 시작했다.

2015년 10월 뭉케달, 룬드 등 전국 각지의 10여 개 도시에서 현지 주민들이 난민 센터에 불을 질렀다. 정부는 향후에 이런 센터들을 전부 비밀에 부치기로 했다. 하지만 이듬해 1월 한 난민 보호소에서 젊은 여성 사회복지사가 어린이의 칼에 찔려 사망했는데, 이 어린이가 성인임이 밝혀지자 여론이 한층 사나워졌다. 이른바 〈출입 금지 지구〉 문제가 국내에서 커다란 쟁점이 되었다. 현지 주민들과 응급구조대가 이런 지역에서 걸핏하면 공격을 당하는데도 당국이 진입하지 못한다는 사실을 공무원들이 극구 부인했기 때문이다.

그해 8월 소말리아 출신으로 가족과 함께 잉글랜드 버밍엄에서 온 여덟 살짜리 소년이 예테보리에 사는 친척 집에 가다가 갱단과 관련된 수류탄 공격으로 목숨을 잃었다. 1년 전에 일어난 예테보리 차량 폭탄 사건에서 세 살짜리 여자아이가 죽은 것처럼, 이런 종류의 소수 종족 갱단 폭력은 이미 일상적인 일이었다. 2016년 스웨덴 경찰의 무려 80퍼센트가 퇴직을 고려 중인 것으로 밝혀졌다. 이주자들이 압도적으로 많아지면서 점차 무법화되는 지역에서 일하는 게 위험하다고 생각하기 때문이었다.

다른 모든 나라들과 마찬가지로, 스웨덴 정부와 언론은 이 이주자들이 거의 전부 의사와 학자들이라고 설명한 바 있었다. 하지만 현실을 보면 의사소통도 안 되는 엄청난 숫자의 저숙련자들이 이런 노동자를 거의 필요로 하지 않는 나라에 들어와 있었다. 정부가 마지못해 국경 통과 절차를 강화하는 가운데 정치권과 공동체 지도자들은 계속해서 국경을 없애고 제한 없이 이민을 허용해야 한다고 주장했다. 야켈렌 대주교는 예수님이라면 정부의 이민 제한에 찬성하지 않았을 것이라고 주장했다.

2016년 여름에 스웨덴에 체류하는 동안 나는 나라 한가운데에 있는 베스테로스에서 열린 스웨덴 민주당 지역 회의를 찾았다. 수백 명의 당원이 학술회의 방식으로 모여서 하루 동안 강연을 들었다. 당 지도자들이 당원들과 한데 어울렸고, 자신들이 민족주의자라는 데 뜻을 모았지만, 인종주의나 극단주의의 기미는 전혀 보이지 않았다. 당원들과 지도자들 사이에서 정부의 이민 정책을 어떻게 중단시킬지에 관해 많은 이야기가 나왔지만, 젊은이가 주축인 지도부는 사적으로나 공적으로나 눈에 띄게 절제된 모습을 보였다. 사석에서 그들은 자기들처럼 대규모 이민에 반대하는 오르반 빅토르를 비롯한 유럽 지도자들에 관해 손님인 내가 어떻게 생각하는지 궁금해 했다. 그 지도자들은 평판이 얼마나 좋은가요? 누가 같은 편이고, 실제로 〈극단적인〉 건 누군가요? 스웨덴과 외국의 언론이 계속해서 〈극우 파시스트〉

라고 묘사하는 이 당은 다른 모든 이들처럼 실제 극우 파시스트들에 관해 걱정하는 것 같았다.

그들이 어떻게 생각하든 간에 이 당이 최근에 거둔 성공은 놀라울 게 없다. 스웨덴 정치는 빠르게 변화하고 있다. 인구 구성이 빠르게 바뀌고 있기 때문이다. 스웨덴 경제학자 티노 사난다지Tino Sanandaji 박사(그 자신이 쿠르드 - 이란계다)에 따르면, 1990년에는 비유럽 이민자가 스웨덴 인구에서 겨우 3퍼센트를 차지했다. 그런데 2016년에 이르면 이 수치가 13~14퍼센트로 늘어났고 지금도 매년 1~2퍼센트씩 높아지는 중이다. 스웨덴의 제3의 도시인 말뫼에서는 이미 종족적으로 스웨덴계가 아닌 사람들이 인구의 절반 가까이를 차지한다. 사난다지에 따르면, 한 세대 안에 다른 도시들도 그 뒤를 따를 테고, 스웨덴계는 모든 주요 도시에서 소수로 전락할 것이다. 이민자 유입 때문이기도 하고, 이민자들의 출산율이 높기 때문이기도 하며, 스웨덴계 이민자들이 다수인 지역을 포기하고 떠나기 때문이기도 하다. 스웨덴 국민의 태도에 관한 조사에서 특히 흥미로운 점은 이른바 〈백인의 탈출〉이 계속되는 가운데서도 평균적인 스웨덴인은 여전히 다문화 동네에서 사는 게 중요하다고 말한다는 사실이다. 실제로 〈다문화〉 지역을 떠난 사람들이 다문화 지역에서 사는 게 얼마나 중요한지에 관해 말하는 기묘한 현상이 벌어진다.[7]

유럽 대륙 전체가 그렇듯 스웨덴에서도 사람들이 가져야 한다고 여겨지는 생각과 실제 생각 사이에는 간극이 존재한다. 그리고 유럽인들의 태도는 계속해서 속도는 다를지라도 같은 방향으로 움직이고 있는 반면, 정치 지도자들은 여전히 같은 결정을 내려서 그런 견해가 더욱 **빠르게** 바뀌도록 만든다. 스웨덴은 단지 어떤 추세를 보여 주는 극단적인 사례일 뿐이다.

하지만 유럽의 정치적, 사회적 지층을 떠받치고 있는 판이 움직임에 따라 유럽 지도부도 똑같은 경로를 거침없이 지속했다. 2016년 여름에 터키와 협정을 맺은 결과 그리스 경로를 통과하는 이주가 줄어들었고, 그에 따라 이탈리아 입국 지점에서 이동이 급증했다. 그해 8월 어느 하루에 리비아 근해에서 이주자 6천5백 명이 이탈리아 해안 경비대에 구조되었다. 해안 경비대는 리비아 도시 사브라타에서 불과 약 19킬로미터 떨어진 곳에서 마흔 번 이상의 구조 작전을 실행했다. 배에 탄 승객들—주로 에리트레아와 소말리아 출신—은 해안 경비대에 구조되면서 환호했다. 이제 밀입국 알선업자들은 람페두사까지 중간쯤 갈 정도로 연료를 채울 필요도 없었다. 유럽 구조 선박들이 더 빨리 나타난다는 것을 알았기 때문에 알선업자들은 구조선까지 다다를 정도만 연료를 채웠다. 거기서부터는 유럽인들이 난민을 넘겨받았다.[8]

정치인들은 실패한 정책을 계속 추진하면서 실패한 모델을 따라 점점 더 많은 사람들을 들여왔다. 하지만 유럽 어디서나 대중의 태도가 이미 바뀐 상태였다. 메르켈 총리가 허세를 부린 지 1년도 안 된 2016년 7월, 한 여론 조사에 따르면 독일 토박이 가운데 여전히 환대 문화 개념과 대규모 이민자 유입 지속에 찬성하는 비율은 3분의 1도 되지 않았다(32퍼센트). 독일인의 3분의 1은 이주 때문에 나라의 미래가 위협받는다고 말했고, 3분의 1은 이주자의 다수는 실제 난민이라기보다는 경제적 이주자라고 생각했다. 2016년 여름 독일 최초로 자살폭탄 공격을 비롯한 테러 공격이 벌어지기 전에도 전체 독일인의 절반은 이민자 유입의 결과로 테러가 일어날 것이라고 크게 우려했다. 아마 가장 흥미로운 점은 외국 태생 독일인 가운데 대규모 이민자 유입의 지속을 바라는 비율이 불과 41퍼센트이고, 28퍼센트는 이민자 유입을 완전히 중단하기를 바란다는 조사 결과일 것이다. 다시 말해 메르켈은 이제 정부의 이주 정책에 대해 이주자들의 동의도 잃은 상태였다.[9]

다음 달에 이르면 메르켈의 지지율은 75퍼센트(2015년 4월)에서 47퍼센트로 추락했다.[10] 이제 다수 독일인은 총리의 정책에 동의하지 않았다. 9월 지방 선거에서 메클렌부르크포어포메른주에서 창당 3년째에 불과한 독일대안당이 메르켈의 당을 3위로 밀어냈다. 이 결과는 대지진이라고 보도되었지만, 실은 극히 작은 진동일 뿐이었고 어떤 대대적인 변화도 의미하지 않았다. 유럽 각국 대중은 대규모 이민자 유입 사태가 벌어지기 시작한 순간부터 이민에 반대했었다. 하지만 정파를 막론하고 어떤 정치 지도자도 이런 사실을 성찰하거나 그 결과로 자신들의 정책을 바꾸려 하지 않았다. 메르켈 총리는 한 과정을 가속화했지만, 그것은 유럽 대륙에서 수십 년 동안 이어진 연속체의 일부분일 뿐이다. 이 모든 사실의 효과는 이따금 깜짝 놀랄 정도로 분명하게 드러났다.

2016년 12월 19일, 성탄절을 앞둔 마지막 쇼핑 기간 중에 아니스 암리Anis Amri라는 24세 튀니지인이 폴란드인 운전사를 죽이고 트럭을 빼앗아 서베를린의 쇼핑가인 쿠르퓌르스텐담 옆에 펼쳐진 성탄절 시장의 인파 속으로 돌진했다. 이어진 학살에서 열두 명이 죽고 많은 수가 부상을 입었다. 트럭에서 빠져나온 암리는 유럽을 가로질러 도망쳤다. 유럽 대륙에서 최고 지명 수배자였는데도 그는 우선 네덜란드로 도망칠 수 있었다. 뒤이어 프랑스로 입국해서 계속 이동했다. 국가비상사태 2년째로 경비가 삼엄해야 하는 나라였다. 암리는 계속해서 이탈리아로 갔는데, 밀라노에서 경찰관 두 명이 그에게 신분증을 보여 달라고 했다. 암리가 총을 꺼내 경찰관 한 명을 쏘는 순간 나머지 한 명이 총을 쏴 그를 죽였다. 암리 — 공격 전에 IS에 충성 서약을 했다 — 는 2011년 람페두사섬에 이주자로 상륙한 사실이 밝혀졌다. 이탈리아 체류 허가증을 받지 못한 그는 나중에 시칠리아에서 정부가 제공한 보호소에 불을 지른 죄로 투옥되었다. 2015년 교도소를 나온 뒤 독일로 들어가서 최소한 아홉 가지 다른 이름으로 난민 신청자로 등록했다. 유럽의 외부 국경 시스템이 느슨하고 내부 국경 시스템은 아예 없었던 덕분에 암리가 활개를 칠 수 있었다. 바로 이 시스템 때문에 베를린 성탄절 시장에 나온 쇼핑객들은 안전을 보장받지 못했다.

이와 같이 많은 사상자를 낸 잔학 행위가 벌어지면 헤드라인을 장식하고 유럽 언론들이 한동안 활기차게 뉴스를 내보내지만, 그 와중에도 현재 상황 때문에 유럽 대륙 전체가 바뀌고 있었다. 지속적인 대규모 이민자 유입, 이민자들의 높은 출산율과 유럽 토박이들의 낮은 출산율 때문에 앞으로도 현재 진행 중인 변화가 가속화되기만 할 것이다. 독일인들은 여론 조사에서 메르켈조차 정치적 죽음을 맞을 운명임을 보여 준 바 있었다. 하지만 메르켈은 한 대륙을 바꾸고 전체 사회를 변화시키는 데 일조했으며, 그 결과는 앞으로 여러 세대에 걸쳐 계속 효과를 발휘할 것이다.

16

이야기가 바닥난 느낌

당신의 적들이 무언가를 찾아내면 인정하는 게 오히려 낫다. 오늘날 유럽 문화와 문명의 적들은 유럽에 많은 비난을 가한다. 그들은 유럽의 역사가 특히 잔인했다고 말하지만, 다른 어떤 문명보다 더 잔인하지 않았고 많은 문명보다 덜 잔인하지도 않았다. 그들은 우리가 우리 자신을 위해서만 행동한다고 주장하지만, 역사상 그 어떤 사회가 자신을 지키고 싶어 하지 않거나 자신을 비방하는 이들의 의견을 기꺼이 받아들였는지 의문이다. 그리고 우리는 지금도 우리 자신의 부당성과 자기비판에 열려 있는 몇 안 되는 문화이기 때문에 우리를 가장 심하게 비방하는 이들조차 부자로 만들어 줄 수 있다. 하지만 한 가지 점에 관해서는 우리를 비판하는 이들이 무언가를 알고 있다. 그들은 이것을 잘 확인하지 못하며, 설령 확인하더라도 가능한 최악의 치료법을 처방한다. 하지만 특히 우리 스스로 답을 찾기 위해서라도 이 문제를 확인할 필요가 있다.

이 문제는 증명하기보다는 느끼기가 더 쉽지만, 다음과 같이 작동한다. 현대 자유민주주의 사회의 삶은 어느 정도 천박하거나 피상적이며, 특히 현대 서유럽의 삶은 목적의식을 잃어버렸다. 그렇다고 해서 우리의 삶이 전혀 의미가 없는 것은 아니며, 자유민주주의가 우리 자신의 행복 개념을 추구하도록 독특하게 제공하는 기회가 잘못된 것도 아니다. 매일같이 대다수 사람들은 자기 가족과 친구, 그 밖에 많은 것으로부터 깊은 의미와 사랑을 발견한다. 하지만 여전히 의문은 남는데, 이런 의문은 언제나 우리 각자에게서 중심을 차지한다. 자유민주주의 자체는 이런 의문에 답할 수 없으며 애당초 답을 줄 필요도 없다.

〈내가 지금 여기서 무얼 하고 있는 거지? 내 삶은 무엇을 위한 걸까? 삶을 초월하는 어떤 목적이 있을까?〉 이런 의문은 언제나 인류를 움직여 왔고, 우리는 예나 지금이나 이런 의문을 던진다. 하지만 서유럽인들이 보기에 여러 세기 동안 우리가 매달려 온 이 의문에 대한 답이 바닥이 난 것 같다. 우리는 이 사실을 기꺼이 인정하지만, 우리 자신에 관한 우리의 이야기가 바닥나는 상황에서도 그래도 여전히 똑같은 의문이 남아 있다는 사실은 기꺼이 인정하려 들지 않는다. 오늘날에는 그런 의문을 던지는 것조차 무례한 일처럼 되어 버렸고, 따라서 이런 의문―답하는 것은 고사하고―을 던질 수 있는 공간도 그 수효만이 아니라 답을 찾으려는 야심까지 줄어들고 있다. 만약 사람들이 이제 교회에서 답을 찾지 않는다면, 우리는 그저 이따금 찾는 화랑이나 북클럽에서 충분한 의미를 찾을 수 있기를 바란다.

독일 철학자 위르겐 하버마스는 2007년 뮌헨의 예수회 철학대학에서 〈잃어버린 것에 대한 자각An Awareness of what is Missing〉이라는 제목의 토론을 이끌면서 이런 측면을 언급했다. 거기서 하버마스는 우리가 사는 〈포스트세속 시대post-secular age〉의 한가운데에 있는 공백을 확인하려고 했다. 그러면서 1991년 취리히의 교회에서 열린 한 친구의 추도식에 참석한 이야기를 들려주었다. 추도식은 친구가 남긴 지침을 꼼꼼히 따르면서 진행되었다. 관을 앞에 두고 두 친구가 연설을 했다. 하지만 사제도 없고 신의 은총을 비는 기도도 없었다. 재는 〈어딘가에 뿌릴〉 예정이었고, 〈아멘〉 소리는 한 번도 들리지 않았다. 무신론자였던 친구는 종교 전통을 거부했을 뿐만 아니라 비종교적 견해가 실패했다는 것도 공개적으로 보여 주고 있었다. 하버마스가 친구의 뜻을 해석한 것처럼, 〈계몽된 근대는 삶을 끝내는 마지막 통과 의례에 대처하는 종교적 방법에 적합한 대체물을 찾지 못했다.〉[1]

하버마스의 친구가 제기한 과제는 현대 유럽을 살아가는 우리 주변에서 조용히 들을 수 있고, 답을 찾지 못한 질문들의 결과도 들을 수 있다. 어쩌면 우리가 이런 논의를 경계하는 것은 단지 이제 더는 답을 믿지 않으며, 좋은 말을 하지 못하겠거든 차라리 입을 다무는 게 낫다는 오랜 격언을 약간씩 바꿔서 신봉하기 때문일 것이다. 또는 우리는 우리 사회의 근저에 있는 실존적 허무주의를 인식하면서도 그것을 당혹스럽게 여기는 것일 수도 있다. 어떤 설명을 붙이든 간에 최근 수십 년 동안 유럽에 일어나면서 최근에는 기하급수적으로 가속화되는 변화를 보면 이런 질문을 이제 다루지 않을 수 없다. 삶과 삶의 목적에 대해 전혀 다른 — 실은 상충하는 — 태도를 가진 사람들이 들어오고 있기 때문에 이런 질문들에 대해 시급하게 답을 찾아야 한다. 이런 다급한 사정은 특히 사회도 자연과 마찬가지로 공백 상태를 혐오하고 그것을 채울 방법을 찾는다는 필연적인 사실 때문에 생겨난다.

이따금 주류 정치인이 표면 아래서 부풀어 오르기 시작한 우려를 일부 인정하면서 이 질문들에 모종의 긴급성을 부여하는 것처럼 보인다. 하지만 이런 인정은 터무니없이 고갈된 숙명론의 형태로 나타난다. 가령 브뤼셀 테러 공격이 벌어지고 한 달 뒤인 2016년 4월 25일, 벨기에 법무 장관 쿤 헨스Koen Geens는 유럽의회를 상대로 〈조만간〉 유럽에서 무슬림이 기독교인보다 많아질 것이라고 말했다. 유럽의회의 법무·내무특별위원회에 참석한 자리에서 그는 말했다. 〈유럽은 이 점을 깨닫지 못하지만 이건 현실입니다.〉 그의 내각 동료인 내무 장관 얀 얌본은 자기 계산으로는 총 70만 명에 달하는 벨기에 무슬림 공동체의 〈압도적 다수〉가 벨기에의 가치를 공유한다면서도 한 마디 덧붙였다. 〈나는 우리가 할 수 있는 최악의 일은 이슬람을 적으로 만드는 것이라고 골백번 말했습니다. 그거야말로 최악의 일입니다.〉

이 모든 발언의 밑바탕에는 다른 사회 — 당분간 미국을 포함 — 와 달리 이 때문에 유럽의 모든 상황이 아주 쉽게 변할 수 있다는 인식이 도사리고 있다. 영국 철학자 로저 스크러턴Roger Scruton이 말한 것처럼, 한동안 기독교의 하류에 있었던 유럽 사회가 닻이 완전히 풀려 떠내려가거나 전혀 다른 해안으로 끌려갈 가능성이 농후하다. 어쨌든 우리 사회가 지금처럼 급속하게 변하기 전에도 표면 아래에서는 커다란 불안을 야기하는 질문들이 잠복해 있었다.

한 예로 1960년대에 에른스트볼프강 뵈켄푀르데Ernst-Wolfgang Böckenförde가 1960년대에 제기한 딜레마가 있다. 〈자유롭고 세속적인 국가는 과연 그 자신이 보증할 수 없는 규범적 가정의 토대 위에 세워진 것인가?>² 유럽 각국 사회에서는 이런 질문이 제기되는 것조차 좀처럼 듣기 어렵다. 아마 우리는 그 답이 〈그렇다〉라고 느끼겠지만, 만약 그렇다면 무엇을 해야 하는지 알지 못한다. 만약 우리가 누리는 자유와 해방이 이례적인 것이고 실은 우리가 뒤에 남겨 둔 믿음들에서 생겨나는 것이라면, 우리는 어떻게 해야 할까? 한 가지 답 — 지난 세기의 막바지 동안 유럽을 지배한 답 — 은 이런 역사를 부정하고, 우리가 누리는 것이 정상이라고 주장하며, 삶뿐만 아니라 문명의 비극적인 사실들도 잊어버리는 것이다. 지적이고 교양 있는 사람들은 자신들이 성장한 밑바탕인 문화를 지탱하고 보호하기보다는 오히려 그 문화를 부정하거나 공격하거나 아니면 몰락하게 만드는 것을 책무로 여기는 듯 보였다. 우리 주변에서는 줄곧 새로운 오리엔탈리즘이 자라났다. 〈우리는 우리 자신은 나쁘게 생각할지 몰라도 다른 모든 사람들에 대해서는 절대적으로 좋게 생각하려 한다.〉

그리고 지난 10년간 어느 시점부터 여론의 바람이 반대 방향으로 불기 시작했다. 처음에는 서서히 바뀌었다. 여론의 바람은 전후 수십 년 동안 변절자들과 이견을 지닌 소수자들이 주장한 내용을 지지하는 한편 서구 자유주의 사회가 실은 태생의 기반인 종교에 무언가 빚을 지고 있음을 마지못해 인정하기 시작했다. 이처럼 인정하게 된 것은 증거가 바뀌었기 때문이다. 하지만 그 증거는 줄곧 존재했다. 바뀐 것은 점차 우리 곁에 들어온 다른 문화들이 우리가 가진 모든 열정이나 편견, 가정을 공유하지는 않는다는 인식이 커진 점이다. 현대 유럽에서 믿어지고 실천된 것들이 정상인 척 행세하려는 시도는 거듭 타격을 받았다. 다소 놀라운 학습의 순간들 — 여기서 벌어지는 테러 공격, 저기서 일어나는 명예살인, 다른 어디선가 나온 몇몇 만화 — 이 이어지는 내내 우리 사회에 온 모든 사람이 우리와 같은 견해를 공유하는 것은 아니라는 인식이 커졌다. 그들은 양성 평등에 관한 우리의 견해를 공유하지 않았다. 계시보다 이성이 우위에 있다는 우리의 견해도 공유하지 않았다. 또한 자유와 해방에 관한 우리의 견해도 공유하지 않았다. 달리 말해 고대 그리스와 로마부터 이어져 기독교로 촉진되고 계몽주의의 불꽃을 통해 정련된 유럽의 보기 드문 합의 정신은 매우 특별한 유산임이 밝혀졌다.

많은 서유럽 사람들은 이런 진실이나 그 함의에 저항하면서 오랜 세월을 보냈지만 어쨌든 깨달음의 순간이 찾아왔다. 그리고 일부 사람들은 여전히 버티고 있지만, 많은 지역에서 가령 인권의 문화는 무함마드의 설교보다는 나사렛 예수가 설파한 신조에 빚진 바가 크다는 것을 인정하는 게 가능해졌다. 이런 발견이 가져온 한 가지 결과는 우리 자신의 전통을 더 잘 알고 싶다는 바람이다. 하지만 이런 바람은 문제를 열어 주기는 해도 답을 주지는 못한다. 애초에 이런 사회적 입장을 낳은 믿음에 관계없이 이 입장이 지속 가능한가라는 질문은 여전히 유럽에 매우 유의미하고 또 유럽을 곤란에 빠뜨리기 때문이다. 단지 당신이 어떤 전통의 일부라고 해서 그 전통을 창시한 이들이 믿은 바를 반드시 믿지는 않을 것이다. 설령 그 전통을 좋아하고 그 전통이 낳은 성과를 존중한다 할지라도 말이다. 사람들은 독실한 믿음을 스스로 강요할 수 없으며, 아마 그래서 우리는 이런 심층적인 질문을 던지지 않을 것이다. 우리가 그 질문들에 대해 내놓곤 하던 답을 믿지 않을 뿐만 아니라, 또한 우리 스스로 어느 정도 발전의 과도기에 있고 우리가 내놓는 답이 조만간 바뀔 수 있음을 인식하기 때문이다. 어쨌든 한 사회가 그것을 창건한 원천과 동력으로부터 떨어져 나오면 얼마나 살아남을 수 있겠는가?

최근 퓨 리서치에서 실시한 여론 조사에 따르면, 영국에서는 다른 어떤 나라보다도 빠르게 기독교에 대한 소속감이 약해지는 중이다. 퓨 리서치에서 예상하는 바로는, 기독교에 소속감을 느끼는 사람은 2010년 거의 3분의 2에서 2050년이면 3분의 1로 줄어들 테고 그에 따라 사상 처음으로 기독교는 소수 종교가 될 것이다. 퓨 리서치의 예상으론 같은 시기에 영국은 프랑스나 독일, 벨기에를 앞질러 유럽에서 세 번째로 많은 무슬림 인구를 갖게 될 것이다. 2010년 좌파 인구학 전문가인 에릭 코프먼Eric Kaufmann은 세기말에 이르면 스위스에서도 14세 인구의 40퍼센트가 무슬림일 것이라고 말했다.[3] 물론 이 예상들에는 변수들이 많이 있다. 한 예로, 이렇게 예상하는 전문가들은 기독교인은 계속해서 종교를 멀리하는 반면 무슬림은 그렇지 않을 것이라고 가정한다. 이런 가정은 맞을 수도 있고 틀릴 수도 있다. 하지만 이런 통계는 또한 최근 연간에 급증한 이민은 말할 것도 없고 현재 진행 중인 대규모 이민자 유입을 고려하지 않는다. 어쨌든 이런 이동 — 유럽과 미국(2050년이면 미국 인구 구성에서도 무슬림이 유대인을 앞지를 것이다)을 가로지르는 이동과 마찬가지로 — 은 상당한 반향을 미칠 게 분명하다. 인구학적 연구를 보면 종족적 스웨덴인은 현재 살아 있는 대다수 사람들의 수명이 다하기 전에 스웨덴에서 소수가 될 것이다. 따라서 스웨덴인의 정체성이 이 세대 이후에도 살아남을 가능성이 있는가 하는 매혹적인 질문이 제기된다. 다른 모든 서유럽 나라들도 이 질문에 직면하게 될 것이다. 유럽은 〈다민족 도시〉를 여럿 갖고 있다고 자랑스러워하는데, 〈다민족 나라〉가 생기면 대중은 어떤 반응을 보일까? 우리는 우리 자신을 어떻게 생각할까? 그리고 누가, 어떤 사람들이 우리가 될까?

의미에 관한 질문을 다루거나 심지어 인정하는 것조차 워낙 드문 일이 되었기 때문에 이런 부재가 적어도 어느 정도는 의도적인 것처럼 보인다. 마치 우리가 직면한 문제들 때문에 권태감뿐만 아니라 주의 산만의 습관까지 생겨난 것 같다. 유례없는 기회가 생겼는데도 우리의 언론과 소셜 미디어는 반응과 가십만 끝없이 전달하지 않고는 못 배기는 듯하다. 대중문화에 얼마 동안이라도 몰두하다 보면 거의 참을 수 없는 천박함에 빠져든다. 유럽의 노력과 업적의 총합은 정말로 여기서 정점에 달하는 것일까? 우리는 사방에서 천박함을 드러내는 다른 증거들을 본다. 한때 우리 선조들이 샌드니, 샤르트르, 요크 민스터, 산조르조마조레, 성 베드로 대성당, 엘에스코리알 같은 위대한 건축물을 지었던 곳에서 오늘날의 거대한 건물들은 오직 더 크고 빛나고 새롭기 위해서만 경쟁한다. 도시 건물들은 영감을 주기 위해서가 아니라 떨어뜨리기 위해 고안된 것처럼 보인다. 유럽 도시의 고층 빌딩들은 이제 거의 왜소해진 고결한 스카이라인으로부터 사람들의 시선을 앗아간다. 밀레니엄 전환기를 기념하기 위해 지어진 런던의 거대한 구조물은 오래가는 건축물이 아니라 거대하지만 텅 빈 천막이었다. 건축물이 문명을 가늠하는 가장 좋은 시금석이라면, 우리 후손들은 우리를 별로 좋게 보지 않을 것이다. 우리는 누구에게든 영감을 불어넣어 줄 게 아무것도 없기 때문에 영감을 불어넣으려는 욕망을 잃어버린 사람들처럼 보인다.

그와 동시에 우리 문화의 가장 커다란 목적은 기껏해야 세계는 복잡하며 우리는 단지 그 복잡성을 끌어안을 뿐, 답을 찾으려 해서는 안 된다고 말하는 데 만족하는 것처럼 보인다. 최악의 경우에 우리는 이 모든 것이 아무 가망이 없을 뿐이라고 공공연하게 말한다. 물론 우리는 이례적인 번영의 시대를 살고 있으며, 그 덕분에 우리는 절망할 때에도 안락을 누린다. 하지만 언제까지고 이와 같지는 않을 것이다. 오늘날에도 경제적 이익이라는 태양이 우리를 비출 때 우리 문화 속에서 공백을 알아채고 그것을 채울 자신들만의 방법을 찾는 사람들이 있다.

지금까지 몇 해 동안 나는 이슬람 개종을 선택한 사람들로부터 직접 듣거나 글로 읽은 많은 이야기들에 특히 깊은 인상을 받았다. 이 이야기들이 인상적인 한 가지 이유는 서로 매우 비슷하다는 점이다. 이 이야기들은 거의 언제나 어떤 젊은이든 말할 수 있는 이야기를 약간 변형한 것이다. 흔히 이런 식이다. 〈어떤 나이(대개 20대나 30대 초반)가 됐을 때였는데, 나이트클럽에서 술에 취해 있다가 갑자기 이런 생각이 들었다. 《이렇게 살면 안 되겠다.》》 우리 문화에서는 거의 어떤 것도 〈하지만 더 나은 삶이 있다〉라고 말해 주지 않는다. 이런 목소리가 부재한 가운데 젊은이들은 더 나은 삶을 찾다가 이슬람을 발견한다. 젊은이들이 이슬람을 선택한다는 사실은 그 자체가 하나의 이야기다. 왜 이 젊은 남녀들(여성이 더 많다)은 손을 뻗어 기독교를 찾지 않을까? 한 가지 이유를 꼽자면, 유럽 기독교의 대다수 분파는 선교해서 개종시키거나 심지어 자신들의 메시지를 스스로 믿을 만한 확신도 잃었기 때문이다. 스웨덴 교회나 영국국교회, 독일 루터 교회, 그 밖에 많은 유럽 기독교 분파에게 기독교의 메시지는 일종의 좌파 정치, 다양성 옹호 행동, 사회복지 사업이 되었다. 이런 교회들은 〈열린 국경〉을 주장하지만, 자신들이 한때 계시를 받았다고 설교한 문서들을 인용하는 데는 신중하다.

또 다른 이유도 있다. 아직 이슬람의 근원에 관한 연구는 기독교의 근원에 관한 비판적 분석과 학문 연구와 같은 수준으로 이루어지지 않았다. 전 세계적인 협박과 살인 캠페인 때문에 그런 물결을 저지하는 데 큰 성공을 거두었다. 서구에서는 오늘날에도 코란의 기원에 관해 연구하고 코란을 진지하게 학문으로 대하는 극소수의 사람들 ─ 이븐 와라크Ibn Warraq와 크리스토프 룩셈베르크Christoph Luxenberg 등 ─ 은 저작을 가명으로 발표한다. 그리고 무슬림이 다수인 세계에서 이슬람 종교를 모독했다고 여겨지는 사람은 생명의 위협을 받는 것처럼, 유럽 각지에서 이슬람의 근원과 창시자를 비판하는 데 관여하는 사람들은 결국 위협을 받아서 비판을 멈추거나 몸을 숨기거나 ─ 독일의 하메드 압델사마드Hamed Abdel-Samad처럼 ─ 경찰의 보호 아래 살게 된다. 이런 상황은 확실히 한동안 이슬람을 보호하고 이슬람의 기원과 믿음에 대해 닥쳐 오는 비판의 물결을 저지하는 데 효과가 있었다. 1989년 이래 서유럽에서조차 이슬람 문서와 개념, 심지어 이미지까지 지나칠 정도로 단속되고 자기 검열이 이루어진 탓에 지난 몇십 년간 정치적, 종교적으로 각성된 젊은이가 우리 사회가 정말로 신성시하면서 조롱이나 비판의 여지를 주지 않는 것은 무함마드의 주장과 가르침뿐이라는 결론에 도달한다고 하더라도 이해할 만한 일이다.

하지만 신성 모독 단속 경찰이 활동한다고 해도 비판적 진보의 물결을 영원히 막지는 못한다. 이슬람의 기원에 관한 비판적 학문 연구에 대한 더 큰 열망이 이미 시작되었고, 무엇보다도 인터넷 덕분에 역사상 어느 때보다도 이런 학문을 퍼뜨리고 전파하는 게 더 쉬워졌다. 가령 덴마크의 극단주의자였던 모르텐 스토름Morten Storm은 어느 날 격분해서 컴퓨터를 켜고 검색 엔진에서 〈코란 속 모순점들〉을 찾아서 읽기 시작했을 때 이슬람에 대한 믿음뿐만 아니라 알카에다 조직원도 그만두었다. 나중에 그는 이렇게 말했다. 〈내 믿음의 구조물 전체가 카드를 하나하나 쌓아 올려 만든 집이었다. 하나를 빼내는 순간 전부 다 무너지게 되어 있었다.〉[4] 스토름은 결코 전형적인 무슬림이 아니었지만, 이슬람의 기원과 의미를 알아보는 것에 대해 갖고 있던 두려움과 그런 충동을 충족시키려는 욕구는 많은 무슬림들이 느끼는 것이다. 현재 많은 이들이 이런 충동과 싸우고 있는데, 이 충동을 억제해야 하고 다른 충동도 억제하려고 애써야 할 것이다. 이 충동이 믿음에 어떤 영향을 미칠지를 알기 때문이다. 지도적인 성직자 셰이크 유수프 알카라다위Sheikh Yusuf al-Qaradawi가 2013년 인터뷰에서 만약 무슬림들이 종교를 버리는 죄에 대해 사형을 없앴다면 〈오늘날 이슬람은 존재하지 않을 것〉이라고 말했을 때, 이런 두려움을 얼핏 엿볼 수 있었다. 이런 지도자들은 무슨 일이 닥칠지를 알며 그들이 믿는 것을 위해 모든 수단을 다 동원해서 싸울 것이다. 만약 그들이 실패한다면—아마 그렇게 될 텐데—바랄 수 있는 최선의 결과는 미래의 어느 시점에서 이슬람이 다른 종교들과 똑같은 상태가 되는 것이다. 문자 그대로 해석되지 않고, 상처 입고, 이빨 빠진 상태 말이다. 이렇게 되면 한 가지 문제가 해결되어, 서유럽의 문제들이 다소 누그러지긴 할 테지만 해결되지는 않을 것이다.

급진적 변화를 향한 열망과 개종자 같은 사람들의 공허함은 계속될 것이다. 확실한 것에 대한 열망과 탐색은 여전할 것이다. 하지만 이처럼 분명히 본질적인 욕망은 우리 시대의 거의 모든 가정 및 열망과 위배된다. 의미를 향한 탐색은 새로운 것이 아니다. 새로운 것은 현대 유럽 문화에서 거의 아무것도 답을 제시하는 데 전념하지 않는다는 사실이다. 그 무엇도 〈여기 수천 년의 세월 동안 사람들을 가르친 사상과 문화, 철학과 종교의 유산이 있으니 당신 또한 채워 줄 것이다〉라고 말해 주지 않는다. 대신에 기껏해야 이렇게 말하는 목소리를 듣게 된다. 〈당신 스스로 의미를 찾아라.〉 최악의 경우에는 허무주의자의 신조를 들을 수 있다. 〈당신의 삶은 의미 없는 세계 속의 의미 없는 존재다.〉 이런 신조를 믿는 사람이라면 누구든지 말 그대로 아무것도 이루지 못한다. 이런 사회 역시 마찬가지로 아무것도 이루지 못할 것이다. 몇몇 개인들이 허무주의에 탐닉하는 것은 이해할 만한 일일지 몰라도 그것이 하나의 사회적 신조가 되면 치명적이다.

그리고 우리는 잘못된 곳에서 답을 찾는다. 가령 우리 생각을 그대로 우리에게 들려주고 최대한 광범위한 사람들에게 말을 걸려고 하는 정치인들은 너무나 일반적인 이야기를 하기 때문에 그들의 말에는 거의 아무런 의미가 없다. 정치인들은 또한 이제 논의할 만한 중요한 쟁점이 전혀 없는 것처럼 말하면서 조직 문제에 전념한다. 교육과 같이 그런 조직의 일부 측면은 중요하다. 하지만 의미로 가득한 삶이 어떤 것인지, 아니 어떤 것일 수 있는지에 관한 심층적인 시각을 제기하는 정치인은 거의 없다. 그리고 어쩌면 정치인은 그런 시각을 제기해서는 안 된다. 하지만 우리 시대의 지혜에 따르면 교육과 과학, 순전한 정보 접근성은 우리에게서 충동을 앗아 가는 게 분명하며, 제아무리 아닌 척해도 이런 충동에 답하려는 욕구는 우리에게서 사라지지 않았다.

우리 시대의 지배적인 목소리인 과학이 우리에 관해 우리에게 말하는 방식은 그 자체가 의미심장하다. 리처드 도킨스는 『눈먼 시계공』(1986)의 서두에서 이렇게 말했다. 〈나는 우리의 존재가 한때 가장 커다란 수수께끼였지만 이제 해결되었기 때문에 더는 수수께끼가 아니라는 확신 속에서 이 책을 썼다. 다윈과 월리스가 이 수수께끼를 해결했다.〉 바로 여기에 우리 문화에서 수용된 세속적-무신론적 세계관과 사람들이 어떻게 자기 삶을 살고 경험하는가라는 현실 사이에 존재하는 심연이 있다. 도킨스는 우리의 수수께끼가 해결되었다고 느꼈을지 몰라도 ─ 그리고 과학이 실제로 그 일부를 해결했을지 몰라도 ─ 우리 대다수는 여전히 해결되었다고 느끼지 않기 때문이다. 우리는 해결된 존재로서 우리 삶을 살고 우리의 경험을 겪지 않는다. 오히려 우리는 여전히 조상들과 마찬가지로 분열되고 모순적인 존재로서 우리 자신을 경험한다. 지금도 우리는 우리가 이해하지 못하는 우리 자신과 세계의 측면들에 취약하다.

마찬가지로 지적인 사람이라면 지금 우리가 동물계와 인간의 유사성이라고 알고 있는 것을 거부할 수 없지만, 인간도 단지 동물의 하나라고 말하면 좋아할 사람은 거의 없다. 작고한 무신론자 저술가 크리스토퍼 히친스Christopher Hitchens는 청중 앞에서 종종 자신을 〈포유류〉라고 소개하곤 했다. 이 용어는 인간에게 사용할 때, 특히 자기 자신에게 사용할 때 어느 정도 충격 효과가 있었다. 하지만 우리의 기원과 우리를 구성하는 물질을 상기하는 게 충격이고 심지어 자극을 줄지 몰라도, 우리는 또한 우리가 단순히 동물이 아니며 그냥 동물로서 산다면 우리의 존재를 격하하게 된다는 것을 안다. 이런 생각이 옳든 그르든 간에 우리는 직관적으로 안다. 우리가 단순한 소비자가 아님을 아는 것처럼 말이다. 우리 자신에 관해 마치 경제라는 톱니바퀴의 이와 같은 미미한 존재에 불과하다고 이야기하는 것은 참을 수 없는 일이다. 우리는 그런 존재가 아니기 때문이 아니라 단지 그런 존재만은 아니기 때문에 반기를 든다. 우리는 우리가 다른 무엇임을 안다. 그 다른 무엇이 어떤 것인지는 모르더라도 말이다.

물론 독실한 종교인은 이런 이야기가 실망스럽다고 생각한다. 참된 신자라면 언제나 〈왜 그냥 믿지 않습니까?〉라고 물을 것이기 때문이다. 하지만 이 질문은 과학과 역사적 비판이 문자 그대로의 진리라는 종교의 주장에 돌이킬 수 없이 가한 타격을 무시하며, 사람들에게 믿음을 강요할 수 없다는 사실도 무시한다. 한편 우리 문화의 비종교인들은 종교인들에게 일정한 양보를 하면 결국 신앙에 근거한 논의가 다시 공적 공간으로 밀려들 거라고 생각해서 어떤 토론이나 논의도 대단히 경계한다.

이런 태도 ─ 좋든 나쁘든 간에 ─ 는 특히 같은 나무에서 유래한 삶과 관점을 가진 이들과 전쟁을 벌이도록 부추기기 때문에 잘못된 생각일 것이다. 유대 - 기독교 문명과 계몽주의 유럽의 소산인 사람들이 그런 많은 믿음과 권리의 원천이었던 신앙을 아직 견지하는 이들과 다툼을 벌이느라 많은 시간을 할애할 이유는 전혀 없다. 마찬가지로 유대-기독교 문명과 계몽주의 유럽 출신으로 다만 다른 이해를 옹호하는 사람들이 말 그대로 하느님을 믿지 않는 이들을 적이라고 판단하는 것은 거의 말이 되지 않는다. 특히 우리는 조만간 우리 문화만이 아니라 우리의 삶의 방식 자체에 대해 한층 뚜렷하게 반대하는 사람들에 직면할 것이기 때문이다. 지난 세기 중반에 베네데토 크로체Benedetto Croce가 말하고, 좀 더 최근에 마르첼로 페라Marcello Pera가 되풀이해 말한 것처럼, 우리가 기독교인임을 자처해야 하는 것은 아마 이런 이유 때문일 것이다.[5]

비종교인들이 그들의 문화가 유래한 원천에 반대하는 대신 협력할 수 없다면, 앞으로 나아갈 길을 찾기 어렵다. 어쨌든 사람들은 노력할 수 있겠지만 누구든 완전히 새로운 일단의 믿음을 고안하지는 못할 것이다. 누구도 완전히 새로운 신앙 체계를 만들어 내지 못하는 가운데 우리가 진리와 의미에 관해 이야기하는 능력을 잃는 것만이 아니다. 우리는 심지어 은유도 잃는다. 대중문화는 〈영원히〉 지속될 사랑과 〈천사들〉에 관한 이야기로 가득하다. 촛불을 비롯한 종교의 잡동사니들도 떠다닌다. 하지만 언어와 관념에는 의미가 담겨 있지 않다. 은유는 어떤 것도 가리키지 않는다. 문화가 힘을 잃고 있음을 보여 주는 징후다.

하지만 종교라는 지류만이 답이 없는 어려운 문제가 된 것은 아니다. 여러 해 동안 모종의 자유주의자임을 자처하는 사람들은 계몽주의가 남긴 교훈 ― 이성, 합리성, 과학의 승리 ― 이 워낙 매력적이어서 결국 모든 사람들에게 그 가치를 설득하는 데 성공할 것이라고 가정했다. 실제로 20세기 말과 21세기 초에 유럽의 많은 사람들에게 신조에 가장 가까운 것이 있다면 그것은 인간의 〈진보〉에 대한 믿음─인류는 상승하는 궤적을 그리는데, 이는 기술의 진보만이 아니라 그에 수반하는 사고의 진보에 의해서도 진전한다는 믿음─이었다. 우리는 조상들보다 더 〈계몽되어서〉 우리가 어떻게 여기까지 왔고, 우리를 둘러싼 세계가 무엇으로 구성되어 있는지 알기 때문에 또한 조상들이 저지른 오류를 피할 수 있다는 가정이 확고해졌다. 과학과 이성, 합리주의를 통해 획득된 지식의 매력은 너무도 자명해서 자유주의처럼 삶 역시 일방통행로가 될 것이라고 여겨졌다. 일단 사람들이 그 길을 걷기 시작해서 스스로 그 혜택을 누리기만 하면 누구든(특히 그 즐거움에 익숙해진 사람이라면) 그 길을 거슬러 돌아가는 쪽을 택할 것이라고 생각하기는 불가능했다.

하지만 대규모 이민자 유입의 시대에 이를 믿는 사람들은 그 길을 거슬러 올라가는 사람들이 정말로 있음을, 하나둘씩, 그리고 대규모 운동으로 눈앞에서 목도하기 시작했다. 사람들의 흐름 전체가 반대편 방향으로 가고 있었다. 진화라는 사실을 인정하기 위한 싸움이 유럽에서 끝났다고 생각하는 사람들은 진화를 믿지 않을 뿐만 아니라, 진화가 사실이 아님을 입증하기로 굳게 마음먹은 사람들의 운동 전체가 들어왔음을 깨달았다. 여성의 권리, 동성애자 권리, 종교 및 소수자의 권리 등 〈권리〉의 체계가 〈자명하다〉고 믿는 사람들은 갑자기 자명한 권리 같은 것은 없을 뿐만 아니라 그런 권리는 기본적으로 그릇되고 오도된 것이라고 믿는 사람들이 훨씬 더 많아진 모습을 목도했다. 그리하여 언젠가 또다시 역사의 흐름이라고 여겨지는 방향을 따르기보다 거슬러 올라가는 사람들이 많아질 수도 있으며, 그 결과 시간이 흐르면 모든 사람들이 움직이는 방향이 바뀌어 자유주의자들이 수적으로 열세가 될 것이라는 우려가 커졌다. 그다음에는 어떤 일이 벌어질까?

이런 우려가 나타나기는 했지만 많은 자유주의자들의 본능을 진정시키는 데는 아무 소용이 없었다. 실제로 서유럽 민주주의 사회의 자유주의자들은 여성 권리와 동성애자 권리 운동의 적합한 측면을 점차 논의하면서 오랜 세월을 보내는 한편 이런 운동이 애당초 시작될 권리가 전혀 없다고 생각하는 사람들을 수백만 명 들여와야 한다고 계속 주장했다. 그리고 2010년대에 성별 이분법을 벗어난 트랜스젠더 권리의 문제가 사회 진보를 생각하는 이들을 사로잡기 시작한 한편, 바로 그 사람들이 여성은 남성과 동일한 권리를 향유해서는 안 된다고 생각하는 사람들을 수백만 명 들여오기 위한 캠페인을 벌였다. 이런 모습은 계몽적 가치에 대한 믿음을 보여 주는 것이었을까? 자유주의의 가치가 너무도 강력하고 설득력이 있어서 시간이 흐르면 에리트레아와 아프가니스탄, 나이지리아와 파키스탄에서 온 사람들도 분명 생각이 바뀔 것이라는 믿음인가? 만약 그렇다면 최근 유럽에서 하루가 멀다 하고 들려오는 뉴스들은 최소한 그들의 가정에 대한 질책으로 여겨져야마땅하다.

이를 인정하면 그 모순의 당사자들은 엄청난 고통을 느낄 게 분명하다. 그리고 그 자체는 여러 가지 방향으로 귀결될 수 있다. 이런 현실을 부정하는 결과로 이어질 수도 있다(가령 모든 사회는 적어도 똑같이 〈가부장적〉이고 억압적이라는 주장을 통해). 또는 〈하늘이 무너져도 정의를 세워라fiat justitia ruat caelum〉라는 주장으로 이어질 수도 있다. 첫 번째 파편이 떨어지는 순간까지 꿋꿋하게 버티겠다는 고귀한 감정이다. 또한 물론 유럽 — 과거의 유럽과 현재의 유럽 — 을 너무도 혐오하는 나머지 말 그대로 누가 와서 유럽을 차지하든지 기꺼이 환영하는 사람들도 있다. 이런 위기가 정점에 달했을 때 베를린에서 어느 독일 지식인과 이야기를 나눴는데, 그는 독일인은 반유대주의자이고 편견에 사로잡혀 있다며 누가 독일인을 대체해도 마땅하다고 말했다. 그는 독일인을 대체하기 위해 들여오는 사람들 중 일부가 현대 독일인은 고사하고 20세기 중반 독일인조차 귀감으로 보이게 만들지도 모를 가능성은 아랑곳하지 않았다.

사람들이 서로 다르고, 다른 사람들은 다른 것을 믿으며, 우리 자신의 가치가 실은 보편적 가치가 아닐 수도 있다는 인정이 더욱 커질 가능성이 높다. 이렇게 인정하면 고통이 한층 더 커질 수 있다. 왜냐하면 만약 20세기의 사회 진보를 통해 생겨난 권리 옹호 운동과 17세기 이래 유럽 전역에 퍼진 이성과 합리주의로 나아가는 움직임이 모든 인류의 영역이 아니라면, 결국 이것들은 보편적 체계가 아니라 다른 것과 비슷한 하나의 체계일 뿐이기 때문이다. 따라서 이 같은 체계가 승리하지 못할 수 있을 뿐만 아니라 그전에 숱하게 등장한 다른 체계들처럼 휩쓸려 버릴 수도 있다.

많은 사람들에게 이런 꿈의 붕괴는, 신자들이 종교를 상실할 때 느끼는 것과 똑같이 고통스러운 것이라고 말해도 전혀 과장이 아니다. 미래에도 마찬가지다. 계몽주의 이후 자유주의의 꿈에는 언제나 약간의 종교적 아우라가 있었다. 스스로 종교와 똑같은 주장을 해서가 아니라 종교와 똑같은 수사를 일부 채택했기 때문이다. 가령 자유주의의 꿈에는 나름의 창조 신화가 있었다(특정한 사상학파들의 장황하고 혼란스러운 등장과 반대되는 의미로 지적 각성의 〈빅뱅〉). 그리고 무엇보다도 보편적으로 적용 가능한 고유한 신화가 있었다. 오늘날 서유럽의 많은 사람들은 이런 신화를 배우거나 유사종교적 매력 때문에 빠져든다. 이런 신화는 신봉하고 캠페인을 벌일 만한 대상을 제공할 뿐만 아니라 삶의 목표까지 제시한다. 이 신화는 삶에 목적과 조직성을 부여한다. 그리고 종교가 약속하는 내세를 제공하지는 못해도 적어도 동료들의 존경으로 암시되는 불멸성의 겉치레 — 거의 언제나 잘못된 것이기는 하나 — 를 줄 수 있다.

다시 말해 자유주의의 꿈은 종교만큼이나 사람들로부터 떼어 내기가 어려울 것이다. 종교와 마찬가지로 대체 불가능한 이점이 있기 때문이다. 평화와 고요의 시대에 이런 대중의 종교는 무해한 것으로 여겨질 수 있고, 그 종교를 믿지 않는 이들은 다른 사람들이 아무 방해도 받지 않고 그것을 믿게 놔둘 수 있다. 하지만 이런 믿음이 다른 모든 사람들의 삶에 해를 끼치는 순간이 되면 그 신자들에 대해 아량 없고 편협한 태도가 생겨날 것이다. 어쨌든 이미 종교가 남긴 거대한 구멍은 유럽 최후의 비종교적 꿈이 남긴 공백에 의해 한층 더 넓어질 것이다. 그리고 그 후에는 모든 꿈이 사라졌지만 여전히 답을 찾는 가운데 온갖 충동과 질문이 여전히 남게 되리라.

최후의 예술

오늘날 이에 대한 가장 분명한 답—19세기의 답—은 답의 부재로 가장 두드러진다. 이 종교들이 멈춘 곳에서 왜 예술이 종교라는 〈거추장스러운 짐〉 없이 자리를 차지하지 못할까? 그 답은 여전히 이 소명을 열망하는 이들의 작품 속에 있다. 예술은 파괴된 도시의 아우라를 거의 모두 갖고 있다. 바그너 같은 쓰러진 조상들은 어떤 비슷한 열망을 가진 생각도 위험하지 않을 때는 무익하게 보이게 만든 것 같다.

어쩌면 바로 이런 깨달음 때문에 그토록 많은 현대 예술가들은 어떤 영속적인 진리와 연결되려는 시도를 멈추고, 아름다움이나 진리를 추구하려는 시도를 일체 포기하는 대신 대중에게 이렇게 말하게 된 것 같다. 〈나도 여러분처럼 진창에 빠져 있습니다.〉 확실히 20세기 유럽에서 예술가의 목표와 대중의 기대가 바뀐 시점이 있었다. 이런 변화는 예술을 대하는 대중의 접근법이 존경(〈나도 저렇게 할 수 있다면〉)에서 경멸(〈어린애라도 저 정도는 하겠다〉)로 바뀐 과정에서 분명히 드러났다. 기술적 야심은 크게 위축되었고 종종 아예 사라져 버렸다. 그리고 예술의 도덕적 야심도 같은 궤적을 따라갔다. 마르셀 뒤샹과 가령 그의 작품 「샘Fountain」(소변기)을 원흉이라고 탓할 수도 있지만, 그의 뒤를 이어 유럽 예술 문화가 대부분 무너졌기 때문에 그는 단지 다른 예술가들이 따르고자 한 길을 이끌었을 뿐이라고 볼 수 있다. 오늘날 런던 테이트모던 미술관의 전시실을 거닐다 보면 기술적 솜씨가 부족한 것보다 더 인상적인 점은 야심이 부족하다는 것이다. 비교적 대담한 작품들은 우리에게 죽음이나 고난, 잔인함이나 고통에 관해 말해 준다고 주장할지 몰라도 그런 것들이 존재한다는 사실을 가리키는 것 말고 이런 주제에 관해 실제로 어떤 이야기를 들려주는 작품은 거의 없다. 확실히 작품들은 스스로 보여 주는 문제에 대해 답을 제시하지 않는다. 누구나 고난과 죽음이 존재한다는 것을 알며, 설령 모른다 할지라도 미술관에서 사람들을 설득하기는 어려울 것이다. 하지만 우리 시대의 예술은 우리 안에서 다른 어떤 것을 타오르게 하려는 시도 자체를 포기한 것 같다. 특히 우리를 종교의 정신이나 발견의 전율 — 아리스토텔레스가 〈아나그노리시스anagnorisis〉라고 이름 붙인 — 같은 것과 연결하려는 열망을 포기했다. 그리하여 이제 우리는 예술 작품을 보면서도 항상 우리를 기다리고 있던 진리를 이제 막 따라잡았다는 느낌을 받지 못한다.

이런 느낌은 심오한 진리에 다가갈 때만 생겨나는데, 다른 사람들도 대개 그렇듯이 예술가들도 진리에 다가가고 싶다는 열망을 의심하거나 아니면 그럴 능력을 잃었다. 현대 문화의 전당 어디든지 가보면 엄청난 사람들이 무언가를 찾아 돌아다니고는 있는데, 무엇을 찾는지는 분명하지 않다. 사람들에게 뭔가 위대한 것을 상기시킬 수 있는 예술의 요소들이 있다. 언젠가 실망해서 정처 없이 미술관 전시실을 거니는데 어디선가 「주님밖에 희망이 없네Spem in Alium」의 선율이 들려서 소리가 나는 쪽으로 걸어갔다. 갑자기 앞에 지나온 전시실들에 왜 그렇게 사람이 없었는지 또 다른 이유를 깨달았다. 모두들 재닛 카디프Janet Cardiff가 만든 똑같은 〈사운드 설치 작품〉 쪽으로 옮겨 가 있었다. 타원형으로 배치된 마흔 개의 스피커에서 합창단의 한 가수의 목소리가 릴레이로 흘러나오고 있었다. 한가운데에 사람들이 매혹된 채 서 있었다. 손을 맞잡은 커플들 중에 한 쌍이 끌어안은 채 앉아 있었다. E. L. 제임스E. L. James의 사도마조히즘 소설 속에 흐르는 토머스 탤리스Thomas Tallis의 음악 앞에 펼쳐진 광경이었다. 그런데 무슨 일이 벌어졌는지 누가 알겠는가?

사람들이 이 작품을 토머스 탤리스가 아니라 재닛 카디프의 업적으로 생각한다는 사실은 무척 감동적이면서도 인상적이었다. 하지만 바로 그곳에서 아나그노리시스가 일어나고 있었다. 구름처럼 모인 사람들 가운데 이 〈사운드 설치 작품〉의 원본이 되는 작품의 가사나 의미를 아는 사람이 얼마나 되는지 확실히 알 수 없었다. 하지만 뭔가 기묘하고 박자가 어긋난 상황이 펼쳐지고 있었다. 이와 비견할 만한 효과를 발휘하는 몇 안 되는 현대 작품 중 하나는 앤터니 곰리Antony Gormley의 「다른 장소Another Place」라는 조각이다. 리버풀 근처 크로스비 해변에서 바다를 바라보는, 주철로 만든 실물 크기의 인물상 1백 개로 이루어진 작품이다. 이 설치 작품 전체 ― 현지 주민들의 요청으로 그 자리에 영구적으로 두기로 했다 ― 는 동틀 녘이나 해 질 녘에, 조수가 밀려오거나 빠져나갈 때, 또는 인물상들이 지는 해를 정면으로 바라보는 순간에 감상하는 게 가장 좋다. 그 이유는 어느 정도 똑같다. 매일 경험되는 이 이미지는 우리 문화의 심장부로부터 어떤 이야기(이 경우에는 부활)의 기억에 다시 불을 지핀다. 답을 주지는 않겠지만 기억을 떠올리게는 만든다.

하지만 이런 작품은 에른스트볼프강 뵈켄푀르데가 제기한 문제의 예술적 측면에 불과할 뿐이다. 이런 작품이 공명을 주는 것은 작품의 어떤 내적 위대함 때문이 아니라 전에 일어난 어떤 일 때문이다. 실제로 이런 작품들이 성공을 거두는 경우는 기생적인 예술 작품이기 때문이다. 이런 작품은 스스로 고백하거나 지지할 수 없는 어떤 전통으로부터 의미를 얻는다. 하지만 이와 같은 작품은 적어도 종교가 다루고자 하는 커다란 문제들을 다루려고 한다. 이전의 종교에 비해 이 작품들이 내놓는 답은 흐릿하고 확신 또한 약할지 몰라도 적어도 동일한 욕구와 진리에 말을 걸려고 노력한다. 유럽 예술에서 더욱 독창적인 경향은 대륙의 밑바탕에 자리한 트라우마를 다루는 예술이다. 이 경향은 현재 진행 중인 전통의 일부이지만 또한 마침표를 찍는 것이기도 하다.

제1차 세계 대전 이전에도 유럽 — 특히 독일 — 의 미술과 음악은 원숙함에서 지나친 원숙을 거쳐 다른 무엇으로 바뀌는 어떤 경향이 있었다. 오스트리아 – 독일 낭만주의 전통의 최후의 경향 — 구스타프 말러, 리하르트 슈트라우스, 구스타프 클림트가 대표적인 사례다 — 은 거의 원숙함의 한계에 다다름으로써 스스로를 파괴한 것처럼 보였다. 이제 완전한 붕괴 말고는 다른 어떤 것도 뒤를 이을 수 없었다. 그들이 다루는 주제가 죽음에 집착했을 뿐만 아니라 전통을 고무줄처럼 조금 더 잡아 늘이거나 혁신하다가는 툭하고 끊어질 것만 같았다. 결국은 그렇게 끊어졌다. 모더니즘에 뒤이어 포스트모더니즘 속에서. 그 이래로 성공적인 유럽 예술, 특히 독일 예술은 그 폭발의 결과로 남은 잔해 속에서만 존재할 수 있다는 인식이 존재한다. 그 밖에 다른 곳에서는 어느 누구도 출구를 찾을 수 없었다.

전후 독일의 시각예술가들은 독일 문화의 파국이 남긴 잔석 더미 속에서 작업하면서 경력을 보내고 있다. 그들이 이 잔석 더미를 붙잡고 씨름하기 때문에 찬미를 받는 것이든, 아니면 찬미를 받기 위해 그런 씨름을 하는 것이든 간에, 독일에서 가장 극찬받는 예술가들이 여전히 그 재난에 몰두하고 있다는 점은 주목할 만하다. 가령 1932년생인 게르하르트 리히터Gerhard Richter는 1960년대에 사진을 캔버스에 옮겨 유채로 다시 그린 연작으로 경력을 시작했다. 가장 이해하기 쉽고 유명한 작품 가운데 「루디 삼촌Uncle Rudi」(1965)은 몸에 맞지 않는 나치 군복 차림으로 약간 몸을 기울인 모습의 사진을 뇌리에 남는 그림으로 바꾼 것이다. 다른 작품들도 그림 속 인물이 정확히 누구인지 몰라도 마찬가지로 불길한 주제를 분명히 보여 준다. 「하이데 씨Herr Heyde」(1965)는 한 늙수그레한 남자가 경찰관과 나란히 어느 건물로 걸어가는 모습을 보여 줄 뿐이다. 하지만 설령 우리가 그 이름들을 모른다 할지라도 나치 친위대 의사였던 베르너 하이데Werner Heyde가 15년 가까이 도망을 다니다가 잡힌 뒤 교도소에서 목을 매 죽었다는 이야기를 들을 필요는 없다. 「리히티 가족Familie Liechti」(1966) 같은 다른 작품들은 선이 한결 더 흐릿하다. 우리 눈에 보이는 가족은 가해자일까 피해자일까? 그들은 그 시절을 살았다. 그들에게 어떤 일이 벌어진 건 분명하다. 기술적 기교를 넘어서 리히터가 이룬 업적은, 종종 별로 중요하지 않은 이런 사진들을 통해 그 이미지가 만들어진 시대와 그것이 묘사하는 시대로부터 모든 것에 장막이 드리워져 있다는 사실을 포착한 데 있다. 어떤 문화가 웅대하든 세속적이든 간에 문화 전체에는 죄와 책임의 층이 마치 안개처럼 깔려 있다.[6]

안젤름 키퍼Anselm Kiefer의 작품도 마찬가지다. 리히터보다 13년 뒤에 제2차 세계 대전이 끝난 해에 태어난 키퍼의 작품은 자기 파괴의 잔해 속에서 위대한 문화를 기록하는 데 한층 더 분명하게 몰두한다. 그의 거대한 작품 「내부Interior」(1981)는 1960년대 리히터의 작품처럼 분명하게 참화를 기록한다. 처음 이 작품을 보는 사람도 어쩌면 거대한 방의 규모와 퇴락한 모습 — 산산조각 난 유리 천장의 모습, 거대한 홀의 벗겨진 벽면들 — 때문에 이곳이 나치가 쓰던 방이라고 추측할 것이다. 좀 더 꼼꼼히 살펴보면 사실 여기는 알베르트 슈페어Albert Speer가 히틀러를 위해 설계한 신제국 궁전New Reich Chancellery의 집무실 중 하나임이 드러난다. 하지만 이 그림이 끔찍한 일이 벌어진 방의 웅장한 풍경(그림 크기는 9제곱미터 정도다)이라는 느낌은 용의자 대열에 서 있는 범죄자같이 생긴 남자만큼이나 분명하다. 「세계의 시대들Ages of the World」(2014) 같은 최근 작품들 역시 사회적 폐허를 세심하게 묘사한 것이다. 이 작품은 버려진 캔버스를 층층이 쌓고 사이사이에 잡석과 구부러진 철근을 끼워 넣었다. 마치 파국 이후의 풍경 같은데, 모든 게 덧없고, 모든 것이 파괴될 수 있으며, 어떤 것도 구제할 수 없다는 사실을 숙고하는 것 말고는 할 수 있는 일이 별로 없다.[7]

이렇게 전통에 마침표가 찍힌 뒤에 무엇이 올지는 아무도 모른다. 예술가들이 파국을 넘어서 나아가는 게 그토록 어려워 보이는 이유 중 하나는 단지 유럽 대륙의 정치와 예술이 잘못되었다는 인식이 존재할 뿐만 아니라 정치가 잘못되는 것은 예술이 잘못된 때문이기도 하다는 두려움(거의 확실히 자기 확대되는 두려움)이 있기 때문이다. 물론 그런 두려움은 지금 우리가 다루고 있는 문제에 관한 공포뿐만 아니라 일정한 침묵으로 귀결될 것이다.

지금 고급문화의 세계는 유럽의 범죄 현장의 일부로 남아 있다. 화가를 비롯한 예술가들은 무슨 일이 벌어졌는지를 알아내기 위해 잔해를 들출 것이다. 하지만 그들은 그 전통을 계속 유지하면 어느 시점에서 잿불에 불을 질러 범죄가 재발하게 만들 위험이 있음을 안다. 유일한 답은 과거에 일어난 일은 예술에도 불구하고 벌어졌다고, 다시 말해 예술은 문화에 아무런 영향을 미치지 못했다고 결론짓는 것이다. 만약 사실이 그러하고 예술이 정말로 어떤 일도 일어나게 하지 못한다면, 결국 문화는 전혀 중요하지 않다. 바로 이것이 오늘날 예술 세계가 학계에서 이루어지는 것과 똑같은 안이한 해체 게임에 몰두하는 이유에 대한 적어도 한 가지 설명이다. 그리고 일부 뉴욕에서 수입한, 불성실하거나 순진하거나 반어적이거나 농담조의 무성의한 작품이 그토록 많은 미술관을 채우고 엄청난 액수에 팔리는 이유이기도 하다.

현대 예술의 이런 세 가지 풍조—기생파the parasitic, 유령이 출몰하는 마침표파the haunted full stop, 의도적 무성의파the studiedly insincere—는 문화의 일탈이 아니다. 이 풍조들은 문화를 너무도 탁월하게 대변한다. 기생파는 스스로 생존할 수 없고, 마침표파는 숨 막힐 듯한 무게로 다가와서 누구든지 결국 벗어던지고 싶어 하며, 무성의파는 의도하는 의미가 없다. 우리는 주변 곳곳에서 이런 예술이 낳은 결과를 목격할 수 있다. 이 책에서 언급된 어떤 소도시나 도시든 가보면 그렇게 벗어던지는 행동을 발견하게 될 것이다. 어떤 곳에서는 평상시처럼 몇몇 콘서트가 계속되지만, 사방에서 진행되는 변화에 적응하려는 시도가 어디서든 나타난다. 말뫼의 어느 날 밤을 보면 도시에서 열리는 유일한 콘서트가 팔라펠falafel*과 관련이 있는 퓨전 콘서트다. 이런 콘서트가 유일하게 적절한 것이다. 문화는 사회를 반영해야 하는

데 이제 사회가 바뀌고 있다. 콘서트홀에서 진행하는 프로그램들은 텅 빈 유대교 회당만큼이나 그런 사실을 반영한다. 둘 다 현재 무슨 일이 벌어지고 있는지를 보여 주는 증거이며, 우리가 살고 있는 시대를 적절하게 암시한다.

한 문화에서 다른 어떤 문화로 이행한다는 이 사실이야말로 최근 세대들이 내놓은 여러 추측을 반박할 수 있는 가장 확실한 논거다. 갖가지 확신이나 기대와는 정반대로, 유럽에 온 이주자들은 우리 문화 속으로 뛰어들거나 문화의 일부가 되지 않았다. 그들은 그들 고유의 문화를 가져왔다. 그것도 우리 자신의 문화가 자기주장을 펼칠 만한 확신이 부족한 바로 그 순간에 그들의 문화를 들이밀었다. 실제로 많은 유럽인들은 어느 정도 안도하면서 자신들의 무게를 그렇게 덜어내는 것을 환영하고, 시대에 발 맞춰 기꺼이 변화했으며, 스스로를 희석시키거나 완전히 변신했다.

우울한 투명

물론 다음에 무슨 일이 생길지는 아무도 모른다. 앞으로 아주 오랫동안 이 단계가 지속될 수도 있다. 또는 이 단계가 모조리 바뀌고 무언가가 이런 정신적, 문화적 공백 상태를 순식간에 메울 수도 있다. 미셸 우엘벡이 우리 시대를 상징하는 작가임이 밝혀질 이유 가운데 하나는 그가 한껏 만개한 허무주의의 기록자이자 본보기일 뿐만 아니라

* 병아리콩과 누에콩을 다진 마늘, 양파, 각종 향채와 함께 갈아 만든 반죽을 동그란 모양으로 튀긴 음식. 주로 중동 등 아랍 지역에서 먹는다.

그다음에 무엇이 올지를 효과적이고 설득력 있게 이야기했다는 점이다.

우엘벡과 그의 인물들에게 삶은 고독하고 무의미한 노동이며, 이따금 — 대개 매춘부한테서 — 오럴섹스를 받는 것 말고는 흥미나 재미, 위안 따위는 없다. 이 같은 실존의 기록자가 동료 작가들로부터 공쿠르상 같은 문학상으로 찬미를 받을 수 있다는 사실보다는 아마 그런 작가가 굉장한 인기를 누린다는 사실이 더 놀라울 것이다. 20년 가까이 그의 책은 프랑스어판만이 아니라 번역본으로도 베스트셀러였다. 책 — 특히 싸구려 문학이 아니라 고급 문학 — 이 이렇게 잘 팔리는 걸 보면 우리 시대에 관해 무언가 말을 해주는 게 분명하다. 우엘벡의 책은 오늘날 우리의 실존을 극단적으로 표현한 것일 수도 있지만, 독자들이 적어도 가장된 자기 인정의 불빛을 보지 못한다면 그의 허무주의가 불러일으키는 독특한 긴장감조차 그다지 매력적이지 않을 것이다.

그는 첫 번째 대표작인 『소립자』(1998)에서 훗날 상징적 장면이 된 정경을 펼쳐 보이면서 아무런 목적도 없는 한 사회와 한 무리의 삶을 묘사한다. 가족 관계는 아예 없거나 지긋지긋하다. 한때 하느님의 사업이 차지했던 공간은 이제 죽음과 죽음에 대한 공포가 채우고 있다. 어느 순간 주인공 미셸은 2주 동안 병으로 앓아눕고, 난방기를 빤히 보면서 거듭 자문한다. 〈서구 문명은 종교 없이 얼마나 오래 지속될까?〉질문을 던진다고 계시가 떨어지는 건 아니고, 계속 난방기를 바라볼 뿐이다.

〈우울한 투명〉이라고 묘사되는 삶의 한가운데서 기쁨의 순간 — 섹스를 빼고는—따위는 없다. 브뤼노가 더듬거리며 의미 없는 대화를 하던 상대인 크리스틴은 누드 비치에서 열리는 난교 파티에 가자고 제안하면서 침묵을 깬다. 그들이 속한 문화의 철학들은 그들을 휩쓸어 문화 자체의 무의미 아래로 그들을 가라앉힌다. 어느 순간 이런 구절이 나온다. 〈서구가 한창 자살하는 가운데 그들에게는 아무런 가망도 없음이 분명했다.〉 소비주의가 주는 즐거움은 분명 충분하지 않지만 그래도 기분 전환에는 좋다. 브뤼노는 돌아가신 어머니를 매장하든지 화장하든지 준비해야 하는데 게임보이로 테트리스를 한다. 〈게임 오버〉라는 자막과 함께 〈흥겨운 가락이 흐른다.〉

『소립자』의 주제와 인물은 『플랫폼』(영어판은 2002년에 처음 출간)에서도 반복되지만 이제 새로운 문제에 초점을 맞추게 된다. 이번에도 역시 생생한 섹스, 똑같은 행위의 반복과 변주만이 어둠 속에 비치는 유일한 빛이다. 주인공 미셸과 온갖 성행위를 다 하려는 여자인 발레리는 대단한 발견이자 희망의 원천이다. 그렇다 하더라도 성기는 삶의 불행과 덧없음, 무의미함에 대한 〈불충분한 보상〉일 뿐임이 분명해진다. 하지만 『플랫폼』에서는 우엘벡의 인물들에 또 다른 세계관이 강제된다.

공무원 직장을 포기한 미셸은 발레리와 함께 태국으로 휴가를 떠난다. 그는 타락할 대로 타락한 관광업과 이 업종에 종사하는 사람들을 혐오한다. 자기도 관광업에 참여하고 있으면서도. 어느 날 이슬람 테러리스트들—그들 역시 타락을 내놓고 파는 것을 혐오하지만 그것을 어떻게 할지에 관해서는 나름의 견해가 있다—이 해변을 습격해서 많은 관광객을 살해했을 때 발레리도 희생자가 된다. 2002년 발리 테러 공격 이후 이 상세한 시나리오는 선견지명이 있는 것으로 여겨졌다. 하지만 우엘벡이 이 책을 통해 얼마나 존경을 받을 수 있었든 간에 프랑스에서 책을 둘러싸고 곤경에 휘말리면서 도루묵이 되어 버렸다. 살해 사건 이후 이슬람에 대한 그의 경멸은 다음과 같이 숙고하는 문단을 낳는다.

단순히 복수의 열망에 사로잡혀 활력을 유지하는 것도 분명 가능하다. 많은 사람들이 그런 식으로 살고 있다. 이슬람은 내 인생을 파멸시켰고, 이슬람은 확실히 내가 증오할 법한 대상이다. 그날 이후로 나는 무슬림들에게 증오를 느끼려고 기를 썼다. 나는 그런 일에 아주 능숙했고, 다시 국제 뉴스를 살펴보기 시작했다. 팔레스타인 테러리스트나 팔레스타인 아이, 팔레스타인 임신부가 가자지구에서 사살됐다는 소식을 들을 때마다 무슬림이 하나 줄어들었다는 생각에 열광의 떨림이 느껴졌다. 그렇다, 이런 식으로 사는 것도 가능하다.

이 구절을 비롯해 인터뷰 발언이나 『소립자』(한 인물이 이슬람을 〈모든 종교 가운데 가장 멍청하고 거짓되고 알기 힘든 종교〉라고 묘사한다)에서 모욕적인 발언으로 간주된 구절 때문에 우엘벡은 프랑스에서 사법 처리의 대상이 되었다. 이런 이유 때문이든, 아니면 종종 언급되는 것처럼 절세 목적이든 간에 우엘벡은 프랑스를 떠나 아일랜드로 갔다.

어쩌면 그를 쫓아낸 것은 어리석음일 것이다. 어쨌든 실제로 우엘벡을 읽은 사람들 — 자신들에게 모욕을 가하기를 바란 발췌 구절만 읽은 게 아니라— 은 그의 소설에 등장하는 인물들이 이슬람이나 무슬림들의 가르침이나 주장에 대해서보다 현대 서구에 대해 훨씬 더 가혹하게 비판하고 경멸한다는 것을 알 수 있다. 우엘벡의 경멸은 사방으로 발사된다. 동성애자와 이성애자, 중국인을 비롯한 대다수 다른 나라 사람들이 표적이 된다. 무슬림들에게 무례를 범했다고 우엘벡을 법정으로 끌고 간 것은 감수성이라는 비장의 카드를 내미는 추잡한 게임을 벌인 증거일 뿐만 아니라 문학에 대한 무지까지 보여 준 것이었다. 저자가 쓴 표현을 이유로 법정으로 끌고 갔다는 점에서, 그리고 우엘벡의 조롱이나 경멸은 특정 이익 집단의 앓는 소리나 항변을 훌쩍 넘어선다는 점에서도 그렇다. 그의 분노와 경멸은 이 시대와 인류 전체를 겨냥한 것이다.

이런 유형의 문학에서 아무리 현란한 기교와 묘기를 구사한다 해도 결국은 어느 순간 원숙해져서 흐지부지되게 마련이다. 그러나 우엘벡이 흐지부지될 일이 없다는 증거는 『지도와 영토』(2010)에서 나타났다. 소설의 주인공인 미술가는 아주 우발적으로 작품 활동을 하면서도 엄청난 부자가 된다. 부를 쌓은 덕분에 그는 조만간 러시아와 중국의 신흥 슈퍼리치들의 문화적 테마파크로 전락할 운명인 프랑스에서 은둔 생활을 한다. 이 작품은 우엘벡이 전통적으로 다룬 주제들(엉망이 된 가정생활, 공허한 섹스, 고독)에 관한 탐구일 뿐만 아니라 현대 문화에 대한 심오한 풍자이기도 하다. 작품에는 유쾌하면서도 통렬한 자기 묘사가 들어 있다. 야만적이기 짝이 없는 비평가들 또한 언제나 자기 자신을 응시해야 한다는 진실을 상기시키는 장치다. 미술가는 아일랜드 외딴 동네의 볼품없는 은신처에 사는 술 취한 작가 미셸 우엘벡을 방문한다.

자기 묘사는 놀랄 정도로 정확하다. 방탕하고 알코올 중독자이며 우울하고 두서없는 『지도와 영토』 속 우엘벡의 초상은 거의 태연자약할 정도로 모욕적인 삶을 보여 준다. 그것은 또한 적들을 만들어 내는 삶이다. 지엽적이지만 흥미로운 점은 소설에서 어느 순간 〈우엘벡〉이 죽은 채로 발견된다는 것이다, 목이 잘리고, 가죽이 벗겨지고, 사지가 절단된 채로. 2016년에 이 장면에 담긴 함의는 그다지 유쾌한 것이 아니었다.

『복종』은 1월 7일에 출간될 예정이었다. 출간 전부터 소설은 일찌감치 비평계와 정치권에서 논쟁을 일으킨 바 있었다. 플롯상 프랑스 정치는 현재 2020년대다. 현 대통령 프랑수아 올랑드는 재앙에 가까운 두 번째 임기 종료를 앞두고 있다. 마린 르펜의 국민전선이 여론조사에서 앞서는 상황이다. 중도우파인 대중운동연합Union pour un Mouvement Populaire(UMP)은 붕괴하고, 사회당도 몰락한다. 하지만 최근에 또 다른 당이 결성되었다. 온건 이슬람주의자가 이끄는 이슬람 당은 프랑스에서 점점 많아지는 무슬림 인구의 지지를 받는다. 결선 투표가 다가옴에 따라 다른 주류 정당들은 국민전선의 집권을 저지하는 유일한 방법은 이슬람 당 밑으로 모이는 것뿐임을 분명히 알게 된다. 주류 정당들은 그렇게 움직이고 이슬람 당이 승리한다. 일부 유연한 구좌파를 엄호물로 삼아 이슬람주의자들은 프랑스를 개조하는 데 착수한다. 특히 교육을 장악하고 소르본을 비롯한 모든 공립 대학을 (페르시아만의 상당한 자금 지원에 힘입어) 이슬람 기관으로 개조하는 방식이다. 소설의 주인공 ― 19세기 소설가 J. K. 위스망스

J. K. Huysmans를 연구하는 방탕한 학자 — 마저 이슬람으로 개종하는 것을 고려한다.

이 책에 관해 공개적으로 언급한 몇 안 되는 자리에서 우엘벡은 자신은 이슬람을 찬미한다고 갖은 애를 쓰며 강조했다. 사상경찰의 협박과 위협이 효과를 발휘한다는 사실을 보여 주는 증거였다. 밝혀진 이유들이 아니라면 이런 변명은 외면당할 것으로 예상되었다. 많은 사람들이 의도적으로 도발하기 위해 짠 것이라고 주장한 줄거리 때문에 우엘벡을 공격하고 조롱한 이들 중에는 『샤를리 에브도』라는 주간 풍자 잡지도 있었다. 당시만 해도 프랑스 바깥에서는 거의 알려지지 않은 잡지였다. 잡지 — 좌파, 세속주의, 반성직자주의 우상 파괴의 오랜 전통을 지녔다 — 는 이슬람 예언자를 기꺼이 묘사하는 모습을 거듭 보인 끝에 최근 연간에 제한적이나마 국제적 관심을 받게 된 상태였다(2005년 덴마크 만평 사건 이후 거의 유일하게 이 잡지만 용감한 모습을 보였다). 파리 사무실을 겨냥한 습격과 법적 위협, 화염병 공격에도 불구하고 잡지는 굳게 버텼다. 앞서 교황과 마린 르펜을 비롯한 많은 이들을 비판하면서 보인 모습과 흡사했다.

새로운 소설이 출간될 것으로 예상되는 가운데 그해 1월 아침에 우엘벡을 무시무시한 땅귀신처럼 묘사한, 전형적으로 추한 캐리커처가 잡지 표지에 등장했을 때, 이슬람주의자 총잡이 두 명이 『샤를리 에브도』의 파리 사무실에 난입해서 잡지사 직원 열 명과 경찰관 두 명을 사살했다. 예멘에서 훈련받은 프랑스 무슬림 총잡이들은 사무실을 떠나면서 소리쳤다. 〈예언자 무함마드의 복수를 한 것이다〉, 〈알라후 아크바르〉. 아침 편집 회의를 공격한 이 사건의 희생자 가운데는 우엘벡의 친한 친구인 경제학자 베르나르 마리스Bernard Maris도 있었다.

우엘벡의 책을 낸 출판사는 그의 홍보 투어가 취소되었고 저자 자신이 몸을 숨겼다고 발표했다. 그 후 우엘벡 옆에는 항상 보디가드가 따라다녔다. 하지만 프랑스 국가가 그를 보호하고 있다 할지라도 그를 전폭적으로 지지하지는 않는다. 『샤를리 에브도』 공격 사건 직후에 한 연설에서 프랑스 사회당 총리 마뉘엘 발스는 이렇게 말했다. 〈프랑스는 미셸 우엘벡이 아닙니다. (……) 프랑스는 불관용과 혐오, 공포가 아닙니다.〉 분명 ─ 초기 교정쇄를 본 게 아니라면 ─ 총리는 그 소설을 읽지 않았다. 그런 건 총리의 관심사가 아니어야 하지만, 설령 공교롭게 『복종』이 도발적이라 할지라도 그것은 단순한 도발이 아니다. 그리고 이 작품은 장 라스파유의 『성도들의 진』을 비롯한 여느 디스토피아 소설들보다 대단히 미묘하고 정교한 책이다.

주인공 프랑수아의 삶은 다분히 우엘벡적인 의미에서 무미건조할 뿐만 아니라 애처로울 정도로 위안을 필요로 한다. 그를 둘러싼 프랑스 문화와 사회 전체가 쇠퇴하는 가운데 특별히 두 가지 뜻밖의 새로운 사실이 두드러진다. 첫 번째는 유대인 여자 친구가 프랑스를 떠나 이스라엘에 사는 가족에게 가기로 선택한 것이다. 마지막으로 화끈한 성적 만남을 가진 뒤 여자 친구는 이제 이슬람 당이 집권하면 대학이 문을 닫을지 모르는데 앞으로 뭘 할 거냐고 묻는다. 〈나는 그녀의 입술에 부드럽게 키스하고 말했다. 《나한테는 이스라엘이 없어.》 깊이 생각한 게 아니라 그냥 상황이 그랬다.〉 사실은 심사숙고한 끝에 나온 말이다.

하지만 소설에서 더 깊은 정신적 지점은 프랑수아가 자신의 학문적 관심에 관해 숙고하는 부분이다. 우엘벡은 (많은 문학 비평가들과 마찬가지로) 독자들이 위스망스의 작품을 잘 모를 거라고 가정하지만, 상당수가 19세기 말 프랑스 데카당스의 핵심 텍스트로 손꼽히는 『거꾸로A Rebours』를 읽었거나 적어도 들어보았을 것이다. 소설이 시작되는 시점에서 프랑수아는 위스망스에 대한 열정이 식어 가는 중이다. 많은 학자들이 첫사랑이 지나간 뒤 여러 해 동안 천편일률적인 강의를 하고 똑같은 질문을 받으면 그렇게 된다. 하지만 소설에서 위스망스를 거듭해서 등장시키기로 결정한 것은 의미심장하다. 소설이 전개되면서 프랑수아는 위스망스에 대한 열정을 일부분 다시 발견할 뿐만 아니라 위스망스의 생애에서 중심적인 도전들 중 하나에 직면하기도 하기 때문이다. 당대에 유럽 각지에서 나타난 많은 데카당트들과 마찬가지로, 위스망스 역시 결국 로마 가톨릭교회에 받아들여진다. 프랑수아가 흉내 내려는 것은 바로 그런 여정이다. 자신을 둘러싼 모든 것이 허물어지는 가운데 프랑스 각지에서 협박이 난무하고 간헐적이고 충격적으로 폭력 사태가 벌어진다.

프랑수아는 급기야 위스망스가 자신의 신앙을 발견한 곳이자 젊은 시절 문학적 우상을 찾으면서 시간을 보낸 수도원으로 다시 돌아간다. 그리고 성모상 앞에 앉아 어떤 목표를 향해 명상을 한다. 하지만 집중할 수가 없다. 근원으로 돌아와 그 순간에 마음을 열지 몰라도 필요한 신앙의 도약을 하지는 못한다. 그래서 파리로 돌아가는데, 이제 이슬람으로 바뀐 대학 당국이 프랑수아(너그럽게 명예퇴직을 시켜 준)에게 이슬람의 논리를 설명한다. 그리고 개종하면 소르본으로 복귀시켜 주겠다고 제안하면서 삶의 다른 부분도 바뀔 것이라는 논리를 편다. 부인이 여럿 생길 것이다(최대 네 명이고 그의 원래 취향보다도 젊은 부인을 얻을 것이다). 그리고 물론 생애 처음으로 의미 있는 공동체의 일원이 될 것이다. 그전까지 누렸던 몇 안 되는 쾌락을 대부분 계속 누릴 수 있고, 원래 가능하다고 생각했던 것보다 훨씬 많은 위안을 얻을 것이다. 가톨릭 신자가 되려면 신앙의 도약을 해야 하지만, 전반적인 복종의 기회가 무르익은 사회에서 이슬람의 현실적 논리는 반박 불가능한 것이 된다.

출간 전부터 『복종』을 둘러싸고 제기된 문제는 소설에 그려진 미래상이 만에 하나라도 실현될 가능성이 있는가 하는 것이었다. 소설이 출간된 이래 그 질문의 답은 일부 나온 것으로 보인다. 끝없이 이어지는 자잘한 일들이 딱딱 맞아떨어진다. 한 예로 결정적인 선거를 앞둔 시기에 프랑스 언론과 주류 정치인들은 의도적으로 진짜 관심 있는 이야기들을 덮어 감춘다. 프랑스 독자들은 책을 읽으면서 2014년 12월 무슬림 극단주의자들이 군중 속으로 차를 몰면서 〈알라후 아크바르〉라고 외친 사건들을 상기하게 될 테지만, 정치인들과 언론은 이 사건들을 별 의미 없는 교통사고로 치부한다. 그리고 유대인 공동체가 파괴될 것이라는 조짐이 역력한데도 적에게 아첨하면서 자기 일신을 위해 협상을 하는 유대인 공동체 지도자들(일부는 실제로 나치 시절에 그랬다)에 관한 묘사가 나온다. 소설에서 가장 사실적이고 기발한 비유는 정치적 스펙트럼을 망라하는 정치인 계급에 대한 묘사다. 그들은 무엇보다 〈반인종주의자〉로 간주되기를 열망한 나머지 결국 그 시대에 급성장하는 최악의 인종주의자들에게 아첨을 하고 결국 나라를 넘겨주게 된다.

하지만 정치적 분석보다 중요한 것은 사회에 대한 진단이다. 우엘벡이 대다수 현대 소설가들보다 월등한 점은, 그가 현재 서유럽이 직면하고 있는 문제들의 심도와 범위를 인식한 것이다. 그의 경력에서 가장 적절하게 맞아떨어진 우연의 일치는 그의 작품이 예술적으로 원숙한 경지에 다다른 순간 공교롭게도 한 사회가 원숙을 훌쩍 지나쳐 다음 단계로 넘어가는 모습을 포착하게 되었다는 것이다. 그런데 정확히 어디로 넘어가는 걸까? 한층 더 심각한 데카당스나 야만 상태, 또는 구원으로? 그리고 만약 구원이라면, 어떤 종류의 구원이고 누구의 구원인가?

17

끝

메르켈 총리가 큰 결단을 내리고 1년 내내 정치인, 언론계 스타, 유명
인사 등은 유럽이 전 세계 이주자들을 계속 받아들여야 한다고 주장
했다. 이 정책에 계속 의문을 제기한 일반 대중을 비롯한 사람들은 무
정한 이들이자 아마 인종주의자일 것이라고 거듭 무시를 당했다. 따
라서 유럽이 파국적 상황에 빠졌다고 합의가 모아지고 1년이 지나서
도 지중해 남부 해군 순시함이 난민 수천 명을 계속 끌어올렸다. 유럽
연합 자체 기관들에 따르면, 실제로 2016년 7월에 이탈리아에 들어
오는 이주자의 수가 2015년 7월에 들어온 수보다 12퍼센트 증가했
다. 이주자 수가 정점에 달했다고 여겨진 시점부터 1년 동안 거의 매
일같이 북아프리카 해안선에서 6천 명이 넘는 사람들이 구조되었다.
겨우 48시간 만에 1만 명이 넘는 수였다. 언론은 이런 사건들을 보도
할 때마다 이주자들이 지중해에서 〈구조〉되거나 〈구출〉되었다고 설
명했다. 대개 유럽 선박들이 북아프리카 해안에 한층 가까이 다가가
서 불과 몇 분 전에 사람들이 빽빽이 올라탄 배에서 그들을 끌어올렸

다. 하지만 그 설명에 담긴 함의는 그들이 애초에 그들을 배에 올라타게 만든 끔찍한 상황으로부터 〈구조〉되고 〈구출〉되고 있다는 것이었다. 그리고 전과 마찬가지로 자세한 내막은 전혀 중요하지 않았다.

이렇게 생략된 내막에는 이탈리아로 몰려드는 이주자들의 물결 속에는 내전에서 도망친 시리아인이 거의 없다는 사실이 있었다. 오히려 이주자들은 거의 전부 사하라 이남 아프리카의 젊은 남성들이었다. 어느 정도 관심을 끌 수 있었을 또 다른 점은, 그들이 어떤 상황으로부터 도망치고 있었건 간에 향후 몇 달, 몇 년 동안 역시 탈출을 바라게 될 사람들보다는 상황이 나았을 것이라는 사실이다. 일단 이주자들이 〈구조〉되고 나면, 이 정책을 지속하라고 요구하는 인정 많은 유럽인들은 방금 전에 온 사람들에 대한 관심이 시들해졌다. 2015년 사태가 정점에 달했을 때, 스코틀랜드 민족당(SNP) 지도자에서부터 숱하게 많은 배우와 록스타를 거쳐 캔터베리 대주교에 이르기까지 영국의 수많은 사람들이 난민 가족을 자기 집에서 지내게 하고 싶다고 말했다. 그런데 1년이 넘도록 이들 중 어느 누구도 난민 가족을 자기 집으로 들이지 않았다. 난민 사태 내내 관대하고 인자한 태도가 나타난 것처럼, 만약 당신이 지구의 가난하고 억압받는 사람들 편에 서 있다는 신호를 보내기만 하면 다른 이들이 당신을 위해 인자함을 발휘할 것이라고 기대하기는 쉬웠다. 그러나 당신이 인자한 태도를 보인 결과가 다른 이들에게도 남겨질 수 있었다.

실제 자세한 내막은 어느 때보다도 문제가 많고 뒤죽박죽이었다. 내가 최근에 레스보스섬을 찾은 때로부터 한 달 뒤인 2016년 9월, 모리아에 있던 이주자들이 수용소를 불태웠다. 거의 어느 것이든 불꽃을 일으킬 수 있었다. 여전히 구조 임무가 중요하다고 고집하는 다른 유럽 나라들이 자국 국경을 봉쇄하고 구조의 결과를 그리스에게만 떠넘기는 가운데 사람들은 반년 가까이 그곳에 남겨진 상태였다. 수용소 거주자들 사이에서는 조만간 터키로 송환될 것이라는 소문이 떠돌았다. 다른 이들은 수용소 방화로 이어진 폭동 사태가 식량 배급 줄에서 일어난 말다툼 때문에 벌어진 것이라고 말했다. 이 때문일 수도 있고, 아니면 부글부글 끓던 종족 간 폭력 사태 때문일 수도 있다. 수용소가 불타는 광경을 찍은 동영상을 보면 간간이 〈알라후 아크바르〉라고 외치는 소리가 들린다.

모리아에서 화재가 일어난 다음 주에 나는 다시 독일에 있었다. 전해에 메르켈 총리가 내린 결정이 낳은 결과가 사방에서 눈에 들어왔다. 텔레비전 방송 시간표에는 소수의 독일 관객을 상대로 공연하는 이주자들을 주인공으로 내세운 스탠드업 코미디 쇼가 있었다. 이주자들은 이런 흐름에 인간적 얼굴을 제공하고 있었고, 관객들은 이 경험을 사랑하기 위해 필사적으로 몸을 기울이고 있었다. 하지만 텔레비전 스타가 되는 것은 엄청난 수의 새로운 이주자들의 현실이 아니었다. 베를린 교외에 있는 한 복음주의 루터 교회 지하실에서 나는 난민 열네 명이 이층침대 몇 개에서 생활하는 모습을 보았다. 주로 이란 출신으로 모두 20대 남성인 그들은 2015년에 독일로 왔다. 한 명은 바다를 건너 그리스로 가기 위해 1천2백 달러를 지불했다고 털어놓았는데, 처음에 갔던 노르웨이는 마음에 들지 않았다고 한다. 이 남자들은 기독교로 개종했다고 말했는데, 그 때문에 교회에서 안식처를 제공하고 있었다. 그들의 주장이 진심일 수도 있었지만, 이때쯤이면 기독교 개종 사업이 이미 유명한 사기로 자리 잡고 있었다. 기독교로 개종했다고 주장하면 난민 신청이 거의 승인될 게 확실했다.

연방의회에서 나는 난민 사태 내내 메르켈 총리와 그의 입장을 지지하는 유력한 인사인 하원의원과 대화할 기회를 얻었다. 그는 이 문제를 오로지 관료적인 것으로 소개했다. 가령 주택 부족 현상은 〈재앙이 아니라 하나의 과제〉였다. 독일은 어떻게 더 나은 통합을 보장할 수 있습니까? 이주자들은 현재 독일의 국가적 가치에 대해 60시간의 강좌를 듣습니다. 하원의원은 아마 그 시간을 1백 시간으로 늘려야 할 것이라고 생각했다. 내가 오래전부터 독일에서 들은 것처럼, 가장 인상적인 것은 그 역시 문제가 있다면 그것은 바로 독일 주민들이라고 믿는다는 사실이었다. 그의 말에 따르면, 지역의 변화를 걱정하는 사람들은 〈블로그에 너무 많은 시간을 할애하고 실제 현실에는 관심을 쏟지 않는다.〉 내가 이주자들이 저지르는 범죄에 관해 묻자 그는 자기 생각을 털어놓았다. 〈난민들은 일반적인 독일 거주자보다 범죄 성향이 적습니다.〉

1년에 1백만 명을 받아들이는 것은 어떻게 생각하느냐고 묻자 하원의원은 〈큰 문제가 아니라〉고 답했다. 한 번은 이렇게 말했다. 이 방에 81명이 앉아 있는데 누가 문을 두드린다고 상상해 보라고. 그는 복도에 계속 있다간 살해당할 거라며 우리에게 도움을 청한다. 우리는 어떻게 할까? 물론 그 사람을 방 안으로 들인다. 나는 궁금했다. 그럼 여든두 번째 사람을 방으로 들인 뒤에 누군가 또 문을 두드리면 어떻게 할까요? 여든세 번째 사람도 들여야 합니까? 하원의원은 당연하다고 말한다. 문을 계속 열어 두지 않을 이유가 없는 것 같다. 그래서 우리는 방침을 바꾼다. 2015년 독일은 시리아인들에게 난민 신청 우선권을 주었다. 나는 레스보스섬에서 아프가니스탄 사람들이 내게 던진 질문을 떠올리며 물었다. 시리아 사람들에게 우선권을 주는 이유가 뭡니까? 아프가니스탄 사람들한테도 독일로 들어올 우선권을 주지 않을 이유가 뭔가요? 다른 나라 사람들은요? 에리트레아를 비롯해 아프리카의 많은 나라들도 상황이 좋지 않다는 것은 의심할 여지가 없었다. 내가 만난 극동 출신, 미얀마와 방글라데시 등지 출신 사람들은 어떤가요? 왜 독일은 이 사람들을 받아들이는 것을 우선시하지 않습니까?

하원의원은 자신이 분명히 이론적 논점이라고 생각하는 문제에 대해 분노하고 있었다. 그는 이 상황은 현실의 문제가 아니므로 대답할 필요가 없다고 주장했다. 게다가 이제 더는 이렇게 많은 사람들이 독일로 들어오고 있지 않다고 했다. 따라서 그런 시나리오를 검토할 필요가 없었다. 그 순간 — 솔직하게 이야기하자면 — 내가 취재 여행을 다니며 얻은 가장 큰 깨달음이 번갯불처럼 뇌리를 스쳤다. 2016년 말에 이렇게 말한 이 독일 하원의원은 신문을 읽는 사람이라면 누구나 알고 있는 사실, 즉 이주자들의 흐름이 느려진 것은 필요성이 줄어들었기 때문이 아님을 알았던 게 분명하다. 이주자들의 흐름이 느려진 것은 유럽 각국 정부—특히 독일 정부—가 현장의 진실을 바꿔야 했기 때문이다. 2016년에 이주자의 수가 전년도보다 줄어든 이유가 있다면(그래도 물론 2016년에도 수십만 명이 새로 들어왔다), 그것은 두 가지 때문이다. 첫째, 유럽연합(독일이 이끄는)이 그해에 터키 정부와 거래를 하면서 이주자들을 자국 내에 묶어 두고 이주자들을 태운 배가 그리스를 향해 출발하는 것을 막도록 터키에 돈을 주었다. 둘째, 어떤 경우에는 조용하게, 하지만 대개 시끌벅적하게 유럽 각국이 국경을 다시 강화했다. 그리고 독일은 이 모든 결정을 저지하지 않았다. 마케도니아가 국경 경비를 강화한 것은 특히 독일 정부에 도움이 되었다. 그리스에 들어온 이주자들이 병목 현상 때문에 정체되면서 전년도만큼 많은 수가 독일과 그 밖의 나라로 옮겨 갈 기회가 봉쇄되었다.

하원의원이 늘어놓는 궤변에 만족하지 못한 나는 그를 밀어붙였다. 그와 그의 동료 의원들 역시 이주자 유입이 감소한 것은 이 두 요인 때문임을 아는 게 분명하다. 만약 독일이 정말로 억압받고 포위 공격을 당하고 전쟁에 시달리는 세계의 모든 사람들에 대해 스스로 주장하는 만큼 관심을 기울인다면, 그들이 처한 곤경을 해결하는 분명한 해법이 있었다. 독일은 그리스가 계속 대가를 치르게 내버려 둘 필요가 없었다. 그냥 독일이 그리스 섬들에서 이주자들을 태울 항공편을 마련해서 곧바로 베를린으로 데려오면 되지 않겠는가? 만약 유럽에서 가장 강대한 나라가 스스로 공식적으로 주장하는 것처럼 정말로 국경을 다시 세우는 것을 혐오한다면, 그런 국경이 자신들의 인도적 행동주의에 방해가 되도록 내버려 두어서는 안 된다. 유럽의 여러 말단 지역에서 자국 심장부까지 직항하는 전세기를 대규모로 투입하는 게 분명한 답이었다.

하원의원은 이 점을 인정하려 하지 않았는데, 바로 그 순간 이런 사람들 — 메르켈과 이주자를 가장 적극적으로 옹호하는 녹색당 하원의원들 — 조차 한계점이 있음을 깨달았다. 그리고 우리는 바로 이 한

계점에 서 있었다. 그는 기꺼이 모든 이주자들이 처한 곤경을 호소하고 모든 국경을 비난하는 동시에 이주 흐름이 자연스럽게 느려진 척 가장하려 했다. 바로 이런 식으로 그의 양심과 생존 본능이 합의 지점을 찾아냈다. 이주자들의 유입을 저지하는 정책을 지지하는 한편 이제 이주자들이 오지 않는 것처럼 꾸며 냄으로써 인도주의를 표방하면서도 계속 권력을 잡을 수 있었다. 다른 많은 독일인들도 그가 자기 자신과 맺은 협정을 체결하기 시작했다.

이제 독일에서 들리는 뉴스는 이상하게도 멀리까지 퍼지지 않는다. 해외 보도, 심지어 다른 유럽 도시에 상주 통신원을 한 명 두는 데 비용이 든다는 사실이 한 가지 이유다. 또한 일반 대중이 뉴스보다는 가십과 연예에 더 흥미를 보인다는 것도 분명한 이유다. 물론 선거는 여전히 보도되며, 외면하기 힘든 대규모 행사도 다뤄진다. 하지만 모든 나라가 서로 연결된 것처럼 내세우기 좋아하는 유럽 대륙에서 현재 벌어지는 일들에 관한 진짜 뉴스가 나라에서 나라로 전해지는 경우는 드물다. 그러나 독일을 아는 사람이라면 누구나 알겠지만, 독일어 언론을 제외하고는 다른 나라까지 전해지지 않는 일상적인 뉴스를 보면 이 나라가 어느 때보다도 파국에 다가가고 있음이 드러난다.

2016년 9월 어느 하루의 뉴스만 보아도 충분하다. 1면 기사—스물네 시간 뉴스 채널과 마찬가지로—는 드레스덴의 한 이슬람 사원에서 벌어진 화염병 투척 사건을 다루었다. 이제 드물지 않은 사건으로 아무도 부상을 입지 않았고, 사원 건물도 큰 피해가 없었다. 불충분하기는 해도 언론은 이런 식의 기사를 다루는 법을 알고 있다. 이 기사는 여전히 어떤 종류의 편협성, 특히 반이주자 편협성이 존재함을 보여 준다. 신문 안쪽을 보면 훨씬 덜 다뤄지기는 하지만 한층 더 일상적인 일이 된 기사들이 나온다. 어느 작은 마을에서 독일 바이커 무리와 난민 무리가 폭력적으로 충돌하는 사건이 있었다. 경찰이 오기 전까지 이주자들이 바이커 무리를 압도했다. 심각한 폭력 사태는 가까스로 피했다.

또 다른 기사는 전날 난민 센터에서 일어난 사건들을 전해 준다. 9월 27일 저녁 한 이주자가 베를린의 센터에서 경찰에 전화를 걸어 어떤 이주자가 관목 숲에서 아이를 욕보이는 모습을 보았다고 말했다. 경찰관 세 명이 출동해서 스물일곱 살의 파키스탄 남자가 관목 숲에서 여섯 살짜리 파키스탄 여자아이를 강간하는 현장을 발견했다. 경찰관 한 명이 아이를 데려가는 동안 나머지 둘이 파키스탄 남자에게 수갑을 채워 경찰차 뒷자리에 태우려고 했다. 그 순간 폭행당한 아이의 아버지 — 스물아홉 살의 이라크인 — 가 난민 센터에서 손에 칼을 쥔 채 경찰차로 달려왔다. 경찰은 〈멈춰요〉라고 외쳤지만 복수심에 불타는 아버지는 멈추려고 하지 않았다. 경찰들이 그를 총으로 쏴죽였다. 이 사건을 다룬 기사들은 경찰의 대응이 적절했는지에 관한 관료적인 질문을 제기했다.[1] 하지만 이제 돌이킬 수 없이 엉망이 된 삶에 관한 이런 이야기들이 새로운 독일의 일상적인 풍경이라는 사실은 아무도 주목하지 않았다.

이 새로운 독일은 과거와 크게 다른 대륙에 있는 게 아니었다. 같은 달인 9월, 유대 명절인 로시 하샤나*와 욤키푸르**를 앞두고 유럽 유대인들의 견해에 관한 새로운 여론 조사가 공개되었다. 유대 단체 두 곳이 실시한 이 여론 조사는 영국에서 우크라이나에 이르는 유대인 공동체의 견해를 알아보기 위한 것이었다. 조사 결과를 보면 유럽 각지에서 유대교 회당의 보안 조치가 강화되었음에도 유럽 유대인의 70퍼센트가 회당 출석을 피하고 싶다고 대답했다. 2016년 반유대주의와 테러 공격에 대한 공포 때문에 유럽 대륙 유대인의 다수가 신앙을 실천하는 일을 멀리하고 있었다.[2]

그해 9월 독일 국민들은 마침내 총리가 자기들 나라에 한 일에 대해 느끼는 감정을 발산할 기회를 얻었다. 9월 초 지방 선거에서 메르켈의 기독민주연합은 총리의 지역구에서 3위로 패배했다. 또 하나의 미심장한 결과는 메클렌부르크포어포메른주에서 독일대안당(불과 3년 전에 창당된 당)이 2위를 기록한 것이다. 같은 달에 조금 늦게 베를린에서 실시된 지방 선거에서는 기독민주연합이 수도에서 가장 낮은 득표를 기록해서 전체 투표의 17.5퍼센트만을 얻었다. 한편 독일대안당은 14.1퍼센트를 득표해 수도 의회에 처음 입성했다. 독일 대다수 지역에서 대표를 배출한 셈이다. 독일대안당이 특히 옛 동독 지역에서 큰 성적을 올린 것은 이 지역의 열악한 사회경제적 상황이 반영된 결과였다. 다른 요인들—나머지 동부 독일 지역과 마찬가지로 주민들이 서쪽 동포들이 잊어버린 기억을 간직하고 있을 가능성 등—은 언론 전반에서 거의 논의조차 되지 않았다. 총리가 한 일은 어쨌든 옳은 행동으로 간주되었고 다르게 생각하는 사람—대중을 비롯해서—은 아직 이런 사실을 보지 못하는 어떤 이상한 이유가 있음이 분명했다.

*   유대력 새해 첫날.
**   유대교 속죄일. 유대력 정월 10일.

하지만 두 번째 선거 결과 때문에 옛 동독이 배출한 가장 유명한 딸은 보기 드문 양보를 할 수밖에 없었다. 2016년 9월 첫 번째 선거 결과가 나온 뒤, 메르켈은 이주에 관한 정책을 굳게 지키려고 했다. 같은 달에 두 번째 선거 결과가 나오자 메르켈은 세계 각지의 언론이 〈내 탓이오〉라고 치켜세운 발언을 했다. 실제로 기독민주연합이 베를린에서 참패한 뒤 총리가 언급한 말은 어떻게 보면 그에 미치지 못하는 수준이었다. 〈만약 내가 할 수만 있다면, 시간을 오래전으로 되돌려서 나 자신과 정부 전체, 그리고 2015년 늦여름에 우리의 허를 찌른 상황에 책임이 있는 지위에 있는 사람들을 더 잘 준비시킬 겁니다.〉 하지만 물론 그 상황은 독일 지도자들의 허를 찌른 게 아니었다. 독일은 다른 모든 유럽 나라들과 마찬가지로 이미 여러 해 전부터 대규모 이민자 유입을 겪고 있었다. 수십 년 동안 국경 통제가 허물어지고, 난민 신청 탈락자를 본국으로 송환하는 것을 게을리했으며, 새로 오는 이주자들을 사회로 통합하지 못했다. 워낙 상황이 심각했기 때문에 2010년에는 메르켈 자신이 인정할 정도였다. 〈실패한 다문화주의〉 연설이 단순한 말 이상이었다면, 독일은 5년 뒤에 밀어닥칠 통합의 쓰나미를 대비하기에 유리하도록 일찍 서둘렀어야 했다. 하지만 독일은 서두르지 않았다. 그 연설은 정말로 말뿐이었다.

2016년 9월 메르켈은 전년도에 내건 〈우리는 이 일을 할 수 있습니다〉라는 말이 〈단순한 슬로건, 아니 거의 공허한 약속〉이었음을 인정했다. 눈앞에 닥친 엄청난 과제를 너무 과소평가했다는 것이었다. 하지만 기독민주연합의 한 동료 하원의원이 언론에 토로한 것처럼, 총리의 인정은 말장난에 불과했다. 하원의원은 〈정부가 지금까지는 올

바른 정책을 추구하고 있다〉라고 주장했다. 〈하지만 우리의 소통을 더욱 개선해야 한다. 총리는 이제 이 점을 받아들인 것으로 보인다.〉 〈내 탓이오〉라는 주장은 기독민주연합에 단지 선거용으로 유용했다. 하지만 나라 전체에 강요했던 정책에 대해 진지하게 양심의 가책을 보이는 모습은 전혀 없었다. 메르켈이 바로 그 기자회견에서 말했지만 별로 회자되지 않은 내용은 전년도에 1백만 명이 넘는 이주자를 받아들인 것은 〈전적으로 옳은〉 행동이었다는 것이다. 그렇지만 〈우리는 역사로부터 교훈을 배웠습니다. 나를 포함해서 어느 누구도 이런 상황이 되풀이되는 것을 원치 않습니다.〉[3]

하지만 독일이 역사로부터 배운 유일한 교훈은 통상적인 것처럼 보였는데, 지난 80년 동안 배운 것이었다. 독일대안당이 베를린 선거에서 성공을 거두기 직전에 좌파인 사민당 출신의 베를린 시장 미하엘 뮐러Michael Müller는 독일대안당이 두 자릿수 성과를 얻으면 〈전 세계가 독일에서 우파와 나치가 복귀한 신호로 받아들일 것〉이라고 경고했다. 유럽 다른 나라들에서도 무슨 일이 터질 때마다 사방에서 똑같은 경고가 흘러나왔다.

독일이 문호를 개방한 지 1년 뒤, 독일에서 지방 선거가 치러진 그달에 영국 정부는 칼레의 대규모 이주자 수용소 근처에 추가로 보안 장벽을 건설할 계획이라고 발표했다. 1킬로미터에 이르는 장벽은 영국 입국 지점을 추가로 보호하고 특히 이주자들이 도로에서 영국으로 향하는 트럭에 올라타는 것을 막기 위해 고안된 것이었다. 이런 제안에 대해 프랑스 상원의원이자 상원 외교위원회 부의장인 나탈리 굴레Nathalie Goulet는 이렇게 대꾸했다. 〈제안을 듣자니 제2차 세계 대전 당시 바르샤바 주변에 건설했던 장벽이 떠오른다.〉그리고 국경이 나치와 연결되어 있다는 상투적인 비난의 이면에서 국경이 또한 역사의 일부라는 익숙한 가정이 나왔다. 〈장벽 건설은 역사 내내 일어난 일〉이라고 굴레는 설명했다. 〈하지만 결국 사람들은 장벽을 우회하는 길을 찾을 것이고, 장벽은 실패할 수밖에 없다. 중국의 만리장성을 보라. 요즘 관광객들은 장벽 위를 걸으면서 사진을 찍는다.〉[4]

영국에서 칼레 문제는 여전히 가장 중요한 토론 쟁점이었다. 대개 상주 인구가 6천5백 명 이하라는 점을 감안할 때, 칼레 문제의 해법은 언제나 쉬워 보였다. 필요한 것이라곤 ── 모든 정파의 활동가들과 정치인들이 주장한 것처럼 ── 일회적인 관대한 제안뿐이었고, 그러면 수용소가 깨끗이 정리될 수 있었다. 칼레는 유럽의 커다란 결함을 보여 주는 축소판이었다. 이 사람들을 영국으로 받아들일 수만 있다면 문제가 해결될 것이었거나 또는 그렇게 보였다. 수용소를 비우면 다시 채워질 것이라는 사실은 아무도 생각하지 않았다. 6천5백 명은 이탈리아에만 하루 평균 유입되는 이주자 수였기 때문이다. 영국과 프랑스 정부가 현재 칼레의 상황을 야기한 책임이 어느 쪽에 있는지를 놓고 논쟁하는 동안, 밤낮으로 이주자들이 고속도로와 영국으로 향하는 승용차와 트럭에 돌을 던졌다. 돌멩이 때문에 차가 멈추면 몰래 올라타서 영불해협을 건너갈 수 있으리라는 희망을 품고서.

칼레를 둘러싼 모든 논의는 수십 년 동안 진행된 다른 모든 논의와 마찬가지로 근시안적이고 단기적이었다. 영국 정부가 수용소에서 일정한 수의 부모 없는 아동을 받아들이기로 하자 신문들마다 새로 도착한 어린 이주자들의 사진이 등장했다. 〈아동〉 가운데 일부는 분명히 성인처럼 보였다. 몇몇은 30대였다. 보수당 하원의원 데이비드 데이비스David Davies는 이 점을 지적하면서 치아 테스트를 활용하자고 제안했다. 언론과 정치인 집단 전체가 그를 공격했다. 텔레비전 진행자들은 이 기회를 빌려 데이비스를 프로그램에 초대한 뒤 목소리로 눌러 버렸다. 다른 하원의원들은 그와 나란히 의회에 앉는 것도 싫다고 말했다. 갑자기 토론은 사람들의 치아를 검사하는 게 〈인종주의적〉 조치인지 여부로 옮겨 갔다. 대륙 전체에서 통용되는 연령 검사가 갑자기 상상조차 할 수 없는 야만적인 행동으로 비난을 받았다. 모든 이주자를 들여오는 게 좋은 일이라는 합의는 여전했다. 나쁜 일은 그 숫자에 조금이라도 제한을 두는 것이었다. 이미 존재하는 법률을 집행하는 것도 나쁜 일이었다. 과거에 흔히 그랬던 것처럼, 정부는 계속 제한을 두는 방침에 대한 찬반을 가늠해 본 뒤 제한을 없애기로 결정했다.

물론 영국에 들어가기 위해 칼레까지 온 이주자들은 이미 유럽연합의 모든 법률을 위반한 상태였다. 애초에 처음 입국한 나라에서 난민 신청을 하지 않았고, 더블린 조약을 준수하지 않은 채 프랑스 북부까지 계속 올라온 것이다. 영국 정부는 그들을 받아들이면서 좋은 일을 한다고 생각했다. 사실 정부는 대부분의 법규를 어기면서 다른 모든 자격 있는 이주자들을 새치기한 사람들에게 상을 준 셈이었다. 이런 조치는 오래전부터 확립된 선례였지만, 그렇다 하더라도 현명하지 못한 선례였다. 모든 나라에서 천편일률적인 이야기가 통용된다. 이주자들의 편에 서는 것은 천사의 편에 서는 것이다. 유럽 사람들을 대변하면 악마의 편에 서는 것이다. 그리고 언제나 유럽은 그저 한 명 더 방 안으로 들여오고 있을 뿐이라는 기묘한 가정이 존재한다. 그 사람을 복도에 내버려 두면 정말 살해당할지는 중요하지 않은 문제가 되었다. 만약 그 사람이 방 안에 있는 사람들보다 더 춥거나 가난하거나 그저 형편이 좋지 않다면 그는 들어올 권리가 있다. 유럽은 어느 누구도 돌려보낼 수 없었다. 그리하여 원하는 사람은 아무나 열린 문으로 성큼성큼 들어올 수 있었다.

18

어쩌면 그랬을지도 모른다

제대로 된 정치적, 도덕적 지도부가 있었다면 이 모든 일이 다르게 풀렸을 수 있다. 메르켈 총리와 그 전임자들이 애초부터 다른 접근법을 취했다면 지지나 지원을 받지 못하는 일은 없었을 것이다.

그들은 유럽이 던지지 않은 질문을 스스로 물음으로써 출발할 수 있었다. 유럽은 세계의 누구든 옮겨 와서 자기 고향이라고 부를 수 있는 장소가 되어야 하는가? 세계 각지에서 전쟁을 피해 도망치는 모든 사람의 안식처가 되어야 하는가? 전 세계 누구든지 원하기만 하면 우리 대륙에 들어오게 해서 더 나은 생활수준을 제공하는 게 유럽인들이 해야 할 일인가? 유럽 각국 대중에게 물었다면 두 번째와 세 번째 질문에 〈아니요〉라고 답했을 것이다. 첫 번째 질문에 대해서는 선뜻 답하지 못할 것이다. 이런 이유로 대규모 이주를 지지하는 사람들 — 세 질문에 모두 〈예〉라고 답하는 사람들 — 은 전쟁을 피해 도망치는 사람들과 다른 어떤 것을 피해 도망치는 사람들 사이의 경계를 무시하는 게 편하다고 생각했다. 어쨌든 — 이런 사람들이 묻는 것처럼 —

폭탄 때문에 위험한 것하고 굶주림 때문에 위험한 것하고 크게 다를 게 무어란 말인가?

메르켈 총리와 그의 동시대인들, 그의 전임자들이 대륙을 변모시키기에 앞서 이 모든 것을 생각했다면, 유럽의 위대한 철학자들 가운데서도 아리스토텔레스에게 의견을 구할 수 있었을 것이다. 아리스토텔레스에게 물었다면 이 질문들이 왜 그토록 복잡해 보이는지를 배웠을 것이다. 그들은 선과 악이 아니라 상충하는 덕목 사이에서, 이 경우에는 〈정의〉와 〈자비〉 사이에서 균형을 가늠하려고 했다. 아리스토텔레스는 이런 덕목들이 모순되는 것처럼 보이는 것은 둘 중 하나를 오해하기 때문이라고 말한다. 아무 통제 없는 이주의 시대 내내 〈자비〉가 일관되게 승리를 거둔 것처럼 보인다. 이런 덕목에 경의를 표하는 것은 너무도 쉽다. 가장 빠르게 단기적인 이득을 얻을 수 있고, 그런 이득을 얻는 사회에서 존경받는 덕목이다. 물론 주택과 일자리가 거의 없는 데다가 별로 환영받지도 못할 대륙으로 지구를 가로질러 오라고 사람들을 부추기는 것이 과연 〈자비로운〉 것인지를 묻는 사람은 거의 없었다. 하지만 정의 — 대륙의 모든 법률이 짓밟힐 때에도 뒤로 물러나 있었다 — 또한 권리를 내세웠다. 그리고 만약 더블린 조약 Ⅲ이나 난민 신청 기각자들의 본국 송환에 관한 법률을 집행하기 위해 정의에 호소하는 것이 서류 작업과 아주 흡사해 보였다면, 더 큰 정의에 호소했어야 한다. 이 논의에서 정의가 등장했을 때 그것은 이주자들에 의해, 또는 이주자들을 위해 요구되는 정의로서만 등장했다. 이 모든 논의에서 부재한 당사자, 정의의 대상으로 전혀 고려된 적이 없는 이들은 유럽 각국의 국민이었다. 그들은 정부가 일방적으로 부과하는 정책을 받아들여야 하는 대상이었고, 호소의 목소리를 냈을 때에도 아무도 그 호소에 귀를 기울이지 않았다.

거대한 이주의 물결 속에서 메르켈과 그 전임자들이 내린 결정은 정의에 대한 국민의 권리를 무시했다. 정치적 스펙트럼에서 자유주의 쪽에 선 이들은 자신들의 관습과 법률이 짓밟힌 방식에 대해, 그리고 끝이 없어 보이는 변화 때문에 자유주의 사회를 지탱하는 세심하게 균형 잡힌 생태계가 위험에 빠지는 모습에 대해 불의를 느낄 이유가 있었다. 유럽의 자유주의자들이 기나긴 정치적, 문화적 진화의 소산인 사회가 그렇게 급속한 이민자 유입을 버틸 수 있는지 궁금해 하는 것은 당연한 일이었다. 대규모 이민자 유입 시대의 최전선에서 줄곧 성적, 종교적, 인종적 소수에 대한 위협이 수반되었다는 점이야말로〈자유주의적〉이민 정책을 추구하다가 자유주의 사회를 상실할 수도 있다는 위험성에 못지않게 자유주의자들이 한층 더 경각심을 가졌어야 한다.

다른 종류의 정의에 대한 호소는 더 보수적인 사고를 가진 사람들에게서 나왔어도 좋았을 것이다. 가령 이런 사람들은 18세기에 문화와 사회는 우연히 지금 여기에 살고 있는 사람들의 편의에 따라 운영되는 것이 아니라 죽은 이들과 산 이들, 아직 태어나지 않은 이들이 맺은 심층적인 계약이라는 보수주의의 핵심적인 통찰을 낳은 에드먼드 버크의 시각을 받아들일 수 있었을 것이다. 이런 사회관에서 보면, 값싼 노동력의 무한한 공급이나 갖가지 진귀한 음식, 한 세대의 양심의 위안 등을 통해 이득을 얻으려는 마음이 아무리 크다고 해도, 사회 구조를 완전히 변화시킬 권리는 없을 것이다. 우리가 물려받은 것 중에 좋은 것은 계속 물려주어야 하기 때문이다. 우리 조상들의 시각이나 생활방식 중에 일부는 개선할 수 있다고 판단할지라도 혼란스럽게 산산조각이 나서 알아볼 수 없는 사회를 다음 세대에 물려주어서는 안 된다.

2015년에 이르러 유럽은 이미 이민이라는 어려운 문제에서 가장 쉬운 부분조차 실패한 상태였다. 전후(戰後) 시기부터 금세기에서 지각변동처럼 나타난 대이동에 이르기까지 이민 때문에 유럽 사회의 성격이 근본적으로 바뀌기 시작했다. 개인적 안락과 게으른 사고, 정치적 어리석음이 낳은 변화였다. 따라서 더 어려운 시험에 실패한 것도 놀랄 일은 아니다. 메르켈 총리는 레바논의 10대 소녀와 생방송 토론을 하면서 이민이라는 어려운 문제에 대항하다가 결국 무수히 많은 숫자에 무너져 버렸다(군중은 혐오하지만 개인에게는 연민을 보내는 대다수 사람들과는 정반대로 무너졌다). 총리는 덕목을 제대로 이해하지 못했다. 유럽 사람들을 불공정하게 대하지 않으면서도 곤궁에 처한 사람들에게 자비를 베풀 수 있었다. 어떻게 하면 이런 결과를 얻을 수 있었을까?

첫 번째 방법은 문제의 근본, 즉 유럽이 애초에 누구를 위한 곳인가라는 질문으로 돌아가는 것이었다. 유럽이 세계를 위한 곳이라고 믿는 이들은 이 과정이 일방적으로 이루어져야 하는 이유를 설명한 적이 없다. 왜 유럽인들이 세계 어디든지 가는 것은 식민주의가 되는 반면, 세계 나머지가 유럽으로 오는 것은 정의롭고 공정한 것인가? 또한 그들의 이주의 목적이, 떠나 온 나라는 여전히 고국으로 남겨 놓은 채 단지 유럽을 전 세계가 소유하는 장소로 바꾸는 것뿐이라는 말도 하지 않았다. 그들은 또한 대중에게 거짓말을 하고 진짜 목표를 감추는 식으로만 그런 성공을 거둘 수 있었다. 만약 서유럽 지도자들이 1950년대나 그 후 어느 때든 간에 이주의 목적이 유럽의 개념을 근본적으로 바꾸고 유럽을 전 세계인의 고국으로 만드는 것이라고 국민 대중에게 말했다면, 유럽 각국 사람들은 필시 봉기해서 정부를 전복했을 것이다.

최근의 이주 사태가 일어나기 전에도 가장 커다란 과제는 언제나 누가 진짜 난민인지를 판단하는 문제였다. 대중과 마찬가지로 정치 지도자들 역시 난민들에 관해 시종일관 상충하는 견해를 갖고 있었다. 개별적으로만이 아니라 정치인 집단 내부에서도 견해가 갈렸다. 지중해에 한 아이가 빠져 죽게 내버려 둘 사람은 아무도 없었지만, 전 세계가 우리 해안에 온다면 그들 전부를 받아들이는 것도 불가능한 일이었다. 2016년 여름 나는 그리스에서 방글라데시인 두 명과 이야기를 나누게 되었다. 그중 한 명은 스물여섯 살이었는데 인도, 파키스탄, 이란, 터키를 거쳐 레스보스섬으로 왔다. 그는 여정을 거치면서 〈사방에서 주검을 보았다〉고 말했다. 그는 이 여정에 1만 5천 달러를 썼다면서 정치적 반대파에 가담했기 때문에 방글라데시를 떠나야 했다고 말했다. 〈아버지는 은행 관리자입니다. 돈 문제 때문이 아니에요. 삶 때문이지요. 누구나 자기 모국을 사랑하지만, 열에 아홉은 살고 싶어서 여기 온 겁니다.〉 하지만 증거를 살펴보면 다른 이유가 드러난다. 경제적 유인이 주요한 유혹인 것이다. 하지만 설령 유럽에 오는 모든 사람이 죽음의 위협을 피해 오는 것이라 할지라도 유럽이 그 많은 사람들을 받아들일 현실적인 방법은 전무하다. 따라서 유럽 이주의 오류를 개선하는 것 자체가 오류에 근거해 있다.

　어떤 이들은 이주 사태가 기본적으로 유럽의 문제가 아니라 세계의 문제라고 말한다. 이에 관해 이야기하는 것조차도 유럽 중심적 시각을 드러낸다는 식이다. 하지만 유럽인들이 유럽 중심적 시각이나 감정을 가져서는 안 될 이유는 없다. 유럽은 유럽 사람들의 고향이며, 우리는 미국인이나 인도인, 파키스탄인, 일본인, 그 밖에 다른 모든 나라 사람들만큼 고국 중심적일 자격이 있다. 따라서 우리가 세계의 문제를 〈해결하는〉 데 힘을 쏟아야 한다는 이어지는 주장은 주의를 분산시키려는 시도일 뿐이다. 시리아의 상황을 〈해결하는〉 것은 유럽의 권한 밖의 일이다. 하물며 사하라 이남 아프리카의 생활수준을 향상시키고, 세계의 모든 분쟁을 해결하며, 온 세상의 자유권을 보호하고, 세계 각지의 정치적 부패를 바로잡는 것은 우리 능력 밖의 일이다. 유럽이 이런 문제들을 해결할 수 있다고 말하는 이들은 우선 에리트레아 문제를 해결할 구체적인 방안부터 설명해야 한다. 아니, 먼저 지도에서 에리트레아를 정확히 짚기라도 해야 한다.

　권력자 가운데 정말로 이주자들을 돕고 싶은 마음이 있다면 많은 정책을 실행할 수 있다. 가령 이주자들을 처음에 도망친 나라 인근에 묶어 두는 정책을 우선시할 수 있다. 폴 콜리어Paul Collier와 데이비드 굿하트David Goodhart 등 이주 전문가들은 — 현재의 사태가 벌어지기 전에도 — 이런 정책이 중요하다고 설명한 바 있다.[1] 그렇게 하면 사람들이 다른 대륙의 머나먼 곳까지 가도록 부추김으로써 생겨나는 문화적 과제를 피할 수 있다. 또한 사람들이 처음에 피해서 도망친 재난이 종식되면 더 쉽게 고국에 돌아갈 수 있다. 시리아 사태 내내 터키와 레바논, 요르단은 엄청난 수의 난민을 받아들였다. 영국을 비롯한 다른 나라들은 난민 수용소를 비롯해 시리아 난민들이 생활하는 환경을 개선하기 위해 막대한 원조를 제공했다. 콜리어가 제안하는 것처럼, 이주자들이 중동 나라들(현지 정서 때문에 난민이 노동 시장에 들어가는 것은 법으로 금지되어 있다)에서 일할 수 있도록 유럽 나라들이 자금 지원을 해주는 정책이 건설적일 것이다. 이런 아이디어들은 가령 시리아인이 스칸디나비아 나라에서 실업자로 사는 것보다는 요르단에서 일하는 게 더 낫다는 견해에 바탕을 둔 것이다.

게다가 스웨덴 같은 나라가 현재 자국에 이민자를 수용하기 위해 지불하는 돈은, 설령 스웨덴 정부의 유일한 관심사가 이민자와 잠재적 이민자뿐이라 할지라도 낭비에 가깝다. 스웨덴의 주택 부족 현상 — 영국의 경우처럼 대부분 이민자 유입 때문이다 — 은 스웨덴 정부에 막대한 문제를 안겨 준다. 특히 재정적 문제가 심각하다. 이탈리아나 그리스 같은 남유럽 나라들에서 이주자를 위한 일시적 해법은 그들이 거주할 천막을 제공하는 것이다. 스웨덴은 추운 기후 때문에 이주자를 천막에 수용하는 비용이 중동에 비해 50배에서 1백 배나 많이 든다. 티노 사난다지 박사가 지적한 것처럼, 스웨덴에서 임시 천막 수용 시설에 이주자 3천 명을 수용하는 비용은 요르단 최대 규모의 난민 수용소(현재 시리아 난민 10만 명 정도가 생활한다)에 직접 돈을 주는 것보다 더 많이 든다.[2]

유럽 지도자들이 처음부터 착수할 수 있었던 다른 정책 하나는 난민 신청 절차를 유럽 외부에서 처리하는 것이다. 법률적, 조직적 이유 때문에 일단 이주자가 유럽 안으로 들어오면 누가 정당한 난민 신청자이고 누가 아닌지를 알아내는 절차를 시작하는 게 말이 되지 않는 다. 지난 10년간 주로 인도네시아에서 오는 이주 선박이 물밀듯이 밀 려올 때 오스트레일리아 정부가 바로 이런 정책을 택했다. 지중해의 상황과 마찬가지로 많은 배가 가라앉았고, 이주자들에게 동정하는 대중의 정서가 거대하게 분출했다. 하지만 오스트레일리아의 난민 센터는 만원이었고, 일단 이주자가 들어오면 난민 처리 과정은 악몽 과도 같은 법적 절차가 되었다. 지중해보다 해역이 훨씬 넓고 이주자 숫자도 비교할 만한 규모가 결코 아니지만, 오스트레일리아 정부는 긴급 정책을 도입해서 애당초 인도네시아를 출발하는 선박의 수를 신속하게 줄였다. 오스트레일리아는 파푸아뉴기니 앞바다에 있는 나우루섬과 마누스섬을 대기 센터로 활용해서 난민 신청자들을 그곳 에서 처리했다. 또한 오스트레일리아 정부 순시선들이 자국으로 향 하는 선박을 찾아내서 돌려보냈다.

　정확히 똑같은 상황은 아니지만, 현재 유럽의 이민 사태가 시작된 이래 오스트레일리아 관리들은 사석에서 어쨌든 일정한 시점이 되면 유럽 역시 이런 식으로 사태에 대처해야 할 것이라고 말한다. 정치적 의지와 재정적 인센티브가 있으면 유럽 각국 정부가 북아프리카 각 국 정부와 그쪽 영토에 시설을 세우기로 합의하지 못할 이유가 전혀 없다. 일정한 단계가 되면 리비아에서 영토를 〈임대〉하는 절차가 불 가능하지 않다. 튀니지와 모로코에서도 분명 가능할 테고, 프랑스 정 부는 비슷한 방식으로 협력하도록 알제리를 설득할 수 있을 것이다. 이집트 역시 유럽 협력 패키지의 일환으로 인센티브를 제공받을 수 있다. 북아프리카에서 난민 신청자들을 처리하면 오스트레일리아의 경우처럼 이주 시도를 줄이는 효과가 있을 뿐만 아니라 유럽 난민 시스템이 한숨 돌리는 기회가 될 것이다.

또 다른 해법은 전 유럽이 협력해서 난민 자격이 없는 사람들을 전부 국외 추방하는 시도를 하는 것이다. 이 해법을 실천하는 것은 말처럼 쉽지 않다. 현재 유럽에 살고 있는 수백만 명은 법적인 거주권이 없다. 일부 무자격 난민은 갱단을 위해 일하는 신세거나 또는 기대했던 것만큼 유럽에서 사는 게 좋지 않기 때문에 귀국을 지원해 주면 좋아할지 모른다. 그래도 이 작업은 대단히 힘든 과정이 될 것이다. 하지만—독일과 스웨덴 정부 인사들이 최근 연간에 보여 준 모습처럼—실행할 의지가 없으면서 송환 시도를 하는 척하는 것보다는 시도해 보는 게 나을 것이다. 사회에 일부 사람들을 〈포용하려면〉 필연적으로 다른 사람들을 〈배제할〉 수밖에 없다. 각국 정부는 〈포용〉이라는 공감의 언어를 강조하는 게 매우 쉽다고 생각했지만, 국민 대중—적법한 난민 신청자를 포함해서—은 배제의 언어에 귀를 기울일 필요가 있다.

합리적인 이주 정책에 도움이 되고 대중의 신뢰를 회복하는 데 이바지하는 또 다른 정책은 임시 난민 시스템이다. 만약 2015년의 결정적인 몇 달 동안 메르켈 총리가 유럽 각국에 시리아가 안정을 되찾을 때까지 정당한 시리아 난민을 적절한 의료 검사를 거쳐 일정 수만 받아들이도록 요구했다면, 대중과 정치권에서 상당한 지지를 받았을지 모른다. 그런 지지가 없었던 사실은 이 나라들이 난민 보호가 거의 언제나 영구적인 것—그리고 각국 정부만이 아니라 대중까지도 여전히 메르켈의 할당제에 반대한 이유—임을 알았기 때문이다. 시리아 난민들이 시리아가 안정을 찾을 때까지만 스웨덴에 머무를 것이라고 스웨덴 대중을 설득하기는 어려웠다. 스웨덴에는 지금도 발칸 출신 이주자 수만 명이 살고 있는데, 발칸은 20년 동안 평화로운 상태이기 때문이다.

이와 대조적으로 임시 난민 보호는 그 성격상 분명 나름의 문제가 있다. 일단 이주를 하면 사람들의 일상이 시작된다. 이주자 자녀들이 학교에 입학하고 다른 정상적인 생활이 자리를 잡기 때문에 가족 전체가 본국으로 돌아가는 것은 한층 어려워진다. 하지만 바로 이런 이유 때문에 유럽 각국 정부는 이런 정책을 엄격하게 적용해야 한다. 만약 사람들이 난민 신청을 해서 인정을 받더라도 이 조치가 호의적이긴 하나 영구적인 것은 아님을 인식해야 한다. 이런 정책이 실행된다면 난민 제도와 이주 문제 전반에 대한 신뢰가 크게 회복될 수 있다.

계속되는 이주 문제를 종식시키고 이미 존재하는 과제를 풀어 나가기 위해서는 유럽 정치 지도자들이 과거에 무엇을 잘못했는지를 인정할 필요가 있다. 가령 그들은 만약 유럽이 인구 고령화를 걱정한다면 아프리카로부터 다음 세대 유럽인들을 수입하는 것보다 합리적인 정책이 있음을 인정할 수 있다. 또한 다양성은 숫자가 적을 때는 유리할지 몰라도 다수가 되면 우리가 아는 사회를 돌이킬 수 없이 끝장내게 된다는 것을 인정할 것이다. 그러면 정치 지도자들은 자신들 역시 우리 사회가 파괴되는 것을 원치 않는다고 강조할 것이다. 정치 엘리트 집단으로서는 고통스럽게 인정하는 셈이 될 테지만, 유럽 각국 대중에게 압도적인 지지를 받을 것이다.

최근 연간에 유럽 각국 대중은 이례적으로 이민자들을 받아들이면서도 이민자 유입에 반대했다. 정치 지도자들이 이민자 유입에 관한 국민의 우려를 수긍한다고 말하기 오래전부터 국민 대중은 이를 알았다. 사회학자들이 입증하기 전에도, 대중은 이미 이민자 유입 때문에 사회적 〈신뢰〉의 모든 감각이 약해진다는 것을 알았다. 그리고 정치인들이 인정하기 전에도 대중은 이미 정원이 초과된 학교에 자녀를 입학시키기 위해 분투하고 있었다. 다른 나라에서 온 사람들로 가득 찬 병원 대기실에서 예약을 하기 위해 줄을 선 순간에도 의료 관광은 문제가 아니라는 말을 들은 것이 바로 대중이었다.

대중은 또한 정치 지도자들보다 오래전부터 이주자들이 확실히 가져다주는 이득이 무한한 것이 아님을 알았고, 또한 이런 규모의 이주가 계속되면 나라가 근본적으로 바뀔 것이라는 사실을 오래전에 감지했다. 그리고 20세기에 권리를 얻기 위해 치른 주요한 몇몇 싸움을 21세기에도 다시 벌여야 한다는 것을 알아챘다. 적의 수가 많아졌기 때문이다. 가령 대중은 사회자유주의에 관한 한 이슬람은 단지 반에서 제일 학습이 더딘 아이일 것이라고 넌지시 알렸다. 그 결과 중 하나는 유럽이 이 문제들—특히 정치와 법률로부터 종교를 분리하는 문제—의 다수를 해결하기를 바란 21세기 초에 사회 전체가 다시 한 번 반에서 제일 학습이 더딘 아이의 속도에 맞춰야 한다는 것이었다. 그리하여 여성이 특정 종교에 속해 있다면 공공장소에서 얼굴 가리개를 쓰거나 남편에게 이끌려 그 종교의 특별한 법원에 가야 하는지를 놓고 논의가 많아졌다.

처음 유럽에 이주한 사람들은 다른 문화와 그들 고유의 활력과 요리를 가져옴으로써 유럽에 이익을 주었다. 하지만 1천만 번째로 온 사람은 그전에 온 이들과 다른 무엇을 가져왔을까? 유럽의 대중은 정치인들보다 훨씬 앞서서 이득이 무한하지 않음을 인식했다. 정치인들이 알아채기 오래전에 대중은 이미 대륙이 세계 사람들을 수입하면 세계의 문제들도 딸려 온다는 것을 알았다. 그리고 인종 관계 산업과 정반대로, 유럽에 오는 이민자들이 종종 기존의 사람들과 유사성보다 차이를 훨씬 더 많이 드러내고, 이민자 수가 많아질수록 차이도 커진다는 사실이 밝혀졌다.

　현재 존재하는 문제들은 단지 소수자와 그들을 받아들인 나라 사이의 문제가 아니라 그들을 받아들인 나라에서 다양한 소수자들 사이에 나타나는 문제이기 때문이다. 영국에서 〈반인종주의자〉들이 앞장서서 추적하는 〈이슬람 혐오〉에 대한 과장된 공포에도 불구하고, 실제로 영국에서 무슬림의 사망 사건은 교리 문제 때문에 다른 무슬림에게 공격당한 경우가 압도적으로 많았다. 우크라이나 네오나치가 영국에 들어온 지 불과 몇 시간 만에 무슬림을 죽인 사건이 한 번 있었다. 그 밖에는 무슬림에 대한 심각한 공격은 대부분 다른 무슬림이 저지른 것이다. 아흐마디야Ahmadiyya 소수 종파에 속한 무슬림들이 고향인 파키스탄에서 극심한 박해를 피해 영국에 왔다. 하지만 2016년 부활절을 앞두고 글래스고까지 가서 아흐마디야 무슬림 가게 주인 아사드 샤Asad Shah의 머리를 여러 차례 칼로 찌른 것은 브래드퍼드 출신의 수니파 무슬림이었다. 살인자가 보기에 아흐마디야는 배교이자 이단이었다. 그리고 살인 사건 직후에 살해된 가게 주인 가족이 스코틀랜드에서 도망칠 수밖에 없었던 건 덩치만 큰 얼간이인 백인 인종주의자들 때문이 아니라 무슬림 공동체의 다른 성원들 때문이었다. 오늘날 영국에는 소수자 살해를 공공연하게 주장하는 백인 인종주의자가 거의 없는 대신, 파키스탄 출신 이슬람 성직자들은 영국을 순회하면서 자신들에게 동의하지 않는 다른 무슬림들을 죽여야 한다고 수많은 영국인에게 설교를 한다. 소수자 내부의 이런 문제는 앞으로 나타날 불관용의 전조다.

다수자들에게 훨씬 큰 걱정거리는 이주자들 가운데 많은 수가 — 남을 해치거나 죽이려는 욕구는 없더라도 — 유럽 사회가 변모하는 것을 보고 즐거워한다는 사실이다. 정치인들은 이 과정에 공모하거나 은폐하고 있기 때문에 이 문제를 다룰 수 없다. 하지만 가령 이주 사태가 정점에 달했을 때 라미야 카도르Lamya Kaddor 같은 시리아계 무슬림이 독일 방송에 출연해서 앞으로는 독일인의 기준이 〈파란 눈에 금발〉이 아니라 〈이주자 출신〉이 될 것이라고 말하는 것은 그냥 지나치기 어렵다. 당분간은 오직 독일에서만 이런 정서가 계속 박수를 받을 것이다. 하지만 대다수 유럽인들은 자국 사회가 급진적으로 변화하는 것을 보고 이처럼 희희낙락하는 데 동의하지 못하며, 주류 정치인들은 이런 사실을 시인하고 그 결과로 생기는 공포가 사실 무근이 아님을 인정하는 게 현명할 것이다.

그런 인정의 일환으로 또한 주류 정치에서 수용 가능한 기준을 확대하는 게 현명할 것이다. 중도우파와 중도좌파 정당들은 최근 수십 년 동안 그들의 협소한 합의에 동의하지 않는 사람들을 인종주의자나 파시스트, 나치로 묘사하는 게 대단히 유용하다는 것을 깨달았다. 실제로는 그런 딱지를 붙일 수 없다는 것을 알면서도 말이다. 그들은 스스로 중도주의자나 반파시스트의 자리를 차지하는 한편 상대방에게는 지난 세기에 벌어진 여러 범죄의 딱지를 붙일 수 있었다. 물론 유럽의 복잡한 상황을 볼 때, 파시즘이나 인종주의에 기원을 둔 정당들이 존재한다. 벨기에의 블람스벨랑Vlaams Belang, 프랑스의 국민전선, 스웨덴 민주당 등은 모두 인종주의를 드러낸 역사가 있다. 그러나 각기 방식은 달라도 최근 수십 년 동안 어느 정도 변모했다. 정치적 주류는 이런 당들이 유럽 대륙에서 유일하게 바뀌지 않거나 바뀔 능력이 없거나, 또는 수년간 바뀐 뒤에도 진짜 본성을 감추거나 거짓말을 한다고 왜곡하는 게 유용하다는 것을 간파한다. 하지만 어느 시점이 되면 사람들은 정치적 극우파가 온건해지는 것을 용인해야 한다. 과거에 많은 사회당과 극좌 정당이 주류에 진입하는 것을 용인받고 그 과정에서 견해를 누그러뜨린 것처럼 말이다. 이 민족주의 정당들도 과거에 저지른 범죄 때문에 영원히 비난받는 게 아니라 정치적 토론에서 한자리를 차지하게 해주어야 한다.

가령 장마리 르펜에서 그의 딸 마린 르펜으로 지도자가 바뀐 것은 분명 의미심장한 변화다. 인종주의적 민족주의 정치의 진정한 신봉자라면 마린의 아버지가 이끌던 당에 비해 오늘날의 국민전선에 참여하는 게 썩 내키지 않을 것이다. 물론 곳곳에 진지한 의문들이 존재한다. 하지만 이 당들은 홀로코스트 부정을 비롯한 극단적인 견해를 고수하면서 당에 참여하려는 이들과 갈등을 겪고 있다. 이런 결과가 나타난 데에는—영국의 영국수호연맹이나 독일 페기다의 경우처럼—전체 언론과 정치 엘리트들이 사람들에게 이런 당들이 추구하는 게 바로 이런 것이라고 말하면서 진짜 극단주의자들을 사실상 그 당들로 유도한 탓도 있다. 이 당들에 고약한 정치적 견해를 가진 사람들이 포함된 것도 사실이다. 하지만 또한 정치적 좌파나 우파의 주류 정당들에도 그런 사람들이 있다는 점을 지적해야겠다. 종종 다른 주류 정당보다 득표에서 앞서는 당들을 나치즘이나 파시즘, 인종주의로 도배된 정당이라고 보는 것은 불가능하다. 이 나라들 중 어느 곳에서든 대중을 경험해 본 정치인이라면 그들 대부분이 나치나 파시스트, 인종주의자가 아님을 분명히 알기 때문이다.

다시 말해 정치적 합의의 폭을 넓혀서 한때 〈극우〉라는 딱지가 붙었지만 분명 파시즘과 거리가 먼 생각 있는 당들도 정치 테이블에 수용하는 게 필요할 것이다. 여러 사태에 대해 오래전부터 경고해 오던 사람들을 그 경고가 현실이 되고 있는 지금, 계속 주변으로 밀어내는 것은 현명한 처사가 아닐뿐더러 (헝가리의 요빅 당, 불가리아의 아타카 당, 그리스의 황금새벽당과 같이) 향후에 등장하는 진짜 파시스트 당들의 정체를 제대로 확인하고서도 전에는 이런 이들에게 으레 붙이곤 했던 딱지를 면하게 해주는 것도 현명한 처사는 아닐 것이다. 유럽인들은 정작 반파시즘의 언어가 필요한 시기가 오기 전에 이미 그 언어의 가치를 떨어뜨렸다. 파시즘에 대한 경고는 유럽에서 특히 주의 깊게 사용해야 한다. 최근 연간에는 이런 경고가 워낙 흔히 발동되고 닳아빠진 것이 되어서 거의 아무 의미도 없는 말로 여겨질 정도다. 마지막으로, 유럽의 정치·언론 엘리트들이 다수 대중의 견해는 수용 불가능한 반면 상대적으로 소수이고 극단에 가까운, 대규모 이민자 유입에 찬성하는 견해만이 유럽의 주류 정치가 채택할 만한 것인 양 평가하는 것은 지속 불가능한 입장이 될 것이다.

사실을 말하자면, 이제 인종주의 문제에 다른 방식으로 적응해야 한다. 이 용어를 경솔하게 남발하는 버릇을 고치는 한 가지 방법은 사회적 용어를 사용해서 무고를 하는 대가를 최소한 무고죄와 똑같이 치르게 만드는 것이다. 또는 유럽인들이 앞으로 사방팔방으로 비난과 맞비난이 난무하는 구렁텅이에 빠진 나머지 인종주의란 말이 불쾌하기는 해도 그저 고약한 일면일 뿐이라는 암묵적 합의가 만들어질 수도 있다. 모든 정치적, 문화적 토론의 토대는 아닐지라도 일부 사람들이 자주 쓰는 말로 인정받는 것이다.

우리가 처한 위기의 해법이라면 또한 우리의 미래에 대한 새로운 태도만이 아니라 우리의 과거에 대한 좀 더 균형 잡힌 태도도 담아야 한다. 어떤 사회든 자신이 생겨난 기원을 일상적으로 억압하거나 그 기원과 맞서 싸운다면 살아남기가 어렵다. 한 나라가 자신의 과거에 대한 비판을 일체 금지한다면 번성할 수 없는 것처럼, 어떤 나라도 자신의 과거에서 긍정적인 모든 것을 억압한다면 살아남을 수 없다. 유럽은 자신의 과거 때문에 지치고 소모된 것처럼 느낄 이유가 있지만, 자기 질책만큼이나 자기 용서의 분위기로 과거에 접근할 수도 있다. 최소한 유럽은 과거의 고통뿐만 아니라 영광과도 계속 교감할 필요가 있다. 이 어려운 문제에 대해 여기서 포괄적인 답을 하기는 어렵지만, 나로서는 유럽의 미래의 많은 부분이 우리의 한가운데에 서 있는 교회 건물을 비롯한 위대한 문화유산 건물에 대해 우리가 어떤 태도를 보이는지에 따라 달라질 것이라는 느낌을 지울 수 없다. 우리가 이 유산들과 말다툼을 할지, 아니면 혐오하거나 무시하거나, 또는 교감하거나 계속 존경할지의 문제에 엄청나게 많은 것이 달려 있다.

또한 만약 경제 거품이 터지고, 세계 다른 지역 사람들이 우리를 따라잡거나 유럽의 〈통상적인〉 생활수준에 대한 기대를 충족시키기 위해 축적된 부채가 유지 가능한 한계를 넘음으로써 다음 세대의 유럽인들이 갑자기 생활수준의 저하를 겪게 된다면 어떤 일이 생길지 숙고할 필요가 있다. 단순한 소비자로 사는 것은 지속 가능한 경우에는 즐겁겠지만, 그런 삶에 어떤 진정한 의미나 목표가 없다는 것은 말할 필요도 없다. 이런 삶은 오히려 인간 경험의 어떤 결함을 드러낸다. 역사상 모든 사회는 이 결함을 바로잡으려 했으며, 만약 우리 사회가 이 결함을 메우는 데 전념하지 않는다면 다른 어떤 것이 그것을 메우려 할 것이다. 오로지 쾌락에 대해서만 자기선전을 하는 사회는 순식간에 그 매력을 잃어버릴 수 있다. 나이트클럽 생활을 끊은 전향자는 그 쾌락을 경험했지만 쾌락만으로는 충분하지 않다는 깨달음을 얻었다. 우리가 오로지 술집과 나이트클럽, 방종과 특권의식으로만 정의된다고 말하는 사회는 깊은 뿌리를 가졌거나 생존 가능성이 높다고 보기 어렵다. 하지만 우리의 문화가 성당과 극장, 경기장과 쇼핑몰과 셰익스피어로 구성된다고 말하는 사회는 가능성이 있다.

그러나 지금도 우리는 이런 심층적인 문제에 직면하기를 꺼린다. 그리고 이런 태도는 언제나 일종의 숙명론으로 요약된다. 특히 전에도 이미 이런 문제를 전부 시도해 보았다는 인식이 팽배해 있다. 그 모든 시도를 왜 다시 해야 하는가? 바로 이런 이유로 교회 지도자들조차도 유럽인들에게 신앙을 되찾으라고 호소할 때 과거처럼 훈계조가 아니라 비난하는 자세나 심지어 어느 정도 패배의식을 가지고 한다. 베네딕토 교황이 유럽인들에게 〈하느님이 계신 것처럼〉 행동하라고 호소했을 때, 교황은 전임자들로서는 받아들이기 힘들었을 어떤 사실을 인정한 셈이다. 오늘날 일부 사람들은 믿음을 갖지 못하며 그럼에도 불구하고 교회는 그들에게 다가가야 한다는 사실 말이다. 실제로 죽음을 눈앞에 둔 오리아나 팔라치가 하느님을 믿지는 않으면서도 베네딕토 교황을 믿는 신자가 되게 만든 것은 바로 이런 호소였다. 다른 곳에서 교황은 종교와 철학 사이에 놓인 거대한 심연을 깨뜨리자고 호소하면서 특히 종교와 철학은 적이 되는 대신 적어도 서로 대화해야 한다고 역설했다.[3]

이런 호소의 밑바탕에는 유럽인들이 다른 문화나 더 나은 문화를 발견하거나 찾아낼 가능성이 거의 없다는 인식이 자리한다. 또한 현대 유럽인들은 학생 때부터 줄곧 이전 세대의 신자와 의심하는 사람을 길러 내고 지금 세대에서도 신자와 의심하는 사람을 길러 낼 법한 문화를 허술하게 찬양하고 있다는 인정이 존재한다. 신자와 비신자 모두 점점 많은 이들이 앞으로 불가피하게 거대한 소요가 일어나면 우선 모든 것을 벗어던지는 것으로는 소요에 대항하는 데 충분하지 못할 것임을 깨닫기 시작했다. 물론 그런 실천은 프랑스 전통의 특별한 일부이며, 국가가 무슬림의 부르카 착용을 제한하고자 할 때 유대교와 기독교의 상징을 착용하는 것도 제한함으로써 근거를 만드는 이유이기도 하다. 많은 사람들이 이것을 합리적이라고 보겠지만, 일방적인 스트립포커의 위험성도 존재한다. 당신은 홀딱 벗고 시작하는데 상대방은 옷을 전부 입고 있는 것이다. 일부 공공건물에서는 머리 쓰개 착용을 금지하는데도 이슬람 급진주의자들이 프랑스에 계속 남아 있을 수 있으며, 또한 유대인들은 — 이슬람주의자들과 그들이 도발한 엄격한 세속주의자들 틈에 끼여 — 떠날 가능성도 있다. 어느 쪽이든 바람직한 결과는 아니다.

만약 서유럽을 형성한 문화가 그 미래를 만드는 데 아무 역할도 하지 못한다면, 다른 문화와 전통이 그 자리를 대신 차지할 것이다. 어느 정도 심층적인 목표의식을 가지고 우리 자신의 문화를 재도약시키는 것이 개종 선교일 필요는 없으며, 단지 우리가 그런 포부를 알기만 하면 된다. 물론 19세기에 거센 소리를 내며 기나긴 퇴조를 시작한 신앙의 물결이 언제든 다시 돌아올 수도 있다. 하지만 신앙의 물결이 돌아오든 오지 않든 간에, 만약 종교인들은 같은 가지에서 갈라져 나간 이들이 가장 커다란 문제라고 생각하는 한편 세속의 가지에 있는 사람들은 아예 나무에서 떨어져 나가려고 한다면 문화를 고치는 것은 불가능할 것이다. 많은 사람들은 그런 분리의 고통과 그로 인해 생겨나는 의미의 결핍을 느끼게 될 것이다. 우리 문화에서 생겨난 분리를 고치려면 한 세대의 노력이 필요하리라.

19

미래의 모습

지난 장 마지막 부분에서 펼쳐 보인 시나리오보다 더 가능성이 높은 것 — 유럽 정치인들이 현재 보이는 성과와 각국 국민의 태도에 비춰 볼 때 — 이 무엇인지 검토해 볼 가치가 있다. 예를 들어 향후 수십 년 동안 정치권에서 대대적인 방향 전환이 일어나기보다는 지금까지 그 랬던 것처럼 유럽 각지에서 사건이 벌어지고 유권자의 우려가 계속 될 가능성이 훨씬 높아 보인다. 정치 엘리트 집단에서는 대규모 이민 자 유입이 진행된 수십 년 동안 그들이 한 일이 어쨌든 유감스러운 것 임을 제대로 인정하지 않았다. 그들이 이 정책을 뒤집으려 할 것이라 는 증거도 전혀 없다. 설령 그들이 바란다 할지라도 뒤집을 수 없음을 보여 주는 증거는 상당히 많다. 2015년 이후 일어난 사태는 오래전부 터 진행된 과정을 가속화했을 뿐이다.

서유럽에 새로 이주자가 올 때마다 오래 정착할수록 쫓아내기가 어려워지며, 우리 대부분은 어쨌든 그들 대부분이나 다수를 쫓아내 기를 바라지 않는다. 하지만 새로운 이주자가 한 명 올 때마다 유럽의 미래 태도의 균형이 이동한다. 도착하는 이들은 자신의 뿌리를 기억하는 아이들이 있고, 나머지 사람들에 비해 이민자 유입 제한을 강화하는 데 반대할 가능성이 높다. 훨씬 숫자가 많아질 이민자 출신들은 이민자 유입 제한을 제안하는 정당은 좀처럼 지지하지 않을 것이다. 그들은 이 당들이 내세우는 의제가 비교적 온건하다 할지라도 의심할 것이다. 다른 나라에서 유럽에 온 사람이라면 자신을 걱정하는 경우를 제외하면 왜 자기 같은 사람들이 더 들어와서는 안 되는지 납득하기 어렵다. 합법 이민과 불법 이민을 가르는 구분선은 계속해서 한층 더 흐려질 것이다. 따라서 하루하루 지날 때마다 적어도 대규모 이민자 유입을 역전시키거나 막을 정책을 추진하는 데 필요한 인구를 찾아내는 일이 더욱 어려워질 것이다. 그리하여 시간이 흐르면 금세기 안에 처음에는 주요 도시에서, 그리고 나중에는 나라 전체에서 우리 사회는 마침내 〈이민자들의 나라〉가 될 것이다. 한동안 우리가 행세만 하던 나라로 실제로 변신하는 것이다.

이처럼 줄어드는 입지에 대해 기꺼이 반론을 제기하는 정치인들은 독특한 대가를 치러야 하기 때문에 계속해서 저지를 당할 것이다. 네덜란드와 덴마크, 그 밖에 유럽 각지의 나라에서 대규모 이민자 유입과 특히 일정한 지역의 이민자 쇄도에 반대하는 정치인들은 지속적으로 경찰의 보호를 받는 상태이고, 매일같이 잠자리를 바꾸고 때로는 군 기지에서 생활한다. 설령 누군가 경력을 망칠 위험을 무릅쓰고 욕을 한다 할지라도, 이런 삶이 불가피한 결과가 되면 얼마나 많은 이들이 계속 앞장서서 유럽 사람들을 대변하는 주장을 펼 것인가? 상황은 나빠지기만 할 텐데? 당분간 대다수 정치인들은 〈온정적이고〉〈너그러우며〉〈개방적인〉행동 방침을 개인적으로 바람직하다고 받아들이는 것이 당장 이득이 된다고 생각할 것이다. 물론 장기적으로는 국가적 문제로 이어질 것이지만 말이다. 수십 년 동안 그랬던 것처럼, 앞으로도 정치인들은 이 어려운 문제를 뒤로 미뤄서 후임자들이 대신 그 결과를 처리하도록 하는 게 더 낫다고 생각할 것이다.

따라서 그들은 계속해서 유럽이 세계에서 유일하게 전 세계인의 장소가 되게끔 할 것이다. 그렇게 되면 결국 우리 사회가 어떤 곳이 될지는 명백하다. 금세기 중반에 이르면 중국은 여전히 중국처럼 보이고, 인도는 아마 계속 인도처럼 보이고, 러시아는 러시아처럼, 동유럽은 동유럽처럼 보일 테지만, 서유럽은 기껏해야 유엔의 확대판 같은 모습이 될 것이다. 많은 사람들이 이런 상황을 환영할 테고, 물론 나름의 즐거움이 있을 것이다. 확실히 이 상황 전체가 재앙은 아닐 것이다. 많은 이들이 유럽에서 사는 것을 즐길 것이다. 그들은 적어도 한동안은 계속해서 저렴한 서비스를 누릴 테니 말이다. 새로 오는 이주자들이 더 적은 돈을 받으면서라도 일하기 위해 기존의 이주자들과 경쟁하기 때문이다. 새로운 이웃과 직원은 끝없이 유입될 테고, 많은 흥미로운 대화를 하게 될 것이다. 국제적 도시가 국제적 나라와 비슷한 존재로 발전하는 이곳에는 많은 일들이 벌어질 것이다. 하지만 이곳은 더 이상 유럽이 아니게 되리라.

어쩌면 유럽의 생활방식과 문화, 세계관은 작은 고립 지역들에서 살아남을지 모른다. 이미 진행 중인 양상을 보면, 이민자 공동체는 가서 살려고 하지 않고 비이민자들만 귀촌하는 농촌 지역들이 일부 존재할 것이다. 자원이 있는 사람들은—이미 그런 것처럼—한동안 원래 모습을 알아볼 수 있게 비슷한 생활방식을 유지할 수 있으리라. 형편이 어려운 사람들은 이제 자기 고향이 아니라 세계의 고향이 되어 버린 곳에서 사는 신세라는 사실을 받아들여야 할 것이다. 그리고 새로운 이주자들은 그들의 전통과 생활방식을 추구하라고 격려를 받는 반면, 여러 세대에 걸쳐 이곳에 사는 유럽인들은 점점 인구 비중이 작아지는 소수자로 전락하는 가운데서도 그들의 전통은 억압적이고 낡아빠진 것이라는 말을 들을 가능성이 높다. 공상과학 속 이야기가 아니다. 많은 서유럽 나라의 현재 상황과 인구학적 예측이 보여 주는 대륙의 미래가 바로 이런 모습이다.

유럽 각국 사회가 일부 사람들이 우려하는 것보다 국민을 더 잘 통합하기는 하지만, 우리는 어쨌든 아무나, 아무거나 끝없이 집어넣어도 항상 똑같은 결과물이 나오는 그렇게 거대한 용광로가 아니다. 다시 테세우스의 배 비유를 생각해 보면, 원래 모습을 알아볼 수 있는 한에서만 여전히 그 배라고 말할 수 있다. 그렇게 되려면, 배를 고쳐야 할 때 전체에 들어맞는 식별 가능한 부품을 사용해서 수리해야 한다. 하지만 오늘날 유럽 사회는 어느 때보다도 원래 모습을 알아보기 힘들며, 유럽이 자기 의도대로 전쟁을 벌이기로 했을 때 전체 모습을 유지할 기회를 잃어버렸다. 추가된 배의 부품들을 신중하게 고르지 않았고, 이 부품들은 옛날 모습에 맞지도 않았다. 오히려 정부의 의도와 무능 때문에 배는 분해되었고, 그 자리에 아무거나 억지로 끼워 넣고는 여전히 유럽이라고 불렀다.

그럼에도 유럽의 정치 지도자들은 실패하고 모순된 똑같은 사고를 되풀이하면서 똑같은 실수를 반복할 것이다. 독일 연방의회에서 하원의원이 내게 이야기해 준 비유가 의미심장한 것은 바로 이런 이유 때문이다. 하원의원은 바깥 복도에서 죽음의 위협에 처한 한 사람을 우리가 있는 방으로 들여보내야 한다면서 유럽을 이 방에 비유했다. 영국에서부터 스웨덴에 이르기까지 유럽 각국의 정치인들은 이따금 우리 방이 넓은 땅이기 때문에 쉽게 콘크리트 포장을 해서 전 세계의 가난한 사람들을 수용할 수 있다고 즐겨 선언한다. 하지만 우리 사회는 그렇지 않다. 이민자 유입과 통합에 관한 합리적인 정책이라면 다음과 같은 사실을 고려했어야 한다. 우리가 가끔 우리 주변 바다에서 곤경에 빠진 사람들을 구할 수는 있겠지만, 어떤 시점에 이르면 —너무 많은 사람들을 배에 태우거나, 그 사람들을 너무 서둘러서 받아들이거나, 우리 배에 고약한 의도를 가지고 올라타는 사람들이 많아지면 —우리, 그러니까 유럽 사람들이 가진 하나뿐인 배가 가라앉게 될 것이라는 사실을.

이주 사태 당시 세계 전체를 배에 태우는 것이 합리적 정책이라고 믿은 것은 〈열린 국경〉을 주장하는 활동가들만이 아니었다. 그리스 정부와 유럽 각국 집권 정당의 성원들도 그렇게 생각했다. 어떤 이들은 그것을 이데올로기로 믿었다. 다른 이들은 전 세계 주민들이 유럽에 들어오는 것을 막을 합당한 도덕적 방법이 없다고 생각했다. 또 다른 이들은 변명거리를 찾기 위해 허우적거렸다. 영국인들이 유럽연합에서 탈퇴하기로 국민투표를 한 뒤, 데이비드 캐머런 총리 직속 정책단 부단장을 지낸 대니얼 코스키Daniel Korski는 국민투표 전에 유럽 각국이 이주자를 더 많이 받아들이도록 영국을 설득하려 했다고 술회했다. 이주자들이 공공 서비스를 축내는 것보다 더 많은 세금을 낸다는 것이 대표적인 논거였다. 이주 사태가 최고조에 달한 이 시점에서도 유럽 대륙은 이미 오래전에 틀렸음이 입증된 거짓말에 의존했다. 코스키는 사태가 더욱 악화된 건 〈우리가 이런 주장에 전혀 반박할 수 없었기〉 때문이라고 주장했다. 아무리 찾아보아도 〈확실한 증거가 전혀 없었다.〉[1] 하지만— 제대로 찾기만 했더라면—증거는 어디에나 있었다. 지역의 학교나 아무 지역 병원의 응급실에나 찾아가서 이 모든 새로운 이주자들이 어떻게 벌써 빚을 지지 않고 살 수 있는지 궁금하게 생각해 보면 알 수 있는 일이었다. 영국인들이 궁금해 한 것이 바로 그런 것이었다. 오직 국민의 대표자들만이 신경을 쓰지 않거나 궁금해 하지 않거나 아예 부정했다.

그리하여 이미 토박이 영국인을 수도에서 소수로 만든 정책 때문에 대륙 전체의 인구 통계상의 변화가 불가항력적으로 가속화되었다. 프랑스인들의 〈음험한 전문 분야〉가 유럽의 음험한 발견임이 드러났다. 유럽인들은 생애 내내 이 변화가 일시적인 것이라거나 사실이 아니라거나 아무런 의미가 없다는 약속을 받았건만, 이제 지금 살아 있는 사람들의 생애 안에 자신들이 자국에서 소수자로 전락할 것임을 깨달았다. 그리고 나라가 자유주의라는 평을 받는지 아니면 위협적인 보수주의라는 평을 받는지는 크게 중요하지 않았다. 이동 방향은 똑같았다. 빈 인구통계연구소Vienna Institute of Demography가 금세기 중반에 이르면 15세 이하 오스트리아인의 과반수가 무슬림일 것이라고 확인했을 때, 오스트리아 사람들은 유럽의 다른 모든 사람들과 마찬가지로 자국 문화의 종착점을 무시하거나 외면해 버릴 것으로 기대되었다. 브레히트의 음험한 농담은 어쨌든 사실임이 드러났다. 정치 엘리트들이 대중이 우매하다는 것을 깨닫자 국민을 해산시키고 그 자리에 다른 국민을 임명함으로써 문제를 해결했다는 농담 말이다.

설상가상으로 이 모든 일이 벌어진 밑바탕에는 우스꽝스러운 가정이 도사리고 있었다. 모든 문화는 동등하지만 유럽 문화는 다른 문화보다 뒤떨어진다는 가정이. 그리고 에리트레아 문화보다 독일 문화를 좋아하는 사람은 아무리 좋게 해석해도 시대에 뒤떨어진, 또는 잘 알지 못하는 견해를 가진 것이고, 좀 더 공통된 시각에 따르면 그저 철두철미한 인종주의자라는 가정도 있었다. 이 모든 것이 해가 갈수록 떨어지게 된 다양성의 이름으로 이루어졌다는 사실이야말로 최악의 경고 신호가 되었어야 했다.

왜냐하면 만약 이 과정이 성공을 거둘 수 있으려면, 아프리카나 세계 다른 어느 곳으로부터 온 새로운 유럽인이 과거의 그 어떤 유럽인들만큼 유럽인이 되는 법을 신속하게 배워야 했기 때문이다. 아마 당국은 이 문제에 관해 어느 정도 불안해 했던 것 같다. 영국에서는 몇 년간 국가통계청 자료에서 인용한 한 해 동안 가장 인기 있었던 신생아 이름이 논쟁의 주제였다. 〈무함마드〉의 여러 이형이 점점 명단의 상위권으로 올라갔다. 공무원들은 〈모하메드〉를 〈무함마드〉나 같은 이름의 다른 철자법과 구분해서 명단에 올리는 관행을 옹호했다. 2016년이 되어서야 이런 구분이 중요하지 않음이 분명해졌다. 이미 〈무함마드〉의 갖가지 이형이 잉글랜드와 웨일스에서 가장 인기 있는 신생아 남자아이의 이름이 되어 있었기 때문이다. 그 시점에서 당국의 입장은 〈그래서 뭐가 문제인가?〉로 바뀌었다. 내일의 무함마드는 과거 세대의 해리나 다피드만큼이나 잉글랜드인이나 웨일스인이 될 것이라는 의미였다. 다시 말해 오스트리아의 대다수 남자들이 무함마드라는 이름으로 불려도 오스트리아는 여전히 오스트리아인 것처럼, 영국의 대다수 남자들이 무함마드라고 불려도 영국은 여전히 영국일 것이라는 말이다. 하지만 사실 그럴 리가 없다는 것은 굳이 말할 필요도 없다.

실제로 거의 모든 증거는 정반대의 방향을 가리키는 것처럼 보인다. 이 점을 의심하는 사람이라면 소수자 내부의 소수자를 살펴보기만 하면 된다. 가령 유럽 내에서 가장 위협을 받는 무슬림은 누구인가? 급진주의자들인가? 유럽에 있는 살라피주의자와 호메이니주의자, 무슬림 형제단과 하마스 지도자들이 위협을 받으며 살거나 자신들의 평판에 관해 조금이라도 걱정해야 하는가? 그들이 위협을 받거나 평판을 걱정한다는 증거는 전혀 없다. 대졸자 조직원들에게 유럽인을 참수하는 행동에 나서게 하는 단체들조차 유럽 내에서 자체적인 평가로는 〈인권〉 단체로 간주된다. 단지 우리의 인종주의적, 가부장적 사회에 만연한 불의와 씨름하려 한다는 이유로. 바로 이런 이유로 2015년에 이르면 영국의 무슬림은 영국군보다 IS를 위해 싸우는 이들이 더 많았다.

위험에 빠진 사람들, 그리고 유럽 무슬림 공동체 내부에서만이 아니라 전체 인구에서도 가장 비판받는 사람들은 사실 자유로운 유럽의 통합 약속과 사랑에 빠진 이들이다. 결국 네덜란드를 떠난 사람은 아얀 히르시 알리를 박해하는 비무슬림이나 무슬림이 아니라 히르시 알리 자신이었다. 21세기에 네덜란드인들보다 더 계몽의 원리를 신봉했던 히르시 알리가 보기에 네덜란드는 이제 더는 그런 나라가 아니었다. 독일에서 경찰의 보호를 받으며 사는 이들은 살라피주의자들이 아니라 하메드 압델사마드 같은 살라피주의 비판론자들이다. 압델사마드는 자유롭고 세속적인 사회에서 단지 자신의 민주적 권리를 행사했다는 이유로 생명의 위협을 받고 있다. 그리고 영국에서 무슬림의 분노를 자아내서 결국 안전을 조심해야 하는 것은 전국 각지의 이슬람 사원을 메운 신자들에게 배교자를 살해하라고 설파하는 이들이 아니다. 오히려 활동가이자 칼럼니스트인 마지드 나와즈 Maajid Nawaz 같은 파키스탄계 진보적 무슬림들이 안전의 위협을 받는다. 그가 잘못한 일이라곤 영국이 여전히 법 앞의 평등을 바라는 사회임을 자처할 때 그것을 믿은 죄밖에 없다. 프랑스에서는 어느 알제리계 작가—카멜 다우드 Kamel Daoud—가 『르 몽드』 칼럼[2]에서 쾰른에서 벌어진 성폭행 사건에 관해 솔직한 견해를 밝히자 일군의 사회학자, 역사학자 등이 그를 〈이슬람 혐오론자〉라고 부르며 그가 〈유럽 극우파처럼〉 발언한다고 비판했다. 서유럽 어느 나라에서든 유럽으로 오거나 여기서 태어나서 우리 자신의 이상을 옹호하는 무슬림이 나타나면 동료 무슬림들에게 질책을 받고 한때 〈정중했던〉 유럽 사회로부터 버림을 받는다. 이런 현상이 장기적인 사회적 재앙의 태동을 예고한다고 말하는 것은 사태를 과소평가하는 셈이다.

여기서는 어떤 것도 예측할 수 없다. 하지만 유럽 전역에서 이미 변화의 방향을 가리키는 새로운 일들이 벌어지기 시작했다. 여러 해 전부터 유럽은 대외 정책의 측면에서 일치된 전략적 견해를 나타낼 수 없는 처지를 깨닫고 있다. 그리고 지금 우리의 이민자 유입 정책 덕분에 국제 정치가 또한 국내 정치가 되면서 유럽은 소프트파워나 하드 파워 어느 면에서도 세계무대에서 눈에 띄는 행동을 거의 하지 못하고 있다. 2016년 6월 유엔이 에리트레아 정부가 반인도적 범죄를 저질렀다고 비난했을 때, 에리트레아인 수천 명이 제네바 유엔 건물 앞에서 항의 시위를 벌였다.[3] 유럽의 다른 모든 국민들과 마찬가지로, 스위스 국민도 에리트레아 정부 아래서 살 수가 없어서 스위스로 도망쳐 온 사람들이 있다는 말을 들었다. 하지만 유럽의 누군가가 에리트레아 정부를 비판하자 그 수천 명의 사람들이 바로 그 정부를 지지하는 것으로 드러났다. 2014년 영국 국방부에서 유출된 한 보고서를 통해 밝혀진 바에 따르면, 군사 계획가들은 〈영국이 점점 다문화가 심화〉되고 〈나라가 점차 다양해지면〉 결국 해외 나라들에 군사 개입을 하는 게 불가능해질 것이라고 생각했다. 정부는 〈영국 시민이나 그 가족들의 고국〉인 나라들에 영국 군대를 배치하는 데 대해 점점 대중의 지지를 잃을 것이었다.[4]

국내적으로 보면 상황이 무한정 나빠질 가능성이 있다. 〈피부색 무시colour blindness〉와 적절한 통합이 아니라 〈다양성〉과 〈차이〉를 목표로 삼은 한 가지 결과는 21세기 유럽이 인종에 집착한다는 것이다. 이 문제는 줄어들기는커녕 날이 갈수록 커진다. 정치와 스포츠, 심지어 텔레비전에서도 상황은 마찬가지다. 텔레비전 리얼리티 프로그램조차 인종에 대한 끝없는 집착에서 자유롭지 못하다. 어떤 비백인, 비유럽인이 잘하면 모든 사람을 위한 본보기이자 성공적인 통합의 모델로 치켜세워진다. 만약 그 사람이 시청자 투표로 탈락하면 인종주의를 둘러싸고 다시 전국적인 논쟁이 벌어진다. 그가 종족 때문에 투표에서 떨어진 건 아닌지 논란이 되는 것이다. 더 진지한 수준에서 보자면, 이런 논쟁이 장기적으로 어떻게 귀결될지는 아무도 모른다.

한 예로, 영국에서는 적어도 1980년대 이래 인종 구분이 상당히 줄어든 것으로 여겨졌을지 모른다. 하지만 각국 사회가 세계화된 덕분에 이제 아무도 세계 어딘가에서 벌어지는 사태의 결과와 그것이 국내 정치에 미치는 영향을 예단할 수 없다. 예를 들어 2012년 미국에서 비무장 상태의 흑인 남성이 경찰에 살해되는 사건이 여러 차례 발생하면서 시작된 〈흑인의 생명도 소중하다Black Lives Matter〉 운동은 결국 영국을 비롯한 유럽 나라들로 확산되었다. 이 운동이 미국에서 보여 준 공과가 무엇이든 간에, 영국에는 이런 운동이 생길 만한 환경이 거의 존재하지 않는다. 2016년 나는 〈흑인의 생명도 소중하다〉 시위대 수천 명이 런던 도심을 행진하면서 블랙파워 경례를 하고 구호를 연호하는 모습을 보았다. 〈손 들어, 쏘지 마세요.〉 행진 내내 영국 경찰이 시위대를 호위했는데, 물론 영국 경찰은 총기를 휴대하지 않는다. 그로부터 몇 주 뒤 그해에 가장 무더운 밤으로 손꼽힌 어느 날 〈흑인의 생명도 소중하다〉 운동의 구호를 외치는 대규모 군중이 하이드 파크에 모였을 때 이런 희극적인 분위기는 사라지고 없었다. 그날 저녁이 끝날 때쯤 경찰관 한 명이 칼에 찔리고 네 명이 부상을 당했다. 다른 곳에서 시위대는 런던에서 가장 번잡한 거리로 쏟아져 나왔는데, 마체테 칼로 무장한 남자 셋이 한 남자를 습격했다. 수년간 수도에서 벌어진 가장 심각한 폭력 사태였다.

미래에 이런 부류의 운동이 어디서 나올지는 아무도 알 수 없다. 하지만 만약 전 세계 다양한 지역에서 들어온 사람들이 가깝게 붙어살면서 각기 다른 수준의 분노를 품게 된다면, 언젠가는 세계의 문제가 이 공동체들을 엄습할 가능성이 있다. 그리고 세계에는 언제나 여러 가지 문제가 존재할 것이다. 한편 과연 유럽 각국 대중이 영원히 인종 문제를 제기하지 않을지는 확실하지 않다. 만약 사회의 다른 모든 집단과 운동이 인종을 정체성으로 내걸고 인종에 관해 공공연하게 이야기를 한다면, 유럽인이라고 그렇게 하지 못할 이유가 있을까? 우리가 유럽의 역사와 전통에 관한 탐구를 못하게 영원히 억누를 수 없는 것처럼, 결국 남들은 모두 인종 정치를 하는데 우리만 못하는 건 말이 안 된다고 주장할 수도 있을 것이다.

당분간 지금과 같은 상황이 계속될 것으로 보인다. 지금도 세계 많은 지역에서 사람들을 들여오는 식으로 세계의 여러 문제를 해결해야 하는 부담은 여전히 유럽인들에게 있다. 우리가 〈이제 충분하다〉고 말할 때 오직 우리만 질책을 받으며 그런 질책 때문에 괴로워한다. 다른 많은 나라와 독재국가들은 여전히 이런 반응을 부추기면서 흡족해 한다. 서유럽의 어떤 나라도 시리아의 정권을 흔들거나 내전이 장기화되는 데 주요한 역할을 하지 않았다. 하지만 그렇게 한 나라들 — 가령 카타르와 아랍에미리트연합 — 은 시리아 난민을 한 명도 받지 않았다. 이란 — 헤즈볼라를 비롯한 이란의 민병대는 2011년 이래 시리아에서 이란의 이익을 위해 싸우고 있다 — 은 심지어 유럽이 난민을 돕기 위해 더 많은 일을 하지 않는다고 큰소리를 치고 있다. 2015년 9월 로하니 이란 대통령은 뻔뻔하게도 헝가리 대사에게 헝가리가 난민 사태에서 〈부족한 점이 많다〉고 훈계를 늘어놓았다. 시리아 내전이 시작된 이래 줄곧 이 나라 안에서 자기 마음에 드는 편을 지원하고 있는 사우디아라비아도 마찬가지다. 사우디아라비아는 시리아인을 한 명도 자국 시민으로 받아들이지 않았을 뿐만 아니라 메카 순례자들이 1년에 고작 5일 동안 사용하는 에어컨이 설치된 텐트 10만 동을 내주는 것도 거부했다. 2015년 난민 사태가 최고조에 달했을 때, 사우디아라비아에서 내놓은 유일한 계획은 독일에 새로 오는 난민들을 위해 이 나라에 신규 사원 2백 채를 지어 주겠다는 것이었다.

유럽의 선의가 계속해서 악용당하는 것 외에도 한 가지는 어느 정도 확실하게 예측할 수 있다. 유럽인들의 대중적 정서가 계속해서 나빠질 것이라는 점이다. 최근의 역사를 보면 정치인들은 수십 년 동안 다수 대중의 여론을 계속 무시할 수 있었지만, 이런 상황이 무한정 계속되는 게 필연은 아니다. 2014년에 실시된 여론 조사 결과, 영국인 가운데 자국 인구가 늘어나기를 바라는 비율은 11퍼센트에 불과했다.[5] 하지만 이후 2년 만에 인구가 엄청나게 늘어났다. 2010년 이래 영국 바깥에서 출생한 국민의 수는 140만 명 증가했다. 같은 시기에 영국에서 외국 태생 여성이 낳은 신생아는 94만 명이었다. 이것이 바로 2015년 난민 사태 당시 최악의 결과를 피한 나라에서 벌어진 일이다.

각국 정부는 하지 말아야 할 행동을 하고 해야 할 행동을 하지 않은 결과를 계속 회피할 수 있을까? 어쩌면 몇몇 나라에서는 그럴 수 있을 것이다. 다른 나라들은 순식간에 궤도를 바꿀지 모른다. 이번 난민 사태 동안 나는 프랑스의 어느 중도우파 정치인과 대화를 나누었는데, 그는 자기 당의 이민 정책과 국민전선의 정책 사이에 어떤 차이가 남아 있는지 알지 못했다. 이미 프랑스 국적자인 사람들과 관련된 특정한 일군의 과제를 어떻게 처리할 생각이냐고 묻자 그는 태연자약하게 대답했다. 〈아마 헌법을 약간 수정할 필요가 있을 겁니다.〉 어쩌면 정치적 지지 기반을 둘러싼 냉소적인 땅따먹기가 흔한 일이 될 것이다. 독일 정치인들은 더 이상 어떤 유의미한 정책을 내놓는 대신에 외국 테러 단체에 속해서 싸우는 이중 국적자들의 독일 시민권을 박탈해야 한다고 이미 제안한 바 있다. 덴마크는 당국이 이주자들의 체류 비용을 감당하기 위해 그들의 귀중품을 압수할 수 있도록 하는 법률을 도입했다. 그리고 모든 나라에서 국가 전복을 시도하는 사람들을 어떻게 처리할 것인지를 놓고 다양한 논쟁이 되풀이되는 중이다. 현재 모든 나라는 국민을 무국적자로 만드는 식으로 국제법을 위반하려고 하지는 않지만, 유럽에서 테러 공격이 한 번만 더 일어나면 게임의 규칙이 완전히 바뀔 것이라는 인식이 팽배해 있다. 이 시점이 되면 유럽인들은 아무나 심판으로 지명하는 쪽을 택할지 모른다.

어쩌면 몇 년 안에 유럽의 한 나라 — 아마 오스트리아나 스웨덴 — 에서 이전까지 〈극우파〉로 규정되던 부류의 당이 집권하게 될 것이다. 이 당이 집권하든 못하든 간에 어쩌면 더 나중에는 훨씬 더 오른쪽에 있는 당이 집권할 것이다. 한 가지는 확실하다. 만약 정치가 나빠진다면 그것은 분명 사상이 점점 더 나빠지기 때문일 것이다. 그리고 만약 사상이 나빠진다면 그것은 분명 언어가 점점 더 나빠지기 때문일 것이다. 쾰른이나 그와 비슷한 공격 사건이 벌어진 뒤 주변부 곳곳에서 타락한 언어들을 들을 수 있었다. 거리의 운동들은 유럽에 새로 오는 모든 이주자들을 〈강간 난민rapefugee〉이라고 부르기 시작했다.

파리에서 만난 한 선출직 공무원은 모든 이주자들을 〈난민 성전 전사들refu-jihadists〉이라고 지칭했다. 적어도 유럽에 이주해 온 사람들의 일부는 강간이나 성전을 피해서 도망친 것이라는 사실을 직접 들어서 아는 사람이라면 이런 표현들이 유쾌하지 않을 뿐만 아니라 모욕적이기까지 했다. 하지만 이미 방향은 달라도 거짓말이 횡행한 시기를 거친 뒤에 그렇게 언어가 타락하는 것은 불가피해 보인다. 분명한 증거를 눈앞에 두고서도 유럽 대륙에 온 모든 사람들이 난민 신청자인 척 오랫동안 거짓말을 한다면, 결국 이주자 말이라면 하나도 믿지 않는 운동이 생겨나게 될 것이다.

어떻게 보면 이미 그와 같은 운동이 진지하게 시작되지 않은 게 놀라울 정도다. 그동안 내내 여론은 계속해서 한 방향으로 진전하고 있다. 2010년 독일인의 47퍼센트는 이슬람을 독일의 일부로 보지 않는다는 여론 조사 결과가 나오자 독일 정치 엘리트들은 최대한 목소리를 높여 우려했다. 2015년에 이르러 독일의 무슬림 숫자는 다시 늘어난 상태였지만, 이슬람을 독일의 일부로 보지 않는 사람의 숫자도 늘어나 있었다. 2015년 그 수치는 60퍼센트까지 올라갔다. 이듬해에는 독일인의 거의 3분의 2가 이슬람은 독일의 일부가 아니라고 말했는데, 이슬람이 독일 사회의 일부라고 대답한 비율은 22퍼센트에 불과했다.[6] 새로 당선된 미국 대통령이 무슬림이 다수를 차지하는 불안정한 나라 7개국 국민의 입국을 임시로 제한하는 안을 통과시키려고 한 뒤인 2017년 2월, 채텀하우스Chatham House*는 유럽의 여론 조사 결과를 발표했다. 이 런던 싱크탱크는 유럽 10개국 1만 명을 대상으로 다

* 영국 왕립국제문제연구소의 별칭.

음과 같은 언명에 동의하는지 여부를 물었다. 〈무슬림이 다수를 차지하는 나라들에서 추가로 이주하는 것을 전면 차단해야 한다.〉 조사 대상 10개국 중 8개국 ─ 독일 포함 ─ 에서 다수 국민이 이 언명에 동의했다. 영국은 무슬림 이민자의 추가 입국을 전부 중단해야 한다는 견해가 여전히 소수인 두 나라 중 하나였다. 영국에서는 국민의 47퍼센트만이 이 언명에 동의했다.[7]

이제 유럽인들은 자신들의 이야기를 충분히 믿지 못하고 스스로의 과거를 불신하는 한편 자신들이 원치 않는 다른 이야기들이 들어오는 것을 빤히 아는 처지에 놓여 있다. 어디서나 모든 선택지가 사라지고 있다는 느낌이 커져만 간다. 모든 경로를 이미 시도해 보았지만 재앙임이 드러났기에 이제 다시 시도하는 것은 불가능해 보인다. 이런 정체 상태에서 대륙을 끌어낼 유럽의 유일한 나라는 독일일 것이다. 하지만 최근 역사 이전에도 유럽인들은 독일이 주도권을 쥔다는 생각을 두려워할 이유가 충분했다. 오늘날 젊은 독일인들은 부모 세대보다 훨씬 더 이런 두려움을 갖고 있다. 그리하여 지도부가 없는 채로 유럽 전체가 표류하고 있다는 인식이 계속된다.

한편 선출직 공무원과 관료들은 최대한 상황을 악화시키기 위해 최대한 신속하게 할 수 있는 모든 일을 계속하고 있다. 2015년 10월 헤센주 카셀이라는 작은 도시에서 대중 집회가 열렸다. 이민자 8백 명이 며칠 안에 도착할 예정이었기 때문에 이를 우려한 주민들이 대표자들에게 질문을 하기 위해 연 집회였다. 집회 동영상에서 드러나는 것처럼, 시민들은 침착하고 정중하면서도 우려를 표하고 있었다. 그런데 어느 순간 발터 뤼프케Walter Lübcke라는 카셀 현지사가 침착하게 통고했다. 이 정책에 동의하지 않는 사람은 누구든지 〈자유롭게 독일을 떠날 수 있다〉는 것이었다. 동영상을 보면 숨 들이마시는 소리, 놀란 웃음소리, 야유 소리에 이어 마침내 분노의 고함 소리가 울려 퍼지는 것을 들을 수 있다.[8] 듣도 보도 못한 새로운 사람들이 자기 나라로 오는데, 그게 마음에 들지 않으면 언제든지 자유롭게 떠나도 된다는 말을 들으면 기분이 어떨까? 유럽 정치인들은 유럽 사람들을 계속 이렇게 대접하면 어떤 일이 생길지 전혀 모르는 걸까?

분명 그렇지 않다. 새로 오는 이주자들도 전부 그런 것은 아니다. 2016년 10월 『데어 프라이타크der Freitag』와 『허핑턴 포스트 도이칠란트』에는 아라스 바초Aras Bacho라는 열여덟 살의 시리아 이주자가 쓴 글이 실렸다. 글에서 그는 독일의 이주자들은 〈욕하고 화를 내는 실업자 인종주의자〉인 〈성난〉 독일인들에게 〈질렸다〉라고 불만을 토로했다. 그는 계속해서 저주를 늘어놓았다. 〈우리 난민들은 (……) 당신들과 같은 나라에서 살고 싶지 않습니다. 당신들은 독일을 떠날 수 있고, 내가 보기에는 당신들이 떠나야 합니다. 독일은 당신들한테 어울리지 않는데, 왜 여기서 사는 겁니까? (……) 새로운 고향을 찾아보세요.〉[9] 쾰른 공격 사건 1년 후인 2016년 새해 전야에 인스브루크와 아우크스부르크를 비롯한 많은 유럽 도시에서 비슷한 공격이 벌어졌다. 사회민주당과 녹색당을 필두로 한 의원들은 쾰른 경찰이 지난해와 같은 잔학 행위가 재발하는 것을 막기 위해 시 중심 광장에 오는 사람들을 〈인종 프로파일링〉으로 단속, 추적한다면서 비난의 목소리를 높였다. 독일이 새로운 현실의 일부를 깨달은 지 1년 뒤 검열관이 다시 등장해서 통제를 재개한 상태였다. 같은 날 밤 프랑스에서는 1천

대 가까운 차량이 방화 피해를 입었다. 전년도 같은 날에 비해 17퍼센트 증가한 수치였다. 그런데도 프랑스 내무부는 이날 밤 〈중대한 사건이 전혀 일어나지〉 않았다고 설명했다.

유럽 대륙은 하루가 다르게 변하고 있을 뿐만 아니라 이런 변화에 대응하기 위한 연착륙의 가능성도 놓치고 있는 중이다. 정치 엘리트 집단 전체는 유럽에 사는 우리 대다수가 우리 것인 유럽을 사랑한다는 점을 헤아리지 못하고 있다. 우리는 우리 정치인들이 유약함이나 자기혐오, 악의, 피로감, 자포자기 등 어떤 이유로든 우리의 고향을 전혀 다른 장소로 바꾸는 것을 원치 않는다. 그리고 유럽인들은 거의 끝없이 동정심을 가질지 몰라도 그 동정심이 무한하지는 않을 것이다. 대중은 여러 모순되는 일들을 원할 수 있지만, 정치인들이 우연히든 고의적으로든 우리 대륙을 완전히 바꿔 놓는다면 그들을 용서하지 않을 것이다. 만약 정치인들이 그런 변화를 야기한다면 우리 대다수는 조용히 이를 유감스럽게 여길 것이다. 다른 이들은 유감 표명을 조용히 하지는 않을 것이다. 과거와 현재의 포로인 유럽인들에게 이제 마침내 미래에 대한 점잖은 답이 불가능해진 것 같다. 그리고 바로 이런 식으로 마침내 치명타가 날아갈 것이다.

감사의 말

블룸스베리 출판사의 로빈 베어드스미스와 제이미 버킷에게 감사의 말을 전하고 싶다. 또한 에이트컨 알렉산더 어소시에이츠의 담당 에이전트 매슈 해밀턴에게도 고맙다는 말을 하고 싶다. 이 책은 매슈의 전임자인 길런 에이트컨의 제안으로 쓴 것이고 그가 마지막으로 계약한 책 중 하나였다. 길런은 전설적인 에이전트일 뿐만 아니라 훌륭하고 현명한 친구이기도 해서 지금도 많이 그립다.

 이 책에서 다루는 주제를 탐구한 여러 해 동안 많은 사람들이 특히 친절하게 도움을 주었다. 여러 대륙에 흩어져 있는 그 사람들의 이름을 모두 나열하기는 어렵다. 하지만 특히 이 책에서 제기하는 여러 문제를 탐구하도록 해준 모든 간행물의 편집가들과, 여러 측면에 대해 기꺼이 토론해 준 친구와 가족, 적수와 동료들에게도 고맙다는 말을 전하고 싶다.

 그리고 특별히 가이드이자 친구인 스탠리에게 이 책을 바치고 싶다.

후기

　『유럽의 죽음』은 2017년 5월 4일 영국에서 출간되었다. 그로부터 6주 전인 3월 22일, 영국 태생의 52세 이슬람 개종자인 할리드 마수드Khalid Masood가 웨스트민스터 브리지에서 렌터카를 몰고 휘젓고 다니면서 미국인 관광객 한 명, 루마니아인 관광객 한 명, 영국인 두 명을 죽였다. 차량이 지나가면서 치이거나 밀려 쓰러지면서 수십 명이 부상을 당했고, 일부는 템스강으로 추락했다. 마수드는 의회 의사당 난간에 충돌한 뒤 차에서 내려 영국 의회 정문을 통과해 달려갔다. 그곳에서 근무 중이던 키스 파머 순경을 칼로 찔러 죽이고는 무장 경찰의 총에 맞아 사망했다. 마수드가 마지막으로 남긴 전화 메시지를 통해 그가 〈성전을 벌이고 있다〉고 믿었음이 드러났다.

　그 직후 영국 언론은 상투적인 문구에 의지했다. 영국의 한 저명한 언론인은 널리 공유된 기사에서 『뉴욕 타임스』 지면을 이용해서 주장을 펼쳤다. 공격 다음 날 아침이 되자 〈런던은 완전히 평상시로 돌아간 것은 아닐지라도 분명 일상에 복귀했다. 도시의 남쪽을 샅샅이 돌아다니면서 첼시를 거쳐 나중에는 킹스크로스까지 둘러봤는데, 런던 사람들은 정말로 여느 날처럼 분주하게 생활하고 있었다.〉 그는 계속 설명을 이어 갔다. 〈내 생각에 이런 행태는 의식적인 도전보다 더 깊은 어떤 것을 반영한다. 이 메갈로폴리스의 860만 시민들이 한 남자 때문에 몸을 숨기는 것은 있을 수 없는 일이었다. 이스트엔드 사람들이 하는 말이 딱 맞았다. 《당신 웃고 있잖아요, 안 그래요?》〉[1] 필자가 런던 이스트엔드에 마지막으로 갔을 때 그런 말을 하는 코크니 cockney*들이 펍을 가득 메우고 있는 걸 본 모양이다. 아마 그 사람들은 「술통을 내오시게Roll out the barrel」라는 노래도 불렀을 테지.

웨스트민스터 공격 사건이 벌어지고 2주 뒤이자 파머 순경의 장례식이 열리기 전, 웨스트민스터 대성당에서는 전국적인 〈희망의 미사〉가 진행되었다. 경찰관이 칼에 찔려 목숨을 잃은 현장 바로 건너편이었다. 종교를 초월한 미사에서 웨스트민스터 대성당 주임 사제인 존 홀 신부는 〈당혹스러워 하는〉 국민들을 대변해 말했다. 〈도대체 무슨 이유로 한 남자가 차를 빌려서 버밍엄에서 브라이턴을 거쳐 런던까지 와서는 본 적도 없는 사람들을 향해 전속력으로 돌진한 걸까요? 알지도 못하고, 개인적 원한도 전혀 없고, 증오할 이유도 없는 사람들에게 차를 돌진하고, 그것도 모자라 웨스트민스터 궁전(의회 의사당) 정문으로 달려가 또 다른 죽음을 야기한 이유가 무엇일까요? 아마 우리는 결코 알지 못할 것 같습니다.〉 더욱 당혹스러운 일들이 순식간에 잇따랐다.

5월 22일 월요일 젊은 여성 수천 명이 맨체스터 아레나에서 열린

---

*   런던 토박이. 그중에서도 특히 이스트엔드 사람들을 가리키는 표현이다.

미국 팝가수 아리아나 그란데의 콘서트를 보고 공연장을 나서고 있었다. 쏟아져 나오는 여자들을 기다리고 있던 것은 스물두 살의 살만 아베디Salman Abedi였다. 그의 리비아인 부모는 카다피 정권을 피해 도망친 뒤 1990년대에 영국에 왔다. 아베디는 공연장 로비에서 폭탄을 터뜨렸다. 너트와 볼트, 금속 파편을 채운 폭탄이었다. 스물두 명—아이들과 부모들—이 그 자리에서 사망했다. 수백 명이 부상을 입었는데, 많은 이들이 정상적인 생활이 어려울 정도의 중상을 당했다. IS는 아베디가 소속 병사라고 주장했다.

맨체스터 사건 직후에 테러 공격이 벌어지기만 하면 존 레넌의 「이매진Imagine」(〈국가가 없다고 상상해 봐요/ 어렵지 않아요/ 남을 죽일 이유도, 자기 목숨을 바칠 이유도 없어요/ 종교도 사라질 거예요〉)을 대대적으로 틀어 대는 유럽의 새로운 전통에 전환점이 찾아왔다. 공격 직후 열린 추도식에서 군중이 1990년대 오아시스의 히트곡 「성난 눈으로 돌아보지 마Don't Look Back in Anger」를 불렀을 때, 맨체스터식 해석이 등장했다. 이 노래는 정치인들과 언론이 부추기고 싶어 하는 분위기에 완벽하게 들어맞는 것 같았다. 얼마 지나지 않아 사망자와 불구자들의 이야기가 사라졌다. 방송 진행자들은 젊은 여성들의 머리와 척추에서 못과 볼트 조각을 제거하는 수술에 초점을 맞추고 싶지 않은 것 같았다. 그 대신에 공격 사건 이후 스물네 시간이 조금 지나자 맨체스터에 대한 반응의 주요 주제는 「성난 눈으로 돌아보지 마」였다.

거의 아무도 묻지 않았다. 〈왜 안 되는가? 단지 월요일 저녁에 좋아하는 팝가수를 보러 갔다는 이유로 자기 딸들이 폭탄에 날아갔는

데, 왜 성난 눈으로 돌아보면 안 되는가?〉 왜 젊은 아베디가 영국이 그에게 살게 해준 햇수와 똑같은 스물두 명을 죽인 것에 대해 분노하면 안 되나? 맨체스터 공격 사건이 벌어지고 2주 뒤 아리아나 그란데는 다시 맨체스터를 찾아, 저스틴 비버를 비롯한 다른 팝가수들과 함께 〈하나의 사랑One love〉 콘서트를 열었다. 비극적 사건에 대한 언급이 있은 뒤, 공연이 시작되자 사람들이 다시 즐기기 시작했다. 일부 전문가들은 이런 모습을 보고 테러에 직면해서도 회복력을 보여 준 사례라며 환호했다. 전달에 있었던 〈희망의 미사〉와 마찬가지로, 사망자들이 아직 땅에 묻히기도 전에 모두들 〈앞으로 나아갔다〉는 사실을 주목한 이는 거의 없었다.

바야흐로 사태가 끝 모르고 계속되는 듯 보이는 가운데 이번에는 다시 런던의 차례였다. 맨체스터에서 〈하나의 사랑〉 콘서트가 열리기 전날 밤인 6월 3일 토요일 저녁 남자 세 명이 탄 승합차가 런던 브리지를 건너는 보행자들을 향해 돌진했다. 곧바로 차에서 뛰어나온 남자들은 보행자들의 목과 몸을 난자하기 시작했다. 특히 여성들을 표적으로 삼는 것 같았다. 뒤이어 계속 내달린 그들은 관광객과 런던 시민들을 무차별적으로 난도질하면서 버러마켓의 펍과 거리를 휩쓸었다. 그들이 외친 구호 중에는 〈알라를 위한 일이다〉라는 말도 있었다. 여덟 명이 살해되고 훨씬 많은 사람들이 중상을 입고 나서야 무장경찰이 범인 세 명을 쏴 죽였다. 나중에 확인된 신원은 유세프 자그바Youssef Zaghba(22세), 후람 버트Khuram Butt(27세), 라시드 르두안Rachid Redouane(30세)이었다. 자그바와 르두안은 모로코 태생이었다. 이후 조사를 통해 르두안은 가명을 사용해서 리비아인이라고 주장하며 영국에 들어왔으며, 실제 나이가 다섯 살이 더 많다는 사실이 드러났다. 그는 가짜 리비아인 신분으로 난민 신청을 거부당하고 재신청 기회까지 다 날린 뒤 종적을 감췄다가 모로코인 신분으로 생활했다. 한편 후람 버트는 파키스탄 태생으로 1998년 〈아동 난민〉으로 영국에 온 것으로 알려졌다. 그의 가족은 〈정치적 탄압〉을 이유로 난민 신청을 하기 위해 영국에 왔다.[2]

이 남자들이 가담한 광란의 살상 직후에 아직 지역에 삼엄한 보안 경비가 진행되는 동안, 밤을 즐기러 나온 런던 시민들은 머리 위에 손을 올리고 일렬로 지역을 빠져나가라는 지시를 받았다. 또 다른 공격범이 있을 경우를 대비해 무장 경찰이 총을 겨누고 있었다. 런던의 회복력이라는 주제가 끊임없이 제기되었지만, 그날 밤 대중은 포로 상태로 연행되는 패잔병의 모습에 더 가까웠다. 이후 며칠 동안 영국 각지의 랜드마크와 취약한 기반시설 주변마다 보호 장애물과 담장, 볼라드가 세워졌다. 여러 해 전부터 〈열린 국경〉 운동이 내세운 전통적인 구호는 〈담장이 아니라 다리를 만들자〉였다. 이런 사람들은 오늘날 런던을 가봐야 한다. 2017년 말에 이르러 런던의 다리들은 담장으로 뒤덮였다.

그럼에도 불구하고 영국 총리 테레사 메이와 다른 정치 지도자들은, 영국은 테러를 대면하고도 〈회복력〉이 강하다는 주제를 역설했다. 총선을 코앞에 두고 테러가 일어났기 때문에 야당인 노동당은 경찰 인력 감축이 테러에 적어도 일부 기여했다고 주장하면서 이 사건을 정치적으로 어느 정도 활용할 수 있었다. 다우닝가 관저 계단에 선 총리는 이제까지 영국에서 극단주의에 대해 지나치게 관용적이었으며 이 세 번째 공격 이후에는 〈더 이상 관용은 없다〉라고 발표했다. 총리는 극단주의 문제를 조사할 위원을 임명하겠다는 약속 말고는 더 구체적인 방도를 밝히지 않았다.

그 외에는 〈평정심을 유지하고 일상을 계속하자Keep Calm and Carry On〉*, 블리츠 정신Blitz spirit** 등이 강조되었다. 같은 달인 9월 15일 아메드 하산Ahmed Hassan이 러시아워에 런던 지하철 디스트릭트 노선에 올라타서 객차에 폭탄을 두고 내렸을 때에도 다시 한 번 공허한 정신력이 강조되었다. 열여덟 살의 이라크인 하산은 2015년 영국에 불법 입국한 뒤 양부모와 함께 산 것으로 밝혀졌다. 그는 양부모 집에서 폭탄을 만들었다. 지하철에 타고 있던 어린 학생들과 승객들로서는 다행히도 기폭 장치만 터지고 폭탄은 점화되지 않았다. 기폭 장치가 터지는 소리에 놀란 승객들이 우르르 몰리면서 수십 명이 가벼운 화상과 부상을 입었다. 천만다행으로 수십 명의 주검이 시신 운반용 부대로 옮겨지는 일은 일어나지 않았다.

물론 런던 사람들이 아직까지 〈블리츠 정신〉을 많이, 또는 조금이나마 갖고 있을 이유는 전혀 없다. 2011년 인구조사에서 나타난 것처럼, 현재 런던에 사는 대다수 가정은 런던 대공습 당시에 영국에 있지도 않았다. 단지 공교롭게도 이전 사람들과 같은 땅에 거주하고 있다는 이유로 앞선 세대의 기억을 흡수해야 할 이유도 없다.

블리츠 정신이 런던 수돗물로 흡수되지 않는다는 사실을 강조라도

---

*　제2차 세계 대전 발발을 몇 달 앞둔 1939년에 대규모 공중폭격이 예고된 가운데 영국 정부가 시민들의 사기를 돋우기 위해 제작한 동기 부여 포스터의 문구.

**　제2차 세계 대전 당시 독일의 영국 대공습Blitz을 이겨 낸 영국인 특유의 끈질긴 생명력을 가리키는 표현.

하려는 듯, 이 모든 테러 공격이 일어난―그리고 많은 공격 시도가 저지된―그해 11월 영국에서 어떤 사건이 드러났다. 이 사건은 테러 공격의 사망자들에 비해 훨씬 관심을 받지 못했다. 11월 24일 금요일 초저녁, 옥스퍼드 서커스역에서 총격이 벌어졌다는 신고가 있었다. 군중이 우르르 몰리면서 겁에 질린 수백 명이 런던에서 가장 붐비는 거리들로 쏟아져 나왔다. 공포에 질린 보행자들은 대형 백화점으로 피신했다. 가수이자 유명인인 올리 머스Olly Murs는 8백만 명에 가까운 팔로워에게 자신이 셀프리지 백화점 안에 있다고 트윗을 날렸다. 〈젠장, 지금 총격이 벌어져서 다들 셀프리지에서 나가고 있어요! 나는 지금 안에 있어요.〉 이 트윗을 팔로하면서 누군가 덧붙인 말이 훨씬 더 분별이 없었다. 〈무슨 일이 일어난 건지 정말 모르겠네요! 나는 사무실에 있는데…… 사람들이 소리를 지르면서 비상구로 뛰어가고 있어요!〉 영국 경찰은 테러 사건으로 간주하고 대응하는 중이라고 발표했는데, 소셜 미디어와 유명 신문들에서는 옥스퍼드 스트리트에서 차량 한 대가 보행자들을 향해 돌진해서 사방에 피와 시체가 널려 있다는 온라인 기사가 등장했다.

한 시간 만에 이 모든 것이 가짜임이 밝혀졌다. 차량 공격이나 총잡이, 시체와 유혈낭자 같은 건 전혀 없었다. 열여섯 명이 부상―한 명은 중상―을 입은 건 사실이지만, 옥스퍼드 서커스역과 주변 지역에서 사람들이 우르르 몰리느라 벌어진 일이었다. 이 사건 자체가 갱단의 싸움 때문에 벌어진 일이라는 보도가 있었다. 이것 역시 사실이 아님이 드러났다. 사건 다음 날 의도치 않게 패닉 상태를 유발한 책임을 지게 될까 봐 두려웠던 남자 두 명이 경찰서에 자진 신고를 했지만 기소 없이 곧바로 석방되었다. 12월 26일에도 비슷한 사건이 발생했다. 총격이 발생했다는 허위 신고 때문에 박싱데이를 맞아 쇼핑을 나온 사람들이 겁에 질려 가게 안으로 뛰어들고 인접한 거리들로 달려 나가면서 옥스퍼드 스트리트에서 다시 행인들이 우르르 몰리는 일이 벌어졌다.

물론 이런 사건들—2015년 11월 파리 테러 공격 이후 벌어진 것과 비슷한 사건들—은 뉴스에서 신속하게 사라졌고 아무도 여기에 관해 글을 쓰지 않는다. 이 사건들은 부끄러운 일이라도 되는 듯 무시되었다. 하지만 이 사건들을 보면, 대중이 칼럼니스트와 정치인들이 즐겨 주장하는 것처럼 냉철하지 못하다는 사실을 알 수 있다. 오히려 대중은 워낙 흥분하기 쉽기 때문에 사소한 말다툼이 언제든지 수많은 사람들이 우르르 몰리는 사태로 비화할 수 있다. 겁에 질린 유명인과 대중은 똑같이 머릿속에서 벌어진 참사를 피해 냅다 내달린다.

이 무렵 이런 추세와 전혀 다르게 전개된 유일한 사건은 6월 19일 핀스버리파크 이슬람 사원 근처에서 벌어진 테러 공격의 결과로 일어났다. 그날 저녁 카디프 출신으로 네 아이를 둔 마흔일곱 살의 대런 오스본Darren Osborne은 사원과 인근의 무슬림 복지관 지역에 모여 있는 군중 속으로 승합차를 돌진시켰다. 먼저 쓰러진 남자 한 명이 현장에서 사망하고 10여 명이 부상을 입었다. 이 공격에는 여러 가지 인상적인 면이 있었다. 무엇보다도 크게 과장된 이슬람을 겨냥한〈반동 backlash〉이 실제로 현실이 될 수 있다는 공포를 꼽을 수 있다. 하지만 가장 인상적인 것은 매번 이슬람주의자의 공격이 벌어질 때마다 사람들이 최대한 냉정하게 비난의 대상을 제한하려고 했던 노력이 이 경우에는 전혀 보이지 않았다는 사실이다. 핀스버리파크 사원 근처에서 공격이 벌어진 직후 이슬람 단체들과 일부 주류 언론은 공격에 대한 비난의 화살을 최대한 폭넓게 날릴 수 있었다. 공동체와 지역 사회 전체, 공격 사건과 아무 관련이 없고 이런 일을 전혀 옹호한 적이 없는 개인들, 그리고 평소에 원한이 있던 모든 개인이 비난의 표적이 되었다. 〈성난 눈으로 돌아보지 마〉는 핀스버리파크 공격 이후 널리 채택된 주제곡이 아니었다.

대다수 사람들이 무슬림은 대부분 법을 준수하는 점잖은 시민이라는 데 합의하고 있지만, 나머지 시민들에 대해서는 똑같은 가정이 적용되지 않는 것 같다. 비무슬림 시민들은 과거 유대인 학살 시절과 불과 한 걸음 떨어져 있는 것으로 간주되기 때문이다. 이른바 〈정체성주의자들identitarians〉 같은 운동*이 유럽에서 우후죽순 생겨나기 시작한 것도 아마 이처럼 무죄 추정 기준이 다르게 적용되기 때문일 것이다. 이런 운동들이 어디로 향할지는 말할 것도 없고 현재 어떻게 구성되어 있는지도 아직 판단하기 이르다. 시간이 지나면서 그들의 사고와 행동이 애초에 운동이 생겨난 발단이 되었던 것과 똑같은 반응을 정당화할 수도 있다는 두려움이 모든 사람들의 마음속에 자리 잡고 있다.

공교롭게도 2017년 영국에서 벌어진 공격 중에서 첫 번째 사건이 일어나던 중에 나는 최근에 중유럽에 새롭게 세워진 국경 장벽 한 곳

* 프랑스에서 시작되어 서유럽과 북미까지 확산된 극우 백인 민족주의 운동. 반이슬람, 반이민을 주창하며 백인 정체성을 강하게 내세우기 때문에 〈정체성주의 운동〉이라고 불린다.

을 따라 걷고 있었다. 이주자들의 물결은 줄어든 상태였지만 당국의 대비 태세는 2015년과는 아주 다른 수준이었다. 헝가리 – 세르비아 국경 경비대는 현재 활용 중인 새로운 드론 카메라 기술을 시연하면서 자국 국경을 안전하게 방비하기 위해 스물네 시간 경계를 하고 있다고 설명했다. 물론 그 어떤 국경도 할리드 마수드Khalid Masood를 막지 못했을 것이다. 웨스트민스터 브리지 공격범은 영국 태생이었다. 하지만 국경의 필요성 — 또는 적어도 실행 가능하고 효율적인 난민 정책 — 은 계속해서 정치권의 싸움 거리가 되었다. 유럽의 수많은 도시들의 거리도 마찬가지였다.

4월 7일은 스톡홀름 차례였다. 그날 오후 우즈베키스탄에서 온 난민 신청 탈락자가 트럭을 훔쳐 타고 스웨덴에서 가장 붐비는 거리에서 쇼핑을 나온 군중을 향해 돌진했다. 보도에 따르면 운전자는 의도적으로 가족들을 겨냥해 트럭을 돌진시킨 것 같았다. 다섯 명이 사망하고 훨씬 많은 수가 부상을 입었다. 범인은 2014년에 스웨덴에 들어와서 난민 신청을 했지만 스웨덴 당국은 그가 적법한 난민 자격이 없다는 사실을 신속하게 찾아냈다. 그는 2016년 말에 추방 명령을 받았지만 계속 남았다.

8월 17일, 다시 스페인 차례였다. 스물두 살의 모로코인 유네스 아부야쿠브Younes Abouyaaqoub가 바르셀로나에서 인기 있는 라람블라 거리를 걷고 있던 군중 속으로 승합차를 돌진시켜 열네 명이 사망하고 1백여 명이 부상을 당했다. 그는 도망치기 위해 다른 차를 훔치려던 중에 한 명을 더 죽였다. 범인은 테러 세포조직의 일원인 것으로 밝혀졌는데, 그 성원들은 후에 바르셀로나 인근 캄브릴스에서 보행자들을 향해 차량을 돌진시켜 여자 한 명을 죽이고 여섯 명에게 부상을 입혔다. 전날 밤 세포조직의 다른 성원들은 알카나르의 한 주택에서 폭탄을 만들다가 폭발 사고로 죽었다. 나중에 보도된 바로는 세포조직은 안토니 가우디의 걸작인 사그라다파밀리아 성당을 날려 버리는 등 세간의 이목을 집중시키기 위한 공격을 계획하고 있었다. 그로부터 한 달 뒤, 별도의 사건에서 경찰 테러 대응 팀이 사그라다파밀리아 성당에 긴급 출동해서 사람들을 내보내고 주변 지역 전체를 폐쇄했다. 지역에 〈수상한〉 승합차가 나타났다는 신고에 따른 조치였다.

바르셀로나 공격 사건 이튿날 핀란드 투르쿠에서 공격범이 〈알라후아크바르〉를 외치면서 칼을 휘둘러 여성 두 명이 사망하고 여덟 명이 부상을 입었다. 이번에도 역시 공격범 — 의도적으로 여성을 겨냥했다 — 은 최근 유럽에 온 최대 규모의 이주자 집단 가운데 한 명인 것으로 드러났다. 전 세계 다른 모든 사람들처럼 유럽에 체류할 자격이 없는 사람이었다. 압데라흐만 부아난Abderrahman Bouanane은 2016년 가명으로 핀란드에 와서 자신이 아동 난민이라고 주장했다. 그는 평화롭기 짝이 없는 나라인 모로코 출신이었고, 실제 나이는 스물두 살이었다. 난민 자격을 거부당했고 여러 가짜 신분을 사용했음에도 그는 핀란드에서 추방되지 않았다. 그리하여 또 다른 여러 가족의 삶이 영원히 바뀌었다.

하지만 이런 공격을 사전에 막기 위해 할 수 있는 일이 거의 또는 전혀 없는 것 같았다. 의존할 만한 조치라곤 모든 유럽 도시에서 치안 유지와 정보활동을 강화하고 볼라드를 더 많이 설치하는 것뿐이었다. 더 커다란 쟁점들에 관해서는 아무도 호전적이면서도 비겁한 정치적

합의를 앞서 나가려고 하지 않았다.

2017년 12월 유럽연합 이주위원장 디미트리스 아브라모폴로스 Dimitris Avramopoulos는 「유럽의 이주자들은 여기 살려고 온 것」이라는 논설에서 정치적 주류가 현재 실행 중인 정책을 요약했다. 〈지금은 진실을 직면할 때〉라고 그는 주장했다. 〈우리는 이주를 막을 수 없으며 앞으로도 절대 막지 못할 것이다.〉 그러면서 〈유럽연합이 지난해에 70만 명이 넘는 이들에게 보호를 제공했다〉라고 자랑했다. 이런 조치는 〈도덕적 정언명령〉일 뿐만 아니라 〈고령화되는 우리 대륙을 위한 경제적, 사회적 정언명령〉이라는 게 그의 주장이었다. 〈결국 가장 중요한 것은 우리 모두 이주와 이동, 다양성을 새로운 규범으로 기꺼이 받아들이고 그에 맞춰 우리의 정책을 다듬을 필요가 있다는 사실이다. 우리의 난민·이주 정책을 미래에 적합하게 만드는 유일한 길은 우선 우리의 사고방식을 집단적으로 바꾸는 것이다.〉 하지만 아브라모폴로스는 실패를 인정했다. 〈물론 유럽연합은 여전히 많은 일을 해야 한다. 우리는 향후 몇 달 동안 재정착을 통해서든 자발적인 귀국 지원을 통해서든 이주자 수천 명을 리비아로부터 철수시키겠다는 약속을 지켜야 한다.〉[3]

그 직후 이탈리아 정부는 유럽연합 이주 정책의 이런 실패를 바로잡겠다고 약속했다. 같은 달에 사상 처음으로 이탈리아 정부는 리비아로부터 로마로 이주자들을 항공편으로 실어 나르기 시작했고, 내무 장관은 이듬해에 인신매매업자들로부터 사람들을 구하기 위해 1만 명을 추가로 비행기로 들여오겠다고 약속했다. 마르코 민니티 Marco Minniti 내무 장관은 심지어 리비아에서 항공편으로 처음 온 이주자들을 직접 만나러 가서 이렇게 발표하기까지 했다. 〈지금은 역사적인 순간입니다. 유엔에 의해 난민 지위를 인정받은 이주자들을 범죄 집단의 손아귀에서 구해 내기 위해 첫 번째 인도주의적 통로를 만들었기 때문입니다.〉 이주자들이 지중해를 위험하게 건너지 않도록 돕기 위해 새로 만들어진 정책은 밀입국 알선 갱단을 우회해서 유럽연합이 그 일을 대신하는 것이었다. 배가 아니라 항공기를 이용해서. 이 발표가 나오기 전해에 이탈리아 당국은 많은 비정부기구가 밀입국 알선 조직망과 적극적으로 협력하고 있다는 증거를 (잠입 활동을 통해) 확보한 바 있었다. 비정부기구들은 접선 지점과 시간을 조정하고 심지어 밀입국 알선 조직망에 배를 돌려주기도 했다. 이런 사실이 밝혀지자 이탈리아 대중은 분노했지만 놀라지는 않았다.

물론 민니티를 비롯한 이탈리아 당국자들은 정부의 새로운 계획은 진짜 난민만 받아들이는 것이라고 주장했다. 하지만 모든 유럽 나라들의 과거 기록을 보면, 이런 생각이 다른 많은 생각들과 마찬가지로 환상임이 입증되었음을 알 수 있다. 민니티는 이탈리아에 들어올 수 없는 이주자들은 더욱 신속하게 추방될 것이라고 자랑했다. 하지만 유럽 각국 대중은 이런 주장을 회의적으로 바라볼 수밖에 없다. 실제로 민니티의 발표와 동시에 영국에서 공개된 수치를 보면, 그 나라에 체류하기 위해 나이를 속이는 부모 없는 이주자 아동 가운데 추방되는 비율은 다섯 명 중 한 명이었다. 스웨덴 국가 법의학 기구 Rättsmedicinalverket가 진행한 한 연구는 최근 스웨덴에 들어온 이들 중에 자신이 〈아동 난민〉이라고 주장하는 8천 명에 가까운 사람들의 연령을 밝히고자 했다. 검사—나이에 관해 의혹이 제기된 사람들을 대상으로 진행되었다 — 결과 8천 명 가운데 6천 명이 실제로 열여덟 살 이상임이 밝혀졌다. 82퍼센트가 넘는 비율이다.[4] 이 사람들에게 어떤 일이 생길까? 거의 모든 사람들에게 생기는 일과 똑같다. 계속 체류하는 것이다.

만약 과거에 유럽 각국 당국이 누구를 들여보낼지를 엄격하게 관리하지 않았다면, 이처럼 느슨한 태도 — 그리고 장기적 결과를 중시하지 않은 태도 — 의 시기와 결과는 추악한 방식으로 드러났다. 무엇보다도 돌이킬 수 없는 한 가지 사실이 계속 존재를 부각시켰다. 전 세계 사람들을 들여오면 결국 전 세계의 문제들도 함께 들여오는 것이고, 어쩌면 새로운 문제들도 생겨난다는 사실이다. 세계 어느 곳에서든 벌어지는 사태들이 이제 유럽 내에서 영향을 미쳤다.

2017년 12월 미국 대통령은 이스라엘 주재 미국 대사관을 텔아비브에서 예루살렘으로 이전할 계획이라고 발표했다. 석학들과 대통령 반대파는 즉각 이렇게 하면 〈아랍의 여론〉이 봉기하는 결과로 이어질 것이라고 경고했다. 사실 아랍 세계는 놀라울 정도로 조용했다. 대통령의 발표가 나온 그 주 금요일 동예루살렘 팔레스타인 자치지구 중앙의 다마스쿠스 게이트를 찾은 BBC 언론인은 실망한 표정으로 팔레스타인 시위대보다 언론인이 더 많이 모였다고 토로했다. 하지만 가공의 아랍 여론이 봉기한 만큼 유럽에서도 여론이 봉기했다.

미국 대통령이 이스라엘 대사관 이전을 발표한 직후에 런던 미국 대사관 앞에 무슬림 군중이 모여서 구호를 외쳤다. 〈유대인 놈들아, 카이바르를 기억하라, 무함마드의 군대가 돌아오는 중이다Khaybar, Khaybar, ya yahud, Jaish Muhammad, sa yahud.〉 7세기에 메디나 근처에 있던 유대인 공동체가 무함마드 군대에 의해 도살된 사건을 상기시키는 구호였다. 암스테르담에서는 팔레스타인 국기와 카피예를 두른 남자가 도시 유대인 지구에 있는 유대식 레스토랑 창문을 박살냈다. 북쪽 스웨덴에서는 사태가 한층 더 험악해졌다. 말뫼에서는 군중이 모여서 〈유대인 놈들 쏴버리자〉라고 연호했고, 예테보리에서는 마스크를 쓴 남성 스무 명 정도가 지역 유대교 회당을 습격해서 화염병을 던졌다. 인접한 문화 센터 내부에 있던 유대인 젊은이 20~30명은 가까스로 몸을 피했다. 이틀 뒤에는 말뫼의 유대교 장례식장 바깥에서 화염병 두 개가 발견되었다. 스톡홀름에서는 베를린처럼 군중이 다윗의 별을 불태웠고, 한 연사는 유대인을 〈원숭이와 돼지 무리〉라고 지칭했다. 순교를 하겠다는 맹세가 이어졌다. 말뫼에 아직 남아 있는 유대인 공동체의 대변인은 냉정하게 말했다. 〈다윗의 별 목걸이가 겉으로 보이지 않게 조심합니다. 일상적인 삶을 사는 것 자체가 끝없는 전쟁이에요.〉[5]

이 책이 출간된 해에 여기서 설명한 몇몇 치명적인 결정에 관한 자세한 내용이 추가로 드러났다. 『디 벨트』의 한 기자는 2015년 8월 메르켈이 내놓은 논거의 일부를 전달했는데, 총리는 특히 독일 국경 경비대가 이주자들을 쫓아 버리는 모습이 담긴 사진이 전 세계로 퍼지는 것을 두려워했다.[6] 한편 유럽의 한 전직 정부 관리는 2015년 10월 브뤼셀에서 열린 긴급대책 회의에서 이루어진 대화를 설명한 바 있다. 당시 메르켈은 한숨을 내쉬며 〈우리는 지금 익사하는 중〉이라고 언급한 뒤 계속 말을 이었다. 〈오늘 우리는 오스트리아로부터 너무 많은 난민을 받고 있습니다. 내일을 생각해야 해요.〉 이어서 총리는 자신은 한때 장벽을 옆에 두고 살아야 했던 나라 출신임을 언급하면서 자기가 새로 장벽을 쌓았다고 전기에 서술되는 것을 원치 않는다고 말했다.[7]

정치적 차원에서 보면, 최근 세대 유럽 정치인들이 내세운 정책은 어느 정도 예상된 결과를 낳기 시작했다. 3월에 치러진 네덜란드 선거에서는 집권당인 자유민주국민당이 다수당의 자리를 지키면서 헤이르트 빌더르스의 당이 승자가 되고 자유민주국민당이 2위를 할 것이라는 선거 전 여론 조사를 뒤집었다. 신생 정당 — 민주주의 포럼당 Forum for Democracy — 이 빌더르스의 지지표를 일부 갉아먹었다. 하지만 더욱 인상적인 사실은 투표일이 다가오면서 자유민주국민당이 선거 운동에서 내세우는 언어가 점점 더 빌더르스의 언어와 구별할 수 없게 되었다는 점이다. 네덜란드 신문에 실린 한 광고에서 마르크 뤼터Mark Rutte 총리 — 재선을 위해 출마한 — 는 이민자들에게 경고했다. 〈평상시처럼 행동하거나 아니면 떠나세요.〉 그리고 선거 전 며칠 동안 터키 정부와 네덜란드 정부 사이에 주목할 만한 교착 상태가 벌어졌다. 각료를 포함한 터키의 많은 정치인들이 에르도안 대통령을 중심으로 더 많은 권한을 집중하기 위해 고안된 터키 국민투표에서 〈찬성〉 표를 확보하기 위한 캠페인의 일환으로 네덜란드를 찾을 예정이었다. 네덜란드 당국은 터키 정치인들이 자국에 와서 선거 운동 하는 것을 반대하면서 터키 외무 장관의 비행기가 착륙하는 것을 금지하고 또 다른 터키 장관을 자국에서 추방했다. 노골적으로 강경한 태도는 성공을 거두었고, 빌더르스는 네덜란드 의회에서 두 번째로 큰 당으로 올라섰다.

프랑스에서는 다음 달에 마린 르펜이 대통령 선거에서 결선 투표까지 진출하는 데 성공했다. 그다음 달에 르펜은 에마뉘엘 마크롱에게 져서 대통령 자리를 내주었다. 마크롱은 주류 정당의 지지나 당 구조조차 갖추지 못한 채 보기 드문 선거 시즌을 돌파한 인물이었다. 어쩌면 그의 적수들이 승리할 가능성이 줄곧 과대 평가됐을지 모른다. 어쩌면 결선 투표에서 르펜 집안의 성원을 만난 게 그냥 행운이었을지도 모른다. 하지만 마크롱의 당선을 보고 일부 사람들은 유럽 정치의 전체적인 풍경이 그대로 유지될 수 있음을 알게 되었다. 축하하는 분위기 속에서 장기적인 궤적이 어떻게 될지를 염두에 두는 사람은 거의 없어 보였다. 2002년 프랑스 대통령 결선 투표에서 마린 르펜의 아버지는 17.8퍼센트만을 득표했다. 반면 2017년 그의 딸은 33.9퍼센트를 얻었다.

9월 독일에서 선거가 치러진 뒤 유럽 중도 정치가 평상시처럼 지속될 수 있다고 여전히 생각하던 사람은 침묵에 빠졌다. 선거 전에는 메르켈 정부의 내무 장관인 토마스 데메지에르 같은 중도파조차 『빌트차이퉁Bild-Zeitung』 지면을 빌려서 네덜란드 자유민주국민당이 재집권하기 위해 써먹었던 것과 똑같은 수를 쓰려고 했다. 그는 네덜란드 뤼터 총리의 전술과 성공을 흉내 내겠다는 필사적인 기대를 품고 말했다. 〈우리는 부르카가 아닙니다.〉 하지만 이런 노력에도 불구하고, 총리가 운명적인 국경 개방 결정을 내린 지 2년 뒤인 2017년 9월은 독일 유권자들이 총리의 오만한 콧대를 꺾어 버린 순간이 되었다. 1949년 이래 기독민주연합이 받아 든 최악의 성적표였다. 기독민주연합은 여전히 최대 정당이었지만, 독일 유권자들은 창당 4년째인 독일대안당에게 94석을 안기면서 연방의회에서 3위 정당으로 만들어 줌으로써 독일 정치를 뒤흔들었다. 만약 메르켈이 다시 사민당과 연정했더라면 독일대안당이 연방의회에서 공식적인 야당이 되었을 것이다. 독일대안당의 공동 지도자인 알렉산더 가울란트Alexander Gauland는 선거 결과가 나오고 한 시간 뒤 〈정부와 메르켈을 끝까지 추적해서 우리 나라와 국민을 되찾을 것〉이라고 선언했다. 바이에른주의 메르켈의 자매 정당인 기독사회연합(CSU)은 총리가 이민자 유입에 대해 더욱 강경한 노선을 택하라는 자신들의 요구를 받아들이지 않을 것임을 간파했다. 그리고 사민당은 선거에서 재앙을 겪은 뒤 다시 메르켈과 연정하는 것을 거부했다. 11월에 연정 회담이 결렬되자 다시 선거를 치르자는 이야기가 나왔지만, 아무도 특별히 다른 결과가 나올 것이라고 확신할 수 없었다. 이 글을 쓰는 지금, 선거가 치러지고 거의 반년이 지났지만 메르켈은 여전히 연정을 구성하지 못하고 있으며 지금도 독일에는 정부가 존재하지 않는다.

물론 전에도 숱하게 그랬던 것처럼 말잔치는 여전했다. 베를린 시장(市場) 테러 공격 1주년 추도일에 총리는 독일 국민들의 〈안전을 보장하겠다〉고 약속했다. 하지만 공허한 말뿐이었다. 1년 전 공격범은 튀니지인 난민 신청자였다. 메르켈이나 다른 어떤 유럽 지도자나 그런 사람이 유럽에 들어오거나 체류하지 못하게 막는 정책이나 시스템을 도입하지 않았다. 그들이 한 일이라곤 볼라드 제조 산업에 계속 사업 기회를 제공한 것뿐이었고, 예측 가능한 미래에 유럽 전역의 성탄절 시장은 무장 경찰과 담장 보안으로 방비되는 악몽의 현장이 되었다. 마크 스타인은 이 모든 진기한 현상을 다음과 같은 질문으로 요약했다. 〈만약 자유로운 나라들이 꼴사나운 보안 통제를 실시해야 한다면, 국경 내부의 시설물 곳곳에서 하는 대신 국경 주변에서 하는 게 낫지 않겠는가?〉[8]

어떤 면에서 독일 선거보다 훨씬 더 인상적인 것은 다음 달에 이웃 나라 오스트리아에서 일어난 변화였다. 오스트리아의 젊은 전 외무 장관 제바스티안 쿠르츠Sebastian Kurz는 선거 운동 중에 이민과 통합 문제에 관해 입장을 제시함으로써 자신이 속한 오스트리아 국민당을 최대 다수당으로 만드는 데 성공했다. 국민당은 62석을 획득했으며, 짧은 협상 기간을 거친 끝에 51석을 획득한 오스트리아 자유당과 연립 정부를 구성했다. 일반적으로 〈극우파〉라고 불리는 당을 다시 오스트리아 정부 안으로 수용하자 상당한 국제적 관심이 쏠렸다. 하지만 선거를 통해 두 가지 사실이 입증되었다. 첫째, 오스트리아 대중은 이민과 정체성 문제에 관해 더욱 강경한 정부를 원했다. 둘째, 정치적 차원에서 보면 주류 정당이 비주류 정당을 끌어들여 통치에 도움을 받는 게 가능했다. 유럽 정치의 미래를 감안할 때, 오스트리아 선거와 연정은 지금까지 2015년 이후 시대에 가장 중요한 사건일 것이다. 만약 이 새로운 합의가 제대로 작동한다면 나머지 유럽의 정치적 주류에 본보기를 제공할 수 있다. 최소한 잘못되더라도 경적 소리임이 입증될 수 있다.

한편 중유럽과 동유럽의 국가들은 베를린이나 브뤼셀과 냉담한 관계를 계속 유지했다. 비셰그라드 그룹 4개국은 숫자가 힘이라는 것을 깨달았다. 4개국이 이주자 할당제를 계속 거부하고 또한 2015년의 재앙으로 이어진 정책을 과거나 미래에 대해 어쨌든 승인하기를 계속 거부하면서 브뤼셀은 점차 위협적으로 바뀌었다. 2017년 12월 유럽연합 집행위원회는 폴란드와 헝가리, 체코공화국이 브뤼셀과 베를린이 들여온 이주자를 수용하지 않는 데 대해 유럽 사법재판소에 제소할 계획이라고 발표했다. 철저하게 제재하고 무거운 벌금을 물리겠다는 위협이 계속되고 있다. 하지만 이 글을 쓰는 지금 이 나라들은 유럽연합 집행위원회의 위협에 맞서 버티는 중이다.

　이 책이 출간된 이래 이 나라들에서 여러 사람을 만나 대화를 하면서 나는 많은 관리들이 조만간 위기가 벌어질 것이라고 진단하는 데 깊은 인상을 받았다. 이 나라들의 대다수 대중은 유럽연합 회원국 지위에 찬성한다. 하지만 대다수는 또한 브뤼셀 당국이 이주자들에 관해 요구하는 내용에 대해 자국 정부가 적대적 태도를 보이는 것을 일관되게 찬성한다. 그러면서 협박하지 말라고 목소리를 높인다. 〈뭔가 보상을 달라〉고 요구한다는 것은 사실이 아니다. 때로는 상황이 아주 오랫동안 아슬아슬하게 이어질 때도 있다. 하지만 유럽의 분열보다는 통합을 원하는 유럽연합 집행위원회는 베를린이 저지른 잘못의 대가를 치르기를 거부한다는 이유로 회원국을 협박하지는 않을 것이다. 특히 베를린이 잘못을 인정하지 않은 채 이런 오류를 반복할 수 있다는 징후를 보이는 경우에는 더욱 그러하다. 본질적으로 중유럽과 동유럽의 국가들은 서유럽에서 벌어지는 상황을 바라보면서 그들과 비슷해지기를 원치 않는다. 이 나라들은 말뫼 주민들이 도시에서 점점 빈발하는 강간 사건을 제대로 처벌해 달라고 스웨덴 정부에 요구하면서 시위를 벌이는 모습을 목격한다.[9] 또한 2017년 새해 전야에 베를린에서 도시 당국이 여성들이 강간의 공포에서 벗어나 새해를 축하할 수 있도록 브란덴부르크 문 옆에 여성 전용 〈안전지대〉를 설치해야 하는 현실을 목도한다. 그리고 모두들 알지만 아무도 인정하려 들지 않는 내용을 확인해 주는 보고서들을 본다. 2018년 1월 독일에서 최근 강력 범죄가 증가한 데는 특별한 원인이 있음을 보여 주는 수치가 공개되었다. 오직 독일의 공식 당국만 부정하려 했던 그 원인은 최근에 이주자 유입이 늘어났다는 사실이다. 니더작센주의 통계자료를 활용한 이 연구에 따르면, 실제로 강력 범죄 증가의 90퍼센트 이상이 그 원인을 젊은 남성 이주자들에게서 찾을 수 있었다.[10] 그러니 아직 이런 문제를 안고 있는 게 아니라면 그 누가 이 문제를 바라거나 용인하겠는가?

* * *

영국에서 출간되자마자 이 책은 베스트셀러 목록에 진입했다. 『선데이 타임스』 논픽션 베스트셀러 10위 안에 20주 가까이 머물렀고, 그해의 손꼽히는 베스트셀러였다. 대다수 저자들에게 이런 일은 분명 한없는 기쁨이 될 것이다. 하지만 나의 경우에는 그렇지 않았다. 나는 프랑스에 체류하던 중에 이 책이 『선데이 타임스』 베스트셀러 1위에 올랐다는 소식을 들었다. 그와 동시에 런던 브리지와 버러마켓에서 일어난 테러 공격에 휩쓸린 런던에서 친구와 동료들로부터 걱정하는 전화가 걸려오기 시작했다.

이 책은 대중뿐만 아니라 평론가들로부터도 좋은 반응을 얻었다. 하지만 가장 인상적인 것은 이 책을 읽었다고 인정하면서 무엇보다도 책 내용에 진심으로 동의한다고 밝힌 정치인들과 전현직 정치 지도자들의 숫자였다. 실제로 고위 정치 지도자들이 열렬한 반응을 보이는 것을 보면서 나는 그렇게 많은 합의가 존재한다면 왜 애당초 사태가 이토록 나빠졌던 건지 몇 번이고 궁금해졌다. 이 모든 상황을 볼 때 내가 오래전부터 품은 의심, 즉 사회의 장기적 안녕을 위해 단기적으로 정치적 타격을 입는 것보다는 현재 상태가 지속되게 내버려 두고 불만을 토로하는 게 더 쉽다는 사실이 드러났다. 이 책은 또한 다른 나라, 특히 미국과 오스트레일리아의 대중으로부터도 좋은 반응을 얻었다. 두 나라의 독자들과 정치인들은 종종 내게 말을 건넸다. 〈이건 우리 이야기잖아요, 안 그래요?〉 나는 〈물론이죠〉라고 답했다.

이 정도 분량의 책에서 몇몇 오류가 발견되는 것은 불가피한 일이다. 하드커버 판이 나온 뒤 나는 다양한 사람들이 여기 실린 통계 자료와 수치가 (사실이고 정확하다 할지라도) 어떤 면에서 오류가 있다고 주장할 것이라고 예상했다. 나는 사람들이 유럽이 받아들인 이주자의 수나 여러 결정에 영향을 받은 사람의 수, 향후에 예상되는 이주자 수에 이의를 제기할 것으로 예상했다. 내가 사람들의 발언 가운데 〈일부만 선별적으로 인용〉하거나 심지어 〈맥락과 무관하게 인용〉했다는 주장이 제기될 것으로 예상했다.

하지만 이 책에 실린 수많은 사실 가운데 어느 것도 제대로 반박되지 않았고 어떤 중요한 인사도 책에 나온 사실에 이의를 제기하거나 부정하려는 시도조차 하지 않았다. 책에 등장하는 인물 가운데 자신에 관한 설명에 이의를 제기한 사람은 조너선 포르테스가 유일한데, 그는 1997년 이후 영국 노동당 정부의 문호 개방 정책을 다듬은 역할 때문에 부수적으로 언급된 인물 중 하나다. 이 정책에 대해 그의 상관들은 그 후 오랫동안 유감을 표명한 바 있다. 포르테스는 킹스칼리지 런던에서 소셜 미디어를 통해 심각한 피해를 야기한 그 정책에 관여한 자신의 역할과 자기 자신에 대한 서술이 오류로 가득 차 있다고 밝혔다. 그는 사실에 이의를 제기하지 않았고, 정치적 재앙이라는 나의 평가를 반박하지도 않았다. 대신에 그는 자신을 세라 스펜서와 엮어서 〈학자〉로 분류한 데 항의하면서 자신이 그 역할을 맡기 전후로 학계에 몸담기는 했지만, 당시에는 학계에 있지 않았다고 언급했다. 둘째, 그는 자신은 세라 스펜서처럼 이민에 대한 견해 때문에 〈유명〉하기는커녕 사실 영국 정부의 권유를 받아 이 문제에 대한 정부 입장을 정식화하는 것을 돕기 전까지는 〈이민에 관해 연구한 적도 없다〉고 반박했다. 따라서 나는 그가 이 분야를 전공하는 학자라거나 어떤 식으로든 전문가라고 했던 비난을 철회한다. 그의 연구에 대한 증거를 더 충분히 찾았어야 했다.

우리가 겪고 있는 — 그리고 앞으로 겪게 될 — 이 모든 상황이 정상적인 것인 척 행세하는 사람들이 여전히 있다. 또는 이 상황이 지속되지 않을 것이라고 가정하기도 한다. 이런 거짓말을 밀어붙이는 주역들은 유럽 사람들이 자신들을 둘러싼 현실을 투명하게 볼 수 있을 때에만 이따금 양보할 뿐이다. 11월 퓨 리서치 센터는 인상적인 새로운 연구를 공개했다. 이 책에서 제시한 주장을 인상적으로 입증하면서 현실에 대처할 수 있는 사람들에게는 또 다른 경각심을 심어 주는 연구였다. 연구는 최근 연간에 벌어진 것과 같은 이주자의 대규모 급증이 일어나지 않더라도 유럽의 무슬림 인구가 얼마나 증가할 것인지 그 규모를 보여 주었다. 또한 다른 시나리오들도 제시했는데, 가령 스웨덴(2016년 당시 무슬림 인구가 8퍼센트였다)은 새로 오는 이주자가 전혀 없으면 2050년에 무슬림 인구가 11퍼센트가 되고, 〈일반적인〉 수준의 유입이 이루어지면 21퍼센트가 되며, 최근의 이주 증가 추세가 지속되면 31퍼센트가 될 것이라고 했다.[11] 영국의 『가디언』조차 이 내용을 기사로 다뤘는데, 다음과 같은 헤드라인을 붙였다. 〈일부 유럽연합 나라에서 무슬림 인구가 세 배 증가할 수 있다는 보고서가 나오다.〉[12] 신문 독자들은 이것을 충격으로 받아들였음이 분명하다. 그러고 나서야 좋아하는 좌파 신문이 왜 그렇게 선동적인 인종주의 성향이 됐는지 궁금해 했다.

이 책에서 이야기하는 것처럼, 유럽 각국 대중이 직접 삶으로 경험하는 증거를 믿지 않게 만들려는 지속적인 시도가 존재한다. 이 책에 담긴 요지 하나는 이런 겉치레가 무의미하다는 것을 지적하려는 것이었다. 지금 벌어지는 모든 일들이 한 문화에서 벌어질 수 있는 가장 중대한 변화임을 부정하려는 겉치레는 의미가 없다. 1950년에 스웨덴은 이주자가 거의 전무한 종족적으로 균일한 사회였다. 한 세기가 지나면 이 나라는 완전히 다른 풍경이 될 것이다. 그리고 우리 대다수의 생전에 이런 나라가 서유럽의 대부분 나라들과 마찬가지로 아주 최근에 거주한 사람들조차 알아볼 수 없을 정도로 변할 것이라고 말한다고 해도 전혀 과장이 아니다. 어쩌면 그래도 별문제가 없을 것이다. 어쩌면 지난날의 스웨덴, 지난날의 프랑스, 지난날의 영국, 지난날의 유럽을 기억하는 사람들은 그냥 자취를 감출 것이다. 그때가 되면 어쩌면 모든 문제, 특히 이 문제를 확인하는 문제는 사라질 것이다.

어쩌면. 또는 어쩌면 바야흐로 전혀 새로운 문제들로 가득한 세계가
태어나고 있는 중인지도 모른다.

2018년 1월 26일

더글러스 머리

주

머리말

1 Stefan Zweig, *The World of Yesterday*(London: Pushkin Press, 2014); 슈테판 츠바이크, 『어제의 세계』, 곽복록 옮김(서울: 지식공작소, 2014), 425면.

2 'Merkel confronts Facebook's Zuckerberg over policing hate-posts', *Bloomberg*, 26 September 2015.

3 Pope John Paul II, *Ecclesia in Europa*(Vatican City: Libreria Editrice Vaticana, 28 June 2003).

4 Chancellor Helmut Kohl, speech at the Catholic University of Louvain(Belgium, 5 February 1996).

5 이 여러 쟁점들에 관한 흥미로운 논의로는 Samuel Moyn, *The Last Utopia: Human Rights in History*(Cambridge: Harvard University Press, 2010); 새뮤얼 모인, 『인권이란 무엇인가』, 공민희 옮김(파주: 21세기북스, 2011)을 보라.

1 시작

1 Hansard, 2 December 2002. 블렁킷이 이야기한 『더 타임스』의 언론인은 앤서니 브라운이다.

2 Office for National Statistics(이하 ONS), 2011 Census; www.ons.gov.uk/census/2011census

3 'Census shows rise in foreignborn'(BBC News, 11 December 2012)에서 재인용한 국가통계청 가이 굿윈Guy Goodwin의 말.

4 Ken Livingstone in 'World civilisation or clash of civilisations?' conference(London,

20 January 2007).

5   David Miles, *The Tribes of Britain* (London: Weidenfeld & Nicolson, 2005), p. 236.

6   Simon Heffer, *Like the Roman: The Life of Enoch Powell* (London: Weidenfeld & Nicolson, 1998), pp. 467~468.

7   Enoch Powell, *Reflections of a Statesman: The Writings and Speeches of Enoch Powell* (London: Bellew Publishing, 1991), pp. 373~379. 연설 전문이 수록되어 있다.

8   Ibid.

9   BBC의 2008년 다큐멘터리 「피의 강물Rivers of Blood」을 보라.

10 가령 영연방 이민자법Commonwealth Immigrants Act(1962)에서 이런 토론이 있었다.

11 1977년 프랭크스 보고서Franks Report 직후의 일이다.

12 'Ray Honeyford: Racist or right?'(BBC, 10 February 2012)를 보라.

13 Andrew Neather, 'Don't listen to the whingers — London needs immigrants', *Evening Standard*, 22 October 2009.

14 Tom Bower, *Broken Vows: Tony Blair and the Tragedy of Power* (London: Faber & Faber, 2016), pp. 171~178.

15 Hugh Muir, 'Hideously diverse Britain: The immigration "conspiracy"', *The Guardian*, 2 March 2011.

16 Tom Bower, *Broken Vows: Tony Blair and the Tragedy of Power* (London: Faber & Faber, 2016), pp. 175~176.

17 국가통계청(ONS) 수치.

18 앞의 수치. Migration Statistics Quarterly Report, November 2015.

2   우리는 어떻게 이민에 중독되었나

1   1959년 3월에 이루어진 이 대화는 드골의 동료이자 막역한 친구인 알랭 페르피트Alain Peyrefitte가 『드골은 그런 사람이었다 C'était de Gaulle』(1994)에서 회고한 것으로 다소 논쟁적인 주제다.

2   Boris Johnson, 'Let's not dwell on immigration but sow the seeds of integration', *The Telegraph*, 17 December 2012.

3   'Census shows rise in foreign-born'(BBC News, 11 December 2012)에서 재인용한 선더 카트왈라의 말.

4   YouGov, *The Sunday Times*, 13 – 14th December 2012; http://cdn.yougov.com/cumulus_uploads/document/wohvkihpjg/YG–Archive–Pol–Sunday–Times–results–14–161212.pdf

5   BBC Newsnight, 11 December 2012.

6 The Louise Casey review, Rotherham Metropolitan Borough Council, 4 February 2015.

7 Robert Winder, *Bloody Foreigners: The Story of Immigration to Britain* (London: Little Brown, 2004), p. x, p. 2.

8 Barbara Roche, 'The British story of migration'. speaking at TEDxEastEnd, 3 October 2011; www.youtube.com/watch?v=_fMpxkHJRtk

9 BBC Question Time, 13 December 2012.

10 Principal Projections (PP) of the ONS, based on 2014 figures.

11 David Coleman, 'Uncontrolled migration means Finis Britanniae', *Standpoint*, June 2016, issue 83.

3 우리 스스로 늘어놓는 변명들

1 'Migration: an economic and social analysis', Home Office Economics and Resource Analysis Unit and the Cabinet Office Performance and Innovation Unit, November 2000; www.gov.uk/government/uploads/system/uploads/attachment_data/file/61131/migrationreportnov2000.pdf

2 Peter Sutherland and Cecilia Malmström, 'Europe's migration challenge', Project Syndicate, 20 July 2012.

3 BBC News, 'Recent immigrants to UK "make net contribution"', 5 November 2013.

4 Professor Christian Dustmann and Dr Tommaso Frattini, 'The fiscal effects of immigration to the UK', University College London, Centre for Research and Analysis of Migration, 27 November 2013.

5 Dustmann and Frattini, 'The fiscal effects of immigration to the UK', *The Economic Journal*, vol. 124, issue 580, November 2014. 특히 〈표 5〉를 보라.

6 Sutherland and Malmström, 'Europe's migration challenge'.

7 이 내용과 출산율에 관한 다른 정보로는 다음 자료를 참고하라. Eurostat, 'Total fertility rate, 1960 – 2014 (live births per woman'; http://ec.europa.eu/eurostat/statistics-explained/index.php/File:Total_fertility_rate,_1960%E2%80%932014_(live_births_per_woman)_YB16.png)

8 Eurostat.

9 Population Trends, Summer 2002, ONS.

10 ONS, 'Average age of retirement rises as people work longer', 16 February 2012.

11 'Merkel warns on cost of welfare', *The Financial Times*, 16 December 2012.

12 Richard Reed, *The Daily Express* debate, 3 June 2016.

13 Sarah Spencer (ed.), *Strangers and Citizens: A Positive Approach to Migrants and*

Refugees(Concord, MA: Paul and Company, 1994), p. 340.

14 Ibid, p. 109.

15 Sarah Spencer, *Migrants, Refugees and the Boundaries of Citizenship*(London: IPPR pamphlet, 1995).

16 Sarah Spencer (ed.), *The Politics of Migration*, Blackwell(Hoboken: John Wiley & Sons, 2003), p. 6.

17 'Muslims in Britain have zero tolerance of homosexuality, says poll', *The Guardian*, 7 May 2009.

18 'Half of all British Muslims think homosexuality should be illegal, poll finds', *The Guardian*, 11 April 2016에서 보도된 ICM의 여론 조사.

19 YouGov survey, fieldwork, 23 – 24 February 2015.

20 Professor Alexis Jay, Independent Inquiry into Child Sexual Exploitation in Rotherham (1997 – 2013).

21 가령 불핀치 작전Operation Bullfinch(2011년 옥스퍼드에서 10대 소녀 대상 성범죄를 추적한 경찰의 일제 수사 — 옮긴이주) 재판이 끝난 뒤 런던 중앙형사법원 앞에서 가해자 가족들이 한 주장을 보라.

22 라마단 재단Ramadhan Foundation의 모하메드 샤피크Mohammed Shafiq.

23 'Innvandrere bak alle anmeldte overfallsvoldtekter i Oslo', *Dagbladet*, 15 April 2009.

24 'Norway offers migrants a lesson in how to treat women', *The New York Times*, 19 December 2015.

25 Tom Bower, *Broken Vows: Tony Blair and the Tragedy of Power*(London: Faber & Faber, 2016), p. 175.

4 〈유럽에 오신 걸 환영합니다〉

1 IOM, 'IOM applauds Italy's life – saving Mare Nostrum operation: "Not a migrant pull factor"', press release, 31 October 2014.

2 *The New York Times*, 'Aliens find a European gateway at Spain's coast', report by Alan Riding, 18 October 1992.

3 Ibid.

4 이 사건은 2년 뒤 스페인에서 재판에 회부되었다. 'Muslim migrant boat captain faces murder charges for pushing Christians overboard', *Daily Telegraph*, 19 September 2016.

5 〈온갖 걸 다 봤어요〉

1 Neujahrsansprache von Bundeskanzlerin Angela Merkel, Die Bundesregierung, 31

December 2014.

2 Sommerpressekonferenz von Bundeskanzlerin Merkel, Die Bundesregierung, 31 August 2015.

3 *The Economist*, 5 September 2015.

6 다문화주의

1 Paul Scheffer, *Het Land van Aankomst*(Amsterdam: De Bezige Bij, 2007).

2 'Merkel says German multicultural society has failed', BBC News, 17 October 2010.

3 Friedrich Ebert Foundation study, October 2010.

4 David Cameron speech at the Munich Security Conference, 5 February 2011.

5 *Le Figaro*, 'Sarkozy: le multiculturalisme, "un chec"', 10 February 2011.

6 하나의 이데올로기로서 다문화주의 개념에 관한 탁월한 논의로는 Rumy Hasan, *Multiculturalism: Some Inconvenient Truths*(London: Methuen, 2010)을 보라.

7 'Sharia law in UK is unavoidable', BBC News, 7 February 2008.

8 Samuel P. Huntington, *Who Are We?*(New York: The Free Press, 2005), p. 171.

9 1996년에 쓴 에세이 'Multikultureller Werte – Relativismus und Werte – Verlust'.

10 Karen Jespersen, *Berlingske Tidende*, 19 February 2005 칼럼에서 인용.

11 Hege Storhaug, *But the Greatest of These is Freedom*(Scotts Valley, California: CreateSpace Independent Publishing Platform, 2011), pp. 282~283.

12 Edward Gibbon, *The Decline and Fall of the Roman Empire*(London: John Murray, 1855) Vol 6, p. 387. ; 에드워드 기번, 『로마제국 쇠망사』 1~6, 송은주 외 옮김(서울: 민음사, 2010).

13 가령 니콜라 사르코지가 『프랑스를 위해 전력을 다하자*Tout pour La France*』(Paris: Plon, 2016)에서 한 말을 보라.

14 2016년 7월 12일 저자와 대화 중에 베르나르앙리 레비가 한 말.

15 Jean Raspail, *The Camp of the Saints*, trans Norman Shapiro(The Social Contract Press, 1995), 1982년에 붙인 후기.

16 Ibid., pp. 9~13.

17 Ibid., p. 34.

18 Matthew Connelly and Paul Kennedy, 'Must it be the West against the Rest?', *The Atlantic*, December 1994.

19 *Le Figaro* magazine, 26 October 1985.

20 'French article sets off furor on immigrants', *The New York Times*, 3 November 1985.

21 프랑스 난민·무국적자보호사무국Office français de protection des réfugiés et apatrides(OFPRA).

22 국가통계경제연구원Institut national de la statistique et des études économiques (INSEE).

23 Jean Raspail, 'Author's Introduction to the 1985 French Edition', *The Camp of the Saints*(Petoskey: The Social Contract Press, 1995), p. xiii.

24 'Le tabou des statistiques ethniques', *Le Point*, 18 February 2016.

25 국립과학연구소Le Centre National de la Recherche Scientifique와 그르노블 국립정치 학교Sciences Po Grenoble의 의뢰로 입소스가 실시한 여론 조사.

7 그들이 여기에 있다

1 Bundesamt für Migration und Flüchtlinge, Aktuelle Zahlen zu Asyl, December 2013.

2 ONS, Migration Statistics Quarterly Report, November 2015.

3 'Get rid of the immigrants? No, we can't get enough of them, says German Mayor', *The Guardian*, 6 August 2015.

4 Eugenio Ambrosi, 'Europe can cope with the influx of migrants', *The Wall Street Journal*, 25 August 2015.

5 이 회의 동영상은 다음에서 볼 수 있다. www.youtube.com/watch?v=YNXECcltt9U

6 Kenan Malik, *From Fatwa to Jihad*(London: Atlantic Books, 2009), p. 8 재인용.

7 Salman Rushdie, *Joseph Anton: A Memoir*(London: Jonathan Cape, 2012) p. 143; 살만 루슈디, 『조지프 앤턴』, 김진준·김한영 옮김(파주: 문학동네, 2015).

8 왕실 고문 변호사인 제프리 로버트슨Geoffrey Robertson이 진행하는 BBC 프로그램 「하이퍼세티컬Hypotheticals」1989년 5월 방송에서 한 말이다. 이 프로그램의 방송 클립이 인터넷에 가끔 나타났다 사라지지만, 관련 클립은 지금도 유튜브에서 볼 수 있다.

9 *The Independent*, 10 June 1989에서 재인용한 휴 트레버로퍼(데이커 경)의 말.

10 Salman Rushdie, *Joseph Anton*, p. 252.

11 Ibid, p. 152.

12 Ibid, p. 186.

13 Correspondence between Salman Rushdie, John le Carré and others in *The Guardian*, 18–22 November 1997.

14 Tony Benn, *The Benn Diaries*, ed. Ruth Winstone(London: Arrow Books, 1996), entry for 15 February 1989, pp. 616~617.

15 Salman Rushdie, *Joseph Anton*, p. 147.

16 Fay Weldon, *Sacred Cows: A portrait of Britain, post-Rushdie, pre-Utopia*, CounterBlasts, no. 4(London: Chatto & Windus, 1989), p. 7.

17 Ziauddin Sardar, *Desperately Seeking Paradise: Journeys of a Sceptical Muslim*(London: Granta Books, 2004), p. 285.

18 Christopher Hitchens, *Hitch-22: A Memoir* (London: Atlantic Books, 2010), p. 271. 재인용.

19 Kenan Malik, *From Fatwa to Jihad* (London: Atlantic Books, 2009), p. 197.

20 Malise Ruthven, *A Satanic Affair: Salman Rushdie and the Rage of Islam* (London: Chatto & Windus, 1990), 특히 68면 이하와 107면에는 이런 현상에 관한 흥미로운 논의가 담겨 있다.

21 Shikha Dalmia, 'The Iconoclast', an interview with Salman Rushdie, *Reason*, 1 August 2005.

8 외면당한 예언자들

1   Frits Bolkestein, 'On the collapse of the Soviet Union', a speech at the Liberal International Conference in Lucerne, Switzerland, 6 October 1991; Frits Bolkestein, 'De integratie von minderheden', *De Volkskrant*, 12 October 1991 등을 보라.

2   Frits Bolkestein, *Breakthrough: From Innovation to Impact*, ed. Henk van den Breemen (Geldermalsen: Owls Foundation, 2014), p. 221.

3   Paul Scheffer, 'Het multiculturele drama', NRC Handelsblad, 29 January 2000.

4   1998년 파울 M. 스니데르만Paul M. Sniderman과 루크 하겐도른Louk Hagendoorn이 수행해서 자신들의 책에 수록한 여론 조사. *When Ways of Life Collide: Multiculturalism and its Discontents in the Netherlands* (Princeton: Princeton University Press, 2007), p. 22.

5   Pim Fortuyn, *De Islamisering van onze cultuur: Nederlandse Identitiet als Fundament* (Uithoorn: Karakter Uitgevers BV, 2001).

6   이 유명한 토론은 유튜브에서 볼 수 있다. www.youtube.com/watch?v=tMxS_xSKujU

7   요르트 켈더르Jort Kelder가 들은 이 말은 Ian Buruma, *Murder In Amsterdam*, Atlantic, 2006, 100면에 실렸다.

8   2016년 3월 12일 암스테르담에서 한스 테이위언Hans Teeuwen과 나눈 대화.

9   Ayaan Hirsi Ali, *The Caged Virgin* (New York: The Free Press, 2006), p. ix.

10 Ibid, p. 76.

11 Ayaan Hirsi Ali, *Infidel* (New York: The Free Press, 2007), p. 32; 아얀 히르시 알리, 『이슬람에서 여자로 산다는 것』, 추선영 옮김 (서울: 알마, 2015).

12 Ibid, p. 287.

13 Ibid, p. xii.

14 'Germany investigating Imam who urged God to "destroy the Zionist Jews"', Haaretz, 23 July 2014.

15 Oriana Fallaci, *Interviews with History and Conversations with Power* (New York: Rizzoli,

2011); 오리아나 팔라치, 『거인과 바보들』, 강은교 옮김(서울: 전망사, 1979)을 보라.

16 Riccardo Nencini, *Oriana Fallaci: I'll Die Standing on My Feet* (Florence: Edizioni Polistampa, 2008), p. 18, p. 28.

17 팔라치 생애의 초기 단계에서 나타난 이런 경향에 관한 논의로는 분노를 바탕으로 그의 전기 작가를 자처하고 나선 산토 L. 아리코가 쓴 책이 많은 도움이 된다. Santo L. Aricò, *Oriana Fallaci* (Southern Illinois University Press, 1998); 산토 아리코, 『전설의 여기자 오리아나 팔라치』, 김승욱 옮김(서울: 아테네, 2005).

18 Oriana Fallaci, *The Rage and the Pride* (New York: Rizzoli, 2002), p. 22. ; 오리아나 팔라치, 『나의 분노 나의 자긍심』, 박범수 옮김(서울: 명상, 2005).

19 Ibid, p. 57.

20 Ibid, p. 85.

21 Ibid, p. 116

22 Ibid, p. 129.

23 Ibid, p. 98.

24 Ibid, pp. 137~138.

25 *The Force of Reason* (New York: Rizzoli, 2006), 53면에서 변명하지 않는 팔라치 자신의 논의를 보라.

26 'Brigitte Bardot unleashes colourful diatribe against Muslims and modern France', *Agence France Presse*, 12 May 2003.

27 'Calling Islam stupid lands author in court', *The Guardian*, 18 September 2002.

28 Oriana Fallaci, *The Force of Reason* (New York: Rizzoli, 2006). p. 287을 보라.

29 Ibid, p. 56.

30 Oriana Fallaci, *Oriana Fallaci intervista Oriana Fallaci* (New York: Rizzoli, 2004).

31 Pope Benedict XVI's address to the University of Regensburg, 12 September 2006.

9 조기 경보 사이렌

1 특히 Bruce Bawer, *While Europe Slept* (Doubleday, 2006)과 *Surrender* (Doubleday, 2009)를 보라.

2 Jeffrey Goldberg, 'Is it time for the Jews to leave Europe?', *The Atlantic*, April 2015.

3 'Tories attack Islamic terrorism "rebranding"', *The Daily Telegraph*, 18 January 2008; www.telegraph.co.uk/news/uknews/1575925/Tories-attack-Islamic-terrorism-rebranding.html

4 David Cameron, 'Statement on Woolwich incident', 23 May 2013; www.gov.uk/government/speeches/statement-on-woolwich-incident

5 David Cameron, 'Statement on the killing of David Haines', 14 September 2014;

Fraser Nelson, 'Woolwich was a case study in the banality —and the idiocy —of evil', *The Daily Telegraph*, 23 May 2013.

Dan Hodges, 'Woolwich attack: confusing, horrific, bizarre —the horror that made literally no sense', *The Daily Telegraph*, blogs, 23 May 2013.

Simon Jenkins, 'Woolwich attack: This echo chamber of mass hysteria only aids terrorists', *The Guardian*, 23 May 2013.

Salman Rushdie and Sam Harris, 'Abandoned to fanatics', *The Los Angeles Times*, 9 October 2007.

'Turkish Prime Minister says "assimilation is a crime against humanity"', *The Local*, 11 February 2008.

10 죄책감의 폭정

France 24 Arabic TV, 17 March 2015.

Anon, 'Swedes will compare this to the Holocaust', *The Local*, 20 April 2015.

'Migrant crisis: British student drives Syrians to Munich', BBC News, 6 September 2015.

'Refugee crisis: Danish yachtswoman smuggles refugee on her boat from Copenhagen to Malmo', *The Independent*, 8 September 2015.

〈도둑맞은 세대〉에 관한 일반적인 견해에 대한 준엄한 반론으로는 Keith Windschuttle, *The Fabrication of Aboriginal History, Volume 3: The Stolen Generations 1881–2008*(Sydney: Macleay Press, 2009)를 보라.

예를 들어 케빈 러드 총리의 사과를 보라. 'Apology to Australia's indigenous peoples', Australian Parliament, 13 February 2008.

Ashraf H. A. Rushdy, *A Guilted Age: Apologies for the Past*(Philadelphia, Pennsylvania: Temple University Press, 2015), p. xi.

Prime Minister Stephen Harper's 'Apology on behalf of Canadians for the Indian Residential Schools system', 11 June 2008.

샹탈 델솔Chantal Delsol은 특히 이 문제에 관해 흥미로운 논의를 한다. 특히 'Historical forgiveness in question', *Hungarian Review*, vol. 3, no. 3, 72~80면을 보라.

사례로는 Roger Sandall, *The Culture Cult*(Boulder: Westview Press, 2001)을 보라.

뉴욕 콜럼버스 서클 한가운데에 있는 동상을 생각해 보라.

David Stannard, *American Holocaust: Columbus and the Conquest of the New World*(Oxford: Oxford University Press, 1992), p. 246.

Kirkpatrick Sale, *The Conquest of Paradise: Christopher Columbus and the Columbian*

Legacy(New York: Alfred A. Knopf, 1991), p. 369.

14 'More cities celebrating "Indigenous Peoples Day" amid effort to abolish Columbus Day', *Washington Post*, 12 October 2015.

15 Ta‑Nehisi Coates, 'The case for reparations', *The Atlantic*, June 2014.

16 2007년 10월 9일 런던에서 열린 인텔리전스 스퀘어드 토론 〈서구적 가치의 우월성을 주장하기를 꺼려서는 안 된다We should not be reluctant to assert the superiority of Western values〉를 보라. 저술가 찰스 글래스Charles Glass와 윌리엄 달림플William Dalrymple이 이런 주장을 폈다(유튜브에서 볼 수 있다).

17 David Cameron's response to question by Kenneth Clarke, House of Commons Hansard, 19 October 2015를 보라.

18 〈그의 피가 우리와 우리 자손에게 임하리이다.〉『킹 제임스 성경』, 「마태복음」, 27장 25절.

19 Pope Paul VI, 'Nostra Aetate'.

20 Pascal Bruckner, *La Tyrannie de la penitence: essai sur le masochisme occidental*(Paris: Grasset & Fasquelle, 2006)을 보라.

21 Andy Beckett, 'Heirs to the slavers', *The Guardian*, 2 December 2006.

22 'My ancestor traded in human misery', BBC News, 23 June 2006.

23 Karsten Nordal Hauken, 'Jeg ble voldtatt av en mann', *NRK*, 6 April 2016.

11 겉치레뿐인 본국 송환

1 Immanuel Kant, *Perpetual Peace: A Philosophical Essay*(1795)(Crows Nest: George Allen & Unwin, 1903), p. 155~156.

2 'Orbán accuses Soros of stoking refugee wave to weaken Europe', *Bloomberg*, 30 October 2015.

3 *The Atlantic*, December 1994.

12 같이 사는 법 배우기

1 'Swallow fears and shop, Parisians told', *The Times*(London), 21 November 2015.

2 'Norway offers migrants a lesson in how to treat women', *The New York Times*, 19 December 2015.

3 'Polizei fühlt sich bei Migranten‑Kriminalität gegängelt', *Die Welt*, 24 January 2016.

4 linksjugendbhvcux.wordpress.com/2016/02/24/kein‑pegida‑shit‑in‑bremerhaven‑2‑0

5 'Attivista stuprata da un migrante "Gli altri mi chiesero di tacere"', Corriere Della Sera, 25 September 2015.

6 www.facebook.com/ob.boris.palmer/posts/1223835707655959

7 Ipsos Mori migration and refugees poll, 11 August 2016; www.ipsos‐mori.com/ researchpublications/researcharchive/3771/Global‐study‐shows‐many‐ around‐the‐world‐uncomfortable‐with‐levels‐of‐immigration.aspx

8 'Aliens find a European gateway at Spain's coast', *The New York Times*, 18 October 1992.

9 Tom Bower, *Broken Vows: Tony Blair and the Tragedy of Power*(London: Faber & Faber, 2016), p. 173.

10 'Terror suspect protected', *The Sun*, 8 August 2016.

11 'Müssen wir Angst vor dem Islam haben, Frau Merkel?', *Bild*, 10 September 2015. 스 위스 텔레비전에 출연한 화면 원본은 다음에서 볼 수 있다. www.srf.ch/play/tv/news‐ clip/video/merkel‐ueber‐die‐angst‐vor‐einer‐islamisierung?id=18886c54‐ 51e4‐469b‐8a98‐45f1a817219b

13 피로

1 여러 저술 가운데서도 Byung‐Chul Han, *Müdigkeitsgesellschaft*(Berlin: Matthes & Seitz Berlin, 2010); 한병철, 『피로사회』, 김태환 옮김(서울: 문학과지성사, 2012)을 보라.

2 Friedrich Nietzsche, *Writings from the Late Notebooks*, Cambridge Texts in the History of Philosophy, ed. Rudiger Bittner, trans. Kate Sturge(Cambridge: Cambridge University Press, 2003), p. 267.

3 H. P. Liddon, *The Life of Edward Bouverie Pusey*(London: Longmans, 1893), vol. I, p. 73~77.

4 Richard Dawkins, 'Why Darwin Matters', *The Guardian*, 9 February 2008.

5 Don Cupitt, *The Meaning of the West: An Apologia for Secular Christianity*(London: SCM, 2008), p. 67.

6 Ibid.

7 한 예로 John Locke, 'A Letter Concerning Toleration', in *Two Treatises of Government and A Letter Concerning Toleration*, ed. Ian Shapiro(New Haven: Yale University Press, 2003), p. 219을 보라.

8 Stephen Spender, *New Selected Journals 1939–1995*, ed. Lara Feigel and John Sutherland with Natasha Spender(London: Faber & Faber, 2012), p. 13.

9 T. S. Eliot, Choruses from 'The Rock', VI.

10 Jean‐François Revel, *Without Marx or Jesus*(London: MacGibbon & Kee, 1972), p. 17; 장‐프랑소와 르벨, 『마르크스도 예수도 없는 혁명』, 박재두 옮김(서울: 법문사,

1972).

11 Chantal Delsol, trans. Robin Dick, *Icarus Fallen: The Search for Meaning in an Uncertain World*(Wilmington: ISI Books, 2003), p. 46.

12 Interview with Ayaan Hirsi Ali by Giulio Meotti, *Il Foglio*, 31 January 2016.

13 'Fico: EU's migration policy is "ritual suicide"', EurActiv, 26 January 2016.

14 Chantal Delsol, preface to the English edition of Dick, *Icarus Fallen*(Wilmington: ISI Books, 2003), p. xx.

15 'Fico sieht keinen Platz für Islam in der Slowakei', *Der Standard*, 27 May 2016.

16 'Refugees and migrants stuck in Italy open up new route', *The Daily Telegraph*, 22 July 2016.

14 어쩔 수 없이 떠안다

1 'Blaming policy, not Islam, for Belgium's radicalised youth', *The New York Times*, 7 April 2016.

2 National Opinion Poll, commissioned by Channel 4, August 2006.

3 ComRes poll for BBC Radio 4 'Today', 25 February 2015.

4 ComRes, BBC 'Young People and Prejudice' survey published 24 September 2013. comres.co.uk/wp-content/themes/comres/poll/BBC_Radio_1_Newsbeat_ Discrimination_Poll_September_2013.pdf

5 편지 원본은 www.bbc.co.uk/news/uk-25298580에서 볼 수 있다.

6 'Muslim project aims to break down barriers and educate youngsters on the human side of Islam', *Daily Record*, 27 November 2013; www.dailyrecord.co.uk/news/real-life/muslim-projectaims-break-down-2856192

7 이 여론 조사는 2013년 6월 자유당(PVV)의 의뢰를 받아 여론 조사 기관 모리스 드혼드Maurice de Hond가 실시한 것이다. www.geertwilders.nl./images/Reactie_op_Islam_in_Nederland.pdf

8 Harris Interactive, 'Le Regard des Français sur la religion musulmane', April 2013; www.harrisinteractive.fr/news/2013/Results_HIFR_PAI_16042013.pdf

9 'Les crispations alarmantes de la société française', *Le Monde*, 24 January 2013; www.lemonde.fr/politique/article/2013/01/24/lescrispations-alarmantes-de-la-societe-francaise_1821655_823448.html

10 Harris Interactive, 'Le Regard des Français'.

11 Survation poll (fieldwork carried out April 2015), survation.com/british-muslims-is-the-divide-increasing

12 YouGov Cambridge poll (fieldwork conducted in March 2015), cdn.yougov.com/

cumulus_uploads/document/ogqzisd2xq/Islam%20and%20British%20values.pdf

13 Institut für Demoskopie Allensbach, November 2012; www.ifd-allensbach.de/uploads/tx_reportsndocs/November12_Islam_01.pdf

14 'Für fast zwei Drittel der Bürger gehört der Islam nicht zu Deutschland', *WDR*, 12 May 2016.

15 저자가 토미 로빈슨과 한 인터뷰, *The Spectator*, 19 October 2013을 보라.

16 2008년 3월에 저자가 빌더르스와 한 인터뷰.

17 토미 로빈슨과 저자가 한 인터뷰, *The Spectator*, 19 October 2013. Tommy Robinson, *Enemy of the State*, The Press News, 2015도 보라.

15 반발 통제하기

1 Mark Steyn, 'Gay professors on the march', *The Daily Telegraph*, 11 May 2002.

2 *de Volkskrant*, 4 June 2016.

3 Eva Jacobsson, 'Boverket: Bristen ännu värre än väntat', *Hem & Hyra*, 1 April 2015.

4 Study by the Department of Journalism, Media and Communication at the University of Gothenburg, 2011.

5 스웨덴 범죄예방협의회 Swedish National Council for Crime Prevention (Brotts-förebyggande rådet - Brå)에서 인용한 수치.

6 Frederic Morenius, 'Våldtäkt och förövarens nationella bakgrund', 12 August 2016, fredricmorenius.wordpress.com/2016/08/12/valdtakt-och-forovarens-nationella-bakgrund

7 Erico Matias Tavares, 'Sweden on the brink? – An Interview with Dr. Tino Sanandaji', 21 February 2016; www.linkedin.com/pulse/sweden-brink-interview-dr-tino-sanandaji-erico-matias-tavares

8 'Thousands of migrants rescued off Libya', BBC News, 30 August 2016.

9 'Bye bye, Willkommenskultur', *Die Zeit*, 7 July 2016.

10 독일 방송국 ARD가 시행한 여론조사.

16 이야기가 바닥난 느낌

1 Jürgen Habermas et al., *An Awareness of what is Missing: Faith and Reason in a Post-Secular Age*, trans. Ciaran Cronin (Cambridge: Polity Press), 2010, p. 15.

2 E.W. Böckenförde, 'Die Entstehung des Staates als Vorgang der Sakularisation' (1967), *Recht, Staat, Freiheit* (Frankfurt am Main: Suhrkamp Verlag, 1991), p. 112.

3 Eric Kaufmann, *Shall the Religious Inherit the Earth?* (London: Profile Books, 2010), p. 182.

4 Morten Storm with Paul Cruickshank and Tim Lister, *Agent Storm: My Life inside al-Qaeda* (New York: Viking, 2014), pp. 117~119.

5 Benedetto Croce, 'Why we cannot help calling ourselves Christians', *My Philosophy* (Crow Nest: George Allen & Unwin, 1959); Marcello Pera, *Why We Should Call Ourselves Christians* (New York: Encounter Books, 2011).

6 Dietmar Elger, *Gerhard Richter, Catalogue Raisonné, Vol. 1, 1962-1968* (Berlin: Hatje Cantz, 2011) *Onkel Rudi*, p. 208; *Herr Heyde*, p. 233; *Familie Liechti*, p. 249.

7 Richard Davey, Kathleen Soriano and Christian Weikop, *Anselm Kiefer* (London: Royal Academy, 2014): 'Interior', p. 144; 'Ages of the World', pp. 172~173.

17 끝

1 'Tödliche Schüsse in Berliner Flüchtlingsheim', *Die Welt*, 29 September 2016.

2 'European Jews are too afraid to go to synagogue on religious holidays due to fears of anti-Semitic attacks', *The Daily Mail*, 20 September 2016.

3 'Merkel admits she would turn back the clock on refugee policy', *The Financial Times*, 19 September 2016.

4 'Trump wants border wall, but Britain is building one in France', NBC News, 12 September 2016.

18 어쩌면 그랬을지도 모른다

1 Paul Collier, *Exodus: Immigration and Multiculturalism in the 21st Century* (London: Allen Lane, 2013); 폴 콜리어, 『엑소더스』, 김선영 옮김(파주: 21세기북스, 2014); David Goodhart, *The British Dream: Successes and Failures of Post-war Migration* (London: Atlantic Books, 2013).

2 Erico Matias Tavares, 'Sweden on the brink? — An Interview with Dr. Tino Sanandaji', 21 February 2016; www.linkedin.com/pulse/sweden-brink-interview-dr-tino-sanandaji-erico-matias-tavares

3 특히 Joseph Ratzinger and Marcello Pera, *Without Roots: The West, Relativism, Christianity and Islam* (New York: Basic Books, 2006); Jürgen Habermas and Joseph Ratzinger, *The Dialectics of Secularization: On Reason and Religion* (San Francisco: Ignatius Press, 2006); 위르겐 하버마스·요제프 라칭거, 『대화: 하버마스 對 라칭거 추기경』, 윤종석 옮김(서울: 새물결, 2009) 등을 보라.

19 미래의 모습

1 Daniel Korski, 'Why we lost the Brexit vote', *Politico*, 20 October 2016.

2 *Le Monde*, 31 January 2016.

3 'It's bad in Eritrea, but not that bad', *The New York Times*, 23 June 2016.

4 'Multicultural Britain rejecting foreign conflict, MoD admits', *The Guardian*, 23 January 2014.

5 YouGov poll for Population Matters, May 2014.

6 'Umfrage zeigt: Das denken die Deutschen wirklich über den Islam', *Focus*, 5 May 2016.

7 'What do Europeans think about Muslim immigrations?', Chatham House, 7 February 2017.

8 동영상은 〈Erstaufnahme Asyl RP Lübke Kassel Lohfelden 14. 10. 2015〉라는 제목으로 유튜브에서 볼 수 있다.

9 'Die Wutbürger sollten Deutschland verlassen', *Der Freitag*, 12 October 2016.

후기

1 Matthew d'Ancona, 'London Pride, Undaunted', *New York Times*, 23 March 2017.

2 'Attacks in London and Manchester, March – June 2017', Independent Assessment of MI5 and Police Internal Reviews (Unclassified) by David Anderson QC, December 2017.

3 Dimitris Avramopoulos, 'Europe's migrants are here to stay', Politico, 18 December 2017.

4 'Impact of Sweden's asylum age assessment tests revealed', *The Local*, 4 December 2017.

5 Paulina Neuding, 'The uncomfortable truth about Swedish anti-Semitism', *New York Times*, 14 December 2017.

6 Robin Alexander, *Die Getriebenen*(München: Siedler Verlag, 2017)을 보라.

7 Bruno Macaes, *The Dawn of Eurasia: On the trail of the New World Order*(London: Allen Lane, 2018), pp. 247~248.

8 Mark Steyn, 'Market Forces', www.steynonline.com, 19 December 2016.

9 'Demonstrators call for Swedish government to do more to combat rape', *The Local*, 20 December 2017.

10 'Germany: migrants "may have fuelled violent crime rise"', BBC News website, 3 January 2018.

11 'Europe's growing Muslim population', Pew Research Center, 29 November 2017.

12 'Muslim population in some EU countries could triple, report says', *The Guardian*, 29 November 2017.

옮긴이의 말

2015년 시리아 내전이 격화되는 가운데 대규모로 발생한 난민이 유럽으로 몰려들면서 유럽 각국은 전례 없는 대규모 난민 유입에 우왕좌왕하는 모습을 보였다. 지중해상에서 난민을 가득 태운 배들이 속속 가라앉아 주검이 뭍으로 떠밀려 오는 등 인도주의적 비상사태가 벌어지자 그리스와 이탈리아를 필두로 해상 구조에 나서는 한편, 난민이 처음 도착하는 남유럽 지역을 중심으로 신속하게 난민 수용 센터를 마련하고 난민 심사가 시작되었다. 하지만 하루에 수백 명에 불과하던 난민이 수천 명, 수만 명씩 쏟아져 들어오자 임시 수용과 심사 자체가 불가능해졌다. 난민 사태가 전혀 예상하지 못한 양상으로 확대되는 가운데 유럽 전역에서는 인도적 우려와 더불어 이렇게 많은 난민을 어떻게 수용해야 하는지 불안이 커졌다.

난민 사태가 가라앉은 직후인 2017년 영국에서 이 책이 출간되자마자 유럽 각지에서 뜨거운 논란이 불타올랐다. 이탈리아의 람페두사와 그리스의 레스보스 등 난민들이 처음 배에서 내린 현장과 독일과 영국, 프랑스 등 난민들이 최종 목적지로 삼은 곳곳을 직접 뛰어다니면서 취재한 목격담은 난민 사태의 규모와 난민 개개인의 인간적 비극을 생생하게 전달했다. 하지만 다른 한편으로 지은이는 난민 사태에 허둥대며 어쩔 줄 모르는 모습을 보인 각국 정부를 비판하면서 유럽 대륙의 무기력함을 질타했다. 유럽연합 출범 이후 국경이 사라진 하나의 유럽이 됐지만, 각국의 난민 수용 정책은 서로 달랐고, 난민들은 취업과 생활 안정의 가능성이 높은 서유럽과 북유럽으로 몰려갔다.

책에서 지은이는 당시 상황을 복기하면서 유럽, 특히 서유럽의 미래에 대해 암울한 경고를 한다. 서유럽 전체에서 나타나는 출산율 하락, 대규모 이민, 자기혐오와 자기불신 분위기 등이 결합하면서 유럽 문명 자체가 자멸하고 있다는 게 지은이가 내린 결론이다. 서유럽은 역사적 자부심을 상실한 지 오래고, 죄책감에 사로잡힌 데다가 개인과 사회 전체가 피로와 권태에 빠져 있으며, 종교의 나침반을 잃고 세속화한 결과로 방향성을 상실했다. 이렇게 전통과 정당성, 믿음을 잃은 무기력한 상황에서 다문화주의에 몰두한 결과 유럽의 정체성 자체가 허물어지고 있다는 것이다.

이처럼 유럽 스스로 자멸의 길을 걷는 가운데 무슬림을 필두로 한 대규모 이민은 인구 변동과 범죄 증가, 사회 전체의 이슬람화 등으로 유럽 사회의 죽음을 재촉하고 있다고 지은이는 주장한다. 다른 문화, 그것도 서유럽의 기독교 – 민주주의 문화와 정면으로 충돌하는 이슬람권 사람들이 대규모로 유입되자 가뜩이나 자신감 상실과 정체성 혼란에 시달리는 사회가 버티지 못하고 허물어진다는 것이다.

정말로 생명의 위협에서 도망친 시리아 난민, 시리아 난민 사태를 등에 업고 경제적 기회의 땅인 서유럽으로 이주하기 위해 전쟁 난민 행세를 하는 북아프리카와 서남아시아 출신 사람들, 인도주의적 관심사에만 빠져 난민 구조와 무조건적 수용을 주장하는 국경 반대 그룹, 난민 사태의 전모를 제대로 파악해서 미래를 예측하지 못한 채 난민 정책을 손바닥 뒤집듯 바꾼 유럽 각국 정치인, 난민을 비롯한 비백인 이민자들이 유럽 사회에 적응하지 못하고 저지르는 범죄와 테러를 제대로 보도하지 않은 언론 등 여러 주체들의 행동을 되짚어 보면서 지은이는 향후에 대비해 적정한 난민 수용 기준을 마련하고 이민 정책을 재검토해야 한다고 주장한다. 또한 제2차 세계 대전 이후 실패한 이민자 동화 정책을 거울삼아 관용적인 다문화주의를 비판적으로 재평가해야 한다고 말한다.

지은이 스스로도 예상했겠지만, 이런 도발적인 주장은 격렬한 비판을 낳았다. 극우의 인종주의와 다를 바가 없다거나 세련된 외국인 혐오라는 반론이 곧바로 나왔고, 아직까지 극소수에 불과한 이민자 범죄와 무슬림 테러의 일부 사례를 선정적으로 묘사하면서 실태를 과장했다는 평가도 있었다. 무슬림이 높은 출산율을 무기로 머지않아 유럽을 지배할 것이라는 지은이의 경고에 대해서도 인구 통계 추세를 볼 때 그다지 신뢰하기 어렵다는 반박이 많다. 철학적, 종교적 차원에서 유럽, 특히 유럽 문화가 과연 자살하고 있느냐를 놓고도 의견이 분분하다.

그렇지만 2015년 난민 사태는 열린 국경과 이민 정책, 높은 수준의 복지국가를 동시에 유지할 수 있는지 의문을 던지기에 충분했고, 더

글러스 머리의 이 책은 향후에도 비슷한 사태가 터지면 어떻게 대응할 것인지를 놓고 활발한 토론을 불러일으켰다. 난민과 이민 문제에 관해 어떤 입장을 갖고 있든 간에 서유럽을 비롯한 선진국은 이 책에서 던지는 질문을 외면할 수 없다. 게다가 전쟁 난민만이 아니라 이미 경제 난민과 기후 난민, 더 나아가 바이러스 난민까지 발생할 것이 예상되는 오늘날의 세계에서 난민과 이민에 대한 입장과 무관하게 반드시 읽어야 할 책이다.

2020년 3월

유강은

옮긴이 유강은

국제 문제 전문 번역가이다. 옮긴 책으로 『AK47』(2019), 『조종이 울린다』(2018), 『빛의 만리장성』(2018), 『불평등의 이유』(2018), 『신이 된 시장』(2018), 『자기 땅의 이방인들』(2017), 『E. H. 카 러시아 혁명』(2017), 『서양의 부활』(2015), 『좌파로 살다』(2014), 『왜 신자유주의는 죽지 않는가』(2012), 『자본주의에 불만 있는 이들을 위한 경제사 강의』(2012) 등이 있으며, 『미국의 반지성주의』(2017) 번역으로 58회 한국출판문화상 번역 부문을 수상했다.

유럽의 죽음 다문화의 대륙인가? 사라지는 세계인가?

발행일   2020년 3월 20일 초판 1쇄
          2024년 3월 5일 초판 3쇄

지은이   더글러스 머리
옮긴이   유강은
발행인   홍예빈 · 홍유진
발행처   주식회사 열린책들

경기도 파주시 문발로 253 파주출판도시
전화 031-955-4000 팩스 031-955-4004
홈페이지 www.openbooks.co.kr 이메일 humanity@openbooks.co.kr

Copyright (C) 주식회사 열린책들, 2020, *Printed in Korea.*
ISBN 978-89-329-2014-6 03920

이 도서의 국립중앙도서관 출판예정도서목록(CIP)은 서지정보유통지원시스템 홈페이지(http://seoji.nl.go.kr)와 국가자료공동목록시스템(http://www.nl.go.kr/kolisnet)에서 이용하실 수 있습니다.(CIP제어번호 : CIP2020002125)